TOME 1
du Moyen Âge à 1850

ANTHOLOGIE

CONFRONTATION DES ÉCRIVAINS D'HIER À AUJOURD'HUI

Sous la direction d'André G. Turcotte (Moyen Âge) – Collège Édouard-Montpetit

Jean-Claude Brochu (XIXe siècle) – Collège Édouard-Montpetit
Colette Buguet-Melançon (Méthodologie) – Collège Édouard-Montpetit
Paul-G. Croteau (XVIIe siècle) – Cégep de Trois-Rivières
Michel Forest (XVIIIe siècle) – Cégep de Saint-Laurent
Germaine Mornard (Renaissance) – Collège Édouard-Montpetit

Avec la collaboration de
Jacques Beaudry (rubrique « Écriture littéraire ») – Cégep de Saint-Jérôme
et de
Magda Sayad (rubrique « Art et littérature » et textes acompagnant les œuvres d'art) –
Collège Édouard-Montpetit

THOMSON
GROUPE MODULO

Australie   Canada   Espagne   États-Unis   Mexique   Royaume-Uni   Singapour

Nous reconnaissons l'aide financière du gouvernement du Canada par l'entremise du Programme d'Aide au Développement de l'Industrie de l'Édition (PADIÉ) pour nos activités d'édition.

Catalogage avant publication de Bibliothèque et Archives Canada

Vedette principale au titre :

Anthologie : confrontation des écrivains d'hier à aujourd'hui

L'ouvrage complet comprendra 2 v.
Comprend des réf. bibliogr. et un index.
Sommaire : t. 1. Du Moyen Âge à 1850.
Pour les étudiants du niveau collégial.

ISBN 2-89443-243-7 (v. 1)

1. Littérature française. 2. Littérature française - Histoire et critique. 3. Écrivains français. 4. Littérature française - Problèmes et exercices. I. Turcotte, André G. II. Titre : Confrontation des écrivains d'hier à aujourd'hui.

PQ1109.A54 2005   840.8   C2005-940766-2

Équipe de production

Éditeur : Sylvain Garneau
Chargée de projet : Renée Théorêt
Correction d'épreuves : Monelle Gélinas
Typographie : Carole Deslandes
Montage : Dominique Chabot et Nathalie Ménard
Maquette et couverture : Marguerite Gouin

Illustration de la couverture : LEONARDO DA VINCI (1452-1519), *L'Homme vitruvien*, v. 1490. (Plume, pointe de métal, encre marron et touches d'aquarelle sur papier : 34,3 × 24,5 cm, Galerie dell'Academia, Venise.)

« Certes, c'est un sujet merveilleusement vain, divers et ondoyant que l'homme. » MONTAIGNE.

THOMSON

GROUPE MODULO

Anthologie : confrontation des écrivains d'hier à aujourd'hui
TOME 1 : du Moyen Âge à 1850

© Groupe Modulo, 2005
233, av. Dunbar, bureau 300
Mont-Royal (Québec)
Canada H3P 2H4
Téléphone : (514) 738-9818 / 1 888 738-9818
Télécopieur : (514) 738-5838 / 1 888 273-5247
Site Internet : www.groupemodulo.com

Dépôt légal — Bibliothèque nationale du Québec, 2005
Bibliothèque nationale du Canada, 2005
ISBN 978-2-89443-243-3

Imprimé au Canada
2 3 4 5   09

À ceux et celles qui se lancent dans l'aventure de la littérature pour y découvrir les écrivains, leurs révoltes et leurs idéaux.

Table des matières

CHAPITRE **2** LA RENAISSANCE : DÉCOUVERTES,
REFUS ET PERSPECTIVES

CHAPITRE **3**

LE SIÈCLE DE LOUIS LE GRAND

CHAPITRE **4** LE XVIIIe SIÈCLE : LA LUMIÈRE DE LA RAISON

CHAPITRE **5** LE XIXe SIÈCLE ROMANTIQUE :
INSUFFISANCES ET DÉSORDRES CRÉATEURS

CHAPITRE **6** MÉTHODOLOGIE

LETTRE AUX CÉGÉPIENNES ET AUX CÉGÉPIENS

VOUS VOICI à la veille d'entreprendre un voyage qui peut vous surprendre à chaque pas. Autant dire à chaque page puisque vous êtes conviés ici à plonger dans l'univers de la littérature.

Vous êtes à l'âge de tous les enthousiasmes, ... et de toutes les remises en question. Il y en a qui sont toujours prêts à contester ce qui leur déplaît dans leur entourage, à critiquer les parents, l'école, le gouvernement. D'autres ont la tête pleine d'idées pour refaire le monde, pleine de projets pour faire valoir leur contestation et leur point de vue original. Si un copain vous invite à passer une soirée avec de tels amis, que ferez-vous? Vous accepterez sans doute l'invitation avec une grande envie de connaître ces amis contestataires, entiers, révoltés, idéalistes fervents.

L'invitation à l'aventure littéraire que je vous lance n'est pas fondamentalement différente quant à l'aspect stimulant de la rencontre. En effet, je vous propose d'accorder votre attention et d'ouvrir votre cœur à des auteurs qui ont mis leur talent et leur énergie au service de leurs passions, de leurs révoltes, de leurs quêtes, de leurs idéaux. Leur existence a été marquée de diverses façons par les conditions de vie et les événements de leur époque. Incapables de rester indifférents, ils ont choisi l'écriture comme moyen d'action parce qu'ils ont jugé essentiel de partager leurs préoccupations avec leurs « frères humains », dans l'espoir de faire naître un changement. Ont-ils réussi leur entreprise?

À part les extraits d'auteurs contemporains, les œuvres que mes collègues et moi avons choisies ont toutes plus d'un siècle d'âge ; certaines circulent depuis plus de huit siècles. Sont-elles devenues caduques au point qu'elles ne nous concernent plus? À vous d'en juger! On y parle d'amour, de guerre, des rapports homme–femme, de religion, d'esclavage, de divertissement, de classe sociale, d'honneur, de vertu, du rôle de la femme dans la société, du pouvoir politique, du martyre, de la liberté, du libertinage, de l'exploitation des enfants, etc. Ce que ces écrivains disent peut-il vous aider à comprendre votre propre société? votre propre monde intérieur? Leurs mots peuvent-ils exprimer vos émotions? Leur réflexion peut-elle faire progresser la vôtre et en même temps la société?

Mon invitation à l'aventure littéraire se double d'un défi. Ces écrivains ont cherché, en prenant la plume, l'expression la plus riche de sens pour exprimer leur monde intérieur. Leurs textes sont le fruit d'une recherche esthétique pour trouver la tonalité, les mots, les phrases, les images les plus appropriés à l'expression de leurs idées et de leurs émotions. Pouvez-vous percevoir ce rapport intime entre le sens du texte et la forme que l'écrivain lui donne? Pour le comprendre, accepteriez-vous de jouer le jeu? Vous risqueriez-vous à votre tour à écrire un texte fruit d'une recherche esthétique pour trouver la forme la meilleure pour exprimer votre sensibilité?

Le défi que je vous propose est même encore un peu plus grand. Dans leur recherche esthétique, les écrivains rejoignent les peintres, les graveurs et les sculpteurs de leur époque. Bien que ceux-ci travaillent avec des matériaux différents, ils expriment leur univers intime et une vision personnelle de leur société que l'on peut rapprocher de celle des écrivains. Parfois même, les procédés du peintre peuvent aider à comprendre ceux de l'écrivain. Sauriez-vous établir la correspondance entre les différentes manifestations de l'expression artistique, les rapports entre la vision et les procédés des peintres, des graveurs ou des sculpteurs, voire des musiciens et ceux des écrivains? Sauriez-vous vous inspirer d'une peinture pour comprendre un texte?

Attention! Je vous lance des défis, mais je ne vous laisse pas sans instruments pour vous guider dans cette aventure littéraire. Chaque période historique abordée fait l'objet d'une présentation, la plus brève possible, dans laquelle nous avons exposé des informations choisies pour faciliter la compréhension des œuvres. De même, les biographies des auteurs à l'étude et les présentations des extraits de leurs œuvres comportent des éléments susceptibles de guider votre lecture. Les questions qui accompagnent chaque texte suivent un schéma constant:

1. une question de préparation à la lecture;

2. une question de compréhension intuitive après une première lecture;

3. des questions d'analyse et d'approfondissement;

4. une question de synthèse conduisant à une interprétation du texte;

5. des questions confrontant l'extrait étudié tantôt à d'autres textes, tantôt au lecteur.

Pour enrichir votre démarche, nous avons placé à la fin de chaque chapitre des clés pour comprendre les écrits de l'époque historique visée et une synthèse de l'apport de chaque écrivain. Enfin, un chapitre méthodologique décrit la façon de lire un texte littéraire, d'en faire l'analyse et de rendre compte de sa lecture.

Êtes-vous prêts à tenter l'aventure ? Y courez-vous quelque danger ? J'en doute. Par contre, vous pouvez y perdre quelques préjugés et y gagner un espace de liberté. Celui-ci se créera par la réflexion, par la confrontation avec d'autres, par l'apprivoisement d'idées nouvelles, par la maîtrise de nouveaux moyens de compréhension et d'expression. Au terme du voyage, vous aurez acquis la conviction que l'exploration de l'être humain et de ses pensées ne sera jamais achevée, que de nouvelles découvertes vous attendent. Vous aurez nourri votre enthousiasme et vous pourrez à votre tour prendre la plume pour offrir votre vision marquée de votre cachet personnel.

André G. Turcotte

LE MOYEN ÂGE : LA NAISSANCE D'UNE LITTÉRATURE

LA CITÉ DES DAMES DE CHRISTINE DE PISAN, V. 1410.

Enluminure sur parchemin : 12 × 18 cm. Bibliothèque nationale de France, Paris.

Guidée par les trois vertus, Raison, Droiture et Justice, Christine de Pisan, une des premières écrivaines françaises, érige les murs de la Cité idéale pour combattre la misogynie de son époque perceptible dans la lettre d'Héloïse.

LETTRE D'HÉLOÏSE À ABÉLARD (V. 1132)

Couvent du Paraclet

À son unique après le Christ,
son unique dans le Christ

ENVERS UN HOMME surpris en adultère, la peine que tu subis n'eût pas été un supplice injuste. Mais ce que d'autres méritent par l'adultère, c'est le mariage qui te le valut : le mariage, qui te semblait suffisamment réparer tes torts ! Ce qu'une femme adultère attire à son complice, ta propre épouse te l'attira. Ce n'est pas même à l'époque de nos plaisirs que survint ce malheur, mais au temps de notre séparation : tu te trouvais à Paris, à la tête de ton école, et moi à Argenteuil dans le couvent où tu m'avais fait entrer ; nous nous étions éloignés l'un de l'autre afin de nous livrer, toi avec plus d'ardeur aux études, moi avec plus de liberté à la prière et à la méditation de l'Écriture, et nous menions de part et d'autre une existence aussi chaste que sainte. Et c'est alors que tu expias, seul, dans ton corps, notre faute commune ! [...]

Malheureuse, qui naquis pour être la cause d'un tel crime ! Les femmes ne pourront donc jamais conduire les grands hommes qu'à la ruine ! C'est pourquoi sans doute le livre des Proverbes met en garde contre elles : « Maintenant donc, mon fils, écoute, et prête attention à mes paroles. Que ton cœur ne se détourne pas sur les voies de la femme. Ne t'égare pas dans ses sentiers, car elle en a blessé et abattu un grand nombre : les plus courageux ont été tués par elle. Sa maison est l'entrée des enfers, et conduit au cœur de la mort. » Et dans l'Ecclésiaste : « J'ai tout considéré en esprit, et j'ai trouvé la femme plus amère que la mort. Elle est le filet des chasseurs, et son cœur est un piège. Ses mains sont des chaînes. L'ami de Dieu lui échappera, mais elle fera du pécheur sa proie. » [...]

Dois-je en effet t'avouer toute la faiblesse de mon misérable cœur ? Je ne parviens pas à susciter en moi un repentir capable d'apaiser Dieu. Je ne cesse au contraire d'accuser sa cruauté à ton égard. Je l'offense par des mouvements de révolte contre sa volonté, au lieu d'en appeler, par la pénitence, à sa miséricorde. Peut-on dire que l'on fait pénitence, quelle que soit la mortification que l'on impose au corps, quand l'âme conserve le goût du péché et brûle de ses anciens désirs ? Certes, il est aisé de s'accuser en confession de ses fautes, et même de s'infliger des macérations extérieures. Mais combien difficile, d'arracher de son cœur l'amour des plus douces voluptés ! [...]

Les plaisirs amoureux qu'ensemble nous avons goûtés ont pour moi tant de douceur que je ne parviens pas à les détester, ni même à les chasser de mon souvenir. Où que je me tourne, ils se présentent à mes yeux et éveillent mes désirs. Leur illusion n'épargne pas mon sommeil. Au cours même des solennités de la messe, où la prière devrait être plus pure encore, des images obscènes assaillent ma pauvre âme et l'occupent bien plus que l'office. Loin de gémir des fautes que j'ai commises, je pense en soupirant à celles que je ne peux plus commettre.

[...]

On vante ma chasteté, parce qu'on ignore à quel point je suis fausse. On exalte comme une vertu la continence de mon corps, alors que la vraie continence relève moins de la chair que de l'esprit. Les hommes répètent mes louanges, mais je n'ai aucun mérite, aux yeux du Dieu qui sonde les reins et les cœurs et à qui rien ne demeure caché. On me juge pieuse, certes ; mais, de nos jours, la religion n'est plus, pour une grande part, qu'hypocrisie, et l'on fait une réputation de sainteté à qui ne heurte point les préjugés du monde.

(Traduction de Paul ZUMTHOR,
reproduit avec la permission de Marie-Louise Ollier.)

DATES	ÉVÉNEMENTS POLITIQUES	ÉVÉNEMENTS SOCIOCULTURELS
768	Charlemagne devient roi des Francs.	
778	Bataille de Roncevaux.	
Noël 800	Charlemagne est sacré empereur d'Occident par le pape à Rome.	
XIe siècle		Les noms d'Olivier et de Roland sont donnés à des frères comme noms de baptême. Ce phénomène durera jusqu'au XIIe siècle. — Apogée de l'art roman.
1066	Bataille de Hastings et conquête de l'Angleterre par Guillaume de Normandie, dit le Conquérant.	
1077-1082		Tissage de la *Tapisserie de Bayeux*.
1086-1095		Version perdue de la *Chanson de Roland*.
1096-1099	Première croisade ordonnée par le pape au concile de Clermont.	
XIIe siècle		Apogée de l'art gothique.
Entre 1125 et 1150		*Chanson de Roland* (manuscrit d'Oxford).
Vers 1135		Naissance de Chrétien de Troyes († v. 1183).
1147-1149	Deuxième croisade.	
1154		Naissance de Marie de France (†1189).
Vers 1160		Premiers fabliaux.
Vers 1165		Marie de France, *Lais*.
Vers 1170		*Tristan et Iseult* (versions de Thomas et de Béroul).
Vers 1180		Chrétien de Troyes, *Yvain ou le Chevalier au lion*.
1209		Fondation de l'ordre des Franciscains (cordeliers ou mineurs).
1215		Fondation de l'ordre des Dominicains (jacobins).
1226-1270	Règne de Louis IX (Saint Louis).	
1257		Création du collège de Sorbonne. — Rutebeuf, *Le Pharisien*.
Vers 1262		Rutebeuf, *La complainte*.
1266		Naissance du peintre Giotto (†1336).
Vers 1285		Mort de Rutebeuf.
1337	Début de la guerre de Cent Ans.	
Vers 1340		Derniers fabliaux.
1360-1380	Règne de Charles V.	
1364		Naissance de Christine de Pisan († v. 1430)
1368		Naissance du peintre Gerini (†1415).
1380-1422	Règne de Charles VI.	
1405		Christine de Pisan, *La Cité des dames*.
1429		Christine de Pisan, *Le Ditié de Jeanne d'Arc*.
1431	Les Anglais brûlent Jeanne d'Arc comme sorcière.	Naissance de Villon († apr. 1463).
1456		Villon, *Le lais*.
1461		Villon, *Le testament*.

E N FRANCE, le Moyen Âge s'étire sur une longue période de dix siècles (du Vᵉ au XVᵉ), mais la littérature n'apparaît qu'à la fin du XIᵉ siècle. Ces quatre siècles d'activité littéraire nous laissent un héritage très divers qui a évolué en même temps que la société, la langue, les mentalités, et dont les thèmes sont toujours actuels en ce XXIᵉ siècle : l'amour, la mort, la justice, le bien et le mal, la vérité, la réalisation de soi. Pour bien comprendre les textes et saisir leur pertinence par rapport à notre réalité actuelle, il importe de connaître la société française du Moyen Âge, notamment eu égard à l'unité nationale, à la structure sociale, à la langue et à la religion.

L'ÉMERGENCE D'UN PAYS

D'abord morcelé en de très nombreuses entités autonomes, souvent rivales et belliqueuses, dirigées par des chefs avides de pouvoir, le territoire français s'unifie lentement en un pays dont Paris deviendra la capitale. Au fil de leur succession, divers rois agrandissent le territoire sur lequel ils affermissent leur emprise. Ainsi, petit à petit, un pays émerge en dépit des conflits et des guerres.

La structure sociale particulière sous laquelle s'accomplit cette unification est la **féodalité**, qui place sous l'autorité d'un roi des seigneurs de plus en plus puissants, appuyés par des chevaliers qui assurent à leur suzerain fidélité, obéissance et force au combat contre la cession d'un fief transmissible par héritage. Le chevalier obéit à un code d'honneur très exigeant qui lui fait mépriser la peur, le danger, la fatigue et cultiver les qualités guerrières : force, courage, adresse, audace, ruse… Se développe ainsi la noblesse de sang qui, par le jeu des alliances et des rivalités, élargit progressivement le pouvoir du seigneur le plus élevé de la hiérarchie, le roi.

Cette classe sociale privilégiée domine la masse de ceux qui travaillent — les cultivateurs, les artisans, les marchands —, parmi lesquels se trouvent les serfs, le plus souvent attachés à une terre et contraints par diverses obligations envers leur seigneur. Situé entre ces deux classes, le clergé comprend les prêtres et les évêques, personnes instruites vouées à l'enseignement, à la prière et aux activités intellectuelles. Ces clercs assument à la fois le rôle de chefs spirituels et de seigneurs temporels dans la cité. Retirés dans des monastères, les moines vivent hors de la cité et forment le clergé régulier, c'est-à-dire soumis à des règles. Citons l'ordre des bénédictins pour les hommes et celui des clarisses pour les femmes. Certaines de ces communautés deviennent très riches, ce qui contrevient à leur idéal de pauvreté ; les fils de paysans y sont affectés aux travaux manuels et les fils de seigneurs, aux tâches intellectuelles (écriture, débats et controverses).

LA SOCIÉTÉ AUX XIIᵉ ET XIIIᵉ SIÈCLES

Ces classes sociales évoluent jusqu'au XIIIᵉ siècle dans un contexte fortement rural. Puis, avec un certain essor économique, les villes se développent en même temps que se multiplient les bourgeois, commerçants et artisans, qui ne sont ni nobles, ni clercs, ni serfs. À mesure que leur importance s'accroît dans l'activité des bourgs (d'où leur nom), ils obtiennent des privilèges économiques et juridiques. Parallèlement, deux grands ordres religieux apparaissent, dont les membres parcourent le monde, prêchant, enseignant, mendiant, au lieu de vivre dans les monastères : les dominicains (prêcheurs ou jacobins) et les franciscains (cordeliers ou mineurs). Malgré leur vœu initial de pauvreté, ces ordres mendiants finissent par s'enrichir. Plusieurs de ces moines s'installent à Paris et obtiennent des chaires dans l'enseignement universitaire, contre la volonté du clergé séculier à qui ces chaires étaient jusqu'alors réservées.

La religion joue un rôle unificateur pendant cette période, notamment grâce aux grands projets de construction de cathédrales gothiques, dont la structure en ogive est surmontée d'une flèche qui s'élève dans le ciel. Autre entreprise religieuse d'envergure, les croisades contribuent elles aussi à cette unification en donnant aux chevaliers la possibilité d'accomplir un vœu religieux tout en vivant des aventures exaltantes, occasions de conquêtes et source de gloire. Huit fois en deux cents ans, tout le monde chrétien met sa force combattive au service de la lutte contre les Infidèles et de la libération de Jérusalem, grand lieu de pèlerinage au tombeau du Christ. Ces voyages vers le Proche-Orient auront en même temps un rôle politique et commercial important, et permettront à plusieurs de piller les richesses des villes envahies.

Jusqu'au XVIᵉ siècle, le latin reste la langue officielle utilisée dans les actes juridiques et les documents publics. Cependant, la langue parlée évolue et s'éloigne progressivement du latin. L'essor des villes et les projets religieux, ainsi qu'une gestion uniformisée de la justice et des impôts, favoriseront le développement de cette langue commune. D'abord, deux groupes de langues romanes issues du latin vulgaire se partagent petit à petit le territoire : au Sud, les langues d'oc, véhicule d'un essor littéraire et culturel important ; au Nord, les langues d'oïl, dont le francien, langue de la monarchie, des centres du pouvoir. Cette dernière sera admirée à travers l'Europe, au même titre que Paris, centre intellectuel en ébullition et siège de l'Université et de grands collèges. Au XIIIᵉ siècle, on prêche en français et l'on écrit en français des actes de vente, des œuvres littéraires, des ouvrages d'histoire, des chroniques.

UNE LITTÉRATURE NAÎT

Au XIIᵉ siècle, l'œuvre n'est pas d'abord écrite. Elle existe dans la mémoire des troubadours qui la chantent ou la récitent dans des fêtes, dans des banquets à la cour, lors de cérémonies publiques. Selon le contexte, le goût du jour, les failles de la mémoire, les récits populaires ou l'imagination créatrice, l'œuvre subit des remaniements successifs. Lorsqu'une œuvre est transposée à l'écrit, les copistes produisent un texte le plus souvent anonyme. Ils utilisent des peaux d'animaux (vaches, veaux — d'où est tiré le nom de *vélin*) ; au besoin, ils grattent des peaux déjà couvertes de signes pour les réutiliser. Ces scribes signent parfois leur travail, ce qui ne fait pas d'eux des auteurs, bien qu'il leur arrive d'ajouter au texte transmis par la tradition des éléments de leur cru. Dans ces conditions, il est extrêmement difficile, voire impossible de découvrir l'auteur d'une œuvre. Les concepts de propriété intellectuelle et de droit d'auteur tels qu'ils existent de nos jours n'ont donc pas de sens au XIIᵉ siècle. Au XIIIᵉ siècle, les ateliers de production de livres se multiplient. On soigne la qualité de l'écriture, on enlumine les textes ; les livres deviennent de véritables œuvres d'art recherchées par la noblesse.

LES XIVᵉ ET XVᵉ SIÈCLES, UNE PÉRIODE DE CRISE

L'unification géographique et nationale entreprise aux siècles précédents demeure difficile à réaliser à cause des rivalités multiples entre les grandes familles nobles. La France traverse une longue période de crise marquée par la guerre dite de Cent Ans qui oppose les souverains d'Angleterre et de France. Une grande partie de la France passe sous l'autorité du roi anglais pendant de nombreuses années. La paix sera longue à établir et cette période d'instabilité se traduira par la multiplication d'émeutes dans les villes et les campagnes. Sur le plan religieux, cette période est marquée par le grand schisme : de 1378 à 1417, deux papes, l'un à Rome, l'autre à Avignon, se partagent le pouvoir de l'Église catholique et l'influence sur les rois d'Europe. Enfin, à la famine s'ajoute la maladie : la Peste noire sévit en France et dans toute l'Europe entre 1346 et 1351 ; elle tuera le tiers de la population. Heureusement, cette période connaît également des transformations sociales et des percées indéniables, notamment l'essor des villes amorcé au XIIIᵉ siècle, le développement de l'imprimerie par l'usage de caractères réutilisables dans les presses grâce à l'ingéniosité de Gutenberg, l'ouverture par le commerce maritime de nouvelles routes menant vers l'Orient puis vers l'Amérique.

PARTIE

LA FLORAISON LITTÉRAIRE AU XIIᵉ SIÈCLE

U XIIᵉ SIÈCLE, la littérature est avant tout orale. Deux grandes tendances la caractérisent : l'**épopée**, illustrée notamment par la *Chanson de Roland*, et la **littérature courtoise** qui inspire le mythe de *Tristan et Iseult*.

L'épopée a pris la forme de la chanson de geste. Elle met en scène des chevaliers dont l'amitié, la force, l'adresse et le courage sont exemplaires ; elle transforme leurs faits d'armes historiques en exploits. Elle s'ouvre au merveilleux religieux en mettant en scène des interventions divines dans les actes des hommes. Magnifier ainsi le passé répond à une intention didactique : la chanson de geste vise à susciter l'admiration des chevaliers, qu'elle présente comme des héros plus grands que nature défendant leur pays et leur religion contre les ennemis païens. Ce faisant, elle unifie dans une même idéologie à caractère mystique l'amour du pays et la foi en un Dieu chrétien. Cette mystique, tout comme l'univers féodal dans lequel la chanson de geste situe l'action, est d'actualité au XIIᵉ siècle, période de croisades qui voit en Charlemagne le précurseur des croisés. Dans le récit épique, la victoire confirme la grandeur du roi chrétien et la valeur de sa foi religieuse ; le pape promet l'absolution aux guerriers combattant les Sarrasins, c'est-à-dire les populations païennes, arabes ou musulmanes en Espagne : pour la masse anonyme des individus, mourir ainsi assure le salut éternel.

Dans les grandes cours du pays, à côté de l'esprit chevaleresque, on recherche de plus en plus l'élégance, le raffinement, les bonnes manières ; se développent en même temps la noblesse du cœur, un intérêt pour les créations de l'esprit (musique, chant, poésie...) et tout ce qui distingue l'habitué de la cour du vilain, réputé grossier et brutal. Ainsi se définit progressivement la société courtoise qui, tout en se donnant de nouvelles valeurs, demeure fidèle à l'esprit chevaleresque : quête d'aventure et de prouesses, culture de la bravoure et de l'adresse, amitié entre chevaliers, respect et loyauté du vassal à l'égard de son suzerain. Au centre de cet univers de valeurs et d'aspirations apparaît le « service d'amour », lié au concept de *fin'amor* ou amour courtois. Prenant pour modèle le rapport du vassal avec son suzerain, ce lien amoureux unit le chevalier à une dame inaccessible, parce qu'elle est dans bien des cas l'épouse du suzerain. Le chevalier lui est totalement soumis. Il accomplit des exploits pour la glorifier et mériter son amour ; il multiplie les déclarations amoureuses et parle de son amour comme d'une réalité sublime, irréalisable et, en même temps, profondément sensuelle. La dame accueille sa cour amoureuse par une attitude à la fois charmée et réservée. Les œuvres courtoises illustrent cette tension du chevalier vers la perfection de l'amour et cette haute exigence de la dame quant au raffinement des mœurs et aux preuves d'amour. Chrétien de Troyes y consacrera plusieurs œuvres.

CHARLEMAGNE (747-814)

Détail d'un vitrail. (Musée de l'œuvre Notre-Dame, Strasbourg.)

La *Chanson de Roland*

La *Chanson de Roland* est une **chanson de geste** ; elle appartient au genre **épique**, très apprécié au XIIe siècle. Si sa construction et son écriture incitent à croire qu'elle est l'œuvre d'un auteur unique, il demeure toutefois inconnu ; Turoldus, dont le nom apparaît au dernier vers, peut aussi bien être un remanieur ou un copiste que l'auteur. La version la plus ancienne à ce jour, le manuscrit d'Oxford, aurait été produite entre 1125 et 1150. Toutefois, la légende dont cette œuvre s'inspire a fait l'objet de créations antérieures, car on rapporte qu'une cantilène sur Roland fut chantée en 1066 à la bataille de Hastings pour stimuler le courage des combattants.

Cette légende enjolive des faits peu honorables qui se seraient produits durant les campagnes du grand Charlemagne et qui auraient menacé les bases de l'empire chrétien d'alors. Voici ce que l'on croit savoir de ces faits. Charlemagne, défenseur des chrétiens, alors âgé vraisemblablement de trente-six ans, conduit ses armées en Espagne. Vainqueur partout sauf à Saragosse, il se voit obligé par un soulèvement des Saxons de refluer vers la France. Vu l'étroitesse de la route forestière dans les Pyrénées, le corps de l'armée doit s'étirer. À Roncevaux, le 15 août 778, en fin de journée, l'arrière-garde et les convois qui la précèdent sont attaqués, les soldats et tous les grands chefs sont tués, les bagages pillés ; les attaquants, une petite troupe de Basques appuyés peut-être par des Sarrasins, se dispersent à la faveur de la nuit et restent impunis. L'œuvre retient bien quelques faits, mais elle les transforme en magnifiant l'héroïsme des Français selon l'idéal épique.

L'expression *chanson de geste* évoque plusieurs aspects de la *Chanson de Roland*. Le mot *geste* renvoie au caractère narratif et historique de l'œuvre. Le mot *chanson* fait référence à sa diffusion par des troubadours, qui la chanteront en s'accompagnant au luth ou à la vielle, à l'intention des membres de la cour ou du public des rassemblements populaires (foires, fêtes foraines...). Plusieurs traits de l'écriture révèlent le caractère chanté de l'œuvre et le souci de l'auteur d'aider

le troubadour à mémoriser le texte. L'œuvre est un poème en vers de dix pieds (décasyllabes) comptant deux cent quatre-vingt-onze laisses de longueur variable et quatre mille deux vers. Chaque laisse possède son propre thème et joue sur l'assonance des vers. De nombreuses répétitions, de laisse en laisse, favorisent le rappel du récit aussi bien pour les auditeurs que pour le chanteur.

■ LAISSES 79 À 89 (VERS 994 À 1138)

Dans les premières laisses du poème, Ganelon, envoyé par Charlemagne pour proposer au roi Marsile l'arrêt des combats, la reddition et la conversion au christianisme, trahit son roi et son pays. Il convient d'un stratagème qui permettra au roi des Sarrasins de détruire une arrière-garde dirigée par Roland, le neveu de Charlemagne, et d'attaquer par surprise le roi français en route vers son pays.

Dans les laisses qui précèdent, l'auteur décrit l'ampleur, l'ardeur et la beauté de l'armée arabe et de ses chefs qui se préparent à attaquer l'arrière-garde française. Dans celles qui suivent, il présente la description de l'arrière-garde française et le récit des faits d'armes et des événements qui conduiront Roland, avant de mourir, à rappeler l'empereur pour sauver son pays.

(79) Les païens s'arment de hauberts[1] sarrasins, presque tous à triple épaisseur de mailles, lacent leurs très bons heaumes[2] de Saragosse, ceignent des épées d'acier viennois. Ils ont de riches
5 écus[3], des épieux[4] de Valence et des gonfanons[5] blancs et bleus et vermeils. Ils ont laissé mulets et palefrois[6], ils montent sur les destriers[7] et chevauchent en rangs serrés. Clair est le jour et beau le soleil : pas une armure qui
10 toute ne flamboie. Mille clairons sonnent, pour que ce soit plus beau. Le bruit est grand : les Français l'entendirent. Olivier dit : « Sire compagnon, il se peut, je crois, que nous ayons affaire aux Sarrasins. » Roland répond : « Ah !
15 que Dieu nous l'octroie ! Nous devons tenir ici, pour notre roi. Pour son seigneur on doit souf-frir toute détresse, et endurer les grands chauds et les grands froids, et perdre du cuir et du poil[8]. Que chacun veille à y employer de
20 grands coups, afin qu'on ne chante pas de nous une mauvaise chanson[9] ! Le tort est aux païens, aux chrétiens le droit. Jamais on ne dira rien de moi qui ne soit exemplaire. »

[...] (Olivier monte sur une butte, aperçoit l'armée ennemie et redescend en toute hâte.)

(83) Olivier dit : « Les païens sont très forts ; et
25 nos Français, ce me semble, sont bien peu. Roland, mon compagnon, sonnez donc votre cor : Charles l'entendra, et l'armée reviendra. » Roland répond : « Ce serait faire comme un fou. En douce France j'y perdrais mon renom. Sur

---

1. *haubert* : tunique longue composée de mailles de métal couvrant la tête, les bras et les jambes.
2. *heaume* : casque en métal, comportant une plaque descendant sur le nez ; il se laçait aux mailles de la coiffe du haubert couvrant le crâne et la nuque.
3. *écu* : panneau de bois, de métal et de cuir servant de bouclier.
4. *épieu* : lance composée d'une tige de frêne et d'une pièce de fer triangulaire, utilisée pour désarçonner l'adversaire.
5. *gonfanon* : enseigne ou bannière de guerre faite d'étoffe fixée à l'extrémité d'une hampe et découpée en forme de langue sur la bordure.
6. *palefroi* : cheval de parade.
7. *destrier* : cheval de bataille.
8. Ici Roland évoque le serment d'allégeance au roi, serment également prononcé pour lier le vassal à son suzerain. Cette pratique du serment situe *La Chanson de Roland* dans un contexte de monarchie naissante en France et non seulement de féodalité.
9. La société médiévale méprise les couards. Les chevaliers doivent faire preuve de courage, de crainte que ne se répandent dans la masse populaire des refrains moqueurs sur leurs hésitations, leur manque d'audace devant le danger. Ils redoutent les reproches de leur suzerain. La crainte de la mauvaise chanson marque également les héroïnes des romans courtois, qui appréhendent la dénonciation de leurs infidélités.

30 l'heure je frapperai de Durendal, de grands coups. Sa lame saignera jusqu'à l'or de la garde. Les félons[10] païens sont venus aux ports[11] pour leur malheur. Je vous le jure, tous sont marqués pour la mort. »

35 (84) « Roland, mon compagnon, sonnez votre olifant[12] ! Charles l'entendra, ramènera l'armée ; il nous secourra avec tous ses barons[13]. » Roland répond : « Ne plaise à Dieu que pour moi mes parents soient blâmés et que douce 40 France tombe dans le mépris ! Mais je frapperai de Durendal à force, ma bonne épée que j'ai ceinte au côté ! Vous en verrez la lame tout ensanglantée. Les félons païens se sont assemblés pour leur malheur. Je vous le jure, ils sont 45 tous livrés à la mort. »

(85) « Roland, mon compagnon, sonnez l'olifant ! Charles l'entendra, qui est au passage des ports. Je vous le jure, les Français reviendront. — Ne plaise à Dieu », lui répond Roland, « qu'il 50 soit jamais dit par nul homme vivant que pour des païens j'aie sonné mon cor ! Jamais mes parents n'en auront le reproche. Quand je serai en la grande bataille, je frapperai mille coups et sept cents, et vous verrez l'acier de Durendal 55 sanglant. Les Français sont hardis et frapperont vaillamment ; ceux d'Espagne n'échapperont pas à la mort. »

(86) Olivier dit : « Pourquoi vous blâmerait-on ? J'ai vu les Sarrasins d'Espagne : les vaux et les 60 monts en sont couverts et les collines et toutes les plaines. Grandes sont les armées de cette engeance étrangère et bien petite notre troupe ! » Roland répond : « Mon ardeur s'en accroît. Ne plaise au Seigneur Dieu ni à ses anges qu'à 65 cause de moi France perde son prix ! J'aime mieux mourir que choir dans la honte ! Mieux nous frappons, mieux l'empereur nous aime. »

(87) Roland est preux[14] et Olivier sage. Tous deux sont de courage merveilleux. Une fois à 70 cheval et en armes, jamais par peur de la mort ils n'esquiveront une bataille. Les deux comtes sont bons et leurs paroles hautes. [...]

(89) D'autre part voici l'archevêque Turpin. Il éperonne et monte la pente d'un tertre. Il ap- 75 pelle les Français et les sermonne : « Seigneurs barons, Charles nous a laissés ici : pour notre roi nous devons bien mourir. Aidez à soutenir la chrétienté ! Vous aurez une bataille, vous en êtes bien sûrs, car de vos yeux vous voyez les 80 Sarrasins. Battez votre coulpe[15], demandez à Dieu sa merci[16] ; je vous absoudrai pour sauver vos âmes. Si vous mourez, vous serez de saints martyrs, vous aurez des sièges au plus haut paradis. » Les Français descendent de che- 85 val, se prosternent contre terre, et l'archevêque, au nom de Dieu, les a bénis. Pour pénitence, il leur ordonne de frapper.

(Traduction de Joseph BÉDIER, reproduit avec la permission de madame Bertrand Mauduit.)

---

10. *félon* : celui qui trahit son suzerain, qui n'a pas respecté la parole donnée par son serment solennel. C'est aussi l'injure suprême que les chrétiens appliquent aux païens.
11. *ports* : cols ou défilés de montagne que l'armée doit franchir pour retourner en France.
12. *olifant* : cor d'ivoire, en forme de corne, souvent richement sculpté.
13. *baron* : titre de noblesse immédiatement supérieur au chevalier dans la hiérarchie féodale ; dans *La Chanson de Roland*, ce titre désigne tous les échelons supérieurs de la hiérarchie.
14. *preux* : courageux, vaillant.
15. *battre sa coulpe* : se frapper la poitrine en signe de repentir (geste à caractère religieux).
16. *demander la merci* : demander la grâce, le pardon.

QUESTIONS

1 Les faits rapportés ici correspondent-ils aux événements historiques ? Expliquez votre réponse.

2 Pour quelle raison Olivier demande-t-il à Roland de rappeler l'armée de Charlemagne ? Pourquoi Roland s'y refuse-t-il ?

3 a) Relevez les mots employés pour décrire l'armée française et l'armée ennemie. Groupez-les en champs lexicaux, et dites quels thèmes ces champs révèlent pour chaque armée.

b) Quel mot est le plus employé pour désigner les ennemis de Roland et d'Olivier ? pour désigner leurs propres guerriers ? Que représente la différence de sens entre ces deux mots ?

c) À la laisse 79, quelles sont les trois raisons invoquées par Roland pour combattre les Sarrasins ? Où ces raisons sont-elles reprises dans l'extrait ? Roland donne-t-il d'autres raisons dans l'extrait ? Si oui, lesquelles ?

d) Durendal est l'épée que Charlemagne a donnée à Roland. Relevez dans les laisses 83, 84 et 85 les mots qu'emploie Roland pour en parler. Quels sous-thèmes s'en dégagent ? Qu'est-ce que ces sous-thèmes nous apprennent du lien entre le chevalier et son arme ?

e) Dans la laisse 87, l'auteur trace un bref portrait de Roland et de son compagnon qui montre en quoi ils se ressemblent et se distinguent. Ce portrait nous permet-t-il de comprendre les paroles de ces deux personnages dans les laisses précédentes ? Expliquez votre réponse.

4 Quelle vision du héros l'auteur nous présente-t-il ?

5 La présence et le discours de l'archevêque Turpin, dans la laisse 89, trouvent-ils un écho dans les événements contemporains qui opposent le monde musulman au monde occidental ? Y a-t-il d'autres éléments dans le texte qui permettent un tel rapprochement ? Expliquez votre réponse.

Art et littérature

L'ÉPOPÉE EN IMAGES

Témoignage majeur de la vie au Moyen Âge, la *Tapisserie de Bayeux* relate le déroulement de l'expédition militaire en Angleterre d'une armée commandée par Guillaume (1027-1087), duc de Normandie, que le roi d'Angleterre Édouard le Confesseur désigna comme son héritier avant de mourir. Décrits par des inscriptions en latin, les épisodes s'enchaînent sans rupture, à la manière d'une bande dessinée.

La scène illustre la bataille de 1066 où Harold, le prétendant au trône d'Angleterre, forma une armée et affronta les Normands près de Hastings. Ces derniers, encouragés par l'évêque Odon (dans la fin de la scène, à gauche), avancent en ordre. Au centre, « HIC EST WILLELMI DUX », *Ici se trouve le duc Guillaume* ; debout sur ses étriers, un bâton à la main, il s'est retourné et lève son casque afin de se faire reconnaître de ses soldats ; le cavalier chevauchant

LA BATAILLE DE HASTINGS.

Détail de la *Tapisserie de Bayeux*, XIᵉ siècle. (Broderie en fil de laine sur toile de lin : 50 cm × 70 m. Centre Guillaume-le-Conquérant, Bayeux.)

■ Pouvez-vous distinguer Guillaume des autres guerriers ?

■ Étudiez l'attitude et le comportement des Normands dans l'ensemble de la scène.

■ Que laisse deviner cette scène de l'issue de la bataille ?

devant lui le pointe de son index droit : l'identité du personnage est ainsi doublement soulignée. À droite, « HIC FRANCI PUGNANT », *Ici les Français combattent*, reconnaissables à leur taille, à leur habillement et à leurs gestes d'attaque : certains dirigent leur lance horizontalement vers la droite, alors que d'autres brandissent leur épée en direction des soldats ennemis — qui seront mis en pièces dans la séquence suivante. Le courage et la détermination de ces chevaliers contrastent avec les petites figures de la frise inférieure : des soldats équipés d'arcs et de flèches. Leurs armes primitives, leur taille et leur place suggèrent qu'il s'agit d'une illustration, en écho de la bataille centrale, de l'armée ennemie guerroyant.

La facture simplificatrice de la représentation, appuyée par l'indication écrite des divers épisodes, ne permet qu'une lecture univoque. La palette de couleurs est réduite et comporte peu de nuances ; il en résulte des figures presque plates, chevaux et cavaliers se présentant de profil. On distingue les vainqueurs de leurs ennemis par la taille, la couleur, les gestes et les attitudes physiques. Quant à l'espace, symbolique, il n'a aucune profondeur.

L'image utilise les mêmes procédés que le texte : la scène montre des personnages sans grande profondeur psychologique dont on souligne surtout les qualités militaires évidentes. Dans l'extrait de la *Chanson de Roland*, Roland et Olivier n'ont qu'une préoccupation, affronter l'armée ennemie ; le seul questionnement d'ordre « psychologique » concerne leurs qualités chevaleresques. Par ailleurs, la présence d'un évêque souligne l'importance de la religion : les Normands de la *Tapisserie de Bayeux* comme les Français combattant les païens représentent le Bien combattant le Mal.

Presque caricatural, ce type de représentation semble encore hanter les images et les discours actuels sur les conflits armés opposant l'Ouest à l'Est : les « qualités » que s'arroge le plus « fort » sont celles de ses armes, et chacune des factions ennemies clame son droit de combattre le Mal au nom de la Vérité absolue qu'elle est la seule à détenir.

HIC MILITES WILLELMI
DUCIS PUGNANT CONTRA DINANTES ET CUNAN CLAVES PORREXIT
*Ici les chevaliers du duc Guillaume combattent contre Dinan,
et Conan donne les clés.*

Détail de la *Tapisserie de Bayeux*, XIe siècle.

Cet épisode de la *Tapisserie de Bayeux* se situe dans la première partie de l'histoire : les Normands traversent la Bretagne et s'emparent des villes, ici Dinan, avant de s'embarquer pour l'Angleterre.

■ Étudiez l'effet de grandissement épique :

a) Comment crée-t-on un contraste entre les deux camps ennemis ? (Échelle et composition.)

b) Quels procédés caractérisent les figures ? (Dessin et couleur.)

c) Quelle image des Normands se dégage de cette scène ?

■ Établissez un parallèle avec les procédés du texte.

■ Quelle image des conflits armés présente-t-on aujourd'hui ?

Tristan et Iseult

La légende de Tristan et Iseult n'appartient pas exclusivement au domaine littéraire français. Son intrigue et ses éléments magiques prennent leur source en Irlande et dans le reste du monde celtique, où plusieurs récits oraux rapportent l'histoire de femmes mariées succombant aux charmes d'un vassal. La légende de Tristan et Iseult est répandue par des troubadours en France, en Angleterre, en Italie, en Allemagne et au Danemark. À la même époque, des maîtres d'atelier, Béroul d'une part, Thomas d'autre part, entreprennent d'en produire une version synthétique en vers dans les années 1170. Ces deux œuvres sont destinées à la lecture devant un public capable d'en apprécier les différences. La version de Béroul adopte les allures d'un récit épique adressé à une société féodale éprise d'aventures intenses et glorifiant les valeurs chevaleresques et courtoises, naissantes dans certaines cours. Celle de Thomas relève plus du monde courtois par l'accent que l'auteur met sur les aspects affectifs et psychologiques des personnages et par la tonalité lyrique qu'il confère aux monologues. D'autres textes plus brefs de la même époque, comme les lais de Marie de France, relatent certains épisodes déjà populaires des amours de Tristan et Iseult.

MARIE DE FRANCE
(1154-1189)

Miniature du XIIIe siècle (détail).
(Bibliothèque de l'Arsenal, Paris.)

Cette légende pouvait avoir un caractère scandaleux pour l'époque, puisqu'elle raconte l'histoire d'une passion adultère. Ce récit va à l'encontre à la fois des normes religieuses de fidélité à l'époux et des normes féodales de fidélité au suzerain. Les gestes des amants ont pour seule justification l'absorption d'un philtre d'amour, boire herbé qui contraint leur volonté. Si la grandeur de leur amour et l'ampleur de leurs tourments ont pu attirer sur eux la sympathie et la compassion du public, des écrivains de l'époque en ont fait la critique ; Chrétien de Troyes, par la bouche d'une de ses héroïnes, dans *Cligès*, dénonce la duplicité d'Iseult qui abandonne son corps à deux hommes mais réserve son cœur à Tristan, l'amant. Les versions en prose créées par la suite récupéreront la légende en la transposant dans l'univers chrétien du roi Arthur, des chevaliers de la Table ronde et du mythe du Graal.

Pour les lecteurs modernes, l'histoire de Tristan et Iseult n'est plus seulement une légende, mais le mythe de l'amour idéal, de la fidélité absolue à l'être aimé, qui l'emporte sur toutes les lois religieuses et sociales, et en même temps de l'amour fatal. Ce mythe s'incarne notamment dans des symboles végétaux qui frappent l'imagination ; par exemple, dans l'adaptation moderne de Joseph Bédier, une ronce aux fleurs odorantes jaillit de la tombe de Tristan et s'enfonce dans celle d'Iseult, resurgissant continuellement quand on la coupe ; ou, dans la version de René Louis, un buisson de roses rouges sort de la tombe d'Iseult et se mêle de façon inextricable à un cep de vigne sortant de la tombe de Tristan. Vers 1170, Thomas conclut son ouvrage en ouvrant la porte au développement du mythe : « J'ai un peu retranché du récit ; ce que j'ai conservé, je l'ai choisi pour illustrer et embellir cette histoire afin qu'elle plaise aux amants et qu'ils y trouvent de quoi se verser au cœur quelque délice. Puissent-ils en avoir réconfort contre les trahisons, contre les torts, contre les peines, contre les larmes, contre tous les chagrins d'amour ! »

■ LE COUDRIER ET LE CHÈVREFEUILLE

Bâtard, Tristan est pris en charge par son oncle, le roi Marc, qui l'élève au rang de chevalier. Le neveu et l'oncle sont dorénavant unis par une admiration et une affection mutuelles. Tristan devient un héros pour son pays en le libérant du Morholt, un géant venu d'Irlande prélever un tribut de trois cents jeunes garçons et filles. Blessé par l'épée empoisonnée du géant, il est soigné sous un faux nom par la nièce de celui-ci, Iseult la blonde. Revenu dans son pays, il propose au roi Marc, sommé par ses barons de prendre femme, de lui ramener celle à qui appartient un cheveu blond apporté par hasard par des hirondelles. De retour en Irlande, en libérant le pays d'un dragon, il obtient la main d'Iseult pour le roi Marc et promet de la ramener en Cornouailles pour les épousailles qui la feront reine. Durant le trajet, Tristan devient l'amant d'Iseult en buvant avec elle le vin herbé préparé pour la nuit de noces par la mère d'Iseult. Ce philtre d'amour a le pouvoir de rendre l'homme et la femme qui le boiront indéfectiblement amoureux pendant trois ans. Après le mariage d'Iseult avec le roi Marc, les amants continueront de s'aimer secrètement, mais seront dénoncés par des barons jaloux de l'amour du roi pour Tristan. Celui-ci, pris au piège, sera chassé de la cour et du pays par le roi Marc.

L'extrait suivant est emprunté par René Louis à un lai de Marie de France, le Lai du chèvrefeuille. L'auteur moderne a placé ce récit au moment où Tristan, chassé du palais mais incapable de s'éloigner d'Iseult, se cache dans la forêt avoisinante et s'informe des déplacements de la cour.

Le jour où le roi se met en route, Tristan est venu se cacher dans un fourré le long du chemin par où doit passer le cortège. Il coupe une branche de coudrier par le milieu puis il la fend

5 et l'équarrit. Quand il a paré la branche, il y grave avec son couteau des lettres qui étaient celles de son nom, car c'était un signe convenu entre la reine et lui. Il savait qu'Iseult s'en apercevrait, car elle y était très attentive et il lui était

10 déjà arrivé de se rendre compte ainsi de la présence de Tristan. Elle reconnaîtra bien, dès qu'elle le verra, le bâton préparé et orné par son ami.

Dans le même temps, Tristan lui fit parvenir

15 une lettre dont la teneur était : « Belle amie, sachez que, pour votre amour, je demeure caché dans la forêt. J'y ai fait mon séjour en attendant de trouver le moyen de vous revoir, car il m'est impossible de vivre sans vous. Il en

20 est de nous deux comme du chèvrefeuille quand il s'enroule autour de la branche du cou-

drier : une fois qu'il s'y est attaché et pris, tous deux peuvent bien durer ensemble, mais si on veut les séparer, le chèvrefeuille meurt en peu

25 de temps et le coudrier fait de même. Belle amie, ainsi en va-t-il de nous : ni vous sans moi, ni moi sans vous ! »

Le jour venu, Tristan vit passer d'abord les veneurs avec leurs chiens, puis les barons qui

30 escortaient le roi. Bientôt, parmi ses femmes, entre deux rangs de gens d'armes, la reine va chevauchant ; elle regardait avec soin devant elle. Aussi vit-elle, planté sur le talus du chemin, le bâton paré et gravé, et elle comprit aus-

35 sitôt le message qu'il lui apportait, car elle sut en déchiffrer toutes les lettres. Aux cavaliers qui faisaient route avec elle, elle commanda de s'arrêter : elle veut descendre de cheval et se reposer. Ils obéissent à son ordre. Elle s'éloigne de

40 son escorte et emmène avec elle sa servante Brangien à travers le bois. Iseult y trouve celui qui l'aimait plus que nul être au monde : il lui

TRISTAN ET ISEULT.

Manuscrit de Vienne. Codex 2537.
(Enluminure 22, folio 118. Début du xvᵉ siècle.
Bibliothèque nationale de Vienne.)

La page d'un manuscrit du *Tristan* en prose s'orne d'une enluminure représentant le parc du château. À l'annonce de la mort de Tristan, Iseult s'y réfugie pour être seule avec sa douleur, perceptible à son attitude physique, légèrement penchée, les mains sur les cordes, chantant tristement les yeux dans le vague. Ce lieu, qui abrita ses rencontres avec Tristan dans le texte, devient un refuge clairement délimité. Elle ignore que le roi Marc l'épie, caché parmi les arbres, ému de sa douleur — comme l'indique un passage subséquent du roman.

parle tout à loisir, et elle lui répond à son plaisir ; elle lui promet qu'elle l'aidera à se récon-
45 cilier avec le roi : Marc, assure-t-elle, est très affligé d'avoir banni Tristan à la suite des accusations portées contre lui. Quand arrive l'instant de la séparation, alors les amants commencent à pleurer. Elle lui dit : « Bel ami, tu as
50 dit vérité : je suis le chèvrefeuille et tu es le coudrier, nul ne pourra nous séparer l'un de l'autre sans causer notre mort à tous les deux. »

En souvenir de la joie qu'il avait éprouvée à revoir son amie, Tristan qui avait écrit toutes
55 les paroles de la reine, telles qu'elle les avait prononcées, en fit un nouveau lai de harpe ; on l'appelle *Goatleaf* en anglais, les Français le nomment *Chèvrefeuille*. Le refrain est :

Belle amie, si est de nous :
60 *Ni vous sans moi, ni moi sans vous.*

Brangien, l'avisée, profita de cette entrevue avec Tristan pour convenir avec lui d'un nouveau stratagème qui devait lui permettre de rencontrer secrètement la reine pendant la nuit.
65 Dans le verger clos de pieux et de fortes palissades qui entourait la demeure royale, jaillissait une fontaine à l'ombre d'un grand pin. Ses eaux fraîches et pures, après avoir empli un bassin creusé dans un perron de marbre,
70 s'écoulaient, vers le château par un canal à ciel ouvert, et traversaient la chambre des femmes selon une antique coutume des Celtes. Tristan viendra la nuit dans le verger, auprès de la fontaine ; il y jettera des copeaux portant des

75 signes gravés à la pointe du couteau : quand Brangien les verra glisser sur l'eau du canal, elle préviendra aussitôt la reine qui ira rejoindre son ami dans le verger.

Comme la baguette de coudrier, parée et inci-
80 sée de lettres par Tristan avait indiqué sa présence dans la forêt, ainsi, durant plusieurs semaines, les copeaux gravés de signes convenus permirent aux deux amants de se rejoindre chaque nuit auprès du perron de marbre, au
85 bord de la fontaine, sous les branches du grand pin. Et tel était l'enchantement du verger royal sous le ciel étoilé qu'Iseult disait parfois à Tristan : « N'est-ce pas ici le verger merveilleux dont parlent les lais bretons ? Une muraille d'air
90 infranchissable l'enclôt de toutes parts ; parmi les arbres en fleur, le héros vit sans vieillir entre les bras de son amie et nulle force hostile ne peut briser la muraille d'air. » Mais quand s'éteignait la dernière étoile, l'enchantement s'éva-
95 nouissait et Tristan se hâtait de franchir la haute palissade pour regagner son refuge.

(Traduction de René LOUIS,
© Librairie Générale Française, 1972.)

QUESTIONS

1 À quels éléments reconnaît-on l'univers courtois dans le texte ?

2 Comment Tristan s'y prend-il pour rencontrer Iseult dans la forêt ?

3 a) Notez les indices qui montrent que l'amour de Tristan et Iseult les met au ban de la société.

b) Quels sont les indices qui révèlent la connivence étroite, l'entente tacite entre Tristan et Iseult ?

c) Relevez deux symboles qui expriment la force de l'amour entre Tristan et Iseult et expliquez-les.

d) Analysez les paroles de Tristan et d'Iseult et montrez comment elles indiquent la réciprocité de leur amour.

4 Expliquez en quoi l'amour entre Tristan et Iseult peut être associé à l'amour courtois par certains aspects et non par d'autres.

5 a) Le mythe de Tristan et Iseult prône-t-il une soumission absolue à la passion amoureuse, à l'encontre d'autres liens d'affection et en dépit des souffrances et des malheurs qui en découlent ? Expliquez votre réponse.

b) Le mythe de Tristan et Iseult est-il simplement l'image de l'amour idéalisé auquel rêvent tous les amants ou plutôt l'illustration du déshonneur et des désordres sociaux que la soumission à la passion peut entraîner ? Expliquez votre réponse.

LE ROI ARTHUR ET LES CHEVALIERS DE LA TABLE RONDE

Miniature de « Lancelot du lac »,
Antoine Vérard, 1490.
(Bibliothèque nationale, Turin.)

Chrétien de Troyes (v. 1135-v. 1183)

Chrétien de Troyes apparaît dans l'histoire de la littérature française comme le premier véritable romancier médiéval. Bien qu'il écrive en vers et que ses textes soient destinés à la lecture à voix haute — il en donne l'exemple dans une scène de son roman *Yvain ou le Chevalier au lion* —, ses œuvres ont la structure narrative et la richesse thématique de véritables romans.

De Chrétien de Troyes, on sait peu de choses. Clerc lettré, il connaît les langues latine et française, la littérature ancienne, les contes et récits qui circulent dans la France de son temps. Est-il né à Troyes ? On l'ignore, mais il y a vécu un temps ; il aurait peut-être été chanoine et membre du clergé de la cathédrale. Chose certaine, il fréquente la cour de Marie de Champagne pour qui il écrit, à sa demande, *Lancelot ou le Chevalier à la charrette*. Plus tard, il dédiera son dernier roman, inachevé, *Perceval ou le Conte du Graal*, à son nouveau protecteur, le comte Philippe de Flandres.

L'ensemble de l'œuvre de Chrétien de Troyes témoigne de sa grande capacité à intégrer des sources multiples dans une perspective originale. La Bretagne lui procure le monde du roi Arthur, de la chevalerie, de la quête d'aventures périlleuses mêlant prouesses et découvertes. Les mythes celtiques fournissent des récits étranges dominés par le merveilleux — lieux et pouvoirs magiques, fées, monstres, êtres diaboliques, autre monde étonnant. La société courtoise détermine un modèle de la vie de cour et de la relation amoureuse. La religion chrétienne établit une perspective : la quête du bien, de la justice, de la spiritualité ; par le symbole du Graal, elle permet à Chrétien de Troyes d'orienter la quête chevaleresque vers un objectif spirituel sublime : trouver le Graal, ce vase ayant recueilli le sang du Christ et assurant la vie éternelle à ceux qui le possèdent. Riches de considérations psychologiques et morales sur l'amour, ses romans offrent en outre une vision réaliste de la société qui permet au lecteur d'assister à des réceptions, à des cérémonies religieuses, de voir des chevaliers en tournoi, des ouvriers au travail, de découvrir les coutumes de l'hospitalité, la richesse de l'habillement, etc.

Chrétien de Troyes laisse une œuvre originale tant par la profondeur psychologique de ses observations sur la nature humaine que par le regard critique qu'il porte sur son temps. Ses réserves face à certains traits de la société le poussent à tenter de résoudre le conflit entre l'amour courtois adultère et la morale chrétienne ; à amener le chevalier qui se bat pour l'honneur et par goût de l'aventure à le faire, comme Yvain, pour le bien et la justice, tout en poursuivant une quête amoureuse à la manière courtoise ; à transformer la recherche d'aventures en quête spirituelle et mystique.

■ YVAIN OU LE CHEVALIER AU LION (v. 1180)

Chevalier renommé de la cour du roi Arthur, Yvain convoite l'honneur de venger son cousin Calogrenant humilié par Esclados le Roux, qui protège sa fontaine magique contre les étrangers. Il se présente seul devant la fontaine. Provoqué en duel, il blesse mortellement son adversaire et le poursuit jusque dans son château, où il est fait prisonnier. Avec l'aide magique de Lunete, la demoiselle au service de Laudine, l'épouse d'Esclados, il échappe aux hommes qui le cherchent pour le tuer. Pendant l'enterrement du chevalier, il découvre la grande beauté de Laudine et en tombe amoureux. Sensible à cet amour pour sa maîtresse, Lunete convainc Laudine de recevoir Yvain et la prédispose favorablement à entendre sa déclaration d'amour. Elle garde Yvain caché au château et le prépare à cette rencontre.

Vers 1879 à 2036

La demoiselle fait semblant d'aller chercher monseigneur Yvain sur ses terres. Elle lui fait prendre un bain tous les jours, lui fait laver et lisser les cheveux. Elle lui prépare une robe d'écarlate fourrée de vair sur laquelle on devine encore des traces de craie[1]. Elle lui fournit tout

---

1. *traces de craie* : traces qui indiquent que le vêtement a été tout récemment taillé et assemblé.

MINIATURISTE SUISSE
(ACTIF EN ALSACE, V. 1300-1320).

Codex Manesse (Große Heidelberger Liederhandschrift), folio 35.
(Enluminure sur parchemin. Universitätsbibliothek, Heidelberg.)

Cette miniature illustre une page du recueil de poésie courtoise rassemblé par Rüdiger Manesse, notable de la ville de Zurich, en Suisse, dès la fin du XIIIᵉ siècle. La cape du chevalier s'orne de la lettre A stylisée, qui est peut-être une référence au nom de la dame idéale. Comme Yvain, il est à genoux devant sa dame, dans l'attitude de soumission imposée par le code courtois.

ce qui est nécessaire pour la parure : au cou, un fermail d'or travaillé de pierres précieuses, signe d'une parfaite élégance, une ceinturette et
10 une aumônière taillée dans un riche brocart. Elle le pourvoit de tous les raffinements de l'élégance. […]

La demoiselle explique à Yvain l'attitude de Laudine.

« Elle veut vous avoir dans sa prison. Elle veut toute votre personne, y compris votre cœur.
15 — Vraiment, cela me plaît fort et cela m'est égal, car je veux être son prisonnier. — Vous le serez ! Je le jure sur votre main droite que je tiens dans la mienne. Venez donc […] » Alors

la demoiselle l'emmena. Elle l'effraya, puis le
20 rassura et lui parla à demi-mot de la prison où il serait enfermé. Tout ami se doit d'être prisonnier, et c'est pourquoi elle l'appelle à bon droit prisonnier car, sans prison, il est impossible à quiconque d'aimer.

Mis en présence de Laudine, Yvain lui adresse la parole.

25 Monseigneur Yvain joint ses mains, s'agenouille et, en véritable ami, déclare : « Ma dame, je n'implorerai pas votre pitié mais je vous remercierai plutôt de tout ce que vous voudrez me faire subir, car rien de vous ne saurait me
30 déplaire. […] — Sans mentir, ma dame, nulle

force n'est aussi puissante que celle qui m'ordonne de consentir en tout à votre volonté. Je ne crains nullement d'obéir à votre bon plaisir, quel qu'il soit, et, s'il était en mon pouvoir
35 de réparer le meurtre dont je suis coupable envers vous, je le ferais sans discuter. [...] — Je vous tiens quitte de tous vos torts et méfaits, mais asseyez-vous et contez-moi comment vous êtes dompté à présent. — Ma dame,
40 cette force vient de mon cœur qui s'attache à vous. C'est mon cœur qui m'a mis dans cette disposition. — Et votre cœur, qui l'a soumis, cher et tendre ami ? — Dame, ce sont mes yeux ! — Et les yeux, qui ? — La grande beauté
45 que je vis en vous. — Et la beauté, quel fut son crime ? — Ma dame, celui de me faire aimer.

— Aimer, et qui ? — Vous, dame très chère ! — Moi ? — Oui, vraiment ! — De quelle manière ? — D'une manière qu'il ne peut
50 exister de plus grand amour, telle que mon cœur ne vous quitte pas et que jamais je ne l'imagine ailleurs, telle qu'ailleurs je ne puis mettre mes pensées, telle qu'à vous je m'abandonne sans réserve, telle que je vous aime bien
55 plus que moi-même, telle qu'à votre gré, si c'est votre désir, pour vous je veux mourir ou vivre. — Et oseriez-vous entreprendre de défendre la fontaine pour moi ? — Oui, assurément, ma dame, contre n'importe qui. — Alors sachez
60 que la paix est conclue entre nous ! »

(Traduction de Philippe WALTER, © Éditions Gallimard.)

QUESTIONS

1 Pourquoi Chrétien de Troyes accorde-t-il tant d'importance à la préparation vestimentaire d'Yvain par Lunete ?

2 Donnez un titre à cet extrait.

3 a) Lorsque Lunete emploie le mot *prison* (lignes 13 à 23), faut-il y voir un jeu de mots ? Quels sens cache-t-il ? S'il s'agit d'une métaphore, de quelle façon trouve-t-elle un écho dans les paroles de Laudine et d'Yvain ?

b) Quels sont les mots employés par Laudine et par Yvain pour désigner leur interlocuteur respectif ? Pourquoi choisissent-ils ces mots ?

c) Analysez la longue phrase (lignes 49-56) par laquelle Yvain cherche à convaincre Laudine de la grandeur de son amour. Expliquez comment les procédés syntaxiques, les figures de style et la gradation des thèmes sont au service du propos d'Yvain.

d) Relevez les différents gestes et attitudes de Laudine et d'Yvain dans ce dialogue amoureux et expliquez comment ils caractérisent le rôle de chacun.

4 Quels éléments de cet extrait sont représentatifs de l'amour courtois ?

5 Rédigez une scène de déclaration d'amour entre des jeunes d'aujourd'hui. Décrivez les ressemblances et les différences entre la scène de votre cru et celle qui réunit Yvain et Laudine. Comment expliquez-vous ces ressemblances ou ces différences ?

■ YVAIN OU LE CHEVALIER AU LION (V. 1180)

Yvain a perdu l'amour de Laudine en manquant à sa promesse de revenir en moins d'un an des tournois où il va jouter pour sa gloire. Durant sa reconquête de l'amour de Laudine, Yvain, transformé en chevalier luttant pour le bien, la vertu et la justice, se fait connaître sous le nom de « Chevalier au lion ». Il demande le gîte dans un château où deux diables séquestrent trois cents filles, les obligent à travailler pour eux et s'enrichissent à leurs dépens. Contraint au combat par les diables, Yvain les vaincra avec l'aide du lion, son double, et délivrera ainsi les captives.

Vers 5193 à 5211 ; 5294 à 5337

Entre les pieux, [Yvain] vit jusqu'à trois cents jeunes filles attelées à divers ouvrages. Elles tissaient des fils d'or et de soie, chacune de son mieux, mais un absolu dénuement empêchait
5 la plupart de porter une coiffe ou une ceinture. À la poitrine et aux coudes, leurs cottes étaient déchirées ; leurs chemises étaient souillées dans le dos. La faim et la détresse avaient amaigri leur cou et rendu leur visage livide. Il les vit
10 comme elles le virent ; elles baissèrent la tête et pleurèrent ; elles demeurèrent ainsi un long moment car elles n'avaient plus de goût à rien. Leurs yeux restaient comme fixés au sol tant leur affliction était grande. […]

Lorsque Yvain s'adresse aux femmes, l'une d'entre elles lui explique qu'elles sont là parce qu'un roi, menacé de mort, a racheté sa vie et sa liberté contre une rançon de trente jeunes filles chaque année. Puis elle décrit leur sort.

15 « Jamais nous n'aurons le moindre plaisir. Parler de délivrance est une profonde ineptie car jamais nous ne sortirons d'ici. Toujours nous tisserons des étoffes de soie et nous n'en sommes pas mieux vêtues pour autant. Tou-
20 jours nous serons pauvres et nues, toujours nous aurons faim et soif ; jamais nous ne parviendrons à nous procurer plus de nourriture.

Nous avons fort peu de pain à manger, très peu le matin et le soir encore moins. Du travail de
25 ses mains, chacune n'obtiendra, en tout et pour tout, que quatre deniers de la livre[1]. Avec cela, impossible d'acheter beaucoup de nourriture et de vêtements, car celle qui gagne vingt sous par semaine est loin d'être tirée d'affaire. Et,
30 soyez assuré qu'aucune de nous ne rapporte vingt sous ou plus. Il y aurait là de quoi enrichir un duc ! Nous, nous sommes dans la pauvreté et celui pour qui nous peinons s'enrichit de notre travail. Nous restons éveillées pendant
35 la plus grande partie de nos nuits et toute la journée pour rapporter encore plus d'argent car il menace de nous mutiler si nous nous reposons ; c'est la raison pour laquelle nous n'osons prendre de repos. Que vous dire d'autre ? Nous
40 subissons tant d'humiliations et de maux que je ne saurais vous en raconter le cinquième. Mais une chose nous révolte surtout : plus d'une fois, nous avons vu mourir de jeunes et preux chevaliers lors de leur combat contre les
45 deux démons. Ils ont payé fort cher leur gîte, tout comme vous, demain, qui serez seul à devoir affronter, de gré ou de force, les deux diables vivants et perdre votre renom. »

(Traduction de Philippe WALTER, © Éditions Gallimard.)

---

1. *livre* : équivaut à vingt sous, et un sou à douze deniers. L'ouvrière qui reçoit quatre deniers ne retire qu'un soixantième de ce qu'obtient son maître pour le fruit de son travail. Le salaire hebdomadaire décrit ici est de trois fois inférieur à ce qui est requis pour vivre.

QUESTIONS

1 Quels aspects caractéristiques de la société du Moyen Âge observe-t-on dans cet extrait ?

2 En quoi les derniers mots de la jeune fille qui s'adresse à Yvain prennent-ils une tournure menaçante ?

3 a) Observez la présentation des jeunes filles dans le premier paragraphe de l'extrait. Qui fait la description ? Relevez les marques de la progression de la description. Distinguez les divers signes extérieurs de la misère et leurs causes. Relevez les gestes et attitudes qui caractérisent la souffrance des jeunes filles.

b) À partir de la ligne 15, qui parle ? Qu'est-ce que cela change au ton du texte ?

c) De la ligne 15 à la ligne 22, deux mots sont repris de façon anaphorique (voir la notion d'anaphore, p. 279) et martèlent l'expression du malheur. Quels sont ces mots ? À quelles idées sont-ils associés ?

d) Trois thèmes marquent la progression de cette complainte des ouvrières. Cernez ces trois thèmes et montrez comment ils élargissent le regard porté sur la souffrance des jeunes filles.

e) La jeune fille qui parle désigne les adversaires que devra affronter Yvain par des mots du monde religieux. Quels sont ces mots et quelle dimension donnent-ils à la situation et au combat qu'Yvain devra soutenir ?

4 a) En quoi Yvain est-il un chevalier d'une qualité exceptionnelle ?

b) Quel sens particulier la situation des jeunes filles de ce château donne-t-elle à la quête d'Yvain et à l'œuvre de Chrétien de Troyes ?

5 En quoi la situation des jeunes filles décrite ici est-elle comparable avec celle d'ouvriers ou d'ouvrières dans la société actuelle ? Expliquez et donnez des exemples.

PARTIE **2**

LA SATIRE AU XIIIᵉ SIÈCLE

LA CRÉATION LITTÉRAIRE du XIIIᵉ siècle se distingue de celle du siècle précédent par le développement, entre autres, d'une littérature satirique. En effet, apparaissent des auteurs qui, par leurs textes critiques, ne rejettent pas l'ordre social établi mais tournent en dérision les abus. Des poètes comme Rutebeuf ou les auteurs généralement anonymes des fabliaux font ressortir ce qui enfreint les valeurs et les exigences morales de la société de l'époque. Ils rappellent ces valeurs et les obligations qui en découlent aux dominants et aux dominés. En effet, que leurs œuvres provoquent ou fassent rire, elles sont destinées à tous les publics, le peuple aussi bien que la noblesse courtoise.

LES FABLIAUX DES XIIᵉ ET XIIIᵉ SIÈCLES

Apparu dans la seconde moitié du XIIᵉ siècle, le genre littéraire des fabliaux est disparu dans la première moitié du XIVᵉ, remplacé notamment par la farce, qui transpose au théâtre sous la forme de dialogues la matière que le fabliau traitait par le récit.

Le plus souvent, il s'agit de textes anonymes ou d'auteurs (jongleurs) dont on ne connaît que le nom. Ces récits prennent la forme de poèmes en vers octosyllabiques. Ils sont de longueur variable, allant de cent vers à plus de mille. Faits pour être récités, les fabliaux se ressemblent par leur structure : un jongleur annonce qu'il va raconter tel événement qui s'est produit dans tel lieu ; suit la narration de l'événement qui sert à exemplifier une morale dont l'énoncé clôt très fréquemment le récit.

L'amorce du fabliau lui donne un ton de réalisme qui sera accentué par des personnages et des situations vraisemblables, par les scènes de beuverie ou de bastonnade, ainsi que par les mobiles très terre à terre des personnages. L'intérêt est soutenu par une action vive aux rebondissements imprévus. Par ailleurs, l'absence de surnaturel, d'idéal chevaleresque et d'élégance seigneuriale, le manque de profondeur psychologique des personnages sont autant de traits qui distinguent le fabliau des œuvres épiques ou courtoises.

Pourtant, les fabliaux ciblent le même public que ces œuvres : les petites gens dans les foires ou les places publiques, bien sûr, mais également les habitants des châteaux (seigneurs et courtisans), dont l'attention est captée par le ton satirique et parodique de ces récits. Par exemple, dans certains fabliaux, il arrive qu'un chevalier se trouve en contradiction avec l'éthique courtoise ou encore que des motifs courtois soient attribués à des bourgeois ou à des vilains. Dans de tels cas, le réalisme cède la place au burlesque. L'objectif de faire rire prédomine, mais ne masque jamais complètement une certaine volonté d'éduquer. La morale à la fin du récit rappelle à tous des valeurs essentielles et la responsabilité des grands à l'égard de celles-ci.

L'événement raconté par le jongleur met en scène une duperie ; la victime est le plus souvent un vilain ou un bourgeois, plus rarement un chevalier ; dans bien des cas le dupé devient dupeur à son tour. Certains cas de figure reviennent. Chez les personnages, on rencontre fréquemment maris, prêtres ou moines paillards, entremetteuses, avares, paysans rusés, femmes perfides, serviteurs se prêtant à diverses intrigues, pauvres clercs. Les situations sont stéréotypées : le vilain sot se fait rouler ; le paysan n'obtient pas justice ; l'épouse jeune et jolie cherche l'occasion de tromper son vieux mari avec un jeune ami ; le mari soupçonne son épouse d'avoir un amant et veut la surprendre ; un moine mendiant cherche à s'approprier un testament ou convoite une belle ; les larrons sont volés, les trompeurs trompés, les séducteurs mutilés. Des stéréotypes marquent certains personnages. Ainsi, les femmes incarnent de nombreux vices : entêtement, perversité, malice, mensonge, luxure ; les prêtres ou les moines sont physiquement bien nantis, mais moralement dépourvus de scrupules, âpres au gain, avares et paillards, séducteurs des bourgeoises et des paysannes.

Si le genre du fabliau finit par disparaître, son esprit réapparaîtra au XVIᵉ siècle dans les nouvelles de Marguerite de Navarre et au XVIIᵉ dans les contes et les fables de La Fontaine et dans les comédies de Molière, entre autres.

■ LE PRÊTRE CRUCIFIÉ

Ce court récit illustre bien la nature du fabliau tant par sa structure et ses personnages que par la situation qu'il met en scène. La narration est vive et progresse rapidement vers son dénouement bien qu'elle surprenne par certains rebondissements. Elle fait place à certains moment à des notations intéressantes sur les sentiments du personnage principal.

Je veux raconter une histoire, celle de Messire Roger. Il était maître en son métier, car pour bien sculpter les images¹ et bien tailler les crucifix, ce n'était pas un apprenti. N'ayant d'autre
5   pensée, sa femme s'était amourachée d'un prêtre. Son mari un jour lui fit croire qu'il devait aller au marché pour y porter une statue qu'il espérait vendre un bon prix ; et la dame bien volontiers l'approuve et s'en réjouit fort.
10 Quand il eut observé sa mine, il fut aussitôt convaincu qu'elle brûlait de le tromper, comme elle en avait l'habitude. Il met alors sur son épaule le premier crucifix venu et sort ainsi de la maison. Il prend le chemin de la ville où il

15 reste un peu pour attendre l'heure où selon son idée les deux amants seront ensemble ; de colère son cœur frémit. Ayant regagné son logis, par un trou de l'huis[2] il les voit assis, occupés à manger. Il appelle et non sans trembler, on

20 vient pour lui ouvrir la porte. L'autre ne sait par où s'enfuir : « Mon Dieu, se dit-il, que ferai-je ? — Écoutez-moi, lui fait la dame, déshabillez-vous et allez tout à côté dans l'atelier : là vous n'aurez qu'à vous étendre parmi les

25 autres crucifix. » Bon gré, mal gré, il obéit ; aussitôt, il se déshabille, entre les images de bois s'étend comme s'il eût été taillé dans le bois lui aussi. Le mari a bien deviné que l'homme est avec les statues, mais il conserve son sang-froid.

30 Sans bouger, il mange et il boit copieusement, tout à loisir ; et quand il eut quitté la table, il saisit une longue pierre afin d'affûter son couteau. Il était robuste et hardi : « Dame, dit-il, allumez vite une chandelle et nous irons à côté,

35 là où je travaille. » Elle n'osa pas refuser. Ayant allumé la chandelle, elle accompagne son mari dans l'atelier, sans plus tarder. Le prud'homme[3], au premier coup d'œil, aperçoit le prêtre étendu, voit pendre le vit[4] et les couilles.

40 « J'ai bien mal sculpté cette image, dit-il, et je pense, ma foi, que j'étais ivre ce jour-là puisque j'y ai laissé ces choses. Je vous en prie, éclairez-moi et je vais arranger cela. » Le prêtre n'osa pas bouger ; je dois le dire, en vérité :

45 l'autre lui trancha vit et couilles, et sans rien lui laisser du tout. Quand le prêtre se sent blessé, il s'enfuit pour prendre la porte. Le prudhomme aussitôt s'écrie : « Attrapez-moi mon crucifix qui à l'instant s'est échappé ! » Sur

50 son chemin le prêtre trouve deux gaillards portant un cuvier[5]. Il eût mieux aimé être à Arles ; car il y avait un ribaud[6] qui en main tenait un levier : il lui donne un coup sur la nuque et l'étale dans un bourbier. Tandis que le prêtre

55 gisait, voici que le prudhomme arrive ; il l'emmène dans sa maison et lui fait bailler[7] aussitôt une rançon de quinze livres sans en rabattre un seul denier.

Cet exemple nous montre bien que pour rien
60 au monde aucun prêtre ne doit aimer femme d'un autre, ne doit venir rôder autour. Il ne saurait avoir querelle sans y laisser ou couille ou gage. Ainsi fit le prêtre Constant, car il y perdit ce qui pend.

(Traduction de Gilbert Rouger, *© Éditions Gallimard.)*

---

1. *image* : statue, représentation d'une personne, d'une chose, ou vision aperçue en rêve.
2. *huis* : porte d'une maison.
3. *prud'homme* : terme de louange désignant un homme de mérite, sage, avisé.
4. *vit* : pénis.
5. *cuvier* : cuve pour la lessive.
6. *ribaud* : injure désignant un méchant, un scélérat, voire un simple vagabond.
7. *bailler* : donner.

QUESTIONS

1 a) Deux classes sociales de la société médiévale sont représentées dans ce récit ; lesquelles ?

b) À quel cas de figure ce fabliau se rattache-t-il ?

2 Complétez la phrase suivante : C'est l'histoire d'un homme qui…

3 a) Relevez les divers états d'esprit du mari décrits dans ce récit.

b) Quels indices signalent que le mari planifie sa vengeance ?

c) Quelle image de la femme ce récit nous donne-t-il ?

d) Le narrateur intervient dans le récit. Que dit-il ? Quel est l'effet de sa présence dans le texte ?

e) Pourquoi le récit ne se termine-t-il pas avec la fuite du prêtre ?

4 La dernière phrase rappelle le châtiment du prêtre. Quels sont les sens de cette phrase et, par conséquent, quelle est la punition du prêtre ? Peut-on dire que justice a été rendue à la suite de ce châtiment ? Comment décrire ce type de justice ?

5 Cette façon d'obtenir justice existe-t-elle encore de nos jours ? Est-ce acceptable ?

■ LA VIEILLE QUI OINT LA PAUME AU CHEVALIER

Voici un très court récit dont la morale visait directement les seigneurs. Outre ce message aux grands de la société, son intérêt réside dans l'habileté du jongleur à suggérer plutôt qu'à nommer certains travers des hommes.

Je voudrais vous conter l'histoire d'une vieille pour vous réjouir. Elle avait deux vaches, ai-je lu. Un jour, ces vaches s'échappèrent ; le prévôt[1], les ayant trouvées, les fait mener dans sa 5 maison. Quand la bonne femme l'apprend, elle s'en va sans plus attendre pour le prier de les lui rendre. Mais ses prières restent vaines, car le prévôt félon[2] se moque de ce qu'elle peut raconter. « Par ma foi, dit-il, belle vieille, 10 payez-moi d'abord votre écot[3] de beaux deniers moisis en pot. » La bonne femme s'en retourne, triste et marrie, la tête basse. Rencontrant Hersant sa voisine, elle lui confie ses ennuis. Hersant lui nomme un chevalier : 15 il faut qu'elle aille le trouver, qu'elle lui parle poliment, qu'elle soit raisonnable et sage ; si elle lui graisse la paume, elle sera quitte et pourra ravoir ses vaches sans amende. La vieille n'entend pas malice ; elle prend un morceau 20 de lard, va tout droit chez le chevalier. Il était devant sa maison et tenait les mains sur ses reins. La vieille arrive par-derrière, de son lard lui frotte la paume. Quand il sent sa paume graissée, il jette les yeux sur la femme : « Bonne 25 vieille, que fais-tu là ? — Pour Dieu, sire, pardonnez-moi. On m'a dit d'aller vous trouver afin de vous graisser la paume : ainsi je pourrais être quitte et récupérer mes deux vaches. — Celle qui t'a dit de le faire entendait la chose 30 autrement ; cependant tu n'y perdras rien. Je te ferai rendre tes vaches et tu auras l'herbe d'un pré. »

L'histoire que j'ai racontée vise les riches haut placés qui sont menteurs et déloyaux. Tout ce 35 qu'ils savent, ce qu'ils disent, ils le vendent au plus offrant. Ils se moquent de la justice ; rapiner est leur seul souci. Au pauvre on fait droit mais s'il donne.

(Traduction de Gilbert ROUGER, © Éditions Gallimard.)

---

1. *prévôt* : officier chargé par le seigneur de lever des impôts et de rendre la justice.
2. *félon* : qui trahit son serment de fidélité à son seigneur, au roi, à Dieu.
3. *écot* : impôt, contribution, note à payer.

QUESTIONS

1 a) Quelles traces de la société féodale trouve-t-on dans ce récit ?

   b) Quelles caractéristiques des fabliaux trouve-t-on dans ce récit ?

2 Résumez en une ou deux phrases l'injustice faite à la vieille.

3 a) Nommez les personnages de ce récit et caractérisez chacun d'eux en vous inspirant de ses paroles ou de ses actes.

   b) Par quel procédé syntaxique les paroles de Hersant sont-elles rapportées ? Pourquoi l'auteur choisit-il cette forme de discours ? Quel type de personnage Hersant est-elle véritablement ?

   c) Quelle phrase marque le tournant du récit ? Que nous indique cette phrase sur le sens des conseils de Hersant ? Qu'est-ce qui, dans le récit, confirme cette hypothèse sur le sens des paroles de Hersant ?

   d) Repérez les marques de la présence du narrateur. Quelle intention annonce-t-il au début ? Son intention est-elle la même au dernier paragraphe ? Expliquez.

e) Rapprochez l'expression présente dans le titre d'une expression équivalente en français actuel. Quel phénomène social cette expression désigne-t-elle ?

4 Le chevalier est-il plus juste que le prévôt ?

5 Selon vous, peut-on dire que la société démocratique dans laquelle nous vivons est plus honnête et plus juste pour les pauvres que la société féodale où se passe cette histoire ? Pourquoi ?

Écriture littéraire

FABLIAUX COMIQUES ET FABLIAUX TRAGIQUES

Au Moyen Âge, les auteurs de fabliaux recueillaient des histoires orales, drôles ou tragiques, et les stylisaient en leur donnant une forme écrite. À notre époque, il est encore possible d'écrire des fabliaux. Il suffit de puiser dans l'oral.

Il existe une forme d'expression orale assez généralisée chez nous, celle qu'on appelle les « histoires drôles ». Ces histoires commencent toujours par : « Il était une fois un gars, une fille, une femme, etc. ». L'exercice consiste à choisir une histoire drôle et à en faire un texte de deux pages à double interligne. Ce faisant, on rend l'histoire « littéraire », on la transforme en récit, et l'on agit comme les auteurs de fabliaux au Moyen Âge. On créera ainsi un fabliau comique.

Pour écrire un fabliau tragique, on puisera à une autre forme contemporaine d'expression orale : les légendes urbaines. L'exercice consiste à choisir une légende urbaine et à en faire un récit personnalisé de deux pages à double interligne. On obtient ainsi un fabliau moderne d'allure sombre ou tragique, car les légendes urbaines ont généralement pour but d'effrayer leur auditoire.

Rutebeuf (?-vers 1285)

Rutebeuf, s'agit-il d'un nom réel ou d'un nom de plume (ou de guerre diraient certains) ? Dans plusieurs de ses écrits, notamment dans le *Dit d'hypocrisie*, le poète se présente comme un « rude bœuf », ce qui qualifie bien une partie importante de son œuvre où il pratique avec énergie la critique acerbe, la polémique, le plaidoyer, l'incitation, l'exhortation.

Sa vie reste inconnue, malgré le ton lyrique de plusieurs poèmes où le lecteur pourrait croire qu'il se confie : y parle-t-il de lui ou de la misère qui frappe la vie de ceux qui l'entourent ? Qui était-il véritablement ? Un étudiant de l'Université de Paris, sans doute. Un clerc, un jongleur ? Un fils de famille bourgeoise ou noble ? On l'ignore. On sait par contre qu'il a bénéficié de l'aide d'un puissant protecteur, le frère du roi saint Louis, le comte Alphonse de Poitiers, à qui il dédie une complainte. Cet appui lui aura été nécessaire, étant donné ses prises de position contre le roi et les puissants ordres religieux mendiants dans la querelle de l'Université de Paris. Ses protecteurs lui assurent subsistance et abri politique, mais certains, en retour, lui commandent des œuvres. De là une production variée

SAINT-FRANÇOIS

Saint François donnant la Règle aux Mineurs et aux Clarisses, Colantonie, XVe siècle. (Galerie Capodimonte, Naples.)

où les écrits religieux (odes à Marie et récits de vies de saints) côtoient les fabliaux, les poèmes lyriques et les textes critiques ; une œuvre qui a le mérite de nous faire connaître l'histoire culturelle et littéraire du XIIIe siècle.

À travers les quatorze mille vers (cinquante-cinq poèmes) de son œuvre, on découvre divers aspects de sa personnalité. L'homme engagé socialement et politiquement dénonce les abus des ordres religieux mendiants et s'oppose à la place qu'on leur attribue à l'Université de Paris ; il encourage la participation aux croisades, critique certaines décisions du roi, pourfend les vices qu'il observe dans la société : injustice, hypocrisie, orgueil, luxure, cupidité. L'être pieux manifeste sa foi en Dieu, sa dévotion à Marie à qui il dédie plusieurs poèmes, son admiration pour les grandes vertus d'humilité, de charité, de générosité. L'âme sensible évoque, dans ses « Poèmes de l'infortune », les malheurs et les souffrances du pauvre ; c'est le Rutebeuf le plus connu de nos jours, dont la complainte éponyme est chantée, notamment, par Léo Ferré en France et Claude Dubois au Québec.

■ « LE PHARISIEN »

Les spécialistes situent l'écriture de ce poème en mars 1257, dans une période dominée par les écrits polémiques. Il ferait suite à l'échec de Guillaume de Saint-Amour dans sa lutte contre les ordres mendiants qui réclamaient le droit d'enseigner à l'Université de Paris. Dans ce poème allégorique, Rutebeuf se révèle pessimiste sur son époque. Il fait état de sa propre impuissance et présente un Dieu menacé de mort. Il y montre le mal agressif et triomphant, le bien désarmé et vaincu. Cet état d'esprit caractérise la plupart des poèmes qu'il écrira relativement aux ordres religieux mendiants et à la querelle de l'Université de Paris.

Seigneurs qui devez aimer Dieu
dont l'amour est sans amertume,
Lui qui dans son grand amour
    préserva Jonas en mer
5 les trois jours qu'il y demeura,
à vous tous j'adresse ma complainte
    contre Hypocrisie,
la cousine germaine d'Hérésie,
qui s'est emparée de la terre.
10   C'est une si grande dame
qu'elle conduira en enfer bien des âmes ;
elle a mis bien des hommes et des femmes
    en sa prison.
On l'aime fort, on l'estime fort ;
15 personne ne peut recevoir de louange,
    s'il ne l'honore :
on est honoré si l'on se range à ses côtés ;
on acquiert grand honneur sans tarder ;
on perd tout honneur si on la combat,
20   en peu de temps.

Elle avait coutume de croupir dans la vermine :
de nos jours, si l'on ne s'incline devant elle, on n'est ni homme
     ni bon chrétien,
mais hérétique et mécréant.
25   Elle a déjà réduit à l'impuissance
     ses adversaires.
Elle n'estime guère ses ennemis,
car elle dispose des baillis, prévôts et maires,
     et aussi des juges,
30   et ses coffres sont pleins de deniers ;
aussi n'est-il pas de cité où elle n'ait des refuges
     en quantité.
Partout elle en fait à son gré,
elle n'est retenue par aucune autorité
35   ni par aucun droit ;
elle gouverne et régit le monde ;
ce qu'elle décide est la justice,
     le mal ou le bien.
Elle se sert du droit de Justinien[1]
40   comme du droit canon de Gratien[2].
     Que puis-je en dire ?
Elle a tout pouvoir pour condamner et absoudre :
s'il m'arrivait malheur,
     je ne m'en tirerais pas.
45   Maintenant, je veux vous parler de ses gens
qui sont les seigneurs et les maîtres
     de la ville.
Dieu les décrit dans l'Évangile,
qui ne contient ruse ni tromperie
50   mais n'est que vérité.
Ils ont de grandes robes en laine rêche,
leur attitude est toute simple,
chacun se comporte avec modestie,
leur couleur est discrète, pâle, effacée,
55   leur visage modeste,
mais ils sont cruels et pervers
envers ceux à qui ils ont affaire,
     pires que lions,
léopards ou scorpions.
60   Pas une once de religion,
     c'est évident.
De telles gens, dit l'Écriture,
nous détruiront,
     car ils ont déjà soumis
65   Pitié et Foi et Charité
et Largesse et Humilité

---

1. Justinien fut empereur de Constantinople de 527 à 565. Il instaura un code de lois qui renforça l'autorité impériale.
2. Gratien, théologien italien, établit les bases du droit canon dans une œuvre parue en 1140.

et Vérité ;

maints piliers de sainte Église,

dont l'un plie et l'autre se brise[3],

70 on le voit bien,

contre elle ne valent plus rien.

Elle a fait de sa substance le plus grand nombre,

et ils lui obéissent,

nous trompent et trahissent Dieu.

75 S'Il était sur terre, ils Le tueraient,

puisqu'ils tuent

les gens qui s'humilient devant eux.

Ils font une chose, en disent une autre :

prenez-y garde !

80 Hypocrisie la renarde,

qui par-dehors flatte et par-derrière frappe,

[...]

Il n'est plus personne qui lui résiste

sans qu'elle le détruise sur-le-champ

85 sans jugement[4].

Vous le voyez, c'est le signe

que s'approche la venue

de l'Antéchrist[5] [...]

(Traduction de Jean DUFOURNET, © Éditions Gallimard.)

---

3. Allusion à des professeurs universitaires qui ont dû se rétracter et se conformer aux exigences de Rome.
4. Allusion à la condamnation de Guillaume de Saint-Amour.
5. L'Antéchrist, ennemi du Christ annoncé dans l'évangile de Jean, doit apparaître un peu avant la fin du monde et instaurer le règne du mal. Nombreux étaient ceux qui, à l'époque de Rutebeuf, annonçaient sa venue prochaine.

QUESTIONS

1 Quelles traces des querelles relatives à l'Université de Paris et des stéréotypes relatifs aux ordres religieux l'auteur a-t-il placées dans son texte ?

2 Que signifie le titre du poème ? Comment est-il en rapport avec le texte ?

3 a) Par quels procédés Rutebeuf crée-t-il l'impression, dans les neuf premiers vers du poème, qu'il s'attaque à une situation très grave ? Quatre fois par la suite, la situation est sans issue. Relevez ces passages.

b) Pourquoi l'auteur met-il une majuscule à *Hypocrisie* ? Quelle figure de style domine tout le poème ? Quel en est l'effet ?

c) Dans les vers 10 à 26 l'auteur décrit l'emprise du mal qu'il dénonce. Il manifeste alors sa colère et son indignation en maniant le sarcasme et l'ironie. Relevez-en cinq exemples et expliquez-les.

d) Relevez les divers indices de la foi religieuse de l'auteur. Quels mots sont marqués d'une majuscule ? Quel effet ces indices et ces majuscules ont-ils par rapport au propos de l'auteur ?

e) Relevez dans le texte les divers domaines de la vie entachés par l'Hypocrisie.

f) Examinez la description des gens que l'auteur dit au service de l'Hypocrisie, des vers 45 à 61. De quelle catégorie de personnes s'agit-il ?

4 Dans le portrait du monde qu'il trace, Rutebeuf annonce-t-il un désastre ou exprime-t-il plutôt son désespoir personnel ?

5 Le mal que décrit Rutebeuf est-il exclusif au Moyen Âge ? En trouve-t-on des traces dans la littérature ? Ce mal frappe-t-il le monde actuel ? Quels exemples de ce mal y trouvez-vous ? Sinon, pourquoi y échappons-nous ?

L'ALLÉGORIE

■ Dans un dictionnaire de symboles, cherchez le sens des éléments suivants: l'île, la licorne, le lion et le collier.

■ Expliquez la signification du geste de la dame.

TENTURE DE
LA DAME À LA LICORNE :
À MON SEUL DÉSIR (détail).

Paris (cartons), Pays-Bas (tissages);
entre 1484 et 1500. (Laine et soie :
378 × 466 cm. Musée national du
Moyen Âge, Paris.)

Comme en littérature, l'image a recours à l'allégorie. Les cinq premières tentures dites de *La Dame à la licorne* représentent les cinq sens — la vue, l'ouïe, le goût, l'odorat et le toucher —; elles sont toutes composées selon le même schéma et l'on trouve dans chacune les mêmes figures que dans la sixième, *À mon seul désir*. Selon l'interprétation courante, les cinq sens sont les plaisirs terrestres, charnels, auxquels il faut éviter de se soumettre. Le sens de la sixième réside dans le geste symbolique de la dame qui dépose le collier dans le coffret.

3
PARTIE

LE LYRISME ET L'ALLÉGORIE AUX XIVᵉ ET XVᵉ SIÈCLES

LES CONDITIONS SOCIALES engendrées par la guerre de Cent Ans, la maladie et la famine favorisent l'apparition de deux approches de la création littéraire apparemment bien éloignées : le lyrisme et l'allégorie. La pauvreté et la souffrance qui marquent la vie du peuple, à la ville comme à la campagne, trouvent des voix pour s'exprimer avec émotion ou dans une perspective critique. Le lyrisme des écrivains du Moyen Âge ne les conduit pas nécessairement à faire l'exposé de leur vie, à peindre leurs sentiments personnels, à révéler leur monde intérieur, comme ce sera le cas au XIXᵉ siècle. Sans exclure les impressions personnelles, la poésie lyrique se veut l'expression de la souffrance humaine dont le poète est témoin ou que vivent ses amis et ses proches aussi bien que lui-même. Dans les poèmes, le lyrisme se sert de formes fixes qui apparaissent à cette époque et qu'on retrouvera au siècle suivant, notamment le lai, la ballade et le rondeau, qui se libèrent du contexte musical qui les a vus naître chez les troubadours.

Dans une perspective plus intellectuelle et avec une volonté critique, les auteurs recourent à l'allégorie. Ce qui ne sera plus tard qu'un procédé d'écriture utilisé dans quelques lignes d'un texte littéraire est ici une forme littéraire recouvrant l'ensemble d'un poème ou d'une œuvre plus vaste. L'allégorie consiste à personnifier divers défauts, qualités ou autres caractéristiques morales des humains, à en faire des créatures autonomes qui parlent, agissent, enseignent selon leur nature. Née au XIIIᵉ siècle, l'allégorie sera encore utilisée au XIVᵉ siècle, notamment par Christine de Pisan.

CHRISTINE DE PISAN
Frontispice de *La Cité des dames* (détail). (Bibliothèque nationale de France, Paris.)

Christine de Pisan (1364-1430)

Une femme écrivaine en 1400, il y a peu de précédents et il y a de quoi s'étonner. Seules une situation sociale et des conditions de vie exceptionnelles peuvent l'expliquer. Née en Italie, fille d'un savant réputé recruté par le roi de France, à quatre ans elle va vivre à Paris où elle sera élevée. Son père a choisi Paris notamment à cause de la splendeur de la cour et de la qualité de l'université. Elle n'a que quinze ans lorsque son père la marie à un jeune noble secrétaire du roi Charles V et de Charles VI son successeur. Elle devient veuve à vingt-cinq ans, après avoir vécu dix ans de mariage heureux et donné naissance à trois enfants. Contrainte d'assurer la subsistance de ses enfants, de sa mère et d'une nièce dont elle a accepté la charge, et devant faire face à une série de procès coûteux, elle se dira obligée par le sort à assumer un métier d'homme et à gagner sa vie. Son choix, inattendu pour l'époque, sera de mener une vie retirée et solitaire, d'étudier et d'écrire, alors que les femmes de son temps ont habituellement pour options le couvent, un mari ou la rue.

Abondante et très variée, son œuvre, en vers et en prose, est celle d'une poétesse, d'une historienne, d'une moraliste. Ses ouvrages, richement enluminés, sont recherchés par les grands de France qui veulent les avoir dans leur bibliothèque. Sa pensée s'accorde avec plusieurs aspects sociaux, religieux et moraux de son temps : l'organisation aristocratique de la société, la chevalerie, l'art de la guerre, l'autorité patriarcale et le culte de la sainteté, de la vertu et de la virginité. Sa poésie, parfois lyrique, révèle la profondeur du chagrin qui l'afflige à la mort de son mari. Par ailleurs, elle prend la défense des femmes contre l'*Art d'aimer* d'Ovide et s'oppose à l'image de la femme que propose le *Roman de la Rose*. Dans une société héritière de l'esprit courtois, elle écrit les *Cent ballades d'amant et de dame* dans lesquelles, à tour de rôle, homme et femme se parlent d'amour dans le respect des exigences du *fin'amor*. Inquiète du sort réservé à la femme dans l'amour courtois, elle traite avec une approche féminine d'une tradition toute masculine. Sa défense de la femme prend une place importante dans ses œuvres en prose, notamment dans *Le Livre de la Cité des Dames*, paru en 1405. Cet engagement féministe reste présent jusqu'à la fin de sa vie, puisqu'en 1429, un an avant sa mort, elle consacre un poème, *Le Ditié de Jeanne d'Arc*, à celle que les Anglais brûleront comme sorcière deux ans plus tard. Cette accusation de sorcellerie à l'encontre d'une femme n'est-elle pas un autre signe de la misogynie qui régnait à l'époque de Christine de Pisan ?

■ LE LIVRE DE LA CITÉ DES DAMES (1405)

Dans cet ouvrage, Christine de Pisan recourt à l'allégorie, qu'elle met au service d'une entreprise proprement féministe et avant-gardiste : réfuter la misogynie qu'elle observe dans ses lectures et qui caractérise les milieux intellectuels de son temps. « Philosophes, poètes et moralistes — et la liste en serait bien longue —, tous semblent parler d'une même voix pour conclure que la femme est foncièrement mauvaise et portée au vice. » Elle ajoute : « Toute à ces réflexions, je fus submergée par le dégoût et la consternation, me méprisant moi-même et le sexe féminin tout entier, comme si la Nature avait enfanté des monstres. » Trois déesses (Raison, Droiture et Justice) répondent à sa réflexion douloureuse et lui proposent la construction d'une cité qui sera la place forte où les femmes de grand mérite pourront se réfugier. Dans la première partie, Raison aide Christine à édifier les murs et les remparts de la cité. L'extrait suivant est un exemple de l'argumentation développée par l'auteure.

Chapitre IX : « Comment Christine creusa la terre, c'est-à-dire les questions qu'elle posa à Raison, et les réponses de celle-ci. »

[...]

— Ma Dame, je me souviens qu'entre autres choses, après avoir longuement insisté que c'est par débilité et faiblesse que le corps qui prend ⁵ forme dans le ventre de la mère devient celui d'une femme, l'auteur dit que Nature elle-même a honte d'avoir fait un ouvrage aussi imparfait que ce corps.

NICCOLÒ DI PIETRO GERINI (ACTIF À FLORENCE, 1368-1415).

Le Couronnement de la Vierge, v. 1390. (Détrempe sur panneau : 89,9 x 53,2 cm. Musée des beaux-arts de Montréal.)

Ce tableau est un retable, c'est-à-dire un tableau fait pour être placé derrière l'autel (d'une église) ; son cadre doré ogival, finement sculpté, s'inspire des formes de l'architecture gothique.

La scène se situe au Paradis où le registre supérieur représente le degré le plus élevé. La Vierge Marie y occupe la place d'honneur à la droite du Christ, tous deux assis sous un dais richement ornementé. Le Christ pose une couronne sur la tête de sa Mère, marquant ainsi son rang dans la hiérarchie divine. Ces deux figures sont plus grandes que toutes les autres, signe de leur importance, et ont de larges auréoles. Au registre inférieur figurent des saints. Le fondateur de l'ordre monastique des Franciscains, saint François d'Assise, reconnaissable à sa robe de bure, est accompagné de sainte Marie-Madeleine, la fondatrice de l'ordre des moniales *clarisses*. À droite, se trouvent sainte Claire et saint Jean le Baptiste. Deux anges agenouillés jouent d'instruments de musique médiévaux.

Ainsi, la femme est l'égale de l'homme puisqu'elle occupe une place de même rang au Paradis où le Créateur accorde la plus importante à la Vierge Marie : n'est-ce pas là la teneur du discours de Raison dans la *Cité des Dames* ?

— Ah ! chère amie ! Tu vois là la grande folie, l'aveuglement irraisonné qui le poussa à dire
10 de telles choses ! Comment donc ? Nature, elle qui est la chambrière de Dieu, aurait donc puissance sur le maître dont lui vient son autorité ! Car Dieu tout-puissant, en l'essence de sa pensée divine, avait de toute éternité l'Idée
15 d'homme et de femme. Et quand ce fut sa sainte volonté de tirer Adam du limon de la terre au champ de Damas et qu'il l'eut fait, il l'emmena au paradis terrestre, qui était et demeure l'endroit le plus digne en ce bas monde. Là il
20 l'endormit et forma le corps de la femme d'une de ses côtes, signifiant par là qu'elle devait être à ses côtés comme une compagne, et non point à ses pieds comme une esclave — et qu'il devait

l'aimer comme sa propre chair. Le Souverain
25 Ouvrier n'aurait donc pas honte de créer et de former le corps féminin, et la Nature, elle, s'en effaroucherait ? C'est le comble de la bêtise de dire cela. Et de plus, de quelle manière fut-elle formée ? Je ne sais si tu t'en rends compte ; elle
30 fut formée à l'image de Dieu. Oh ! Comment se trouve-t-il des bouches pour médire d'une marque si noble ? Mais il y a des fous pour croire, lorsqu'ils entendent dire que Dieu fit l'homme à son image, qu'il s'agit du corps phy-
35 sique. Cela est faux, car Dieu n'avait point encore pris corps humain ! Il s'agit de l'âme, au contraire, laquelle est conscience réfléchissante et durera éternellement à l'image de Dieu. Et cette âme, Dieu la créa aussi bonne, aussi noble,

40 identique dans le corps de la femme comme dans celui de l'homme. Mais pour revenir à la création du corps, la femme a donc été faite par le Souverain Ouvrier. Et en quel endroit fut-elle faite ? Au paradis terrestre ! Et de quoi ? Était-45 ce de vile matière ? Au contraire, de la matière la plus noble qui ait jamais été créée ! Car c'est du corps de l'homme que Dieu la créa.

— Ma Dame, d'après ce que vous me dites, la femme est une création fort noble. Cicéron dit

50 cependant qu'un homme ne doit jamais servir une femme, car ce serait s'avilir que de se mettre au service de moins noble que soi. »

Elle me répondit : « Le plus grand est celui ou 55 celle qui a le plus de mérites. L'excellence ou l'infériorité des gens ne réside pas dans leur corps selon le sexe, mais en la perfection de leurs mœurs et vertus. »

(Traduction de Thérèse MOREAU et Éric HICKS,
© 1986, Éditions Stock.)

QUESTIONS

1 a) Quels éléments du texte attestent la grande culture de l'auteure ?

b) Notez les indices montrant que l'œuvre repose sur le procédé de l'allégorie.

2 Résumez en une phrase l'argumentation de Christine de Pisan pour infirmer l'idée de l'imperfection du corps de la femme.

3 a) Quelles sont les idées misogynes que cet extrait cherche à contester ?

b) Relevez trois arguments développés par Raison pour démontrer que « la femme est une création fort noble » et réfuter l'imperfection du corps féminin.

c) D'après l'énoncé des idées misogynes, la nature semble jouer un rôle important dans l'imperfection du corps féminin. Ce rôle attribué à la nature est-il maintenu ou modifié dans l'argumentation de la déesse ?

d) Quelle signification Christine de Pisan donne-t-elle au symbole voulant que la femme ait été créée à partir d'une côte de l'homme ?

e) Qu'est-ce qui détermine la valeur relative des êtres humains ? Quelle conséquence la déesse en tire-t-elle ?

f) Dans le second paragraphe de l'extrait, l'auteure multiplie les points d'exclamation et d'interrogation. Relevez-les, analysez l'effet de chacun dans son contexte et dites ce que l'ensemble de ces signes apporte au texte.

4 Compte tenu du caractère fortement religieux de la société médiévale à laquelle Christine de Pisan adresse son ouvrage, peut-on dire que l'auteure sait être convaincante ?

5 a) Quels arguments invoqués par Christine de Pisan sont encore convaincants de nos jours ? Comment s'y prendrait-on aujourd'hui pour s'opposer à la conception misogyne de l'imperfection du corps féminin ?

b) Comparez la façon de déterminer la valeur des êtres que propose Raison dans le texte de Christine de Pisan avec celle de Montaigne dans le texte « De l'inégalité qui est entre nous » (voir p. 83-84). Qu'est-ce qui fait la valeur des êtres selon vous ?

■ LE LIVRE DE LA CITÉ DES DAMES (1405)

Dans la deuxième partie, c'est Droiture qui aide Christine dans l'édification des maisons, palais, temples, rues et place de la Cité. Dans la troisième partie, Justice complète les combles et les toitures, et fait entrer les résidantes de la Cité. La première dame y sera la Vierge Marie. Elle sera suivie de nombreuses femmes vierges et martyres dont l'histoire, remontant aux premiers temps de la chrétienté sous l'hégémonie de l'Empire romain, est racontée dans le chapitre. En voici un bref exemple.

Troisième partie, chapitre VIII : « Où il est question de Sainte Justine et d'autres vierges. »

« Sainte Euphémie, elle aussi, endura de cruels tourments au nom de Jésus-Christ. Elle était de très noble lignage et d'une superbe beauté. Le préfet Priscus lui commanda d'adorer les
5 idoles et de renoncer à Jésus-Christ, mais elle le réfuta avec des arguments si forts qu'il ne savait que répondre. Dépité d'avoir été vaincu par une simple femme, il lui fit subir maints atroces supplices. Mais si son corps était brisé
10 sous la torture, sa lucidité allait toujours croissant et ses paroles étaient toujours pleines du Saint-Esprit. Pendant son martyre, l'ange de Dieu descendit des cieux pour fracasser l'instrument du supplice et torturer les tortion-
15 naires, et Euphémie, le visage illuminé par la foi, s'en éloigna sauve et indemne. Alors le préfet impie fit allumer un brasier dont les flammes atteignaient quarante coudées de haut ; il y fit jeter Euphémie qui chanta des can-
20 tiques de louanges mélodieuses, si bien et si fort que tous pouvaient l'entendre. Quand le brasier fut consumé, elle en sortit encore saine et indemne. Le juge, de plus en plus furieux, fit apprêter des tenailles chauffées au rouge pour
25 lui arracher les membres, mais ceux qui étaient chargés des tourments furent si terrifiés qu'aucun n'osa la toucher, et les instruments tombèrent en pièces. Le tyran impie fit donc amener quatre lions et deux autres bêtes sau-
30 vages, mais ces animaux féroces s'inclinèrent devant la jeune fille pour l'adorer. Alors la bienheureuse vierge, voulant rejoindre son Dieu, le supplia de la rappeler. Elle mourut ainsi, sans que ces bêtes aient pu la meurtrir. »

*(Traduction de Thérèse MOREAU et Éric HICKS,
© 1986, Éditions Stock.)*

QUESTIONS

1 Quels sont les éléments de ce récit qui évoquent la société romaine aux premiers temps de la chrétienté ?

2 Comment sainte Euphémie est-elle morte ?

3 a) Quels traits personnels font d'Euphémie un exemple bien choisi pour les destinataires du livre ?

b) Relevez dans l'extrait un signe de la misogynie des hommes.

c) Comment l'auteure nous fait-elle croire à la force de la femme ?

d) L'auteure introduit le surnaturel dans le récit de ce martyre. Relevez-en les nombreux exemples. L'auteure les attribue-t-elle tous explicitement à des forces surnaturelles ?

e) Quels termes l'auteure emploie-t-elle pour désigner le responsable de la torture ? Y a-t-il une progression dans l'intensité de ces termes au fur et à mesure du texte ?

4 Ce récit du martyre de sainte Euphémie est-il un bon instrument pour s'opposer à la misogynie des hommes dans le cadre de l'ouvrage de Christine de Pisan ?

5 a) Connaissez-vous des exemples de martyre dans l'histoire ? À quoi ressemble le martyre dans la société actuelle ? Trouvez des exemples, expliquez les valeurs que défendent les martyrs et dites ce que vous en pensez.

b) D'un certain point de vue, pourrait-on voir en sainte Euphémie une sorcière invoquant des forces surnaturelles maléfiques ? Quel rapprochement et quelle distinction peut-on établir entre martyre et sorcellerie ?

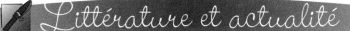

Littérature et actualité

LES VISAGES DE LA MISOGYNIE

Christine de Pisan a écrit son œuvre pour combattre la misogynie des hommes de son époque et d'écrivains plus anciens. Par exemple, plusieurs fois dans son ouvrage, elle rappelle que, pour ses contemporains, les femmes ne sont bonnes qu'à cajoler les hommes et à élever les enfants. Vu d'aujourd'hui, son travail soulève deux questions.

D'une part, chez les écrivains de son époque et des siècles suivants, comment les préjugés à l'égard des femmes se sont-ils manifestés ? En trouve-t-on des exemples dans la biographie et les textes des écrivains proposés dans cet ouvrage ? D'autre part, existe-t-il encore de nos jours de tels préjugés ? Lesquels ? Où en trouve-t-on la trace ?

François Villon (v. 1431-apr. 1463)

VILLON
Tirée de l'édition du « Grand Testament ». (Bois gravé.)

Clerc lettré ou gibier de potence, qui est vraiment François Villon ? Son œuvre laisse voir un homme cherchant sa place parmi les clercs, les poètes aristocrates, les mauvais garçons, les pauvres, les prostituées, un être tendu entre le Ciel et l'Enfer.

François de Montcorbier est né à Paris en 1431 ou 1432 dans une famille pauvre. Orphelin de père, il reçoit son éducation d'un oncle riche et savant, Guillaume de Villon, chapelain de Saint-Benoît-le-Bétourné. Il l'appelle son « plus que père » et adopte son nom.

L'année de la naissance de Villon, alors que perdure la guerre contre l'Angleterre commencée en 1337, les Anglais brûlent vive Jeanne d'Arc qui vient de réveiller l'ardeur combattive des Français. Pendant cette période troublée, la vie est difficile : peste, hivers rudes, pillages par les Anglais, famines, loups aux abords de Paris, complots et divisions dans la famille royale et dans la grande aristocratie de France.

Étudiant à l'Université de Paris dès 1443, Villon est reçu bachelier de la Faculté des Arts en 1449, licencié et maître es arts en 1452. Avec ses amis, il participe à des chahuts de plus en plus audacieux, à des bagarres avec la police. Il court les tavernes et les prostituées. Lors d'une querelle à propos d'une femme, en 1455, il tue un prêtre, Philippe Sermoise. Après avoir volé cinq cents écus d'or au Collège de Navarre durant la nuit de Noël en 1456, il fuit Paris et mène une vie errante. Il aurait écrit *Le Lais* (*Le Petit Testament*) à cette époque. Il est reçu notamment à la cour de Charles d'Orléans, prince et poète qui reconnaît en Villon un clerc lettré et un habile écrivain. En 1462, de retour à Paris, une nouvelle affaire de vol, de bagarre et de mort le fait condamner à la pendaison. En appel, sa condamnation est commuée en exil hors de Paris pour dix ans. À partir de janvier 1463, on perd sa trace.

En 1461, il commence la rédaction de son œuvre principale, *Le Testament*, une création de plus de deux mille vers dans laquelle il insère, entre les huitains

d'octosyllabes décrivant ses legs, des ballades et des rondeaux où il médite sur l'existence. Au lecteur, il donne l'image d'un poète très moderne dévoilant une expérience de vie intense, une vision intime des choses. Il prend parfois le ton de la gaieté folle et de la plaisanterie ; il aime se moquer des policiers, des notables, des financiers, des gens de la justice civile et ecclésiastique ; mais le grave se mêle ou succède au bouffon lorsqu'il aborde les thèmes du regret, de la souffrance physique et morale, de la mort. Il nous offre la vision d'un monde incertain, brisé, dépourvu des idéaux chevaleresques ou courtois des siècles précédents. Tous les humains apparaissent alors égaux devant le flétrissement de la beauté, la décomposition des corps, le vieillissement et la mort, aspects inéluctables de leur condition commune.

■ LE TESTAMENT (1461)

Quand il amorce la rédaction du Testament, *Villon est dans sa trentième année. Il n'est pas vieilli prématurément ; compte tenu de l'espérance de vie à l'époque, il ne faut pas se surprendre de cette attitude. Dans l'œuvre, on découvre des témoignages multiples sur sa vie, sur les personnes qu'il a fréquentées, ses amis avec qui il a fait les quatre cents coups, ses ennemis qui l'ont poursuivi, menacé, ses amours malheureuses. Plusieurs de ses strophes dépeignent un legs ; c'est souvent l'occasion de se venger de ses ennemis par l'ironie. Son discours devient parfois une méditation sur lui-même et ses faiblesses ; sa réflexion s'élargit sur la vie humaine. Dans ce premier extrait, Villon fait un bilan de ses années de jeunesse.*

Strophes 22 à 28

XXII

Je plains le temps de ma jeunesse
Ouquel j'ai plus qu'autre galé[1]
Jusqu'à l'entrée de vieillesse
Qui son partement[2] m'a celé.
5   Il ne s'en est à pied allé
Ne a cheval, las ! comment don ?
Soudainement s'en est volé
Et ne m'a laissé quelque don.

XXIII

Allé s'en est, et je demeure,
10   Pauvre de sens et de savoir,
Triste, pâli, plus noir que meure[3],
Qui n'ai n'écus rente n'avoir ;
Des miens le mendre[4], je dis voir,
De me désavouer s'avance[5],
15   Oubliant naturel devoir
Par faute d'un peu de chevance[6].

XXIV

Si ne crains avoir dépendu[7]
Par friander ne par lécher[8] ;
Par trop aimer n'ai rien vendu
20 Que nul me puisse reproucher,
Au moins qui leur coûte mout[9] cher.
Je le dis et ne crois médire[10] ;
De ce je me puis revencher[11] :
Qui n'a méfait ne le doit dire.

XXV

25 Bien est verté[12] que j'ai aimé
Et aimeroie volontiers ;
Mais triste cœur, ventre affamé
Qui n'est rassasié au tiers,
M'ôte des amoureux sentiers.
30 Au fort[13], quelqu'un s'en récompense,
Qui est rempli sur les chantiers[14] !
Car de la pance vient la dance.

XXVI

Bien sais, se j'eusse étudié
Ou[15] temps de ma jeunesse folle,
35 Et à bonnes mœurs dédié[16],
J'eusse maison et couche molle.
Mais quoi ? je fuyoie l'école,
Comme fait le mauvais enfant.
En écrivant cette parole
40 A peu que le cœur ne me fend.

XXVII

Le dit du Sage trop lui fis
Favorable (bien en puis mais[17] !)
Qui dit : « Éjouis-toi, mon fils,
En ton adolescence[18]. » Mais

---

1. *galé* : fait la noce.
2. *partement* : départ.
3. *meure* : mûre.
4. le *mendre* : le moindre.
5. *s'avance* : va jusqu'à.
6. *chevance* : argent, richesse, fortune.
7. *dépendu* : dépensé.
8. *friander et lécher* : s'adonner aux plaisirs de la table.
9. *mout* : très.
10. *médire* : mentir.
11. *revancher* : défendre de ce reproche.
12. *verté* : vérité.
13. *Au fort* : après tout.
14. *Qui est rempli sur les chantiers* : qui a le ventre plein.
15. *ou* : au.
16. *dédié* : voué.
17. *bien en puis mais* : j'en suis bien avancé.
18. Tiré de la Bible, livre de l'Ecclésiaste.

45 Ailleurs sert bien d'un autre mets,
Car « jeunesse et adolescence »,
C'est son parler, ne moins ne mais[19],
« Ne sont qu'abus[20] et ignorance. »

XXVIII

« Mes jours s'en sont allés errant[21]
50 Comme, Job dit, d'une touaille[22]
Sont les filets, quand tisserand
En son poing tient ardente[23] paille[24]. »
Lors, s'il y a un bout qui saille,
Soudainement il est ravi[25].
55 Si ne crains rien qui plus m'assaille
Car à la mort tout s'assouvit[26].

(Traduction de Jean DUFOURNET, © Éditions Gallimard.)

19. *mais* : plus.
20. *abus* : erreur.
21. *errant* : rapidement.
22. *touaille* : pièce de toile.
23. *ardente* : qui brûle, en flammes.
24. Tiré de la Bible, livre de Job.
25. *ravi* : enlevé.
26. *s'assouvit* : s'achève.

QUESTIONS

1 Quels aspects de la vie de Villon sont rappelés par cet extrait ?

2 Dans son poème, de quelle manière Villon décrit-il sa jeunesse ?

3 a) Qui parle dans le poème ? Quel ton ce procédé donne-t-il au poème ?

b) Rédigez chaque strophe en français moderne. Indiquez le thème et le propos de chacune.

c) Relevez les signes de satisfaction (appréciation positive) du poète devant la vie qu'il a menée. Relevez les signes de regret.

d) Dans la strophe 23, quel rapport Villon établit-il entre la pauvreté et le comportement des « siens » ?

e) Quel rapport entre les deux citations de la Bible Villon nous suggère-t-il dans la strophe 27 ?

f) Que signifie la comparaison de la pièce de toile avec la vie dans la strophe 28 ?

4 D'après la dernière phrase de la strophe 28 et selon le bilan que le poète dresse dans ces strophes, vous paraît-il confiant ou désespéré ? Expliquez.

5 Villon exagère-t-il les effets de la jeunesse ? de la pauvreté ? de la mort ? Avons-nous le même regard de nos jours sur ces aspects de la vie ?

■ LE TESTAMENT (1461)

Ce rondeau, comme d'autres dans le Testament, ne respecte pas tout à fait les contraintes du genre (voir la définition, p. 283). Inspiré d'une danse aux mouvements circulaires, le rondeau est une forme de poème permettant l'expression de sentiments intimes, particulièrement du sentiment amoureux.

*Le rondeau ci-dessous est placé peu après la « Ballade à s'amie » dans laquelle
le poète exprime son insuccès et sa détresse en amour. Il suit immédiatement la
strophe XCIV du* Testament *dans laquelle le poète lègue ce poème à un haut fonc-
tionnaire en lui demandant de le chanter ainsi qu'un* De profundis *en s'accompagnant au luth. Selon le texte de cette strophe, le poème fait allusion aux anciennes
amours du personnage.*

*Bien que ce rondeau s'adresse à un contemporain de Villon et traite de ses amours,
les idées qui s'en dégagent, le sentiment d'impuissance devant la mort et le destin qui
s'acharne à ruiner les amours semblent illustrer le point du vue du poète.*

Rondeau

> Mort, j'appelle de ta rigueur,
> Qui m'as ma maîtresse ravie,
> Et n'es pas encore assouvie
> Se tu ne me tiens en langueur :
>
> 5 Onc puis[1] n'eus force ne vigueur ;
> Mais que te nuisoit-elle en vie,
> > Mort ?
>
> Deux étions et n'avions qu'un cœur ;
> S'il[2] est mort, force est que dévie[3],
> 10 Voire, ou que je vive sans vie
> Comme les images[4], par cœur[5],
> > Mort !

(Traduction de Jean DUFOURNET, © Éditions Gallimard.)

---

1. *Onc puis* : jamais depuis.
2. *Il* : le cœur ou la maîtresse.
3. *dévie* : je perde la vie, je meure.
4. *images* : représentations, statues.
5. *par cœur* : en apparence seulement.

QUESTIONS

1 Quels éléments du rondeau traditionnel trouve-t-on dans ce poème ? Lesquels diffèrent ?

2 Quel vers résume le mieux l'amour ?

3 a) Quel est le thème mis en évidence par le refrain ? Quel est l'effet de ce choix ?

b) Qui parle dans ce poème ? À qui s'adresse-t-il ? Quel ton cette forme d'énonciation donne-t-elle au poème ?

c) Quels mots, quels signes de ponctuation nous indi-quent le rapport que le locuteur veut créer avec son interlocuteur ?

d) Deux autres thèmes croisent le thème principal : lesquels ? Quels mots les véhiculent ? Quel lien ces deux thèmes ont-ils avec le thème principal ?

4 Dans ce poème, qu'est-ce qui l'emporte : le désespoir ou la vie ?

5 Pensez-vous qu'on puisse mourir d'amour ? Relisez l'extrait de Tristan et Iseult (p. 12-14) et expliquez votre conception.

Texte écho

■ VITA NOVA (entre 1292 et 1294)
de Dante Alighieri (1265-1321)

Poète, philosophe et politicien, Dante joue un rôle de premier plan dans sa ville natale, Florence, avant d'en être chassé par ses adversaires. Il termine sa vie en exil à Ravenne, dans une province italienne voisine. À neuf ans, il voit Béatrice, alors âgée de huit ans, et en devient amoureux. Morte à vingt-quatre ans, cette femme reste pour lui l'incarnation de la beauté et des plus grandes vertus. Elle sera la source de son inspiration dans ses premières créations poétiques réunies dans *Vita nova*, œuvre où se mêlent fiction et autobiographie, poèmes, commentaires et récit de ses amours. Béatrice demeurera sa muse dans son œuvre majeure, *La Divine Comédie*, écrite de 1307 à 1321. Dans l'extrait qui suit, l'écrivain nous parle d'une rencontre avec la jeune femme, neuf ans après la première, et du songe qu'elle lui inspira. S'agit-il d'un rêve prémonitoire ?

III

(1)Quand fut écoulé tout juste le nombre de jours propre à accomplir la neuvième année après l'apparition que j'ai dite de cette très-gentille[1], au dernier de ces jours il advint que
5 cette admirable dame apparut à moi vêtue de très blanche couleur, au milieu de deux très gentilles dames qui étaient plus âgées. Et passant dans une rue, elle tourna les yeux du côté où j'étais, moult effrayé ; et par son ineffable
10 courtoisie, qui est aujourd'hui guerdonnée[2] dans le grand siècle d'en haut, elle me salua d'une si merveilleuse vertu que je crus alors voir le dernier terme de la béatitude. (2)L'heure où son très doux saluer m'arriva était fermement
15 la neuvième de ce jour-là ; et comme ce fut alors la première fois que ses paroles s'envolèrent pour venir à mes oreilles, j'y pris tant de douceur que comme enivré je me départis de la foule, pour me réfugier solitaire chez moi dans
20 une chambre ; et je me mis à penser à cette très-courtoise. (3)Et pensant à elle, il me vint un doux sommeil, dans lequel m'apparut une merveilleuse vision : il me semblait voir dans ma chambre une nuée couleur de feu, dedans
25 laquelle je distinguais une figure d'un seigneur d'effrayant aspect à qui l'eût regardé ; mais, tel

qu'il était, il montrait en lui si grande joie que c'était chose admirable ; et dans ses paroles, il disait force choses que je ne comprenais pas,
30 si ce n'est quelques-unes ; parmi lesquelles j'entendais celles-ci : « *Ego dominus tuus*[3]. » (4)Dans ses bras, il me semblait voir une personne dormir, nue, sauf qu'elle me paraissait enveloppée légèrement dans un drap de soie vermeil
35 comme sang. Regardant icelle de toute mon entente, je connus que c'était la dame de salut, qui la veille m'avait daigné saluer. (5)Et dans l'une de ses mains il me semblait que ce seigneur tenait une chose qui brûlait toute, et il
40 me semblait qu'il disait ces mots : « *Vide cor tuum*[4]. » (6)Et après qu'il était resté un moment, il me semblait qu'il réveillât celle qui dormait ; et, de tout son engin[5] tant s'efforçait, qu'il lui faisait manger cette chose, qui brûlait dans sa
45 main et qu'elle mangeait avec crainte. (7)Après cela, sa joie ne tardait pas à se convertir en pleurs très amers ; et ainsi pleurant, il recueillait de nouveau cette dame dans ses bras, et avec elle il me semblait qu'il s'en allât vers le ciel, de
50 quoi je souffrais si grande angoisse, que mon frêle sommeil n'y put tenir ; ainsi fut-il rompu, et je me trouvai réveillé. […]

IV

(1)À partir de cette vision, mon esprit naturel commença d'être empêché dans sa besogne,
55 parce que l'âme était toute prise dans le penser de cette très-gentille. Adonc je fus réduit en peu de temps à un si frêle et faible état, que beaucoup de mes amis avaient regret de ma vue ; et maintes gens pleins de curieuse envie
60 déjà se travaillaient de savoir sur moi ce que je voulais en tout point cacher à autrui. (2)Et moi, bien m'avisant du mauvais demander qu'ils me faisaient, par le vouloir d'Amour qui me commandait selon le conseil de la raison, je leur
65 répondais qu'Amour était celui qui ainsi m'avait maltraité. Je disais le vrai d'Amour, pour ce que je portais en mon visage tant de ses couleurs, que cela ne se pouvait déguiser. (3)Mais quand ils me demandaient : « Pour qui t'a ainsi
70 détruit cet Amour ? » alors en souriant je les regardais, et rien ne leur disais.

(Traduction de André Pézart, © Éditions Gallimard.)

1. *très-gentille* : bien née, noble, digne de parfait amour. Dans l'œuvre, ce qualificatif est réservé à Béatrice.
2. *guerdonnée* : récompensée.
3. « C'est moi qui suis ton seigneur. »
4. « Vois ton cœur. »
5. *engin* : esprit, ingéniosité, habileté.

GIOTTO DI BONDONE (1266-1336).
Portrait de Dante, *Le dernier Jugement* (détail). (Museo nazionale del Bargello, Florence.)

QUESTION

Quels rapprochements peut-on établir entre la représentation de l'amour que propose Dante dans ce texte et celles qu'on trouve chez les écrivains du Moyen Âge et de la Renaissance ?

Texte contemporain

■ LE NOM DE LA ROSE (1982)
de Umberto Eco

Spécialiste en sémiotique et en études médiévales, Umberto Eco enseigne à l'Université de Bologne en Italie. Il a consacré deux ouvrages romanesques à reconstituer la vie et le mode de pensée des hommes au Moyen Âge. Dans Le Nom de la *rose, il situe son intrigue dans une riche abbaye bénédictine en 1327. Son narrateur, Adso de Melk, participe à une enquête pour expliquer la mort d'un moine. En tout, sept assassinats se succèdent en quelques jours. Le mystère plane. La bibliothèque de l'abbaye, logée dans une tour et accessible par le scriptorium où travaillent les moines copistes, est un lieu interdit. Lors d'une visite dans cet atelier d'écriture, le narrateur réfléchit au livre comme instrument de connaissance.*

La veille, Bence nous avait dit qu'il aurait été disposé à commettre un péché pour prix d'un livre rare. Il ne mentait ni ne plaisantait. Un moine devrait certes aimer ses livres avec
5   humilité, en les choyant sans viser à la gloire de sa propre curiosité : mais ce que la tentation de l'adultère est pour les laïcs et ce que le désir inapaisé des richesses est pour les ecclésiastiques séculiers, la séduction de la connaissance
10 l'est pour les moines.

[…] Pour ces hommes voués à l'écriture, la bibliothèque était à la fois la Jérusalem céleste et un monde souterrain aux confins de la terre inconnue et des enfers. Ils étaient dominés par
15 la bibliothèque, par ses promesses et par ses interdits. Ils vivaient avec elle, pour elle et peut-être contre elle, dans l'espoir coupable d'en violer un jour tous les secrets. Pourquoi n'auraient-ils pas dû risquer la mort pour satisfaire une
20 curiosité de leur esprit, ou tuer pour empêcher que quelqu'un ne s'appropriât un de leurs secrets jalousement gardé ?

Tentations, certes, orgueil de l'esprit. Bien différent était le moine copiste imaginé par
25 notre saint fondateur, capable de copier sans comprendre, abandonné à la volonté de Dieu, écrivant parce que orant[1] et orant en tant qu'écrivant. Pourquoi n'en allait-il plus ainsi ? Oh, notre ordre n'avait certes pas le privilège
30 des dégénérations! Il était devenu trop puissant, ses abbés rivalisaient avec les rois […]. Même le savoir que les abbayes avaient accumulé servait maintenant de monnaie d'échange, raison d'orgueil, motif d'ostentation et de prestige ;
35 ainsi que les chevaliers faisaient étalage de leurs armures et étendards, nos abbés faisaient étalage de leurs manuscrits enluminés… Et d'autant plus (folie !) que nos monastères avaient désormais perdu jusqu'à la palme de la sagesse :

40 les écoles cathédrales, les corporations urbaines, les universités copiaient désormais les livres, peut-être davantage et mieux que nous, et en produisaient de nouveaux — et là était peut-être la cause de tant de malheurs.

45 L'abbaye où je me trouvais était sans doute encore la dernière à pouvoir vanter son excellence dans la production et la reproduction du savoir. Mais c'est peut-être justement pour cela que ses moines ne se satisfaisaient plus de
50 l'œuvre sainte de la copie, ils voulaient eux aussi produire de nouveaux compléments de la nature, poussés par la convoitise de choses nouvelles. Et, j'en eus confusément l'intuition à ce moment-là (je le sais bien aujourd'hui,
55 blanchi par les ans et par l'expérience), ils ne se rendaient pas compte qu'ainsi faisant ils ratifiaient la ruine de cette excellence. Car si ce nouveau savoir qu'ils voulaient produire avait reflué librement hors de ces murailles, plus rien
60 n'aurait distingué ce lieu sacré d'une école cathédrale ou d'une université citadine. En le gardant secret, il gardait au contraire intacts son prestige et sa force, il n'était pas corrompu par la dispute[2], par la suffisance quodlibétique qui
65 veut passer au crible du *sic et non* chaque mystère et chaque grandeur. Voilà, me dis-je, les raisons du silence et de l'obscurité qui entourent la bibliothèque, elle est réserve de savoir mais elle ne peut conserver ce savoir intact qu'en
70 l'empêchant de parvenir à quiconque, fût-ce aux moines mêmes. Le savoir n'est pas comme la monnaie, qui reste physiquement intacte même à travers les plus infâmes échanges : il est plutôt comme un habit superbe, qui se râpe
75 à l'usage et par l'ostentation. N'en va-t-il pas ainsi pour le livre même, dont les pages s'effritent, les encres et les ors se font opaques, si trop de mains les touchent ? […]

Qu'aurait-il fallu faire ? Cesser de lire, conserver
80 seulement ? Mes craintes étaient-elles justes ?
Qu'aurait dit mon maître ?

Pas très loin de moi, je vis un rubricaire[3],
Magnus de Iona, qui avait terminé de frotter
une peau avec une pierre ponce et l'adoucis-
85 sait à la craie, pour en polir ensuite la surface
avec la plane. Un autre à côté de lui, Raban de
Tolède, avait fixé le parchemin à sa table, en
marquant les marges de légers trous latéraux
des deux côtés, entre lesquels maintenant il
90 tirait avec un stylet de métal des lignes hori-
zontales très fines. Bientôt les deux feuilles se
couvriraient de couleurs et de formes, la page
deviendrait comme un reliquaire, étincelante
de gemmes enchâssées dans ce qui deviendrait
95 par la suite le pieux tissu de l'écriture. Ces deux
frères, me dis-je, sont en train de vivre leurs
heures de paradis sur la terre. Ils produisaient
de nouveaux livres, pareils à ceux que le
temps détruirait ensuite inexorablement…
100 Or donc la bibliothèque ne pouvait être mena-
cée par aucune force terrestre, or donc elle était
une chose vivante… Mais si elle était vivante,
pourquoi ne devait-elle pas s'ouvrir au risque
de la connaissance ? Était-ce là ce que voulait
105 Bence et que peut-être avait voulu Venantius[4] ?

Je ressentis quelque confusion et de la crainte
à ces pensées. Sans doute ne convenaient-elles
pas à un novice qui se devait uniquement de
suivre avec scrupule et humilité la règle, pen-
110 dant toutes les années à venir — ce que j'ai fait
d'ailleurs, sans me poser d'autres questions,
tandis qu'autour de moi de plus en plus le
monde sombrait dans une tempête de sang et
de folie.

(Traduction de Jean-Noël SCHIFANO, © Éditions Bernard Grasset.)

---

1. *orant* : personne en prière dans une sculpture ou une peinture.
2. *dispute* ou « *disputatio* » : au Moyen Âge, joute intellectuelle où des personnes savantes examinaient une question de philosophie ou de théologie et la discutaient point par point en raisonnant. Ces débats très animés portaient parfois sur des questions choisies selon le plaisir des participants et désignées comme *quaestiones quodlibeticae*.
3. *rubricaire* : spécialiste des rubriques inscrites en rouge dans les livres liturgiques.
4. Bence d'Uppsala et Venantius de Salvemec sont des moines occupés à des travaux d'écriture.

QUESTION

Quels sont les divers rôles attribués au livre et à la lecture dans ce texte ? En quoi ces rôles vont-ils peu à peu se modifier au XVIe siècle ? Sont-ils différents de ceux évoqués par Voltaire dans « De l'horrible danger de la lecture » (p. 158-160) ? De nos jours, considère-t-on parfois le livre comme dangereux ? Peut-on encore attribuer les mêmes rôles au livre et à la lecture ?

CLÉS POUR COMPRENDRE LE MOYEN ÂGE

1 Le Moyen Âge est une longue période de dix siècles pendant laquelle, au fil des dynasties royales et des guerres tant civiles qu'extérieures, la France s'est construite et s'est unifiée autour d'une administration et d'une langue communes.

2 La féodalité caractérise les rapports sociaux de la classe sociale supérieure. Les chevaliers s'engagent envers un suzerain à qui ils promettent fidélité et force au combat en échange d'un fief dont ils tirent leur subsistance. Les clercs et les religieux forment un ordre social intermédiaire ; ils se chargent du culte et des travaux intellectuels. La masse populaire se divise entre les artisans, les commerçants et les paysans, parmi lesquels se trouvent les serfs.

3 Le monde chevaleresque prône la fidélité au suzerain, le goût de l'aventure, le courage et la bravoure dans les combats, l'amitié entre chevaliers, le service de la nation et la défense de la religion.

4 La religion constitue un pôle social rassembleur. Elle suscite des projets de construction de vastes cathédrales, des entreprises guerrières, comme les croisades visant à libérer Jérusalem de la domination païenne, ainsi que la création de nombreux ordres religieux dont les membres font vœu de pauvreté. Ces divers ordres religieux finissent par détenir un pouvoir civil important.

5 L'œuvre littéraire, à ses débuts, est une œuvre orale, chantée ou récitée par des troubadours, et d'origine inconnue. Tardivement apparaissent des versions écrites, produites à la main dans des ateliers. Les copistes travaillent de mémoire et apportent à l'œuvre leur part de créativité.

6 L'épopée est une œuvre didactique qui magnifie les faits d'armes des chevaliers pour édifier les auditeurs et accroître leur volonté de défendre leur nation et leur religion.

7 Avec l'esprit courtois apparaît une conception du rapport amoureux, le *fin'amor*, sur le modèle qui lie vassal et suzerain. Par ses paroles, le chevalier célèbre les qualités de la dame dont il veut conquérir le cœur. S'impose à lui le service d'amour qui l'oblige, notamment, à accomplir divers exploits pour mériter l'amour de sa dame.

8 Certains écrivains de la fin du Moyen Âge abordent avec effusion les grands thèmes de l'amour, de la souffrance humaine, de la mort. Le lyrisme de leurs œuvres ne fait pas nécessairement de celles-ci des témoignages sur leur vie personnelle.

BILAN DES AUTEURS ET DES ŒUVRES

XIIᵉ siècle

LA *CHANSON DE ROLAND*

Œuvre épique racontant le retour de Charlemagne d'une campagne militaire contre les Maures en Espagne, la *Chanson de Roland* met en scène des chevaliers de la société féodale dont elle magnifie les faits d'armes ; elle propose à l'admiration des auditeurs l'amitié entre les héros ainsi que les motifs profonds qui déterminent leur ardeur à la guerre : l'honneur personnel, le renom de leur famille, la grandeur de la nation et de son souverain, la suprématie de la religion catholique.

TRISTAN ET ISEULT

Dans une société où se développent l'esprit courtois et le service d'amour, *Tristan et Iseult* érige en mythe l'amour absolu qui attache le neveu du roi à la reine. Contrainte par l'absorption d'un philtre d'amour, leur volonté de s'unir est si forte qu'ils trahissent la parole donnée et affrontent tous les interdits. Le symbole du chèvrefeuille enroulé autour du coudrier dont il ne peut être séparé sans en mourir illustre le caractère fatal de leur amour.

CHRÉTIEN DE TROYES

Premier romancier médiéval, Chrétien de Troyes fait la synthèse de l'esprit courtois et de l'univers chevaleresque, qu'il incarne notamment dans le monde du roi Arthur et des chevaliers de la Table ronde. Dans *Yvain ou le Chevalier au lion*, l'auteur donne à son héros un projet où la conquête amoureuse d'inspiration courtoise s'enrichit d'une quête spirituelle dans laquelle le bien et la justice rehaussent le sens des exploits aux combats.

XIIIe siècle

FABLIAUX

Créations d'auteurs très souvent anonymes, les fabliaux sont des récits visant à faire rire les auditeurs, nobles ou vilains, en mettant en scène les travers de la société. Mais ces récits satiriques s'accompagnent d'une morale qui rappelle les valeurs fondamentales à respecter et les responsabilités des grands à leur égard.

RUTEBEUF

Âme sensible, Rutebeuf a su exprimer, dans plusieurs poèmes, le malheur et la souffrance des pauvres qui l'entourent. Mais dans des écrits comme *Le Pharisien*, il a mis ses talents de polémiste au service de son engagement social pour prendre position dans les débats de son temps et dénoncer les abus des ordres religieux.

XIVe et XVe siècles

CHRISTINE DE PISAN

Veuve à vingt-cinq ans, obligée de gagner sa vie et celle de sa famille, Christine de Pisan devient une des premières femmes écrivaines. Dans sa poésie, elle jette un regard féminin original sur l'amour courtois. Elle fait également œuvre de polémiste en attaquant les idées misogynes de son temps dans *Le Livre de la Cité des Dames*.

VILLON

Par sa vie et ses écrits, François Villon se fait tantôt clerc lettré, tantôt truand. Son *Testament*, œuvre très variée par ses thèmes et ses tons, révèle un être sensible, ironique dans les legs à ses adversaires, capable d'introspection pour apprécier les faiblesses de son existence et dégager les traits qui caractérisent la condition humaine.

CHAPITRE 2

LA RENAISSANCE : DÉCOUVERTES, REFUS ET PERSPECTIVES

Le fond uni et les vêtements sombres font ressortir le visage aux rides peu profondes : c'est celui d'un homme d'âge mûr qui a acquis une certaine expérience de la vie. Le regard pénétrant fixe le spectateur droit dans les yeux, dépassant le cadre du tableau ; il révèle le peintre qui s'examine sans détours et se livre ainsi sans complaisance, tout comme promet de le faire Montaigne dans son adresse « Au lecteur ».

Le cadre d'origine (non reproduit ici) porte une inscription en latin qui fait office de signature et se traduit ainsi : « Jan van Eyck m'a fait le 21 octobre 1433. » En se représentant, le peintre s'affirme en tant qu'individu unique à l'égal des personnages importants de la société dont il fait les portraits.

AU LECTEUR

C'EST ICI un livre de bonne foi, lecteur. Il t'avertit dès l'entrée que je ne m'y suis proposé aucune fin, que domestique et privée. Je n'y ai eu nulle considération de ton service, ni de ma gloire. Mes forces ne sont pas capables d'un tel dessein. Je l'ai voué à la commodité particulière de mes parents et amis : à ce que m'ayant perdu (ce qu'ils ont à faire bientôt) ils y puissent retrouver certains traits de mes conditions et humeurs, et que par ce moyen ils nourrissent plus entière et plus vive la connaissance qu'ils ont eue de moi. Si c'eût été pour rechercher la faveur du monde, je me fusse mieux paré et me présenterais en une marche étudiée. Je veux qu'on m'y voie en ma façon simple, naturelle et ordinaire, sans contention (effort) ni artifice : car c'est moi que je peins. Mes défauts s'y liront au vif, et ma forme naïve (naturelle), autant que la révérence publique me l'a permis. Que si j'eusse été entre ces nations qu'on dit vivre encore sous la douce liberté des premières lois de la nature, je t'assure que je m'y fusse très volontiers peint tout entier et tout nu. Ainsi, lecteur, je suis moi-même la matière de mon livre : ce n'est pas raison que tu emploies ton loisir en un sujet si frivole et si vain. Adieu donc ; de Montaigne, ce premier de mars mille cinq cent quatre-vingt.

Michel de MONTAIGNE.

Date	Événements politiques	Événements littéraires et artistiques
v. 1450		Naissance du peintre Bosch (†1516).
1453	Chute de Constantinople aux mains des Turcs. — Fin de la guerre de Cent Ans.	
1455		Gutenberg édite son premier livre.
1471		Naissance du peintre Dürer (†1528).
1472		Naissance du peintre Cranach l'Ancien (†1553).
v.1483		Naissance de Rabelais (†1553).
v.1488		Naissance du peintre Titien (†1576).
1492	Christophe Colomb découvre l'Amérique.	Naissance de Marguerite de Navarre (†1549).
1494	Début des guerres d'Italie.	
1497		Naissance du peintre Holbein le Jeune (ou 1498-†1543).
v. 1500		Naissance de Scève (†1560).
1508		Budé, *Annotations aux Pandectes*.
1511		Érasme, *Éloge de la folie*.
1513		Machiavel, *Le Prince*.
1515-1547	Règne de François Ier.	
1516		More, *L'Utopie* (1516).
1517	Les quatre-vingt-quinze thèses de Luther/début de la Réforme.	
1522		Naissance de Du Bellay (†1560).
1524		Naissance de Ronsard (†1585). – Naissance de Labé (†1566).
v. 1525		Naissance du peintre Bruegel l'Ancien (†1569).
v. 1530		Naissance de La Boétie (†1563).
1532	Conquête du Pérou par Pizarro.	Rabelais, *Pantagruel*.
1533		Naissance de Montaigne (†1592).
1534	Jacques-Cartier arrive en Nouvelle-France. – L'Affaire des Placards.	
1535		Rabelais, *Gargantua*.
1539	Proclamation de l'édit de Villers-Cotterêts.	
1544		Scève, *Délie*.
1546	Étienne Dolet condamné comme hérétique.	Rabelais, *Le Tiers Livre*.
1547	Début du règne d'Henri II.	Du Bellay, *Défense et illustration de la langue française*.
1548		La Boétie, *Discours de la servitude volontaire*.
1550		Rabelais, *Le Quart livre*.
1552		Ronsard, *Les Amours*. – Naissance d'Agrippa d'Aubigné (†1630).
1555		Labé, *Œuvres poétiques*.
1558		Du Bellay, *Les Regrets*.
1559	Fin des guerres d'Italie.	Marguerite de Navarre, *Heptaméron*.
1560	Conjuration d'Amboise. – Début du règne de Charles IX.	
1562	Début des guerres de religion.	Ronsard, *Les Discours*.
1564		Rabelais, *Le Cinquième livre*.
1572	Massacre de la Saint-Barthélemy. — Abjuration d'Henri de Navarre.	
1574	Début du règne d'Henri III.	
1577		D'Aubigné, *Les Tragiques* (publié en 1616).
1578		Ronsard, *Sonnets pour Hélène*.
1580		Montaigne, *Essais* (début).
1589	Assassinat d'Henri III.	
	Henri de Navarre devient Henri IV.	
1593	Seconde abjuration d'Henri IV.	
1598	Proclamation de l'édit de Nantes.	

LES GENS du XVIe siècle se sont crus bénis des dieux et de la lumière, car de nouveaux mondes et de nouvelles possibilités s'offraient à eux. Le Moyen Âge s'était terminé dans un indescriptible chaos. La guerre de Cent Ans avait saccagé de toutes parts le territoire de ce qui allait devenir la France. La Grande Peste et les famines avaient aussi décimé la population. Pourtant, à la fin de ce même Moyen Âge si épouvantable aux yeux des individus de la Renaissance, ont eu lieu des explorations importantes qui ont permis la création d'un monde différent.

LES DÉCOUVERTES

L'imprimerie

Dès 1434, Gutenberg crée une presse à imprimer et, en 1455, il éditera son premier livre : une Bible en latin. Suivent plusieurs éditions de livres de dévotion puis, rapidement, d'autres imprimeurs prennent la relève. En 1500, il y a déjà, estime-t-on, vingt millions de livres en circulation. C'est une véritable révolution : cette invention permet à un nombre croissant de personnes d'avoir accès à la lecture et ouvre les portes aux savoirs.

La découverte de manuscrits de l'Antiquité grecque et latine

Après la chute de Constantinople aux mains des Turcs en 1453, plusieurs savants grecs s'enfuient en Italie en emportant des manuscrits de l'Antiquité grecque et latine. Le rapatriement de ces textes, dont plusieurs avaient jusqu'alors été inaccessibles en Occident, accroît chez les lettrés l'intérêt pour le savoir antique, à un point tel que l'héritage gréco-latin deviendra un des piliers de la culture renaissante.

La découverte de nouveaux mondes

En 1492, Christophe Colomb dirige ses trois caravelles vers l'Asie. Oui, vers l'Asie, car il ne cherchait pas du tout l'Amérique ! Il reviendra de son voyage sans trop savoir quelle terre il a abordée, mais fier d'avoir tout de même découvert un Nouveau Monde. Plus tard, en 1534, Jacques Cartier prendra possession du Canada au nom de François Ier. Ces conquêtes se sont faites au prix de nombreuses vies humaines, mais pour les populations de la Renaissance, savoir que la Terre offrait tant d'espaces inconnus a contribué au dynamisme et à l'essor du siècle.

LE XVIe SIÈCLE, UN SIÈCLE DE BEAUTÉ

Si ces découvertes ont favorisé la Renaissance, c'est un roi qui a donné toute son envergure à la Renaissance française. François Ier monte sur le trône en 1515 et y restera jusqu'à sa mort en 1547. En bataillant durement (avec l'Italie, entre autres) pour conquérir ou reprendre des territoires qui formeront peu à peu la France, il encourage la création d'un État essentiellement français. L'édit de Villers-Cotterêts promulgué en 1539 va dans ce sens. Cet édit fait du français la langue officielle pour tous les documents légaux rédigés sur le territoire gouverné par le roi de France, écrits qui étaient jusqu'alors rédigés en latin. Mais François Ier n'en reste pas là. Il crée des collèges qui enseignent la langue française et en valorisent l'usage. Qui plus est, ce roi est un mécène : il encourage les arts et les lettres. Après avoir vu des monuments ornés des œuvres des grands peintres de la Renaissance italienne (le *Quattrocento*, première Renaissance italienne, avait eu lieu au XVe siècle), il souhaite donner à la France des édifices aussi somptueux. Il invite donc Léonard de Vinci à venir s'installer à sa cour, pour agir comme conseiller pour ses châteaux de la vallée de la Loire et de l'Île-de-France.

La littérature n'est pas en reste. Marguerite de Navarre, une des écrivaines importantes de la Renaissance, était la sœur de François Ier. Tous deux favoriseront la création littéraire et Marguerite de Navarre ira même jusqu'à protéger des écrivains hérétiques. La première moitié du siècle est donc féconde pour la littérature et donne à la France une place de choix dans l'Europe en devenir. La quête de connaissances et de vérité des écrivains entraînera inévitablement certaines remises en question qui finiront par plonger la France dans des décennies sanglantes.

LES REFUS

Refus de l'éducation médiévale

L'accès à de nouveaux textes de l'Antiquité et l'éveil à la beauté suscité par les grandes œuvres de la Renaissance italienne amènent l'élite renaissante à être plus critique face aux savoirs de son époque. À la fin du Moyen Âge, l'éducation s'était sclérosée dans une scolastique où la répétition des textes composait l'essentiel de la pédagogie. De plus, les lettrés s'aperçoivent que ces textes sont souvent truffés d'erreurs, les moines copistes ayant recopié les fautes de leurs prédécesseurs dans la traduction des textes sacrés. On récuse donc l'école médiévale ; on veut retourner aux textes d'origine, s'en faire une opinion éclairée et ajouter au savoir qu'ils renferment les connaissances acquises au cours du XVIe siècle.

Refus d'un ordre social prédéterminé : la reconnaissance de l'individu

Les grandes découvertes de la Renaissance ont amené les intellectuels de l'époque à s'interroger sur la place de l'homme dans l'univers. On ne croit plus, comme au Moyen Âge, que l'être humain s'inscrit dans un ordre social dicté par Dieu. La hiérarchie sociale est toujours aussi forte (nous le verrons dans les textes de La Boétie ou de Montaigne), mais on peut concevoir que l'homme n'est pas seulement un être social ou religieux, qu'il a sa propre individualité et que c'est cette individualité-là précisément qu'il faut reconnaître. Ce concept de l'individu, pour nous si naturel, est pourtant une des grandes révolutions de la Renaissance.

Refus des dogmes établis : la Réforme protestante

Le 31 octobre 1517, Martin Luther envoie à l'archevêque Albrecht de Magdebourg-Mayence une lettre de protestation contre son « indulgence de l'église Saint-Pierre », assortie de quatre-vingt-quinze propositions pour une réforme de l'Église catholique. Il ne reçoit aucune réponse, mais l'archevêque, intraitable, maintient obstinément son « indulgence », si bien que Luther se voit forcé de rompre avec le catholicisme et de jeter les fondements d'une nouvelle religion, le protestantisme, qui fera rapidement des adeptes d'abord en Allemagne, puis partout en Europe. Ce schisme amènera le pouvoir religieux catholique et, par la suite, le pouvoir politique à élargir et à intensifier la répression contre toute idée ou croyance divergentes.

LE XVIᵉ SIÈCLE, UN SIÈCLE DE GUERRE CIVILE ET DE BÛCHERS

François Iᵉʳ se montre d'abord tolérant face à la religion des réformés. Mais après l'**Affaire des placards** (des protestants placardent sur la porte de ses appartements des affiches insultant le pape, les évêques et la messe), il est obligé d'intervenir. Les persécutions qui commencent alors (1534) iront en s'intensifiant sous le règne de son successeur, Henri II. Un des points culminants de ces horreurs est le **massacre de la Saint-Barthélémy** (1572), où périrent trois mille protestants dont la plupart étaient venus à Paris pour assister aux cérémonies du mariage qui devait sceller la réconciliation enre les deux doctrines chrétiennes en unissant une catholique, Marguerite de Valois, et un protestant, Henri de Navarre. Ce dernier survivra à cette hécatombe, mais devra abjurer sa foi. Il abjurera d'ailleurs une seconde fois en 1593 pour accéder au trône de France, mais réussira, en 1598, à faire promulguer une loi, l'**édit de Nantes**, qui autorisera le culte protestant et rétablira la paix à l'intérieur du pays.

LES PERSPECTIVES DE L'HUMANISME

Je suis homme. Rien de ce qui est humain ne m'est étranger.

Cette citation du poète latin Térence (~190 à ~159 av. J.-C.) illustre bien la vision des premiers penseurs de l'humanisme, Érasme de Rotterdam (1469-1536), à qui l'on doit *L'Éloge de la folie* ; Guillaume Budé (1467-1536), qui propagea en France l'étude du grec et contribua à la création des « lecteurs royaux », le futur Collège de France ; Thomas More (1478-1535), auteur anglais (voir p. 90). Pour eux, l'homme est au cœur de tout : c'est un être doté de dons exceptionnels et, en ce sens, il se doit de se réaliser totalement en s'intéressant à tout ce qui l'entoure. Pour ces érudits, le corps est beau et on lui doit tous les égards. Quant à l'esprit, il doit sans cesse se raffiner ; c'est donc dire que ces penseurs valorisent le savoir, vouent aux textes de l'Antiquité un véritable culte, car ils y trouvent les sources de la philosophie, et prônent l'art sous toutes ses formes. Puisqu'ils croient fermement en l'homme et en son avenir, ils se font les ardents défenseurs de la liberté de pensée, de la tolérance, de la justice et de la paix. Pour eux, l'éducation à ces valeurs doit être entreprise dès l'enfance et se poursuivre durant toute la vie. Au point de vue politique, les humanistes défendent l'idée d'une société idéale, une *utopie*, fondée essentiellement sur les qualités humaines.

Qu'il s'agisse de Rabelais avec ses bons géants, de Marguerite de Navarre avec son gentilhomme justicier, ou de Montaigne épinglant la cruauté de ses contemporains, tous les auteurs de la Renaissance ont en commun ce rêve d'une civilisation humaniste, c'est-à-dire fondée sur les qualités humaines et honorant la connaissance. Ajoutons en terminant que les concepts élaborés par les humanistes, même s'ils visaient d'abord et avant tout la noblesse, ont mené au cours des siècles suivants à des revendications plus populaires : l'abolition des privilèges de la noblesse, la reconnaissance des droits et de la dignité de l'homme, et les différentes luttes pour la démocratie, toujours actuelles…

PARTIE 1

LA PROSE DE LA RENAISSANCE

L'EFFERVESCENCE du début du siècle se reflète dans les premières œuvres de la Renaissance. Chez François Rabelais, la langue est variée, succulente et ne cesse d'innover. De son côté, Marguerite de Navarre dépeint, dans ses nouvelles (*L'Heptaméron*, 1559), un riche éventail des mœurs de son époque.

RABELAIS

François Rabelais (1483 ou 1494 à 1553)

Frère franciscain, moine errant, médecin, inventeur, curé de Meudon, féru des langues et des lettres, et surtout grand humaniste, voilà l'écrivain Rabelais. On ne sait pas tout de sa vie, mais on peut affirmer que, dès 1520, il se retrouve chez les cordeliers du Puy-Saint-Martin en Vendée, et que la vie monacale lui était difficile ; il la critiquera d'ailleurs efficacement en inventant une abbaye idéale (*Thélème*) fort différente de celle qu'il a connue. En 1530, Rabelais s'inscrit en médecine à Montpellier et c'est en 1532 qu'il publiera, à Lyon, sous le pseudonyme d'« Alcofribas Nasier, abstracteur de quintessence » (c'est-à-dire alchimiste), *Les Horribles et Espoventables Faictz et Prouesses du tres renomme Pantagruel roy des Dipsodes, fils du grand geant Gargantua*. Pantagruel est donc un roi gigantesque qui connaît des péripéties chevaleresques, mais à la sauce rabelaisienne, c'est-à-dire aussi fantaisistes qu'humanistes. Par le rire et la déformation, l'œuvre critique le chevalier plus que parfait du Moyen Âge au profit des joies du corps et de la Dive Bouteille ! Après le succès de *Pantagruel*, Rabelais publiera en 1535 l'histoire du père de ce bon géant : le fameux *Gargantua*. Les critiques virulentes et le langage cru et sans compromis de ces deux premiers livres valent à leur auteur la censure de la Sorbonne, qui les accuse d'obscénité. Toutefois, grâce à son protecteur, le cardinal Jean Du Bellay, l'auteur de *Gargantua* échappera à la persécution du Parlement de Paris contre les réformés et les humanistes. Son éditeur et ami Étienne Dolet n'aura pas cette chance ; condamné par la faculté de théologie de Paris, il sera pendu et brûlé comme hérétique en 1546 à Paris !

Rabelais poursuivra l'histoire symbolique de ses géants dans *Le tiers livre* (1546) et le *Quart livre* (1550) et mourra à Paris en 1553 avant d'avoir terminé le *Cinquiesme et Dernier Livre des faicts et dicts heroîques du bon Pantagruel*.

■ GARGANTUA (1535)

*Grandgousier, roi bienveillant et père de Gargantua, a donné ce prénom à son fils,
car il signifie que grand tu as (le gosier). Gargantua, géant toujours assoiffé et
affamé, nous est présenté ici dans sa plus tendre enfance. Rabelais s'amuse à rendre
le prince tout à fait ordinaire en émaillant son texte de termes triviaux, de répétitions
incongrues, d'accumulations farfelues et d'inventions verbales étourdissantes. Par ces
procédés, le texte déjoue l'idéal médiéval du seigneur exemplaire et fait de
Gargantua un enfant aussi maladroit que tous les autres.*

Chapitre 11 : « **De l'adolescence de Gargantua** »

De trois à cinq ans, Gargantua fut élevé et instruit dans toutes les disciplines appropriées selon les ordres de son père. Il passa ce temps-là comme tous les petits enfants du pays, autrement dit à boire, manger et dormir ; à manger, dormir et boire ; à dormir, boire et manger.

Il se vautrait toujours dans la fange, se mâchurait[1] le nez, se barbouillait la figure, éculait ses souliers, bayait[2] souvent aux mouches, aimait à courir après les papillons, sur lesquels régnait son père. Il pissait sur ses souliers, chiait dans sa chemise, se mouchait sur ses manches, morvait dans sa soupe, pataugeait partout, buvait dans sa pantoufle, et avait l'habitude de se frotter le ventre avec un panier. Il aiguisait ses dents sur un sabot, se lavait les mains dans le potage, se peignait avec un gobelet, s'asseyait le cul à terre entre deux chaises, se couvrait d'un sac mouillé, buvait en mangeant sa soupe, mangeait sa fouace[3] sans pain, mordait en riant, riait en mordant, crachait souvent dans le bassin, pétait de graisse, pissait contre le soleil, se cachait dans l'eau pour éviter la pluie, battait le fer à froid[4], songeait creux, faisait le sucré, écorchait le renard, disait la prière du singe, revenait à ses moutons, menait les truies au foin, battait le chien devant le lion[5], mettait la charrue avant les bœufs, se grattait où cela ne le démangeait pas, tirait les vers du nez, embrassait trop et étreignait mal, mangeait son pain blanc le premier, ferrait les cigales[6], se chatouillait pour se faire rire, ruait vivement en cuisine, offrait du fourrage aux dieux[7], faisait chanter *Magnificat* à matines et trouvait que c'était bien le moment[8], avalait des choux et chiait de la purée de poireaux, distinguait les mouches dans le lait, faisait perdre pied aux mouches, ratissait le papier, barbouillait le parchemin, prenait la fuite, tirait à la gourde, comptait sans son hôte, battait les buissons sans attraper les oisillons, prenait les nues pour des poêles de bronze et les vessies pour des lanternes, avait plus d'un tour dans son sac, faisait l'âne pour avoir du son, faisait un maillet

---

1. *mâchurait* : se noircissait.
2. *bayer* : demeurer la bouche ouverte dans une attitude passive d'étonnement. On disait aussi *béer*, qui est resté dans l'usage. Souvent confondu avec *bâiller* : action d'ouvrir involontairement la bouche sous l'effet du sommeil ou de la faim. *Bayer aux corneilles* : perdre son temps en regardant en l'air niaisement.
3. *fouace (ou fougasse)* : à l'origine, pain cuit sous la cendre du foyer.
4. *battre le fer à froid* : invention de Rabelais ; le véritable proverbe est : *Il faut battre le fer quand il est chaud.*
5. *battre le chien devant le lion* : réprimander un inférieur devant son supérieur, pour que celui-ci s'applique la leçon.
6. *ferrer les cigales* : faire quelque chose d'impossible (comme dans l'expression *ferrer les oies*).
7. *offrir du fourrage aux dieux* : les tromper en leur offrant de la paille au lieu du grain.
8. *Le Magnificat* se chante à vêpres, c'est-à-dire à l'office du soir, et non à matines, où sont récitées les prières du matin.

Même s'il est fils de roi, Gargantua est élevé comme tous les enfants : il vit pleinement son enfance, il joue et s'amuse en toute liberté à l'image de ces filles et garçons représentés par Bruegel. Le peintre et l'écrivain accordent de l'importance au corps puisque le jeu favorise le développement de l'adresse physique et l'épanouissement de l'enfant.

de son poing, prenait les grues au premier saut, voulait que l'on fît les cottes d'armes maille à maille, à cheval donné regardait toujours dans la gueule, sautait du coq à l'âne, entre deux
50 fruits verts en plaçait un mûr, mettait la terre dans le fossé, gardait la lune des loups, espérait prendre les alouettes si les nues tombaient, faisait de nécessité vertu, mangeait de ce pain,

se souciait des pelés comme des tondus, écor-
55 chait tous les matins le renard. Les petits chiens de son père mangeaient dans son écuelle. Lui de même mangeait avec eux ; il leur mordait les oreilles. Ils lui égratignaient le nez. Il leur soufflait au cul. Ils lui léchaient les babines.

(© Éditions Honoré Champion, pour la traduction.)

QUESTIONS

1 Trouvez dans cet extrait trois éléments qui montrent que Rabelais dénonce l'éducation scolastique de la fin du Moyen Âge et du début de la Renaissance.

2 Trouvez dans le texte deux éléments qui font de Gargantua un enfant en tous points semblable aux autres.

3 a) Pourquoi la phrase : *[il] aimait à courir après les papillons, sur lesquels régnait son père* est-elle sarcastique ? De quoi Rabelais se moque-t-il ici ?

b) Relevez le champ lexical du corps. Quels thèmes s'en dégagent ?

c) Trouvez cinq proverbes dans le texte (autres que ceux dont la définition vous est donnée en notes au bas de la page 51) et expliquez comment chacun d'eux produit un effet comique.

d) Observez la structure du texte. Y a-t-il une organisation dans le choix des proverbes ?

e) Quel effet l'accumulation des verbes d'action produit-elle dans cet extrait ?

4 Quelles sont les valeurs mises de l'avant par les divers procédés utilisés ici par Rabelais ?

5 Selon vous, pourquoi peut-on dire, à la lecture de cet extrait de l'enfance de Gargantua, que Rabelais y propose une éducation humaniste ?

Écriture littéraire

LES NÉOLOGISMES POPULAIRES ET SAVANTS

En matière de néologismes, la Renaissance fut une véritable couveuse. Sauriez-vous en créer vous aussi ? On peut le faire de deux façons : en combinant des mots connus (procédé des mots-valises) ou en assemblant des racines grecques ou latines (procédé de la formation savante).

Il est assez simple de créer des mots-valises. Il s'agit de faire chevaucher la fin d'un mot et le début d'un autre. Prenons par exemple *diamant*. Le son final est « man » (syllabe sonore et non syllabe écrite). Trouvons maintenant un mot qui commence par le son « man », par exemple *mandoline*. Le chevauchement donnera diamandoline. Il reste à lui trouver un sens. Ici, c'est l'imagination qui entre en jeu. Un(e) *diamandoline* pourrait être une pierre précieuse magique, qui fait entendre de la musique quand on l'utilise comme boucle d'oreille.

Votre premier exercice consiste à construire dix mots-valises, à les transcrire en tête de page avec la définition que vous leur attribuez et à rédiger ensuite un texte qui les utilise tous. Le résultat sera sans doute un peu « rabelaisien », mais personne ne s'en plaindra.

L'autre exercice est un peu plus savant, mais tout à fait dans le ton de la Renaissance. Votre professeur vous distribuera une liste de racines grecques ou latines. Ces racines peuvent former le début ou la fin d'un mot. Il s'agit de les combiner de façon à former des mots savants qui n'existent pas déjà. Par exemple, *hémo* est une racine qui signifie « sang » ; *cratie* est une racine qui signifie « pouvoir » ; en combinant les deux, on obtient *hémocratie*, le « pouvoir du sang ». En laissant aller votre imagination, vous pouvez fort bien prétendre que dans une histoire de vampires on est en pleine « hémocratie ».

Vous devez créer dix néologismes formés de racines grecques ou latines, en donner la définition en haut de page, puis les employer dans un texte de votre cru.

■ GARGANTUA (1535)

Si l'univers apparent de Rabelais est presque toujours fantaisiste, amusant, voire carrément rocambolesque, ici, c'est le ton sérieux qu'il choisit pour exprimer sa pensée. Thélème signifie en grec «volonté libre», c'est donc dire que dans l'abbaye ainsi nommée, la liberté d'agir et de penser sera, pour ces hommes vertueux, la seule règle, selon ce mot de saint Augustin: «Aime, et fais ce que tu voudras.» En effet, celui qui aime, celui qui est vertueux peut agir dans toute la liberté de son amour et de sa vertu. On sait que les moines et les moniales doivent prononcer des vœux de chasteté, de pauvreté et d'obéissance pour s'élever spirituellement. De plus, ils sont astreints à des périodes de prière, de jeûne, de silence, etc. Dans l'abbaye de Thélème, chaque homme, chaque femme décide librement de sa vie spirituelle.

Dans l'histoire de Gargantua, Thélème est un cadeau que Gargantua offre à son ami, Frère Jean des Entommeures, qui s'est battu vaillamment lors de la guerre que Grandgousier a dû mener contre un voisin belliqueux et envahissant: Picrochole. Gargantua veut donc remercier son ami en lui offrant une abbaye-château où tout sera magnifique et où la vie des jeunes gens (il y a autant de femmes que d'hommes à Thélème) sera libre et idyllique. Notons que cette abbaye, aux couleurs étonnamment courtoises, est tout de même conçue pour une élite désireuse d'apprendre et que Rabelais table sur la bonté naturelle de ces jeunes privilégiés.

Chapitre 57 : « Comment était réglé le mode de vie des Thélémites »

Toute leur vie était organisée non pas selon des lois, des statuts ou des règles, mais selon leur volonté et leur libre arbitre. Ils se levaient quand bon leur semblait, buvaient, man-
5 geaient, travaillaient, dormaient quand le désir leur en venait. Personne ne les éveillait, personne ne les forçait à boire ni à manger, ni à faire quoi que ce soit. Ainsi en avait décidé Gargantua. Leur règle ne comportait que cette
10 clause: fais ce que tu voudras. En effet les gens libres, bien nés, bien instruits, conversant en bonne compagnie, ont par nature un instinct et un aiguillon qui les pousse toujours à agir vertueusement. Et les écarte du vice: les
15 Thélémites l'appelaient l'honneur. Quand ils sont opprimés et asservis par une sujétion ou une contrainte viles, ils détournent ce noble penchant, par lequel ils tendaient librement à la vertu, vers un autre but, se défaire et se libé-
20 rer de ce joug de la servitude. Nous entreprenons en effet toujours ce qui est défendu et nous convoitons ce qui nous est refusé.

QUESTIONS

1 Trouvez dans le texte quatre éléments qui font que Thélème s'oppose aux abbayes traditionnelles.

2 Pourquoi peut-on dire que la notion d'individu est ici mise en valeur ?

3 Comparez la tonalité de cet extrait avec la tonalité du texte précédent. Que constatez-vous ?

4 Relevez trois valeurs humanistes fondamentales préconisées par cet extrait.

5 Comparez ce texte avec l'extrait de Montaigne intitulé « De la coutume et de ne changer aisément une loi reçue » (p. 82). La vision qu'ont ces deux auteurs de la bonté et de la vertu est-elle semblable ou différente ? Justifiez votre réponse.

Aᴸʙʀᴇᴄʜᴛ Dᴜ̈ʀᴇʀ (1471-1528).

Adam et Ève (La chute), 1504. (Gravure sur cuivre, burin, 4ᵉ état : 24,9 × 19,2 cm. Musée des beaux-arts de Montréal.)

D'après la Bible, Dieu plaça le premier homme et la première femme dans le jardin d'Éden et leur accorda la liberté de jouir des bienfaits de la création à condition qu'ils ne touchent pas au fruit de l'arbre de la connaissance du Bien et du Mal. Cependant, Satan, sous les traits d'un serpent, tenta Ève qui succomba.

La gravure représente Adam et Ève, avant qu'ils ne commettent le péché originel ; ils sont entourés de quatre animaux symbolisant l'équilibre de la vie, l'aspect physique de l'être humain. Dürer propose sa conception de l'homme de la Renaissance, être libre qui a le pouvoir de transcender son animalité par son esprit, son intelligence, comme les Thélémites de Rabelais. Les corps sains sont parfaitement équilibrés et construits selon les critères de la statuaire antique ; la nudité n'est pas une honte au Paradis terrestre.

L'équilibre est cependant sur le point d'être rompu : les muscles bandés du chat n'indiquent-ils pas qu'il s'apprête à sauter sur la souris ?

■ LE TIERS LIVRE (1546)

Après avoir raconté l'histoire de ses deux bons géants, Rabelais met ici en scène son héros Panurge, un personnage humain ami de Pantagruel, mais fort différent de ce bon prince. Panurge est joueur, dépensier, polyglotte, grand coureur de jupons et, comme le précise l'auteur, « roi de la simagrée ». Dans le Tiers livre, il veut se marier et se demande s'il sera cocu. Le récit entraînera donc le lecteur dans le voyage burlesque des protagonistes passant d'un conseiller à un autre (personne ne pouvant répondre à cette question loufoque), ce qui permettra à Rabelais d'imaginer plusieurs épisodes drolatiques remettant en question les puissants de son époque.

L'extrait proposé se situe au début du livre. Pantagruel, qui a toujours vu son ami affublé d'une magnifique braguette, se demande pourquoi il ne la porte plus. Panurge répond qu'elle ne lui sera plus nécessaire puisqu'il va se marier et que, de ce fait, il n'ira plus à la guerre. Il démontre alors à son prince en quoi la braguette est l'instrument principal des gens de guerre !

Chapitre 8 : « Comment la braguette est la pièce principale de l'armure chez les gens de guerre »

« Voulez-vous soutenir, dit Pantagruel, que la braguette est la pièce principale de l'armure militaire ? C'est une thèse bien paradoxale et bien nouvelle, car on dit que c'est par les éperons que l'on commence à s'équiper.

— Je le soutiens, répondit Panurge, et je ne le soutiens pas à tort.

« Voyez comment la nature a voulu que les plantes, les arbres et les arbrisseaux, les herbes et les êtres intermédiaires entre l'animal et le végétal, une fois qu'elle les a créés, se perpétuent et durent au fil du temps, sans que jamais les espèces dépérissent, alors que les individus périssent : elle a soigneusement protégé leurs germes et leurs semences, où réside cette aptitude à se perpétuer, et les a recouverts de façon très astucieuse, à l'aide de gousses, gaines, coquilles, noyaux, petits calices, coques, épis, duvets, écorces, épines piquantes, qui sont pour elles comme de belles et fortes braguettes naturelles. On en trouve des exemples manifestes dans les pois, les fèves, les féveroles, les noix, les pêches, le coton, les coloquintes, les blés, les pavots, les citrons, les châtaignes, en général toutes les plantes où nous voyons nettement que le germe et la semence sont mieux couverts, mieux protégés et armés que nulle autre partie. Or la nature n'a pas été aussi soucieuse de pourvoir à la possibilité pour le genre humain de se perpétuer. Elle a créé l'homme nu, tendre, fragile, sans armes ni offensives ni défensives, dans l'état d'innocence et l'état originel de l'âge d'or. Elle l'a créé comme un être animé, non pas comme une plante : un être animé, dis-je, né pour la paix, non pour la

PIETER BRUEGEL L'ANCIEN (1525/30-1569).

La danse des paysans (détail), 1568-69. (Huile sur bois : 114 × 164 cm. Kunsthistorisches Museum, Vienne.)

Cette scène révèle un pan de la vie des paysans, catégorie importante de la population peu représentée en peinture à la Renaissance. On peut voir la braguette du pantalon rouge de l'homme qui danse à droite, au deuxième plan, ainsi que celle de l'homme assis qui joue de la cornemuse. La braguette ainsi mise en évidence était une pièce du vêtement masculin de l'époque. Les attitudes des villageois suggèrent qu'ils s'adonnent sans retenue aux plaisirs de la danse et de la boisson.

guerre, né pour la jouissance merveilleuse de tous les fruits et de tous les végétaux, né pour la domination pacifique sur toutes les bêtes.

[...]

« Pour cette raison et pour d'autres motifs,
40 comme le seigneur de Merville essayait un jour une armure neuve, afin de suivre son roi à la guerre (car la sienne était vieille et à demi rouillée, et il ne pouvait plus bien s'en servir, vu que depuis quelques années la peau de son
45 ventre s'était fortement éloignée des reins), sa femme constata, l'esprit en contemplation, qu'il avait peu de soin pour le paquet et le bâton commun de leur mariage, vu qu'il ne l'armait que de mailles. Elle fut d'avis qu'il le protégeât

50 soigneusement et qu'il le fortifiât avec un gros casque de tournoi qui était relégué dans un cabinet.

« Voici les vers que cette héroïne a inspirés, au troisième livre des *Simagrées des pucelles*[1] :

55   Celle qui vit son mari tout armé,
  Sauf la braguette, aller à l'escarmouche,
  Lui dit : « Ami, de peur qu'on ne vous touche,
  Armez cela, qui est le plus aimé. »
  Quoi ? Tel conseil doit-il être blâmé ?
60   Je dis que non : car sa peur la plus grande
  Était de perdre, le voyant animé,
  Le bon morceau dont elle était friande.

« Cessez donc de vous ébahir du nouvel accoutrement que j'ai choisi. »

(© Éditions Honoré Champion, pour la traduction.)

---

1. Œuvre inexistante inventée par Rabelais.

QUESTIONS

1 Trouvez dans le texte trois thèmes représentatifs de la pensée de la Renaissance.

2 Comment la nature est-elle présentée dans cet extrait ?

3 a) Relevez cinq champs lexicaux différents, précisez le thème de chacun, et dites en quoi ils servent la construction globale du texte.

  b) Relevez une personnification, un euphémisme, une énumération, une répétition ; expliquez l'effet produit par chacun de ces procédés.

c) Selon vous, pourquoi Rabelais cite-t-il des vers prétendument écrits par la dame du seigneur de Merville ?

4 Par le rire, Rabelais combat la guerre. Relevez, dans l'ordre du texte, les arguments qu'il invoque à cette fin.

5 Trouvez dans la présente anthologie un autre extrait ayant pour thème l'absurdité de la guerre et comparez le point de vue des deux auteurs.

Marguerite de Navarre (1492-1549)

Marguerite de Navarre, née Marguerite d'Angoulême, était la sœur de François Ier. C'est dire à quel point son destin a été lié à la politique de la France et à ses batailles tant à l'intérieur du pays (l'unification de l'État, la Réforme) qu'à l'extérieur (la guerre d'Espagne). Élevée dans l'étude des Anciens tout comme son frère, elle acquerra une solide culture et un amour indéfectible des livres. Mariée au duc d'Alençon à dix-sept ans, elle sera veuve en 1524 et se remariera en 1527 au futur roi de Navarre, Henri d'Albret.

Très tôt, Marguerite de Navarre se montre curieuse des idées humanistes de son temps et défendra des écrivains censurés, comme Rabelais ; on la soupçonnera même de pactiser avec les réformés. Parue en 1533, sa première œuvre, *Le miroir de l'âme pécheresse*, présente la quête spirituelle et la voix publique de l'écrivaine.

MARGUERITE DE NAVARRE
Portrait attribué à François Clouet (1515-1572). (Musée Condé, Chantilly.)

Les œuvres qui suivront, *Les Marguerites de la Marguerite des Princesses et leur Suyte* (1547), seront également de facture religieuse. La reine se retirera d'ailleurs quelques mois dans un monastère à la mort de son frère en 1547, puis mourra, deux ans plus tard, en laissant une œuvre posthume volumineuse.

■ L'HEPTAMÉRON (1559)

Si l'œuvre publiée du vivant de Marguerite de Navarre était plutôt édifiante, c'est une autre écrivaine que nous découvrons à la lecture de L'Heptaméron, *recueil de nouvelles où des seigneurs et des dames, retenus pendant dix jours dans une abbaye à cause du mauvais temps, racontent tour à tour une histoire. Le texte inachevé s'arrête au septième jour, ce qui justifie son titre. Si l'influence du premier grand prosateur italien, Boccace (1313-1375), est évidente, puisque la structure de l'œuvre est proche de celle du* Décaméron, *la voix de l'écrivaine se distingue par son attachement à la réalité et la diversité des thèmes qu'elle aborde.*

Dans ses récits à la fois cruels et gaillards, aucun personnage de la cour n'est épargné. Les travers des puissants, des religieux, des femmes et des hommes sont observés à la loupe. Même si elles sont assorties d'un débat moral et jugées suivant la foi chrétienne des conteurs, ces nouvelles assez crues témoignent d'une modernité étonnante. On comprend que la reine n'ait pas pu les publier de son vivant…

La douzième nouvelle est la plus historique du recueil, car elle met en scène un assassinat qui a bel et bien eu lieu à l'époque : celui d'Alexandre de Médicis par son cousin Lorenzo. Le duc de Médicis, marié à une très jeune fille, ne peut consommer le mariage et va d'aventure en aventure en attendant que sa jeune épouse vieillisse. Un jour, il s'éprend de la sœur d'un gentilhomme qui est son serviteur et ami. Connaissant la vertu de cette jeune femme, il… mais laissons maintenant place au conteur.

« Douzième nouvelle »

Depuis dix ans en ça, en la ville de Florence, y avoit un duc de la maison de Medicis, lequel avoit espousé madame Marguerite, fille bastarde de l'Empereur. Et, pour ce qu'elle estoit encores
5 si jeune, qu'il ne luy estoit licite de coucher avecq elle, actendant son aage plus meur[1], la traicta fort doulcement ; car, pour l'espargner, fut amoureux de quelques autres dames de la ville que la nuict il alloit veoir, tandis que sa
10 femme dormoit. Entre autres, le fut d'une fort belle, saige et honneste dame, laquelle estoit seur[2] d'un gentil homme que le duc aymoit comme luy-mesme, et auquel il donnoit tant d'autorité en sa maison, que sa parolle estoit
15 obeye et craincte comme celle du duc. Et n'y avoit secret en son cueur qu'il ne luy declarast, en sorte que l'on le pouvoit nommer le second luy-mesmes.

---

1. À la Renaissance, on pouvait légalement consommer un mariage si la jeune fille avait quinze ans.
2. Attention : Le mot *seur*, qui signifie « sœur » ici, peut aussi signifier « sûr » ailleurs dans le texte. Vérifier le sens de la phrase.

Et voyant le duc sa seur estre tant femme de
20 bien qu'il n'avoit moien de luy declarer
l'amour qu'il luy portoit, après avoir cherché
toutes occasions à luy possibles, vint à ce gentil homme qu'il aymoit tant, en luy disant : « S'il
y avoit chose en ce monde, mon amy, que je
25 ne voulusse faire pour vous, je craindrois à vous
declarer ma fantaisye, et encores plus à vous
prier m'y estre aydant. Mais je vous porte tant
d'amour, que, si j'avois femme, mere ou fille qui
peust servir à saulver vostre vie, je les y
30 emploirois, plustost que de vous laisser mourir en torment ; et j'estime que l'amour que vous
me portez est reciprocque à la mienne ; et que
si moy, qui suys vostre maistre, vous portois
telle affection, que pour le moins ne la sçau-
35 riez porter moindre. Parquoy, je vous declai-
reray un secret, dont le taire me met en l'estat
que vous voyez, duquel je n'espere amande-
ment que par la mort ou par le service que vous
me pouvez faire. »

40 Le gentil homme, oyant les raisons de son
maistre, et voyant son visaige non fainct, tout
baigné de larmes, en eut si grande compassion,
qu'il luy dist : « Monsieur, je suis vostre creature ; tout le bien et l'honneur que j'ay en ce
45 monde vient de vous : vous pouvez parler à
moy comme à vostre ame, estant seur que ce
qui sera en ma puissance est en vos mains. » À
l'heure, le duc commença à luy declarer
l'amour qu'il portoit à sa seur, qui estoit si
50 grande et si forte, que, si par son moyen n'en
avoit la jouissance, il ne voyoit pas qu'il peust
vivre longuement. Car il sçavoit bien que
envers elle prieres ne presens ne servoient de
riens. Parquoy, il le pria que, s'il aymoit sa vie
55 autant que luy la sienne, luy trouvast moyen
de luy faire recouvrer le bien que sans luy il
n'esperoit jamais d'avoir. Le frere, qui aymoit
sa seur et l'honneur de sa maison plus que le
plaisir du duc, luy voulut faire quelque remons-
60 trance, luy suppliant en tous autres endroictz
l'employer, horsmys en une chose si cruelle à
luy, que de pourchasser le deshonneur de son
sang ; et que son sang, son cueur ne son honneur ne se povoient accorder à luy faire ce ser-
65 vice. Le duc, tout enflambé d'un courroux
importable, mint le doigt à ses dentz, se mor-

dant l'ungle, et luy respondit par une grande
fureur : « Or bien, puisque je ne treuve en vous
nulle amityé, je sçay que j'ay à faire. » Le gen-
70 til homme, congnoissant la cruaulté de son
maistre, eut craincte et luy dist : « Mon seigneur,
puis qu'il vous plaist, je parleray à elle et vous
diray sa reponse. » Le duc luy respondit, en se
departant : « Si vous aymez ma vie, aussi feray-
75 je la vostre. »

Le gentil homme entendit bien que ceste
parolle vouloit dire. Et fut ung jour ou deux
sans veoir le duc, pensant à ce qu'il avoit à faire.
D'un costé, luy venoit au devant l'obligation
80 qu'il devoit à son maistre, les biens et les honneurs qu'il avoit receuz de luy ; de l'autre costé,
l'honneur de sa maison, l'honnesteté et chasteté de sa seur, qu'il sçavoit bien jamais ne se
consentir à telle meschanceté, si par sa trom-
85 perie elle n'estoit prinse ou par force ; chose si
estrange que à jamays luy et les siens en
seroient diffamez. Si print conclusion de ce dif-
ferent, qu'il aymoit mieulx mourir que de faire
ung si meschant tour à sa seur, l'une des plus
90 femmes de bien qui fust en toute l'Italie ; mais
que plustost debvoit delivrer sa patrye d'un tel
tyran, qui par force vouloit mettre une telle
tache en sa maison ; car il tenoit tout asseuré
que, sans faire mourir le duc, la vie de luy et
95 des siens n'estoit pas asseurée. Parquoy, sans
en parler à sa seur, ny à creature du monde,
delibera de saulver sa vie et venger sa honte par
ung mesme moyen. Et, au bout de deux
jours, s'en vint au duc et luy dist comme il avoit
100 tant bien practicqué sa seur, non sans grande
peyne, que à la fin elle s'estoit consentye à faire
sa volunté, pourveu qu'il luy pleust tenir la
chose si secrette, que nul que son frere n'en eust
congnoissance.

105 Le duc, qui desiroit ceste nouvelle, la creut facil-
lement. Et, en ambrassant le messaigier, luy pro-
mectoit tout ce qu'il luy sçauroit demander ; le
pria de bien tost executer son entreprinse, et
prindrent le jour ensemble. Si le duc fut ayse,
110 il ne le fault poinct demander. Et, quand il veid
approcher la nuict tant desirée où il esperoit
avoir la victoire de celle qu'il avoit estimée
invincible, se retira de bonne heure avecq ce

gentil homme tout seul ; et n'oblia pas de
115 s'acoustrer de coeffes et chemises perfumées
le mieulx qu'il luy fut possible. Et, quant chas-
cun fut retiré, s'en alla avecq ce gentil homme
au logis de sa dame, où il arriva en une
chambre bien fort en ordre. Le gentil homme
120 le despouilla de sa robbe de nuict et le meyt
dedans le lict, en luy disant : « Mon seigneur,
je vous vois querir celle qui n'entrera pas en
ceste chambre sans rougir ; mais j'espere que,
avant le matin, elle sera asseurée de vous. » Il
125 laissa le duc et s'en alla en sa chambre, où il
ne trouva que ung seul homme de ses gens,
auquel il dist : « Aurois-tu bien le cueur de me
suyvre en ung lieu où je me veulx venger du
plus grand ennemy que j'aye en ce monde ? »
130 L'autre, ignorant ce qu'il vouloit faire, luy
respondit : « Ouy, Monsieur, fust-ce contre le
duc mesmes. » À l'heure le gentil homme le
mena si soubdain, qu'il n'eut loisir de prendre
autres armes que ung poignart qu'il avoit. Et,
135 quant le duc l'ouyt revenir, pensant qu'il luy
amenast celle qu'il aymoit tant, ouvrit son
rideau et ses oeilz, pour regarder et recepvoir
le bien qu'il avoit tant actendu ; mais, en lieu
de veoir celle dont il esperoit la conservation
140 de sa vie, va veoir la precipitation de sa mort,
qui estoit une espée toute nue que le gentil
homme avoit tirée, de laquelle il frappa le duc
qui estoit tout en chemise ; lequel, denué
d'armes et non de cueur, se mest en son seant,
145 dedans le lict, et print le gentil homme à travers le corps, en luy disant : « Est-ce cy la promesse que vous me tenez ? » Et, voiant qu'il
n'avoit autres armes que les dentz et les
ongles, mordit le gentil homme au poulce, et
150 à force de bras se defendit, tant que tous deux
tomberent en la ruelle du lict. Le gentil
homme, qui n'estoit trop asseuré, appela son
serviteur ; lequel, trouvant le duc et son
maistre si liez ensemble qu'il ne sçavoit lequel
155 choisir, les tira tous deux par les piedz, au
milieu de la place, et avecq son poignard s'es-
saya à couper la gorge du duc, lequel se defendit jusques ad ce que la perte de son sang le
rendist si foible qu'il n'en povoit plus. Alors le

160 gentil homme et son serviteur le meirent
dans son lict, ou à coups de poignart le par-
acheverent de tuer. Puis tirans le rideau, s'en
allerent et enfermerent le corps mort en la
chambre.

(...)

165 Le matin, tous les serviteurs du duc, qui le
voyoient si tard demorer à revenir, soupson-
nerent bien qu'il estoit allé veoir quelque
dame ; mais, voyans qu'il demeuroit tant,
commencerent à le chercher par tous costez.
170 La pauvre duchesse, qui commençoit fort à l'ay-
mer, sçachant qu'on ne le trouvoit poinct, fut
en grande peyne. Mais, quant le gentil homme
qu'il aymoit tant ne fut veu non plus que luy,
on alla en sa maison le chercher. Et, trouvant
175 du sang à la porte de sa chambre, l'on entra
dedans ; mais il n'y eut homme ne serviteur qui
en sceust dire nouvelles. Et, suivans les trasses
du sang, vindrent les pauvres serviteurs du duc
à la porte de la chambre où il estoit qu'ilz trou-
180 verent fermée ; mais bien tost eurent rompu
l'huys. Et, voyans la place toute plaine de sang,
tirerent le rideau du lict et trouverent le
pauvre corps, endormy, en son lict, du dormir
sans fin. Vous pouvez penser quel deuil mene-
185 rent ses pauvres serviteurs, qui apporterent le
corps en son pallais, où arriva l'evesque, qui
leur compta comme le gentil homme estoit
party la nuict en dilligence, soubz couleur d'aller veoir son frere. Parquoy fut congneu clai-
190 rement que c'estoit luy qui avoit faict ce
meurdre. Et fut aussy prouvé que sa pauvre
seur jamais n'en avoit oy parler ; laquelle, combien qu'elle fust estonnée du cas advenu, si est-
ce qu'elle en ayma davantaige son frere, qui
195 n'avoit pas espargné le hazard de sa vie, pour
la delivrer d'un si cruel prince ennemy. Et continua de plus en plus sa vie honneste en ses ver-
tuz, tellement que, combien qu'elle fust pauvre,
pour ce que leur maison fut confisquée, si trou-
200 verent sa seur et elle des mariz autant honnestes
hommes et riches qu'il y en eust poinct en
Itallie ; et ont toujours depuis vescu en grande
et bonne reputation.

QUESTIONS

1 Quels éléments font de cette nouvelle un récit cruel et gaillard ?

2 a) Quelle image du gentilhomme meurtrier nous est montrée ici ?

b) Quel est le thème principal de cette nouvelle ? Expliquez brièvement.

3 Relevez les termes appartenant aux champs lexicaux de la passion, de la cruauté et de l'honneur. Quels liens pouvez-vous établir entre eux ?

4 a) Sous quel angle les femmes nous sont-elles présentées dans cette nouvelle ?

b) Qu'arrive-t-il au gentilhomme et aux deux sœurs à la fin du récit ? Est-ce une fin inattendue ? Pourquoi ?

5 Quelle image de la noblesse de son époque l'auteure nous livre-t-elle ? Justifiez votre réponse.

Art et littérature

UNE IMAGE DE LA FEMME

Cette Vénus grandeur nature, déesse romaine de la beauté et de l'amour, révèle une image de la femme destinée aux regards masculins. Le point de vue frontal permet d'observer le corps élancé parfaitement proportionné. La peau est lisse et satinée, sans un poil, les chairs sont fermes ; le fond noir uni fait ressortir le teint très clair. Une certaine froideur émane toutefois de ce corps trop parfait, à la ligne épurée qui rappelle le marbre des statues romaines.

La Vénus de Cranach n'est pas sensuelle ; en effet, tel un modèle, elle pose pour le spectateur, la tête légèrement penchée et on ne perçoit pas d'expression dans son regard. Elle s'est parée de colliers et d'un diadème d'or et de pierreries ; ses longs cheveux ne couvrent que son dos et le léger voile transparent qu'elle a gracieusement drapé autour de sa taille laisse le regard se promener librement sur chaque parcelle de son corps.

Cette femme ainsi offerte apparaît superficielle, conçue pour le seul plaisir de l'homme, contrairement à la femme de la nouvelle de Marguerite de Navarre, vertueuse et de bonne réputation, que son frère refuse de « donner » au duc de Médicis qui la convoite.

- Observez cette femme. S'agit-il d'une vision réaliste ou idéalisée du corps féminin ? Ce nu est-il sensuel ?

- Quelle image de la femme Cranach propose-t-il ? Comparez-la avec celle qui se dégage de la nouvelle de Marguerite de Navarre.

LUCAS CRANACH L'ANCIEN (1472-1553).

Vénus, v. 1518. (Huile sur tilleul : 178 × 71 cm. Musée des beaux-arts du Canada, Ottawa.)

Cependant, une clé se trouve dans le bas du tableau : à gauche, au niveau du mollet, est apposée une des signatures de Cranach en forme de serpent ; on peut y voir une référence au péché originel (Ève n'a-t-elle pas été tentée par un serpent ?). Cette image, comme plusieurs autres du peintre représentant des femmes nues parées de bijoux, illustre le thème des vanités, issu de la Bible : la beauté comme la richesse étant éphémères, il ne sert à rien d'accumuler les biens de ce monde ; il vaut mieux tenter de sauver son âme en cultivant les valeurs morales,

telles que la vertu et la bonté dont fait preuve l'admirable jeune femme de la nouvelle.

Malgré le message sous-jacent, ce type de représentations permettait néanmoins aux hommes d'admirer le nu féminin, et c'est cet usage qui se répand notamment en Italie avec la *Vénus endormie* (1508-1510) de Giorgione qui inspirera Titien (voir *La Vénus d'Urbin*, p. 67). De nos jours, la publicité propose parfois l'image d'un corps féminin si parfait qu'il en paraît totalement artificiel ; les modèles semblent dénuées de qualités morales…

LA POÉSIE QUI CRÉE LA LANGUE : LA PLÉIADE

S I RABELAIS et Marguerite de Navarre ont créé une prose riche et brillante, c'est aux poètes de la Renaissance que l'on doit le premier manifeste défendant le *fait* français. Du Bellay rencontre Ronsard au collège de Coqueret à Paris, un des fleurons de la pensée humaniste. Avec cinq autres poètes, ils formeront la « Brigade », nommée plus tard la « Pléiade ». Les sept étoiles de cette constellation sont des écrivains qui ont en commun l'amour des lettres antiques, le refus des règles médiévales et, surtout, la volonté de donner ses titres de noblesse à la langue française, toujours considérée comme vulgaire. On doit à Du Bellay le texte du manifeste *Défense et Illustration de la langue française* et à Ronsard des sonnets remarquables où l'alexandrin domine (voir p. 283 et 281) ; ces nouveautés influenceront la poésie et le théâtre du siècle suivant.

Joachim du Bellay (1522-1560)

Après une enfance angevine très solitaire, Joachim du Bellay se rend à Poitiers pour étudier le droit, puis à Paris où il découvre un milieu lettré. En 1547, il rencontre Ronsard et sort ses premiers textes, le recueil de poésies *L'Olive* et la *Défense et Illustration de la langue française*, qui le font connaître comme un ardent défenseur des idées de la Pléiade. Malheureusement, Du Bellay tombera malade, souffrira de surdité comme Ronsard et se retrouvera isolé. En 1553, un voyage à Rome en compagnie de son oncle, le cardinal Jean du Bellay (voir François Rabelais, p. 50), le laissera amer. On trouve dans *Les Regrets* (1558) une satire virulente de ces années à la cour romaine. Revenu à Paris, Du Bellay publiera quatre autres recueils et mourra à l'âge de trente-huit ans.

DU BELLAY
Gravure de C. Gaucher. (Bibliothèque nationale de France.)

■ DÉFENSE ET ILLUSTRATION DE LA LANGUE FRANÇAISE (1547)

Défense et Illustration de la langue française est un manifeste à la gloire de la langue parlée par la population de l'Île-de-France. On se souviendra que François Ier venait de promulguer l'édit de Villers-Cotterêts (1539) décrétant le français langue officielle pour les actes de justice rédigés sur son territoire. Selon Du Bellay, toutes les langues sont dignes de respect et d'intérêt. Dans le chapitre choisi, l'auteur s'attaque aux peuples qui méprisent le français et précise pourquoi il n'y a pas lieu que le latin, par exemple, soit perçu comme une langue noble au détriment de la langue française.

■ ■ ■

Chapitre 2 : « Que la langue française ne doit être nommée barbare »

Pour commencer donc à entrer en matière, quant à la signification de ce mot *barbare* : barbares anciennement étaient nommés ceux qui ineptement parlaient grec. Car comme les
5 étrangers venant à Athènes s'efforçaient de parler grec, ils tombaient souvent en cette voix absurde *barbaras*[1]. Depuis les Grecs transportèrent ce nom aux mœurs brutaux et cruels, appelant toutes nations, hors la Grèce, barbares.
10 Ce qui ne doit en rien diminuer l'excellence de notre langue : vu que cette arrogance grecque, admiratrice seulement de ses inventions, n'avait loi ni privilège de légitimer ainsi sa nation et abâtardir les autres […]. Et quand la
15 barbarie des mœurs de nos ancêtres eût dû les mouvoir à nous appeler barbares, si est-ce que je ne vois point pourquoi on nous doive maintenant estimer tels ; vu qu'en civilité de mœurs, équité de lois, magnanimité de cou-
20 rages, bref en toutes formes et manières de vivre non moins louables que profitables, nous ne sommes rien moins qu'eux : mais bien plus, vu qu'ils sont tels maintenant que nous les pouvons justement appeler par le nom qu'ils ont
25 donné aux autres. Encore moins doit avoir lieu de ce que les Romains nous ont appelés barbares, vu leur ambition et insatiable faim de gloire, qui tâchaient non seulement à subjuguer, mais à rendre toutes autres nations viles

30 et abjectes auprès d'eux : principalement les Gaulois, dont ils ont reçu plus de honte et dommage que des autres. À ce propos, songeant beaucoup de fois d'où vient que les gestes du peuple romain sont tant célébrés de tout le
35 monde, voire de si long intervalle préférés à ceux de toutes les autres nations ensemble, je ne trouve point plus grande raison que celleci : c'est que les Romains ont eu si grande multitude d'écrivains que la plupart de leurs
40 gestes (pour ne dire pis) par l'espace de tant d'années, ardeur de batailles, vastité d'Italie, incursions d'étrangers, s'est conservée entière jusques à notre temps. Au contraire les faits des autres nations, singulièrement des Gaulois,
45 avant qu'ils tombassent en la puissance des Français, et les faits des Français mêmes depuis qu'ils ont donné leur nom aux Gaules, ont été si mal recueillis, que nous en avons quasi perdu non seulement la gloire, mais la mémoire. À
50 quoi a bien aidé l'envie des Romains, qui comme par une certaine conjuration conspirant contre nous, ont exténué en tout ce qu'ils ont pu nos louanges belliques, dont ils ne pouvaient endurer la clarté : et non seulement nous
55 ont fait tort en cela, mais pour nous rendre encore plus odieux et contemptibles, nous ont appelés brutaux, cruels et barbares. Quelqu'un dira : Pourquoi ont-ils exempté les Grecs de ce

---

1. *barbaras* : barbares, en grec.

nom? Pource qu'ils se fussent fait plus grand tort qu'aux Grecs mêmes, dont ils avaient emprunté tout ce qu'ils avaient de bon, au moins quant aux sciences et illustration de leur langue. Ces raisons me semblent suffisantes de faire entendre à tout équitable estimateur des choses que notre langue (pour avoir été nommée barbare ou de nos ennemis ou de ceux qui n'avaient loi de nous bailler ce nom) ne doit pourtant être déprisée, même de ceux auxquels elle est propre et naturelle, et qui en rien ne sont moindres que les Grecs ou Romains.

QUESTIONS

1 Pourquoi ce texte sert-il bien les intérêts politiques défendus par l'édit de Villers-Cotterêts? Donnez au moins trois raisons.

2 Selon l'auteur, qui qualifie la langue française de barbare? (Donnez deux sources.)

3 a) Pourquoi les Romains ne peuvent-ils pas traiter les Grecs de barbares? (Donnez deux raisons.)

b) Dégagez le champ lexical de la guerre. Comment est-il associé aux trois langues présentées dans l'extrait?

c) Pourquoi, selon Du Bellay, les Romains ont-ils acquis autant de gloire?

4 Selon l'extrait, qui faut-il blâmer lorsque les Romains qualifient la langue française de barbare?

5 a) Du Bellay associe l'image négative du français au fait que l'on ait perdu ou détruit les chroniques guerrières des écrivains gaulois et français. Que pensez-vous de cette idée? Expliquez votre point de vue.

b) Quel texte du Moyen Âge représente ce que Du Bellay nomme «nos louanges belliques»? Ce texte a-t-il contribué à l'évolution de la langue française? Expliquez brièvement.

■ LES REGRETS (1558)

Que ce soit par ses textes polémiques ou par ses sonnets, Du Bellay se révèle un grand amoureux de la langue française. Les cent quatre-vingt-onze sonnets des Regrets, *composés majoritairement durant son exil en Italie, en témoignent. Parfois mélancoliques, parfois satiriques, ils tissent une œuvre très personnelle et aux accents résolument dissidents.*

«Poème 145»

Tu t'abuses, Belleau[1], si pour être savant,
Savant et vertueux, tu penses qu'on te prise:
Il faut (comme l'on dit) être homme d'entreprise,
Si tu veux qu'à la cour on te pousse en avant.

5   Ces beaux noms de vertu, ce n'est rien que du vent.
Donques, si tu es sage, embrasse la feintise,
L'ignorance, l'envie, avec la convoitise:
Par ces arts jusqu'au ciel on monte bien souvent.

---

1. Ce sonnet s'adresse au poète de la Pléiade Rémi Belleau (1528-1577).

HANS HOLBEIN LE JEUNE (1497/9-1543).

Portrait d'Érasme, 1523. (Huile sur toile : 42 × 32 cm. Musée du Louvre, Paris.)

Érasme (1469-1536), humaniste hollandais de grand renom en Europe, est l'auteur de plusieurs œuvres, notamment l'*Éloge de la Folie*, largement diffusées dès leur publication.

Ce portrait représente l'humaniste, âgé de cinquante-quatre ans, dans son cabinet de travail, en train d'écrire. Vêtu de l'habit sombre des érudits, il est placé de profil, assis à sa table, le regard dirigé sur la plume et le papier devant lui. L'arrière-plan fermé par une tenture et des boiseries (à droite) ramène l'attention sur l'essentiel : le texte qui s'élabore. L'attitude concentrée ainsi dépeinte dans ce portrait tout en intériorité révèle le penseur, l'intellectuel qui, pour bâtir son œuvre, se tient loin des milieux mondains et superficiels de la cour critiqués par Du Bellay.

La science à la table est des seigneurs prisée,
10 Mais en chambre, Belleau, elle sert de risée :
Garde, si tu m'en crois, d'en acquérir le bruit.

L'homme trop vertueux déplaît au populaire :
Et n'est-il pas bien fol, qui, s'efforçant de plaire,
Se mêle d'un métier que tout le monde fuit ?

QUESTIONS

1 Quelle critique de sa société Du Bellay fait-il dans ce poème ?

2 Selon l'auteur, quelle erreur Rémi Belleau commet-il ?

3 a) Que signifient les deux premiers vers du premier tercet ? Expliquez brièvement.

b) Faites l'étude des pronoms personnels dans ce sonnet. Que remarquez-vous ? Selon vous, quel est l'effet recherché par le jeu des pronoms ?

c) Faites la liste des conseils que l'auteur donne à Rémi Belleau.

4 a) Comment perçoit-on la dissidence de Du Bellay dans ce poème ?

b) Le dernier tercet est, en quelque sorte, une morale. Reformulez-la.

5 Croyez-vous qu'une telle morale soit encore pertinente aujourd'hui ? Si oui, montrez-le par un exemple actuel.

RONSARD

D'après le buste ornant le tombeau du poète au prieuré Saint-Cosme, près de Tours. (Musée de Blois.)

Pierre de Ronsard (1524-1585)

Pierre de Ronsard, le chef de file de la Pléiade, est le plus célèbre des poètes de la Renaissance. Enfant, il était destiné à une carrière militaire, mais une surdité partielle l'éloigne de ce métier. Il reçoit alors les ordres mineurs, ce qui lui permet d'obtenir des charges ecclésiastiques. Dès ses premiers livres (*Odes*, 1550-1552), il devient le poète favori de la cour du roi. Ses célèbres *Amours* (de Cassandre, 1552, et de Marie, 1556) et les fameux *Sonnets pour Hélène* (1578) comptent toujours parmi les plus beaux poèmes d'amour de la langue française. Pourtant, un Ronsard moins connu existe aussi : celui des poèmes aux accents plus érotiques (*Baiser*) ou plus politiques (*Les Discours*). Ronsard est au sommet de sa gloire jusqu'à la mort de Charles X, puis se retire à Saint-Cosme pour composer ses *Derniers Vers* (publiés après sa mort en 1586).

■ PREMIER LIVRE DES AMOURS, VERSION DE 1569

Le Premier Livre des Amours *est consacré à Cassandre Salviati, noble jeune fille italienne aimée du poète. Ronsard s'y inspire de Pétrarque (1304-1374), poète de la Renaissance italienne qui avait notamment travaillé le jeu des oppositions dans ses célèbres sonnets d'amour. Au fil des ans et des rééditions, il ajoutera à ce recueil surtout composé de sonnets d'autres pièces, comme ce petit poème ardent sur les feux du baiser…*

« Quand hors de tes lèvres décloses »

> Quand hors de tes lèvres décloses,
> Comme entre deux fleuris sentiers,
> Je sens ton haleine de roses,
> Les miennes, les avant-portiers[1]
> 5 Du baiser, se rougissent d'aise,
> Et de mes souhaits tous entiers
> Me font jouir, quand je te baise[2].
> Car l'humeur du baiser apaise,
> S'écoulant au cœur peu à peu,
> 10 Cette chaude amoureuse braise,
> Dont tes yeux allumaient le feu.

---

1. *avant-portier* : partie d'un port entre la passe d'entrée et les bassins. On dit aujourd'hui *avant-port*.
2. *baise* : embrasse.

QUESTIONS

1 Quelles traces pétrarquistes trouve-t-on dans ce poème ?

2 Cernez les trois thèmes majeurs du poème.

3 a) Ce poème ressemble à un blason (voir p. 283). Pourquoi peut-on dire cela ?

b) Trouvez trois procédés d'écriture différents dans ce poème et dites quelle est la fonction de chacun d'eux.

4 À la lecture des quatre derniers vers du poème, croyez-vous que le baiser, tel qu'il y est présenté, apaise ou embrase le cœur du poète ?

5 Comparez ce poème avec le dizain de Maurice Scève (p. 71), du point de vue de la forme et du contenu. Que constatez-vous ?

Art et littérature

LE NU FÉMININ

Ce tableau a été commandé par le duc d'Urbino pour un usage privé ; on ignore qui était le modèle. On peut voir à l'arrière-plan deux servantes en train de ranger des vêtements dans un coffre.

■ Observez la femme à demi allongée.

a) Est-ce la représentation d'un corps réel ou s'agit-il d'une vision idéalisée ? Expliquez.

b) Expliquez comment les gestes et l'attitude expriment la sensualité.

■ La femme tient des roses dans sa main droite. À quelle déesse romaine cette fleur est-elle attribuée ? Que symbolise-t-elle ? (Cherchez dans un dictionnaire des symboles.)

■ a) Quelle image de la femme le peintre propose-t-il ? Par quels aspects cette image diffère-t-elle de celle de la Vénus de Cranach (voir p. 61) ?

b) Comparez cette image de la femme avec celle qui se dégage du poème de Ronsard.

■ L'usage que l'on fait de la nudité féminine dans les tableaux de la Renaissance que vous avez eu l'occasion d'observer diffère-t-il des images actuelles ? Expliquez à l'aide d'exemples pris dans les images publicitaires.

TITIEN [TIZIANO VECELLIO] (v. 1488-1576).

La Vénus d'Urbin, v. 1538. (Huile sur toile : 119 × 165 cm. Galleria degli Uffizi, Florence.)

■ SONNETS POUR HÉLÈNE (1578)

Hélène de Sugères, dame de l'entourage de la reine, a inspiré à Ronsard de magnifiques sonnets. Leur simplicité illusoire demeure étonnante. Le poète vieillissant soigne ses alexandrins pour atteindre les beaux yeux de cette Hélène mythique qu'il glorifie tout en implorant sa pitié. C'est donc la figure courtoise de la dame médiévale toute-puissante qui réapparaît (on peut penser à Laudine, la dame d'Yvain le Chevalier au Lion), mais dans une langue française en pleine découverte d'elle-même.

« Sonnet 16 »

Si vos yeux connaissaient leur divine puissance,
Et s'ils pouvaient voir, ainsi que je les vois,
Ils ne s'étonneraient, se connaissant, dequoi[1]
Divins ils ont vaincu une mortelle essence.

5   Mais par faute d'avoir d'eux-mêmes connaissance,
Ils ne peuvent juger du mal que je reçois ;
Seulement mon visage en témoigne pour moi :
Le voyant si défait, ils voient leur puissance.

Yeux, où devrait loger une bonne amitié,
10   Comme vous regardez tout le Ciel et la terre,
Que ne pénétrez-vous mon cœur par la moitié ;

Ainsi que de ses rais le Soleil fait le verre !
Si vous le pouviez voir, vous en auriez pitié,
Et aux cendres d'un mort vous ne feriez la guerre.

_____
1. *dequoi* : du fait que.

QUESTIONS

1 Comment l'image courtoise de la dame se présente-t-elle dans ce sonnet ?

2 Que reproche le poète à sa dame ?

3 a) Comment le poète se représente-t-il ?

b) Relevez les oppositions dans le texte. Quelle est leur signification ?

c) Y a-t-il une progression dans le texte ? Pour répondre à la question, observez tout ce qui qualifie le regard de la dame, puis le cœur du poète.

4 Que signifie le dernier vers du sonnet ? Selon vous, est-ce une chute étonnante ? Pourquoi ?

5 Faites une étude comparative de ce sonnet et du sonnet de Louise Labé (p. 70). Quels sont les thèmes similaires ou opposés ? Quelles figures de style trouve-t-on dans les deux poèmes ? Comparez aussi les chutes des deux sonnets. Que remarquez-vous ?

LA RENAISSANCE LYONNAISE

DÈS LE PREMIER TIERS du XVIᵉ siècle, Lyon est une ville d'édition et de culture, en contact direct avec l'Italie, haut lieu de la Renaissance. C'est là qu'un premier mouvement littéraire, influencé par le poète italien Pétrarque, voit le jour. On doit à des écrivains comme Louise Labé et Maurice Scève d'avoir les premiers valorisé en français et en poésie les élans de la passion amoureuse ; ce qui, faut-il le rappeler, était alors on ne peut plus contestataire, surtout si l'écrivain était une femme !

Louise Labé (1524-1566)

Esprit libre et fier de la Renaissance, Louise Labé a laissé une œuvre vibrante et audacieuse. Fille et femme de cordiers (d'où son surnom de « la Belle Cordière »), elle reçoit une éducation moderne (italien, latin, luth, escrime et équitation), ce qui lui permettra d'être très active dans la vie culturelle lyonnaise. Ses *Sonnets* publiés en 1555 valorisent la passion, l'amour fou. Cette liberté amoureuse hautement revendiquée lui vaudra d'ailleurs d'être injustement traitée de « vulgaire courtisane »…

Son œuvre compte d'autres titres moins connus, comme *Le Débat de Folie et d'Amour*, délicate allégorie qui soulève ce même questionnement sur l'amour. La grande poète, qui réclamait déjà en 1555 le droit au savoir pour les femmes, s'éteint dans sa ville natale en 1566.

LOUISE LABÉ

Gravure de Dubouchet. (Bibliothèque nationale de France, département des Estampes.)

■ SONNETS (1555)

Les vingt-cinq sonnets du recueil de Louise Labé reposent sur des jeux d'opposition : d'un côté, le bonheur d'avoir connu l'aimé ; de l'autre, les regrets d'en être séparée. L'originalité de ce poème se situe dans la facilité apparente du lexique et de la syntaxe choisis ; simplicité qui n'est qu'un leurre, car la métrique, parfaitement maîtrisée, rend toujours vivants les tourments de la passion. Dans ce sonnet, les yeux de l'amant sont chatoyants, mais le cœur craint les tourments qui surgissent de ces petits jardins pleins de fleurs amoureuses.

« Sonnet XI »

rime embrassé

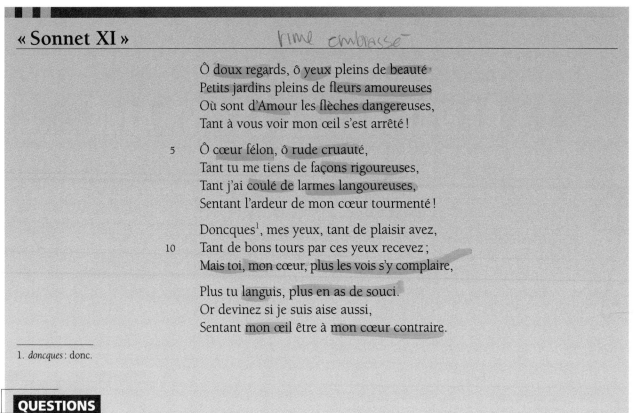

Ô doux regards, ô yeux pleins de beauté
Petits jardins pleins de fleurs amoureuses
Où sont d'Amour les flèches dangereuses,
Tant à vous voir mon œil s'est arrêté !

5 Ô cœur félon, ô rude cruauté,
Tant tu me tiens de façons rigoureuses,
Tant j'ai coulé de larmes langoureuses,
Sentant l'ardeur de mon cœur tourmenté !

Doncques[1], mes yeux, tant de plaisir avez,
10 Tant de bons tours par ces yeux recevez ;
Mais toi, mon cœur, plus les vois s'y complaire,

Plus tu languis, plus en as de souci.
Or devinez si je suis aise aussi,
Sentant mon œil être à mon cœur contraire.

1. *doncques* : donc.

QUESTIONS

1 Comment l'amour nous est-il présenté dans ce sonnet ?

2 La poète est-elle toujours amoureuse ? À quoi le voit-on ?

3 a) Trouvez deux allitérations et deux assonances dans le sonnet. Selon vous, quels sont leurs effets ?

b) Trouvez trois antithèses. Selon vous, quels sont leurs effets ?

c) Observez la disposition des rimes dans ce sonnet. Y a-t-il là aussi un jeu d'oppositions ?

d) Y a-t-il progression dans le poème ? À quoi le remarquez-vous ?

4 Peut-on affirmer que la chute est la synthèse du poème ? Expliquez brièvement.

5 L'opposition entre la séduction amoureuse et la crainte du tourment amoureux peut-elle encore se manifester à notre époque ? Expliquez votre réponse.

LÉONARD DE VINCI (1452-1519).
Portrait de Ginevra Benci, v. 1474. (Huile sur bois : 38,1 × 37 cm, panneau d'origine. National Gallery of Art, Washington.)

Le *Portrait de Ginevra Benci* a une fonction commémorative puisqu'il était destiné à son fiancé (ou à son amant ?) qui était au loin ; la jeune femme se devait d'exprimer la tristesse de l'éloignement. Bien que ses yeux nous suivent du regard, nous ne pouvons deviner sa pensée, car elle est réservée, alors que dans le poème « Ô doux regards… », Louise Labé ouvre son cœur et livre ses sentiments.

Maurice Scève (1500 ?-1560)

La vie de Maurice Scève est mal connue. On sait qu'il reçut une éducation humaniste et qu'il fut docteur en droit. Le blason *Le Sourcil* le fait connaître en 1535.
Maurice Scève en a écrit de nombreux qui seront publiés en 1536. C'est cette
même année qu'il rencontre Pernette du Guillet, l'écrivaine de la Renaissance
lyonnaise à qui l'on doit les *Rymes de gentille et vertueuse Dame*, et qui sera sans
doute la *Délie* de son œuvre majeure publiée en 1544. La tradition situe la
mort de ce grand poète lyonnais aux environs de 1560.

MAURICE SCÈVE
(Bibliothèque nationale de
France.)

■ DÉLIE, OBJET DE PLUS HAUTE VERTU (1544)

*Délie est un recueil de quatre cent quarante-neuf dizains décasyllabiques agrémentés
de cinquante emblèmes (gravures accompagnées chacune d'une devise). Ce serait le
premier* canzoniere *français, c'est-à-dire un recueil de poèmes exprimant un amour
douloureux pour une seule dame. Le titre* Délie *fait allusion à la déesse de Délos
(Diane), mais c'est aussi l'anagramme de* L'Idée, *allusion au monde des Idées de Platon.
L'originalité des poèmes de Scève réside dans leur symétrie et leur concision, mais aussi
dans leur force d'évocation sensuelle. Dans le dizain suivant, le poète s'adresse aux
gants de sa dame. L'image de sensualité de ces accessoires couvrant les mains de l'aimée
est évidente. Le jeu des antithèses, hérité de Pétrarque, montre l'envers et l'endroit de
cette prison d'amour contre laquelle le poète feint de se révolter.*

« Dizain CLXIX »

Vous, Gants heureux, fortunée prison
De liberté volontairement serve[1],
Celez le mal avec la guérison,
Comme votre ombre en soi toujours conserve
5   Et froid et chaud, selon que se réserve
Le libre vueil[2] de nécessaire aisance.
Mais tout ainsi qu'à son obéissance
Dedans vous entre et sort sa blanche main,
Je sortirai de l'obscure nuisance[3]
10   Où me tient clos cet enfant inhumain[4].

1. *serve* : asservie, assujettie.
2. *vueil* : vouloir, volonté.
3. *nuisance* : empêchement, entrave.
4. *cet enfant inhumain* : l'Amour.

ACTÉON

« Fortune par les miens me chasse. »

QUESTIONS

1 Comment la sensualité est-elle évoquée dans ce poème ?

2 Pourquoi le poète semble-t-il envier les gants de sa dame ?

3 a) On observe un changement de ton dans le poème. Où se situe-t-il ?

b) À quelle partie du corps de la dame le poète se compare-t-il à la fin du texte ?

c) Dégagez les champs lexicaux de la liberté et de l'enfermement. Y a-t-il une progression de ces thèmes dans le dizain ?

4 Selon vous, à la fin du poème, le poète veut-il vraiment se libérer de « cet enfant inhumain » ? Justifiez votre réponse.

5 Dessinez un emblème correspondant à ce poème et ajoutez-y la devise qui doit l'accompagner (voir l'illustration).

Écriture littéraire

LE BLASON SOUS FORME DE RONDEAU

L'exercice qui suit a de bonnes chances d'éveiller en vous un talent poétique insoupçonné. Il s'agit de composer un rondeau. Voici les règles à suivre. Le poème a trois strophes et se construit sur deux rimes. La métrique n'a pas à être rigoureusement respectée, il suffit que vos vers soient à peu près de la même longueur.

Votre rondeau sera un blason, c'est-à-dire un court poème écrit à la louange d'un objet quelconque, dont on célèbre les vertus singulières. L'objet célébré est le plus souvent une partie du corps de l'être aimé, mais ce peut aussi être une chose qui vous est chère ou encore une personne qui compte beaucoup pour vous. Le poème en entier lui sera consacré.

Le premier vers est très important. C'est celui qui donne le ton au poème, qui en oriente le sens. Vous devez choisir une phrase, une expression qui vous vient facilement en tête. Ce premier vers doit revenir n'importe où dans la seconde strophe et conclure la dernière. Les plus futés peuvent l'utiliser comme avant-dernier vers si une chute intéressante leur vient en tête. Lorsque votre première strophe est terminée, vous choisissez un deuxième vers dans cette strophe et vous le faites revenir dans la deuxième ou la troisième strophe. Sinon, vous choisissez un vers dans la deuxième strophe et le faites revenir dans la troisième.

Les strophes sont, en principe, de quatre vers chacune. Pour des raisons d'alternance de rimes, il est possible que vous ayez à ajouter un vers à la deuxième ou à la troisième strophe.

LA POÉSIE ENGAGÉE

COMME nous l'avons vu au début de ce chapitre, dès le milieu du XVIe siècle, le catholicisme et le protestantisme entrent en guerre. Les écrivains, qu'ils soient protestants ou catholiques, dénoncent le chaos qui en résulte ainsi que les injustices commises au nom de la vérité. Partout, les troubles sévissent et les villes assiégées sont nombreuses. Dans un tel contexte, la poésie lumineuse d'Agrippa d'Aubigné, poète protestant, contraste avec l'horreur des situations qu'il décrit.

Agrippa d'Aubigné (1552-1630)

En 1560, Jean d'Aubigné, juriste et protestant engagé, amène son fils de huit ans voir les têtes des suppliciés d'Amboise, ces réformés qui furent capturés et torturés pour avoir osé comploter afin de soustraire le roi François II à l'influence catholique des Guise. Le père fait promettre à l'enfant de venger ses coreligionnaires. Dès lors, la foi deviendra chez Agrippa d'Aubigné le moteur d'une révolte, et sa vie, un long combat entre les devoirs qu'exigent le service de la France d'un côté et la défense du protestantisme de l'autre. C'est d'ailleurs après avoir été grièvement blessé en 1577, en servant Henri de Navarre (le futur Henri IV), qu'il écrivit son œuvre la plus hardie : *Les tragiques* (publiée en 1616).

Ses premiers recueils évoquent sa passion pour Diane Salviati, nièce de la Cassandre de Ronsard. Certains, dont *Le printemps*, rédigé en 1572, ne seront pourtant publiés qu'au XIXe siècle, époque où l'on découvre enfin la richesse et la variété de ses écrits. Devenu intransigeant après l'abjuration d'Henri IV (1593), D'Aubigné sera proscrit et mourra à Genève en 1630.

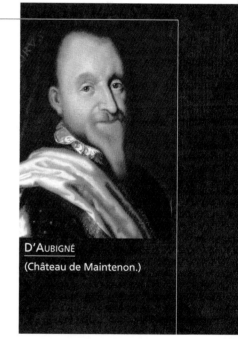

D'AUBIGNÉ
(Château de Maintenon.)

■ LES TRAGIQUES (1616)

Les tragiques est un long poème composé de sept chants et de 9302 alexandrins relatant l'histoire sociale et mystique des huguenots. Qu'il s'agisse de vers célèbres tels que « L'homme est en proie à l'homme, un loup à son pareil » ou de passages moins connus, la poésie à la fois épique et partisane d'Agrippa d'Aubigné répond à ce qu'il souhaitait lorsqu'il notait dans son adresse au lecteur : Nous sommes ennuyés de livres qui enseignent, donnez-nous en pour émouvoir…

Dans « Misères », l'un des sept chants, l'auteur décrit la situation critique dans laquelle la France est plongée à la fin du XVIe siècle. Massacres et tueries font partie du quotidien des Français qui, tombés dans le fanatisme, ressemblent de plus en plus à des loups féroces et sanguinaires. Notons que l'image de monde inversé qui est au cœur de son œuvre se redresse au dernier chant, qui évoque le jugement dernier.

« Misères », vers 191 à 242

Barbares en effet, François de nom[1], François,
Vos fausses lois ont fait des faux et jeunes Rois[2],
Impuissants sur leurs cœurs, cruels en leur puissance ;
Rebelles ils ont vu la désobéissance :
5 Dieu sur eux et par eux déploya son courroux,
N'ayant autres bourreaux de nous-mêmes que nous.
Les Rois, qui sont du peuple et les Rois et les pères,
Du troupeau domestic sont les loups sanguinaires ;
Ils sont l'ire[3] allumée et les verges[4] de Dieu,
10 La crainte des vivants : ils succèdent au lieu
Des héritiers des morts ; ravisseurs de pucelles,
Adultères, souillant les couches des plus belles
Des maris assommés ou bannis pour leur bien[5],
Ils courent sans repos, et quand ils n'ont plus rien
15 Pour saouler l'avarice, ils cherchent autre sorte[6]
Qui contente l'esprit d'une ordure plus forte.
Les vieillards enrichis tremblent le long du jour ;
Les femmes, les maris, privés de leur amour,
Par l'épais de la nuit se mettent à la fuite,
20 Les meurtriers soudoyés s'échauffent à la suite ;
L'homme est en proie à l'homme, un loup à son pareil ;
Le père étrangle au lit le fils, et le cercueil
Préparé par le fils sollicite le père ;
Le frère avant le temps hérite de son frère.
25 On trouve des moyens, des crimes tout nouveaux,
Des poisons inconnus ; ou les sanglants couteaux
Travaillent au midi[7], et le furieux vice
Et le meurtre public ont le nom de justice.
Les bélîtres[8] armés ont le gouvernement,
30 Le sac de nos cités : comme anciennement
Une croix bourguignonne épouvantait nos pères,
Le blanc[9] les fait trembler, et les tremblantes mères
Croulent à l'estomac[10] leurs poupons éperdus
Quand les grondants tambours sont battant entendus.
35 Les places de repos sont places étrangères,
Les villes du milieu sont les villes frontières ;
Le village se garde, et nos propres maisons
Nous sont le plus souvent garnisons et prisons.
L'honorable bourgeois, l'exemple de sa ville,

40 Souffre devant ses yeux violer femme et fille
Et tomber sans merci dans l'insolente main
Qui s'étendait naguère à mendier du pain.
Le sage justicier est traîné au supplice,
Le malfaiteur lui fait son procès ; l'injustice
45 Est principe de droit ; comme au monde à l'envers
Le vieil[11] père est fouetté de son enfant pervers ;
Celui qui en la paix cachait son brigandage
De peur d'être puni, étale son pillage
Au son de la trompette, au plus fort des marchés
50 Son meurtre et son butin sont à l'encan prêchés :
Si qu[12]'au lieu de la roue[13], au lieu de la sentence,
La peine du forfait se change en récompense.

---

1. *François de nom* : au sens étymologique de « libres, francs de servitude et de tyrannie ». On parle ici des Français.

2. Les jeunes rois sont condamnés à cause de la malédiction de l'Ecclésiaste : « Malheur à toi terre dont le roi est un enfant. » Plusieurs jeunes rois se sont succédé à la Renaissance. Par exemple, Charles IX accède au trône à l'âge de dix ans !

3. *ire* : colère.

4. *verges* : baguettes de bois servant à frapper, à corriger ; aussi instruments de vengeance divine.

5. *pour leur bien* : pour s'emparer de leurs biens.

6. *autre sorte* : autre chose.

7. *au midi* : en plein jour.

8. *bélître* : terme injurieux désignant un homme de rien, un coquin.

9. Le blanc était la couleur des troupes royales. Quant à la croix bourguignonne, elle représente soit les troupes de Charles le Téméraire, soit les souvenirs de la guerre de Cent Ans.

10. *croulent à l'estomac* : pressent contre leur sein.

11. *vieil* : vieux.

12. *si que* : ainsi.

13. La roue était l'instrument du supplice auquel on condamnait les assassins.

QUESTIONS

1 Quels aspects de l'époque sont mis en relief dans ce texte ?

2 Selon vous, dans ce poème, D'Aubigné veut-il plus enseigner ou émouvoir ? Justifiez votre réponse.

3 a) Nommez cinq injustices dénoncées par D'Aubigné dans ce poème.

b) Quels portraits de la royauté, de la famille et de la justice l'auteur nous donne-t-il à lire ici ? Expliquez à l'aide d'exemples.

c) Dégagez le champ lexical de la cruauté. Y a-t-il progression de la cruauté dans le poème ?

d) Le poème est constitué de fortes oppositions. Relevez-en trois et expliquez-les.

e) Relevez toutes les inversions reliées au « monde à l'envers ». Que constatez-vous ?

f) Relevez une allitération signifiante aux vers 32 à 34. Quel effet produit-elle ?

4 Selon vous, le dernier vers va-t-il bien avec l'ensemble du poème ? Justifiez votre réponse à l'aide de deux arguments pertinents.

5 Le fanatisme et le terrorisme sont-ils aussi présents de nos jours qu'à l'époque d'Agrippa d'Aubigné ? Rédigez un paragraphe (soixante-quinze mots) exprimant votre point de vue à ce sujet.

L'ENFER

HIERONYMUS BOSCH
(v. 1450-1516).

Panneau central du tryptique *Le Jugement dernier* (détail), 1504-1508. (Huile sur bois : 163 × 127,5 cm. Akademie der Bildenden Künste, Vienne.)

La partie supérieure (qui ne figure pas sur l'image) montre le Christ dans le Ciel, entouré d'anges et de quelques justes lors du Jugement dernier. La majeure partie du panneau représente les damnés en enfer, lequel est situé dans une ville dont les maisons sont ravagées par les flammes dans le haut de l'image.

- Observez l'image à l'aide d'une loupe et relevez deux ou trois éléments monstrueux (par leur forme ou leurs proportions).

- Dans la tradition religieuse chrétienne, sept péchés capitaux mènent en enfer : la gourmandise, l'avarice, la luxure, l'orgueil, la paresse, la colère et l'envie. Bosch en représente plusieurs de manière violente. Relevez-en au moins deux.

- Comparez cette image de l'enfer à celle de la guerre de religion que dépeint Agrippa d'Aubigné.

- Cette perception des rapports humains cadre-t-elle avec celle que montrent d'autres artistes de la Renaissance ? Les médias nous font-ils voir encore aujourd'hui des images aussi violentes que celles de Bosch ? Proposez un exemple tiré de l'actualité.

■ LES TRAGIQUES (1616)

Dans « Les feux », le quatrième chant, Agrippa d'Aubigné nous présente une martyre
protestante que l'Esprit visite et qui, dès lors, ne craint plus ni la torture ni le bûcher.
Par ce poème, l'auteur donne voix à celle qui n'en a plus…

« Les feux », vers 479 à 514

Cette-ci[1], en lisant avec fréquents soupirs
L'incroyable constance et l'effort des martyrs,
Doutait la vérité en mesurant la crainte :
L'esprit la visita, la crainte fut éteinte.
5 Prise, elle abandonna dès l'huis[2] de sa prison
Pour les raisons du ciel la mondaine raison.
Sa sœur la trouve en pleurs finissant sa prière,
Elle, en se relevant, dit en telle manière :
« Ma sœur, vois-tu ces pleurs, vois-tu ces pleurs, ma sœur ?
10 Ces pleurs sont toute l'eau qui me restait au cœur :
Ce cœur ayant jeté son humide faiblesse,
Tout feu, saute de joie et vole d'allégresse. »
La brave se para au dernier de ses jours,
Disant : « Je veux jouir de mes saintes amours :
15 Ces joyaux sont bien peu, l'âme a bien autre gage
De l'époux qui lui donne un si haut mariage. »
Son visage luisit de nouvelle beauté
Quand l'arrêt lui fut lu. Le bourreau présenté,
Deux[3] qui l'accompagnaient furent pressés de tendre
20 Leurs langues au couteau ; ils voulaient les défendre
Au terme de l'arrêt ; elle les mit d'accord
Disant : « Le tout de nous est sacré[4] à la mort :
N'est-ce pas bien raison que les heureuses langues
Qui parlent avec Dieu, qui portent les harangues[5]
25 Au sein de l'Éternel, ces organes que Dieu
Tient pour les instruments de sa gloire en ce lieu,
Qu'elles, quand tout le corps à Dieu se sacrifie,
Sautent dessus l'autel pour la première hostie ?
Nos regards parleront, nos langues sont bien peu
30 Pour l'esprit qui s'explique en des langues de feu. »
Les trois donnent leur langue, et la voix on leur bouche :
Les paroles de feu sortirent de leur bouche,
Chaque goutte de sang que le vent fit voler

---

1. Il s'agit d'une fervente protestante.
2. *huis* : porte.
3. Deux autres protestants.
4. *sacré* : consacré.
5. *harangues* : discours.

Porta le nom de Dieu et aux cœurs vint parler ;
35 Leurs regards violents engravèrent leurs zèles[6]
Aux cœurs des assistants hormis des infidèles[7].

6. *leurs zèles* : leurs fois.
7. *hormis des infidèles* : sauf au cœur des infidèles.

QUESTIONS

1 Pourquoi peut-on dire que la poésie, dans « Les feux », est lumineuse malgré l'horreur qu'elle raconte ?

2 Décrivez le changement d'attitude de la martyre dans le poème. Que cherche à montrer l'auteur par cette modification ?

3 a) Quelles sont les étapes du changement ? Appuyez votre réponse à l'aide de citations pertinentes.

b) En dégageant trois champs lexicaux, cernez les thèmes majeurs du poème.

c) D'Aubigné utilise beaucoup les personnifications et les oppositions dans son œuvre. Relevez-en quatre dans ce poème et décrivez l'effet de chacune d'elles.

d) Trouvez un chiasme dans le poème. Décrivez son effet.

4 Pourquoi peut-on affirmer que les deux derniers vers de cet extrait représentent bien l'engagement du poète ?

5 Comparez cet extrait des *Tragiques* avec le texte de Christine de Pisan relatant le martyre d'une catholique (p. 32). Les deux martyres se ressemblent-elles ? Si oui, pourquoi ? Quelles conclusions pouvez-vous en tirer ?

PARTIE 5

RÉFLÉCHIR SUR LE MONDE ET SUR L'INDIVIDU

S I NOUS DEVONS aux poètes de la Renaissance d'avoir modelé la langue française pour en faire une langue riche, harmonieuse et moderne, nous sommes également tributaires des essayistes de la fin du XVIe siècle, car ils furent les premiers à choisir le français pour parler de la tolérance et de la place de l'individu dans la société humaine. Parmi eux, deux amis, Étienne de La Boétie et Michel de Montaigne, ont joué un rôle de premier plan. Leurs œuvres, rebelles en ce qu'elles défendent l'authenticité de chaque individu, ont été et demeurent une source inaltérable de réflexion pour la pensée moderne.

Étienne de La Boétie (1530-1563)

Esprit libre s'il en fut, Étienne de La Boétie naît dans une famille de petite noblesse. Brillant étudiant en droit, il rédige en 1548 une dissertation intitulée *Le discours de la servitude volontaire*. Ce texte, qui ne sera publié intégralement qu'après sa mort, est son œuvre majeure. La Boétie devient par la suite conseiller au parlement de Bordeaux où il rencontre Montaigne. Une amitié indéfectible les attache l'un à l'autre. L'auteur des *Essais* expliquera la raison de leur amitié par ce mot devenu célèbre : *Parce que c'était lui, parce que c'était moi*. Malade, La Boétie meurt à trente-trois ans, laissant en héritage à Montaigne ses œuvres et sa bibliothèque.

LA BOÉTIE

■ LE DISCOURS DE LA SERVITUDE VOLONTAIRE (1548)

Le discours de la servitude volontaire se présente comme un libelle contre toutes les tyrannies. Certains ont pu y voir une ode révolutionnaire, mais il s'agit davantage d'un écrit essentiellement humaniste : l'homme est responsable de sa liberté comme de son asservissement. La Boétie pose donc un regard neuf et audacieux, car n'oublions pas qu'au Moyen Âge et à la Renaissance l'individu était de peu d'importance par rapport à Dieu et à la collectivité.

Dans l'extrait, l'auteur s'adresse aux peuples insensés qui, en s'enfermant dans leurs peurs, laissent les tyrans agir à leur guise. Pour La Boétie, chaque individu se doit de refuser tout soutien aux oppresseurs. Quant à la chute de cet extrait, elle nous rappelle curieusement un événement survenu en Irak en 2003…

Pauvres et misérables peuples insensés, nations opiniâtres en votre mal et aveugles en votre bien, vous vous laissez emporter devant vous le plus beau et le plus clair de votre revenu,
5   piller vos champs, voler vos maisons et les dépouiller des meubles anciens et paternels ! Vous vivez de sorte que vous ne vous pouvez vanter que rien soit à vous ; et semblerait que meshui[1] ce vous serait grand heur[2] de tenir à
10 ferme[3] vos biens, vos familles et vos vies ; et tout ce dégât, ce malheur, cette ruine, vous vient, non pas des ennemis, mais certes oui bien de l'ennemi, et de celui que vous faites si grand qu'il est, pour lequel vous allez si courageu-
15 sement à la guerre, pour la grandeur duquel vous ne refusez point de présenter à la mort vos personnes. Celui qui vous maîtrise tant n'a que deux yeux, n'a que deux mains, n'a qu'un corps, et n'a autre chose que ce qu'a le moindre
20 homme du grand et infini nombre de nos villes,

---

1. *meshui* : maintenant.
2. *grand heur* : bonheur.
3. *tenir à ferme* : maintenir, garder.

sinon que l'avantage que vous lui faites pour vous détruire. D'où a-t-il pris tant d'yeux, dont il vous épie, si vous ne les lui baillez[4]? Comment a-t-il tant de mains pour vous frapper, s'il
25 ne les prend de vous? Les pieds dont il foule vos cités, d'où les a-t-il, s'ils ne sont des vôtres? Comment a-t-il aucun pouvoir sur vous, que par vous? Comment vous oserait-il courir sus[5], s'il n'avait intelligence avec vous?
30 Que vous pourrait-il faire, si vous n'étiez receleurs du larron qui vous pille, complices du meurtrier qui vous tue et traîtres à vous-mêmes? Vous semez vos fruits, afin qu'il en fasse le dégât; vous meublez et remplissez vos
35 maisons, afin de fournir à ses pilleries; vous nourrissez vos filles, afin qu'il ait de quoi soûler sa luxure; vous nourrissez vos enfants, afin que, pour le mieux qu'il leur saurait faire, il les

40 mène en ses guerres, qu'il les conduise à la boucherie, qu'il les fasse les ministres de ses convoitises, et les exécuteurs de ses vengeances; vous rompez à la peine[6] vos personnes, afin qu'il se puisse mignarder[7] en ses délices et se vautrer dans les sales et vilains plaisirs; vous
45 vous affaiblissez, afin de le rendre plus fort et roide à vous tenir plus courte la bride; et de tant d'indignités, que les bêtes mêmes ou ne les sentiraient point, ou ne l'endureraient point, vous pouvez vous en délivrer, si vous l'essayez,
50 non pas de vous en délivrer, mais seulement de le vouloir faire. Soyez résolus de ne servir plus, et vous voilà libres. Je ne veux pas que vous le poussiez ou l'ébranliez, mais seulement ne le soutenez plus, et vous le verrez, comme un
55 grand colosse à qui on a dérobé sa base, de son poids même fondre en bas et se rompre.

---

4. *baillez*: donnez.
5. *courir sus (à l'ennemi)*: l'attaquer.
6. *se rompre à la peine*: s'épuiser.
7. *mignarder*: traiter délicatement.

QUESTIONS

1 Comment la notion d'individu nous est-elle présentée dans ce texte?

2 Qui est, selon l'auteur, le véritable ennemi?

3 a) Reformulez les trois principaux arguments du texte. Y a-t-il progression de la pensée? Expliquez votre point de vue.

b) Que signifie la question suivante: *Que vous pourrait-il faire, si vous n'étiez receleurs du larron qui vous pille, complices du meurtrier qui vous tue et traîtres à vous-mêmes?* Expliquez brièvement.

c) Dégagez le champ lexical du corps. Quelle fonction a-t-il dans le texte?

4 Pourquoi pourrait-on affirmer que La Boétie est un précurseur de la notion de démocratie? (Donnez trois arguments.)

5 a) La fin du texte exprime le point de vue de l'auteur. Selon vous, est-ce un point de vue utopiste? Pourquoi?

b) La pensée de La Boétie s'applique-t-elle à des situations politiques contemporaines? Si oui, lesquelles et pourquoi?

c) Faites le plan d'un court essai que vous pourriez rédiger pour dénoncer la tyrannie dans le monde d'aujourd'hui.

Michel de Montaigne (1533-1592)

Michel Eyquem, seigneur de Montaigne, naît en 1533 dans un château du Périgord. Élevé par un père aux idées avant-gardistes, il aura pour langue maternelle le latin. L'Antiquité sera donc dès son enfance la source de sa réflexion. Influencé par les grands humanistes, il suit la route du droit et devient conseiller au parlement de Bordeaux où il rencontre La Boétie. Son amitié avec lui jouera un rôle déterminant dans son œuvre. Ainsi, lorsqu'il choisit de quitter la vie publique, il entreprend de publier les textes inédits de son ami, ce qui marque le début du grand projet des *Essais* (1570). Cette trajectoire se modifiera pourtant, car il y ajoute sans cesse des « allongeails », c'est-à-dire de nouvelles réflexions sur les questions qui le préoccupent. Montaigne ne tient jamais rien pour acquis. Sa devise est d'ailleurs *Que sais-je ?* Sceptique certes, mais non pas amer, il aime la vie et la glorifie dans toute son œuvre. En 1581, élu maire de Bordeaux alors qu'il était en voyage, Montaigne se voit obligé de revenir à la vie publique. Il s'y distinguera par son esprit de conciliation et de tolérance dans une ville où la guerre civile entre protestants et catholiques fait rage. De retour sur ses terres en 1586, il terminera le troisième livre des *Essais* et continuera à annoter l'ensemble de l'œuvre jusqu'à sa mort.

MONTAIGNE

■ LES ESSAIS (1580), LIVRE PREMIER

Pour rendre hommage à son ami La Boétie et parce que « l'homme est divers et ondoyant », Montaigne entreprend de se peindre lui-même dans un livre tout en réunissant les textes de son ami. L'auteur y développe sa pensée et y livre les multiples facettes de sa personnalité en s'inspirant des maîtres de l'Antiquité, des humanistes de son siècle et de sa propre expérience de la vie. Parce qu'ils témoignaient d'une manière d'écrire différente de ce que l'on connaissait jusqu'alors, les Essais ont créé un genre littéraire nouveau. Le Petit Robert définit d'ailleurs encore l'essai comme « un ouvrage littéraire en prose, de facture très libre, traitant d'un sujet qu'il n'épuise pas ou réunissant des articles divers ». Ajoutons que si la Renaissance a repoussé, par ses découvertes, les limites géographiques du monde connu, Montaigne a défriché, par l'expression lucide de sa pensée, des territoires intérieurs qui, jusque-là, étaient demeurés inexplorés.

Le premier livre des Essais aborde notamment les thèmes de l'éducation, de la justice et de l'amitié. Au chapitre 23, Montaigne montre à quel point la coutume (c'est-à-dire l'ensemble des comportements appris par un individu dans une société donnée) régit nos vies. Dans l'extrait suivant, il dénonce la négligence de ceux qui laissent les enfants commettre des actes de haine, de mépris et de cruauté. Notons que ses observations sur l'origine de la tyrannie rejoignent la pensée de son grand ami Étienne de La Boétie.

Chapitre 23 : « De la coutume et de ne changer aisément une loi reçue »

Je trouve que nos plus grands vices prennent leur pli de notre plus tendre enfance, et que notre principal gouvernement[1] est entre les mains des nourrices. C'est passe-temps aux
5 mères de voir un enfant tordre le cou à un poulet et s'ébattre à blesser un chien et un chat ; et tel père est si sot de prendre à bon augure d'une âme martiale quand il voit son fils gourmer[2] injurieusement un paysan ou un laquais qui ne
10 se défend point, et à gentillesse quand il le voit affiner (abuser[3]) son compagnon par quelque malicieuse déloyauté et tromperie. Ce sont pourtant les vraies semences et racines de la cruauté, de la tyrannie, de la trahison ; elles se
15 germent là et s'élèvent après gaillardement, et profitent à force entre les mains de la coutume. Et est une très dangereuse institution d'excuser ces vilaines inclinations par la faiblesse de l'âge et légèreté du sujet.

(Traduction de Claude PINGANAUD, © Arléa, 2002.)

---

1. *gouvernement* : éducation.
2. *gourmer* : réprimer, punir.
3. *abuser* : tromper.

QUESTIONS

1 Est-il juste d'affirmer que le texte de Montaigne est un texte humaniste ? Justifiez votre réponse en invoquant trois arguments pertinents.

2 Quel titre pourriez-vous donner à cet extrait ?

3 a) Quels actes de cruauté Montaigne dénonce-t-il par ce texte ?

b) Dégagez le champ lexical de la violence. L'expression de la cruauté prend-elle de l'ampleur à mesure que le texte se développe ? Expliquez votre réponse.

c) Relevez les verbes à l'infinitif. Que constatez-vous en observant la liste de ces verbes ?

4 a) Expliquez la phrase suivante en la reliant à la première phrase du texte : *Ce sont pourtant les vraies semences et racines de la cruauté, de la tyrannie, de la trahison ; elles se germent là et s'élèvent après gaillardement, et profitent à force entre les mains de la coutume.*

b) À quelle conclusion Montaigne arrive-t-il au terme de son argumentation ?

5 Comparez cet extrait avec celui de Rabelais intitulé « De l'adolescence de Gargantua » (p. 51-52). Leurs visions de l'éducation sont-elles semblables ou différentes ? Les deux auteurs s'y prennent-ils de la même façon pour nous communiquer leurs idées ?

■ LES ESSAIS, LIVRE PREMIER

Dans ce texte qui se présente comme un véritable plaidoyer pour la tolérance, Montaigne dénonce le jeu des apparences auquel nous participons tous. Pourquoi jugeons-nous si bien de la valeur d'une bête alors que nous commettons tant d'erreurs dans l'estimation de nos semblables ? Plus de cinq siècles plus tard, nous nous interrogeons toujours…

Chapitre 42 : « De l'inégalité qui est entre nous »

Mais, à propos de l'estimation des hommes, c'est merveille que, sauf nous, aucune chose ne s'estime que par ses propres qualités. Nous louons un cheval de ce qu'il est vigoureux et
5 adroit,

> Nous louons un cheval pour sa vitesse,
> Pour les palmes nombreuses remportées
> [dans le cirque
> Sous les applaudissements des foules hurlantes.

10 (Juvénal, *Satires*, VIII, 57)

non de son harnais ; un lévrier de sa vitesse, non de son collier ; un oiseau de son aile, non de ses longes et sonnettes [*courroies et grelots des oiseaux de volerie*]. Pourquoi de même n'esti-
15 mons-nous un homme par ce qui est sien ? Il a un grand train, un beau palais, tant de crédit, tant de rentes : tout cela est autour de lui, non en lui. Vous n'achetez pas un chat en poche[1]. Si vous marchandez un cheval, vous
20 lui ôtez ses bardes [*harnachement*], vous le voyez nu et à découvert, ou, s'il est couvert, comme on les présentait anciennement aux princes à vendre, c'est par les parties moins nécessaires, afin que vous ne vous amusiez pas
25 à la beauté de son poil ou largeur de sa croupe, et que vous vous arrêtiez principalement à considérer les jambes, les yeux et le pied, qui sont les membres les plus utiles,

---

1. *ne pas acheter un chat en poche* : prendre soin d'examiner l'affaire avant de conclure.

JEAN CLOUET (v. 1480-1541)

Portrait de François Ier, roi de France, v. 1530. (Huile sur bois : 96 x 74 cm. Musée du Louvre, Paris.)

Vêtu d'un costume d'apparat, François Ier porte le collier de l'ordre de Saint-Michel dont il était grand maître. Le fait de le représenter de trois quarts, regardant le spectateur, confère une touche de vie au tableau. Ce portrait officiel a pour fonction de représenter le souverain dans toute sa puissance sans toutefois révéler les qualités de l'homme dont parle Montaigne.

> Quand ils achètent des chevaux, les rois
>   30   [ont coutume de les examiner couverts
> De par², si l'animal a belle tête mais pied faible,
>   [comme c'est souvent le cas,
> D'être séduit et trompé par une large croupe,
>   [une tête fine ou une haute encolure.
>
>   35   (Horace, Satires, I, 2, 86)

Pourquoi, estimant un homme, l'estimez-vous tout enveloppé et empaqueté ? Il ne nous fait montre que des parties qui ne sont aucunement siennes, et nous cache celles par lesquelles
40 seules on peut vraiment juger de son estimation³. C'est le prix de l'épée que vous cherchez, non de la gaine : vous n'en donnerai à l'aventure pas un quatrain⁴ si vous l'avez dépouillé. Il le faut juger par lui-même non par ses atours.
45 Et, comme dit très plaisamment un ancien : « Savez-vous pourquoi vous l'estimez grand ? Vous y comptez la hauteur de ses patins [semelles]. » La base n'est pas de la statue. Mesurez-le sans ses échasses ; qu'il mette à part
50 ses richesses et honneurs, qu'il se présente en chemise. A-t-il le corps propre à ses fonctions, sain et allègre ? Quelle âme a-t-il ? Est-elle belle, capable et heureusement pourvue de toutes ses pièces ? Est-elle riche du sien ou de l'autrui ? La
55 fortune n'y a-t-elle que voir ? Si, les yeux ouverts, elle attend les épées traites [tirées] ; s'il ne lui chaut [importe] par où lui sorte la vie, par la bouche ou par le gosier ; si elle est rassise, égale et contente : c'est ce qu'il faut voir, et juger
60 par là les extrêmes différences qui sont entre nous. Est-il

> sage, maître de lui,
> Tel que pauvreté, fers, mort ne le peuvent
>   [faire trembler ?
>   65   A-t-il le courage de résister à ses passions ?
>   [De mépriser les honneurs ?
> En lui-même tout entier reclus, rond, lisse,
>   [sans prise aucune,
> Comme une boule que rien ne peut empêcher
>   70   [de rouler,
> Est-il hors d'atteinte de la fortune ?
>
>   (Horace, Satires, II, 7, 83)

un tel homme est cinq cents brasses au-dessus des royaumes et des duchés : il est lui-même à
75 soi son empire.

(Traduction de Claude PINGANAUD, © Arléa, 2002.)

---

2. *de par* : de peur.
3. *estimation* : valeur.
4. *quatrain* (ou *liard*) : ancienne monnaie française de cuivre, qui valait trois deniers ou le quart d'un sou.

QUESTIONS

1 a) La devise de Montaigne était *Que sais-je ?* En quoi cet extrait répond-il bien à cette formule désormais célèbre ? Quels sont les exemples choisis par Montaigne pour établir sa démonstration ?

b) En quoi ce texte de Montaigne est-il représentatif de l'humanisme de la Renaissance ? Formulez deux idées principales.

2 Quelles erreurs fréquentes faisons-nous dans l'appréciation des personnes ?

3 a) Quels sont les préjugés que dénonce ici l'auteur des *Essais* ?

b) De nombreuses citations grecques ou latines parsèment l'œuvre de Montaigne. Reformulez les trois citations du texte et expliquez leur pertinence dans la démonstration de l'auteur.

c) Selon vous, y a-t-il une progression dans le texte ? Expliquez brièvement.

4 En quoi ce texte valorise-t-il à la fois la liberté individuelle et la tolérance ?

5 Imaginez une situation où des individus afficheraient leurs préjugés et expliquez comment vous les jugeriez. Seriez-vous tolérant ou intolérant ? Pourquoi ?

■ LES ESSAIS, LIVRE TROIS

*Montaigne a fait, comme la plupart des nobles de son époque, un mariage de raison ;
la passion s'étant révélée, pour lui, hors du mariage. De son alliance est née une fille.
Dans la scène qui suit, la fille de l'auteur lit à haute voix un mot pouvant évoquer la
sexualité et sa gouvernante la rabroue. Montaigne, observateur de la scène, déplore
l'hypocrisie de l'éducation des filles de son époque. L'auteur des Essais ira même
jusqu'à dire, dans un chapitre ultérieur, que les hommes sont injustes lorsqu'ils
exigent la fidélité de leurs épouses, alors qu'ils s'accordent le droit à la liberté
sexuelle même s'ils sont mariés…*

Chapitre 5 : « **Sur des vers de Virgile** »

Nous les dressons dès l'enfance aux entremises
de l'amour : leur grâce, leur attifure [*coiffure*],
leur science, leur parole, toute leur instruction
ne regarde qu'à ce but. Leurs gouvernantes ne
5   leur impriment autre chose que le visage de
l'amour, ne fût qu'en le leur représentant
continuellement pour les en dégoûter. Ma fille
(c'est tout ce que j'ai d'enfants) est en l'âge
auquel les lois excusent les plus échauffées de
10   se marier ; elle est d'une complexion tardive,
mince et molle, et a été par sa mère élevée de
même, d'une forme retirée[1] et particulière : si

_____

1. *d'une forme retirée* : d'une manière solitaire.

HANS HOLBEIN LE JEUNE **(1497/98-1543).**
Portrait d'Anne de Clèves, 1539. (Huile sur vélin collé
sur toile : 65 × 48 cm. Musée du Louvre, Paris.)

C'est sur l'ordre du roi Henri VIII, qui désirait
épouser la jeune fille, que Holbein fit le portrait
d'Anne de Clèves lors d'un voyage en France. Elle
apparaît de face afin que le roi puisse examiner ses
traits. La robe et les bijoux révèlent le rang social
élevé et la richesse. La position des mains est un
signe de bonne éducation. Cette jeune fille semble
« dressée » à tenir la place qu'on lui assignera dans
la société.

[si bien] qu'elle ne commence encore qu'à se déniaiser de la naïveté de l'enfance. Elle lisait
15   un livre français devant moi. Le mot de « fouteau » s'y rencontra, nom d'un arbre connu [hêtre] ; la femme qu'elle a pour sa conduite[2] l'arrêta tout court un peu rudement, et la fit passer par-dessus ce mauvais pas. Je la laissai
20   faire pour ne troubler leurs règles — car je ne m'empêche[3] aucunement de ce gouvernement ;

la police féminine a un train mystérieux, il faut le leur quitter[4] —, mais, si je ne me trompe, le commerce de vingt laquais[5] n'eût su imprimer
25   en sa fantaisie, de six mois, l'intelligence et usage, et toutes les conséquences du son de ces syllabes scélérates[6], comme fit cette bonne vieille par sa réprimande et interdiction.

(Traduction de Claude PINGANAUD, © Arléa, 2002.)

---

2. *la femme qu'elle a pour sa conduite* : sa gouvernante.
3. *je ne m'empêche aucunement de* : je ne m'occupe pas de.
4. *quitter* : laisser.
5. *laquais* : valets, serviteurs.
6. *scélérates* : criminelles ou infâmes.

QUESTIONS

1 Selon vous, pourquoi Montaigne n'intervient-il pas dans la scène entre sa fille et la gouvernante ? Donnez au moins deux raisons.

2 Selon Montaigne, quels seront les effets de la réprimande adressée par la gouvernante ?

3 a) Analysez le vocabulaire utilisé par Montaigne pour tracer le portrait de sa fille. Que constatez-vous ?

b) Étudiez le vocabulaire décrivant l'action éducative de la gouvernante. Que remarquez-vous ?

c) La dernière phrase du texte est légèrement sarcastique. Quels sont les termes qui le prouvent ?

4 Y a-t-il dans ce texte des éléments montrant que, malgré sa lucidité, Montaigne reproduit certains préjugés masculins typiques de son époque ? Quels sont-ils ? Justifiez votre réponse.

5 Comparez cet extrait avec celui de Christine de Pisan tiré du *Livre de la Cité des Dames*, publié en 1405 (p. 29-31). Croyez-vous que les mentalités ont changé quant à la perception de la femme entre le Moyen Âge et la Renaissance ? Justifiez votre réponse par trois arguments pertinents.

■ LES ESSAIS, LIVRE TROIS

La découverte de nouveaux mondes est un haut fait de la Renaissance, mais on sait que la colonisation de l'Amérique fut coûteuse en vies humaines. Pour les colons, la civilisation européenne était LA civilisation et les peuples du Nouveau Monde, des barbares ou des sauvages. Encore une fois, Montaigne, le clairvoyant, se dissocie de la pensée dominante. L'extrait qui suit montre que la férocité n'est pas du côté des Incas. Bien au contraire… En 1533, c'est l'espagnol Pizarro, au service de Charles Quint roi d'Espagne, qui fit étrangler puis brûler Atahualpa, souverain de l'Empire inca, et qui pilla les temples de Cuzco. Notons au passage l'ironie du texte qui dénonce non seulement les atrocités commises, mais aussi l'hypocrisie avec laquelle on endort le bon peuple éberlué.

Chapitre 6 : « **Des coches** »

Des deux les plus puissants monarques de ce monde-là[1], et, à l'aventure, de celui-ci, rois de tant de rois, les derniers qu'ils[2] en chassèrent, celui du Pérou[3], ayant été pris en une bataille
5 et mis à une rançon si excessive qu'elle surpasse toute croyance, et celle-là fidèlement payée, et avoir donné par sa conversation signe d'un courage[4] franc, libéral et constant, et d'un entendement net et bien composé[5], il prit envie aux
10 vainqueurs — après en avoir tiré un million trois cents vingt-cinq mille cinq cents pesants d'or, outre l'argent et autres choses qui ne montèrent pas moins, si [*si bien*] que leurs chevaux n'allaient plus ferrés que d'or massif — de voir
15 encore, au prix de quelque déloyauté que ce fût, quel pouvait être le reste des trésors de ce roi, et jouir librement de ce qu'il avait réservé. On lui aposta[6] une fausse accusation et preuve : qu'il desseignait[7] de faire soulever ses provinces
20 pour se remettre en liberté. Sur quoi, par beau

---

1. Les rois du Pérou et de Mexico.
2. Les Espagnols.
3. Atahualpa.
4. *courage* : disposition.
5. *composé* : cohérent.
6. *aposta* : machina.
7. *desseignait* : avait le dessein, avait le projet.

ABRAHAM ORTELIUS (1527-1598).

Planisphère, 1571. (Bibliothèque de l'université, Leipzig.)

Le monde connu de la fin du XVIᵉ siècle comporte quatre continents. En Amérique figurent les nouveaux pays, parmi lesquels *Peru* et *Chica* au sud, *Florida* au centre et *Nova Francia* au nord. La forme attribuée à l'Amérique diffère sensiblement de celle des cartes actuelles. Tous les noms sont en latin, la langue de la science et de la culture en Europe à l'époque.

jugement de ceux mêmes qui lui avaient dressé cette trahison, on le condamna à être pendu et étranglé publiquement, lui ayant fait racheter le tourment d'être brûlé tout vif par le
25 baptême qu'on lui donna au supplice même. Accident[8] horrible et inouï, qu'il souffrit pourtant sans se démentir ni de contenance, ni de paroles, d'une forme[9] et gravité vraiment royales. Et puis, pour endormir les peuples
30 étonnés et transis de chose si étrange, on contrefit un grand deuil de sa mort, et lui ordonna-t-on des somptueuses funérailles.

L'autre, roi de Mexico, ayant longtemps défendu sa ville assiégée et montré en ce siège tout ce
35 que peut et la souffrance et la persévérance, si jamais prince et peuple le montrèrent, et son malheur l'ayant rendu vif entre les mains des ennemis, avec capitulation [garantie] d'être traité en roi (aussi ne leur fit-il rien voir, en la
40 prison, indigne de ce titre) ; ne trouvant point après cette victoire tout l'or qu'ils s'étaient promis, après avoir tout remué et tout fouillé, se mirent à en chercher des nouvelles par les plus âpres géhennes [tortures] de quoi ils se purent
45 aviser sur les prisonniers qu'ils tenaient. Mais, n'ayant rien profité, trouvant des courages plus forts que leurs tourments, ils en vinrent enfin

à telle rage que, contre leur foi et contre tout droit des gens, ils condamnèrent le roi même
50 et l'un des principaux seigneurs de sa cour à la géhenne en présence l'un de l'autre. Ce seigneur, se trouvant forcé de la douleur, environné de brasiers ardents, tourna sur la fin piteusement sa vue vers son maître, comme
55 pour lui demander merci[10] de ce qu'il n'en pouvait plus. Le roi, plantant fièrement et rigoureusement les yeux sur lui, pour reproche de sa lâcheté et pusillanimité, lui dit seulement ces mots, d'une voix rude et ferme : « Et moi, suis-
60 je dans un bain ? Suis-je pas plus à mon aise que toi ? » Celui-là, soudain après, succomba aux douleurs et mourut sur la place. Le roi, à demi rôti, fut emporté de là non tant par pitié (car quelle toucha jamais des âmes qui, pour la
65 douteuse information de quelque vase d'or à piller, fissent griller devant leurs yeux un homme, non qu'un [bien plus, un] roi si grand et en fortune et en mérite ?), mais ce fut que sa constance rendait de plus en plus honteuse leur
70 cruauté. Ils le pendirent depuis [après], ayant courageusement entrepris de se délivrer par armes d'une si longue captivité et sujétion, où il fit sa fin digne d'un magnanime prince.

(Traduction de Claude PINGANAUD, © Arléa, 2002.)

---

8. *accident* : malheur.
9. *forme* : façon.
10. *merci* : grâce.

QUESTIONS

1 Comment voit-on dans ce texte que Montaigne ne partage pas les idées de son temps ?

2 Pourquoi le roi du Pérou est-il condamné ? Et celui de Mexico ?

3 a) Établissez la liste des atrocités commises par les Espagnols.

b) Trouvez dans le texte une hyperbole. Pourquoi est-elle efficace ?

c) Faites la liste des adjectifs du texte. Que remarquez-vous ?

d) La première phrase du texte est très longue. Quel est l'effet recherché par cette structure syntaxique ?

e) Certaines phrases sont ironiques. Lesquelles ?

f) Pourquoi l'auteur donne-t-il la parole au roi de Mexico au moment du supplice ?

g) Analysez et comparez les portraits des deux rois suppliciés.

4 Cet essai pourrait-il devenir un plaidoyer pour la tolérance ? Expliquez votre point de vue.

5 Comparez cet extrait avec le chant d'Agrippa d'Aubigné intitulé *Les feux* (p. 77-78). Les deux auteurs abordent-ils les atrocités de la même manière ? Expliquez brièvement.

LES ESSAIS, LIVRE TROIS

Le dernier livre des Essais *nous montre à quel point Montaigne a su apprécier la vie et la respecter. Pour lui, la véritable sagesse ne se situe pas dans une philosophie aride, mais dans un équilibre heureux entre le corps et l'esprit.*

Chapitre 13 : « De l'expérience »

Pour moi, donc, j'aime la vie et la cultive telle qu'il a plu à Dieu nous l'octroyer. Je ne vais pas désirant qu'elle eût à dire [*qu'elle ne connût pas*] la nécessité de boire et de manger, et me sem-
5 blerait faillir non moins excusablement de dési-
rer qu'elle l'eût double — *Le sage recherche avi-
dement les richesses naturelles* (Sénèque, *Lettres à Lucilius*, CXIX) ; ni que nous nous susten-
tassions mettant seulement dans la bouche un
10 peu de cette drogue par laquelle Épiménide se
privait d'appétit et se maintenait ; ni qu'on pro-
duisît stupidement des enfants par les doigts
ou par les talons, mais, parlant en révérence,
plutôt qu'on les produise encore [*en plus*]
15 voluptueusement par les doigts et par les
talons, ni que le corps fût sans désir et sans cha-
touillement. Ce sont plaintes ingrates et
iniques. J'accepte de bon cœur, et reconnaissant, ce que nature a fait pour moi, et m'en
20 agrée et m'en loue. On fait tort à ce grand et
tout-puissant donneur de refuser son don, l'an-
nuler et défigurer. Tout bon, il a fait tout bon.
Tout ce qui est selon la nature est digne d'estime
(Cicéron, *Les Fins*, III, 6).

25 Des opinions de la philosophie, j'embrasse plus
volontiers celles qui sont les plus solides,
c'est-à-dire les plus humaines et nôtres : mes
discours sont, conformément à mes mœurs, bas
et humbles. Elle fait bien l'enfant, à mon gré,
30 quand elle se met sur ses ergots pour nous prê-
cher que c'est une farouche alliance de marier
le divin avec le terrestre, le raisonnable avec le
déraisonnable, le sévère à l'indulgent, l'honnête
au déshonnête, que volupté est qualité brutale,
35 indigne que le sage la goûte : le seul plaisir qu'il
tire de la jouissance d'une belle jeune épouse,
c'est le plaisir des consciences de faire une
action selon l'ordre, comme de chausser ses
bottes pour une utile chevauchée.

40 [...] Je quête partout sa piste[1] : nous l'avons
confondue [*brouillée*] de traces artificielles, et
ce souverain bien académique et péripatétique[2],
qui est vivre selon celle-ci, devient à cette cause
difficile à borner et exprimer ; et celui-ci des
45 stoïciens, voisin à celui-là, qui est consentir à
nature. Est-ce pas erreur d'estimer certaines
actions moins dignes de ce qu'elles sont nécessaires ? Si [*aussi*] ne m'ôteront-ils pas de la tête
que ce ne soit un très convenable mariage du
50 plaisir avec la nécessité, avec laquelle, dit un
ancien, les dieux complotent toujours. À quoi
faire démembrons-nous en divorce un bâtiment
tissu d'une si jointe et fraternelle correspondance ? Au rebours, renouons-le par mutuels
55 offices. Que l'esprit éveille et vivifie la pesan-
teur du corps, le corps arrête la légèreté de l'esprit et la fixe.

(Traduction de Claude PINGANAUD, © *Arléa, 2002.)*

---

1. La piste de la philosophie.
2. *péripatétique* : aristotélicien (partisan de la doctrine d'Aristote).

QUESTIONS

1 Quels principes de l'humanisme trouve-t-on dans cet extrait ?

2 Que signifie la conclusion du texte ?

3 a) Montaigne critique certains philosophes. Quelles métaphores le montrent ?

b) Quels éléments des discours philosophiques rejette-t-il ?

c) Quels arguments permettent à Montaigne de conclure son texte comme il le fait ?

4 Résumez en soixante-quinze mots la conception de l'homme chez Montaigne.

5 Cette conception reste-t-elle valable aujourd'hui ? Faut-il la rejeter, l'enrichir ou la remplacer ? Pourquoi ?

Texte écho

■ L'UTOPIE (1516)
de Thomas More (1478-1535)

Utopia signifie lieu qui n'est nulle part. Thomas More, juriste et diplomate anglais, publie ce texte en 1516. C'est une véritable vision révolutionnaire que propose cette œuvre de réflexion. More y invente une société idéale, ce qui lui permet de faire une critique acerbe des injustices existant dans sa société. Dans l'extrait suivant, il défend les ouvriers, qui sont exploités par des nobles qui ne pensent qu'à s'enrichir. Étonnant, à quel point ce texte nous semble actuel !

Il importe de savoir que ce grand humaniste a eu la tête tranchée pour avoir osé s'opposer au divorce de son roi (Henri VIII). Comme quoi, malgré les grands progrès que l'on doit à la Renaissance, on y était encore bien loin d'Utopia.

Mais l'ouvrier, quelle est sa destinée ? Un travail infructueux, stérile, l'écrase présentement, et l'attente d'une vieillesse misérable le tue ; car son salaire journalier ne suffit pas à tous ses besoins
5 du jour ; comment donc pourrait-il augmenter sa fortune et mettre chaque jour de côté un peu de superflu pour les besoins de la vieillesse ?

N'est-elle pas inique et ingrate la société qui prodigue tant de biens à ceux qu'on appelle
10 *nobles*, à des joailliers, à des oisifs, ou à ces artisans de luxe, qui ne savent que flatter et servir des voluptés frivoles ? quand, d'autre part, elle n'a ni cœur ni souci pour le laboureur, le charbonnier, le manœuvre, le charretier, l'ou-
15 vrier, sans lesquels il n'existerait pas de société. Dans son cruel égoïsme, elle abuse de la vigueur de leur jeunesse pour tirer d'eux le plus de travail et de profit ; et dès qu'ils faiblissent sous le poids de l'âge ou de la maladie, alors qu'ils
20 manquent de tout, elle oublie leurs nombreuses veilles, leurs nombreux et importants services, elle les récompense en les laissant mourir de faim.

Ce n'est pas tout. Les riches diminuent, chaque
25 jour, de quelque chose le salaire des pauvres, non seulement par des menées frauduleuses, mais encore en publiant des lois à cet effet. Récompenser si mal ceux qui méritent le mieux de la république semble d'abord une
30 injustice évidente ; mais les riches ont fait une justice de cette monstruosité en la sanctionnant par des lois.

QUENTIN METSYS (v. 1465-1530).

Le prêteur et sa femme, 1514.
(Huile sur bois : 70,5 × 67 cm.
Musée du Louvre, Paris.)

Dans sa boutique, l'usurier pèse un bijou afin de l'évaluer. Le client, dont on aperçoit le reflet dans le miroir posé sur la table, attend sans doute une réponse. Des bijoux, des pièces de monnaie et une bourse composent une nature morte. Quant à la femme, elle a pour rôle de rappeler le sens du message de la Bible posée devant elle : la richesse passe et les biens de ce monde ne sont que vanité. Sur le cadre original, on pouvait lire une inscription biblique en latin enjoignant de ne pas tricher, d'établir le poids précis et la valeur exacte des objets pris en consignation. La balance est au centre de la scène, symbole de la justice qui doit régner dans la société, comme le réclame Thomas More.

QUESTION

Quelles sont les valeurs humanistes défendues dans cet extrait de *L'Utopie* ? Votre réponse doit prendre la forme d'une étude portant sur au moins trois de ces valeurs (trois cents mots au minimum, sans les citations).

Texte contemporain

■ LE CHEVALIER INEXISTANT
de Italo Calvino

Dans Le chevalier inexistant *(1959), Calvino campe son récit au temps des guerres de Charlemagne, des chevaliers fidèles à leur suzerain, de la quête du Graal. Mais tout l'univers épique et mythique s'y trouve rongé de l'intérieur par des questions tout à fait modernes, qu'on ne se posait donc pas à cette époque. Les grands combattants pètent, rotent et se moquent les uns des autres ; les batailles sont régies par des règles dignes de la bureaucratie la plus tatillonne, les Chevaliers du Graal prient ou pillent selon l'heure, Roland vieilli est plus paillard et vantard que preux, Charlemagne mange avec ses doigts et confond ses guerres tellement il en a fait. Le héros est une armure vide qui tient lieu de chevalier à la recherche d'une identité qui lui manque, mal qui frappe aussi son écuyer.*

Menacé de perdre son statut de chevalier pour avoir admis être bâtard, Torrismond cherche à retrouver la confrérie des Chevaliers du Graal pour leur faire reconnaître leur paternité. Il trouve des hommes aux mœurs guerrières et injustes qui le dégoûtent. Il apporte alors son aide aux paysans et aux villageois de Courvoisie pour leur apprendre à combattre ceux dont ils subissaient jusqu'alors les attaques sans résister. Après de nombreuses péripéties, il épouse Sofronie et est nommé comte de Courvoisie par l'empereur. Il retourne dans son pays.

Ils parvinrent en Courvoisie. Le pays était méconnaissable. Au lieu des hameaux, de vraies villes s'étendaient, avec de grandes maisons de pierre de taille, et des moulins, et des
5   canaux.

— Me voici de retour, braves gens, je vais demeurer avec vous…

— Bravo ! À la bonne heure ! Vive lui ! Vive la mariée !

10   — Attendez… Votre joie n'éclatera que mieux quand je vous aurai dit la nouvelle : l'empereur Charlemagne, dont vous ne manquerez pas dorénavant de révérer le nom divin, m'a octroyé le titre de comte de Courvoisie !

15   — Ah oui… Mais… Charlemagne ? À vrai dire…

— Vous ne comprenez pas ? À présent vous avez un comte ! Et je saurai vous défendre encore contre les tracasseries des Chevaliers du Graal !

— Oh ! ceux-là, il y a belle lurette que nous les
20   avons chassés de toute la Courvoisie ! Voyez-vous, nous autres, pendant si longtemps, on n'a jamais fait qu'obéir… Mais maintenant on a vu qu'on peut très bien vivre sans rien devoir à des chevaliers ou à des comtes. Nous cultivons nos
25   terres, nous avons monté des ateliers d'artisans, des moulins, nous tâchons, par nos propres moyens, de faire respecter nos lois, de défendre nos frontières. En somme, on s'en tire pas trop mal, faut pas se plaindre. Vous êtes un jeune
30   homme généreux, on n'est pas près d'oublier ce que vous avez fait pour nous… Habiter ici ? Nous autres, on ne demande pas mieux… mais comme notre égal.

— Votre égal ? Vous ne voulez pas de moi pour
35   comte ? Mais c'est un ordre de l'empereur, comprenez-vous ? Il est impossible que vous refusiez de vous y soumettre !

— Hé, hé ! Impossible, impossible… On dit toujours ça… C'est comme pour les Chevaliers
40   du Graal : ça semblait impossible de s'en débarrasser. Et, en ce temps-là, on n'avait pourtant que nos fourches et nos serpes… Nous, notez bien, on ne veut du mal à personne, jeune homme, et à vous moins qu'à qui-
45   conque. Vous êtes un garçon de valeur, vous êtes au courant d'un tas de choses que nous autres on ne sait pas. Si vous vous installez ici, d'égal à égal, si vous ne nous maltraitez pas, qui sait, vous deviendrez peut-être quand même le
50   premier parmi nous…

— Torrismond, je suis lasse de tant de traverses, dit Sofronie en relevant sa voilette. Tous ces gens m'ont l'air raisonnable et courtois. Et la ville me paraît plus plaisante et mieux acha-
55   landée que beaucoup d'autres… Pourquoi ne pas essayer d'en venir à un arrangement ?

— Et notre escorte ?

— Ils deviendront tous citoyens de Courvoisie, répondirent les habitants, et ils auront selon
60   leurs mérites.

— Ainsi, je devrai tenir pour mon égal cet écuyer, ce Gourdoulou qui ne sait même pas s'il y est ou s'il n'y est pas ?

— Il apprendra lui aussi… Nous non plus,
65   nous ne savions pas que nous étions au monde… Même exister, cela s'apprend.

(© Éditions du Seuil, pour la traduction française.)

AMBROGIO LORENZETTI.

Les effets du bon gouvernement dans la ville et dans la campagne (détail), 1338-1339. (Palazzo Publico, Sienne.)

Le bon gouvernement guidé par la sagesse et la justice fait régner la paix sur son territoire. La population peut s'épanouir. Ainsi, dans la ville chacun vaque à ses occupations : les artisans dans leurs ateliers, les commerçants dans leurs boutiques. Des voyageurs passent les portes de la ville et s'apprêtent à traverser la campagne sous l'œil bienveillant de la *Securitas*, l'ange qui tient un phylactère où est inscrite la devise *Que chacun marche sans peur*. Les champs verts sont promesse de récoltes abondantes et de récompense pour l'effort des paysans qui s'activent. Cette fresque valorise le travail de l'homme et sa volonté de vivre dans un monde juste et pacifique.

Ainsi elle est à l'opposé de l'enfer d'Agrippa d'Aubigné et de Bosch (situé dans une ville). Bien que réalisée au XIVᵉ siècle, elle annonce l'humanisme à travers l'image paisible du pays bien gouverné, la Courvoisie décrite par Calvino, et illustre les vertus du gouvernement d'Henri IV que louangera Malherbe au XVIIᵉ siècle (voir p. 103).

QUESTION

Apprendre à exister comme l'ont fait les citoyens de Courvoisie, ne peut-on voir là un fruit de la Renaissance greffé sur la société du Moyen Âge ?

Littérature et actualité

LE TRIBUNAL DE TRAÎTRISE ET DE VERTU

Imaginez un tribunal qui devrait juger le gentilhomme meurtrier dans la douzième nouvelle de l'*Heptaméron* de Marguerite de Navarre (p. 58-60). À cet effet, rédigez un plaidoyer en faveur d'une peine maximale qui sera défendue par un élève jouant le rôle du procureur de la couronne. Un autre élève devra représenter l'avocat de la défense. Six à dix élèves pourront composer le jury (prévoir autant de garçons que de filles). Chacun des membres du jury devra justifier son vote devant la cour.

N'oubliez pas que, le temps de cette activité, vous vous retrouvez à la Renaissance, époque où toute sentence relevait directement de Dieu… À vous de jouer !

CLÉS POUR COMPRENDRE L'HUMANISME

1 L'Homme est au cœur de tout ; c'est un être exceptionnellement doué qui se doit de cultiver ses dons.

2 Les humanistes valorisent la connaissance et l'éducation. Ils font confiance au libre arbitre de chacun et croient à une lecture personnelle des œuvres. Aussi, le retour aux sources de l'Antiquité est-il essentiel pour approfondir et évaluer tous les savoirs.

3 Le corps est beau ; c'est une création divine qu'il faut respecter.

4 Tout ce que fait la Nature est bien.

5 Le langage devient objet de recherche. Il faut connaître plusieurs langues pour lire les textes anciens. De plus, on cherche à donner au français ses titres de noblesse par la création de formes et de rythmes qui lui conviennent, l'alexandrin par exemple.

6 Le Prince dans la cité doit savoir se montrer sage et bon. La guerre doit à tout prix être évitée.

7 La liberté des individus prime (*Thélème* en est un excellent exemple).

8 La justice est toujours questionnée.

9 Les humanistes prônent la tolérance, surtout pour ce qui est des questions religieuses ou de la découverte de nouveaux mondes.

10 L'art sous toutes ses formes doit être encouragé et respecté, car la beauté est un des objets de la quête humaniste.

BILAN DES AUTEURS ET DES ŒUVRES

RABELAIS

Rabelais s'impose comme un maître dans l'art de la contestation par le rire. L'auteur de *Gargantua* transmet par ses géants et ses lieux imaginaires des valeurs humanistes : la liberté et la tolérance. La remise en question de la guerre par l'absurdité des interrogations de Panurge dans le *Tiers Livre* est toujours pertinente dans le contexte de nos guerres contemporaines.

MARGUERITE DE NAVARRE

Marguerite de Navarre propose avec l'*Heptaméron* un nouveau genre littéraire : la nouvelle. Ses récits au ton cru et gaillard démontrent que, dès la Renaissance, des femmes pouvaient remettre en cause leur rôle et revendiquer par la littérature une juste place.

DU BELLAY

Du Bellay, comme les autres membres de la Pléiade, a été au cœur de l'évolution de la langue à la Renaissance. Un extrait du manifeste *Défense et illustration de la langue française* nous instruit sur la nécessité dans laquelle se trouvaient ces écrivains de valoriser la langue française. Dans *Regrets*, Du Bellay s'insurge aussi contre les travers de la cour.

RONSARD

Avec ses poèmes d'amour, Ronsard a donné à la langue française le modèle parfait du sonnet et de l'alexandrin. Si le *Sonnet pour Hélène* témoigne d'une maîtrise incontestable, le court poème *Quand hors de tes lèvres décloses* nous surprend en dévoilant une part plus sensuelle, moins connue, du grand poète.

LOUISE LABÉ ET MAURICE SCÈVE

Question de passion, les auteurs de l'école lyonnaise Louise Labé et Maurice Scève se sont révélés tout aussi émouvants. Chez Labé, l'affirmation d'elle-même et le jeu subtil entre le cœur et l'esprit de l'amoureuse dans *Ô doux regards, ô yeux pleins de beauté* sont remarquables. Chez Scève, la portée voluptueuse des gants de la dame dans *Vous, Gants heureux, fortunée prison* rappelle les chants des amants courtois.

D'AUBIGNÉ

Dans *Les Tragiques*, D'Aubigné témoigne des atrocités que les catholiques ont commises contre les protestants. *Misères* montre jusqu'à quel point l'homme peut s'abaisser lorsque le fanatisme l'aveugle.

LA BOÉTIE

Souvent oublié au profit de son grand ami Montaigne, La Boétie a finement dénoncé les diverses tyrannies en déconstruisant leurs mécanismes, notamment dans le *Discours de la servitude volontaire*.

MONTAIGNE

Par ses *Essais*, Montaigne a non seulement créé un nouveau genre littéraire, mais surtout démontré que l'individu peut avoir sa propre pensée et qu'elle se cultive en dehors des normes et des préjugés.

3

LE SIÈCLE
DE LOUIS LE GRAND

Andrea Palladio (1508-1580).

Scène du Teatro Olimpico, 1580-1585. (Vicenza, Italie.)

On doit le Teatro Olimpico à un groupe d'illustres représentants de la culture de Vicenza, en Vénétie, l'Académie Olympique, qui désiraient doter la ville d'un théâtre permanent. L'architecte Andrea Palladio, célèbre pour ses traités d'architecture et ses édifices classiques, conçut les plans d'une salle pourvue de gradins de bois en demi-cercle, comme dans les amphithéâtres romains, et d'une scène. La photo montre une partie de la *frons scenae* et la Porte Royale au centre. Sur ce « mur » de scène en bois et en stuc figurent les statues des académiciens, dans des niches au tympan triangulaire ou arqué. Ils sont vêtus à l'antique : costume militaire romain et toge romaine. La scène représente une ville construite en perspective, un alignement de palais et de temples, d'arcades, de statues ; ce décor s'inspire des écrits de Vitruve, architecte romain du Ier siècle av. J.-C., que Palladio avait lus. Les références à l'Antiquité caractérisent l'architecture classique de ce concept novateur, puisqu'il s'agit du premier théâtre fermé permanent.

Ainsi, l'esprit de la Renaissance classique en art (aux XVe et XVIe siècles) se poursuit avec le classicisme en arts et en littérature dans la France du XVIIe siècle, où dominent l'ordre et la raison : les écrivains et les artistes allient la connaissance des Anciens et le génie innovateur des Modernes ainsi que la pensée, la réflexion, tel que le conseille Bossuet.

« LETTRE AU GRAND DAUPHIN SUR SON INATTENTION »

À Versailles, 24 novembre 1678

Ne croyez pas, Monseigneur, qu'on vous reprenne si sévèrement pendant vos études, pour avoir simplement violé les règles de la grammaire en composant. Il est sans doute honteux à un prince, qui doit avoir de l'ordre en tout, de tomber en de telles fautes ; mais nous regardons plus haut, quand nous en sommes si fâchés : car nous ne blâmons pas tant la faute elle-même, que le défaut d'attention, qui en est la cause. Ce défaut d'attention vous fait maintenant confondre l'ordre des paroles ; mais si nous laissons vieillir et fortifier cette mauvaise habitude, quand vous viendrez à manier, non plus les paroles, mais les choses mêmes, vous en troublerez tout l'ordre. Vous parlez maintenant contre les lois de la grammaire ; alors vous mépriserez les préceptes de la raison. Maintenant vous placez mal les paroles, alors vous placerez mal les choses : vous récompenserez au lieu de punir ; vous punirez quand il faudra récompenser, enfin vous ferez tout sans ordre, si vous ne vous accoutumez dès votre enfance à tenir votre esprit attentif, à régler ses mouvements vagues et incertains, et à penser sérieusement en vous-même à ce que vous avez à faire.

Ce qui fait que les grands princes comme vous, s'ils n'y prennent sérieusement garde, tombent facilement dans la paresse et dans une espèce de langueur, c'est l'abondance où ils naissent. Le besoin éveille les autres hommes, et le soin de leur fortune les sollicite sans cesse au travail. Pour vous, à qui les biens nécessaires non seulement pour la vie, mais pour le plaisir et pour la grandeur, se présentent d'eux-mêmes, vous n'avez rien à gagner par le travail, rien à acquérir par le soin et l'industrie. Mais, Monseigneur, il ne faut pas croire que la sagesse vous vienne avec la même facilité, et sans que vous y travailliez soigneusement. Il n'est pas en notre pouvoir de vous mettre dans l'esprit ce qui sert à cultiver la raison et la vertu, pendant que vous penserez à toute autre chose. Il faut donc vous exciter vous-même, vous appliquer, vous efforcer, afin que la raison domine toujours en vous. Ce doit être là toute votre occupation ; vous n'avez que cela à faire et à penser.

Jacques-Bénigne Bossuet.

1555		Naissance de Malherbe (†1628).
1569		Naissance du peintre Pourbus le jeune (†1622).
1577		Naissance du peintre Rubens (†1640).
1592		Naissance du peintre Callot (†1635).
1594		Naissance du peintre Poussin (†1665).
1596		Naissance de Descartes (†1650).
1598	Promulgation de l'édit de Nantes.	
1599		Naissance du peintre Velasquez (†1660).
1604		Shakespeare (Angleterre), *Othello*.
1606		Naissance de Corneille (†1684).
1608		Premier grand salon littéraire (Mme de Rambouillet).
1610	Assassinat d'Henri IV (roi depuis 1589). — Louis XIII (neuf ans), roi jusqu'en 1643.	Cervantès (Espagne), *Don Quichotte*.
1617		Naissance du peintre Witte (†1692).
1618		Naissance du peintre Le Brun (†1690).
1619		Naissance de Cyrano de Bergerac (†1655).
1621		Naissance de La Fontaine (†1695).
1622		Naissance de Molière (†1673).
1623		Naissance de Pascal (†1662).
1624	Cardinal de Richelieu, ministre jusqu'en 1642.	
1626		Naissance de Madame de Sévigné (†1696).
1628		Naissance de Perrault (†1703).
1632		Naissance du peintre Vermeer (†1675). — Naissance du peintre Rembrandt (†1675).
1633		Galilée condamné par l'Inquisition.
1634		Naissance de Madame de La Fayette (†1693).
1635	Fondation de l'Académie française.	
1636		Corneille, *Le Cid*. — Naissance de Boileau (†1711).
1637		Descartes, *Discours de la méthode*.
1639		Naissance de Racine (†1699).
1640		Naissance du peintre Coysevox (†1720).
1641		Corneille, *Cinna*.
1643	Louis XIV (cinq ans), roi jusqu'en 1715. — Cardinal de Mazarin, ministre jusqu'en 1661.	Molière fonde *L'Illustre Théâtre*.
1645		Naissance de La Bruyère (†1696).
1647		Vaugelas, *Remarques sur la langue française* (première grammaire).
1648	La Fronde (révolte contre le roi) jusqu'en 1652. — Fondation de l'Académie royale de peinture et sculpture.	
1653	Fouquet, surintendant des Finances jusqu'en 1661.	
1661	Début de la construction du château de Versailles.	Lully, surintendant de la musique à la cour.
1662		Cyrano de Bergerac, *Les États et Empires du Soleil* (posthume).
1664		Molière, *Tartuffe* (pièce interdite).
1665		Racine, *Alexandre le Grand*. — Molière, *Dom Juan* (pièce retirée de l'affiche).
1666		Molière, *Le Misanthrope*.
1667		Racine, *Andromaque*.
1668		La Fontaine, *Fables* (livres I à VI).
1669		Racine, *Britannicus*. — *Tartuffe* de Molière peut être jouée.
1670	Bossuet, précepteur du Grand Dauphin jusqu'en 1681.	Pascal, *Les Pensées* (posthume).
1671	Fondation de l'Académie royale d'architecture.	Mme de Sévigné commence sa correspondance.
1673		Molière, *Le Malade imaginaire* (meurt à la quatrième représentation).
1674		Boileau, *L'Art poétique*.
1677		Racine, *Phèdre* (dernière pièce officielle).
1678		Mme de La Fayette, *La Princesse de Clèves*. — La Fontaine, *Fables* (livres VII à XII). — Début de la Querelle des Anciens et des Modernes.
1685	Révocation de l'édit de Nantes.	
1687		Perrault, *Le siècle de Louis le Grand*. — Newton découvre la loi de la gravitation universelle.
1688	Création de la Ligue d'Augsbourg.	La Bruyère, *Les Caractères*. — Perrault, *Parallèle des Anciens et des Modernes*.
1694		La Fontaine, *Fables* (livre XII).
1697		Perrault, *Contes de ma mère l'Oye*.

UN SIÈCLE DE CONTRASTES

Au XVIIe siècle, la France est à son apogée; elle domine la scène politique européenne. Parmi les monarques occidentaux, Louis XIV prétend être le centre d'attraction et va jusqu'à se faire appeler le Roi-Soleil! Quant à la science, elle commence à prendre le relais de la superstition: l'exploration de l'infiniment grand et de l'infiniment petit conduit à des découvertes stupéfiantes, la technique fait ses premiers pas vers la mécanisation, ce qui a des répercussions importantes, entre autres, sur la création théâtrale.

Curieux siècle pourtant que ce XVIIe où les contrastes abondent. En même temps que s'affirme l'autorité royale, jamais on n'a vu tant de révoltes, chez les paysans, les parlementaires et les nobles. Un fort sentiment religieux se voit confronté à la plus grande impiété; les dévots, dont certains se moquent allègrement, nuisent plus à la cause religieuse qu'ils ne l'aident. Le roi tente d'unifier son royaume sous la coupe d'une religion unique, mais les protestants et certains catholiques s'opposent à sa volonté de tout régenter. À la cour, l'amour fait son lit dans celui de l'infidélité, la galanterie entraîne l'intrigue amoureuse. Alors que Louis XIV règne sur la cour la plus brillante et la plus riche d'Europe, il se trouve des auteurs influents pour contester ouvertement le faste et les divertissements du roi. Des bourgeois dirigent les destinées de l'État, au grand dam de plusieurs nobles qui se voient écartés du pouvoir, enfermés qu'ils sont dans la prison dorée qu'est devenu Versailles. En un mot, l'audace défie la conformité, le courage devient sans-gêne, la raison intellectuelle refuse de transiger avec les raisons du cœur.

« UN ROI, UNE LOI, UNE FOI »

Le régime politique du XVIIe siècle se situe dans le prolongement de celui du Moyen Âge et de la Renaissance : le pays est dirigé par un roi. Il y a même un renforcement du pouvoir royal, qui conduit à la monarchie « absolue ». Depuis l'assassinat d'Henri IV en 1610, seuls deux rois sont montés sur le trône : Louis XIII (1610-1643) et Louis XIV (1643-1715). De puissants ministres parachèvent la centralisation administrative, en particulier les cardinaux de Richelieu (de 1624 à 1642) et Mazarin (de 1642 à 1661). Ces longs règnes permettent aux deux rois de renforcer leur autorité sur le peuple et la noblesse, et d'imposer leur volonté dans tous les domaines, aussi bien en matière de politique que de religion, de langue et d'art. Cependant, l'absolutisme ne s'impose pas sans heurts : une guerre civile oppose la mère et le fils (la régente Marie de Médicis et Louis XIII) de 1617 à 1621 ; Louis XIV et la régente Anne d'Autriche se heurtent à la Fronde des parlementaires, puis des nobles, de 1648 à 1652. Le prince de Condé lui-même, un des généraux les plus compétents de la France, s'associe aux frondeurs et, défait, doit s'exiler en Espagne ; il lui faudra de nombreuses années pour rentrer dans les grâces du roi.

En 1598, le roi Henri IV avait assuré la paix religieuse du royaume en promulguant l'**édit de Nantes**; cette proclamation royale accordait aux protestants de France, appelés calvinistes ou huguenots, un droit limité de pratiquer en privé leur religion. À la même époque, les partisans d'un catholicisme austère, les jansénistes, prétendent que l'homme est condamné à l'enfer s'il ne fait pas confiance à Dieu pour le sauver des dépravations du monde. Durant tout le XVIIe siècle les dissensions et les conflits se multiplient entre catholiques et protestants, ainsi qu'entre jésuites et jansénistes. En 1685, Louis XIV révoque l'édit de Nantes et fait de la foi catholique l'unique religion de l'État. Cette décision provoque un appauvrissement considérable de la France : les bourgeois, artisans et ouvriers de foi protestante, qui avaient participé à l'enrichissement du royaume, fuient afin de pouvoir pratiquer leur religion. Plusieurs États s'unissent dans ce qu'on appelle la Ligue d'Augsbourg pour lutter contre cette France catholique dont la puissance militaire et économique décline au rythme des défaites. Combinés à des récoltes désastreuses et à des famines terribles, les échecs militaires contribuent à ruiner le pays.

LES MUTATIONS SOCIALES

Comme autrefois, la noblesse, issue de l'aristocratie chevaleresque du Moyen Âge, se consacre essentiellement à l'exploitation rurale ; cependant, un nombre croissant des nobles vivant à la cour dépendent des faveurs et des charges que le roi accorde et distribue. Par ailleurs, influencés par leurs séjours à la cour, ils propagent dans toutes les régions du pays le goût du faste royal, les manières courtisanes et la langue de Paris, qui deviendra le français parlé par tous. La bourgeoisie, quant à elle, issue de la caste des artisans, exploite les domaines délaissés par l'aristocratie. Ingénieux, naturellement habitués à s'adapter aux circonstances, voulant rivaliser par la richesse puisqu'ils ne le peuvent par le rang et la naissance, les bourgeois deviennent plus puissants et soutiennent, eux aussi, les valeurs du roi. Si les aristocrates semblent intéressés avant tout par leurs privilèges, leurs loisirs et leur distinction, les bourgeois, plus terre à terre, occupent des postes élevés dans l'administration. Sous Louis XIV, les grands généraux sont nobles, mais les meilleurs administrateurs sont roturiers.

L'évolution de la langue suit celle de la bourgeoisie qui, pour se rapprocher du pouvoir, adopte la langue du roi. Au début du XVIIe siècle, le peuple emploie des dialectes plus ou moins proches de la langue parlée dans la région parisienne. L'aristocratie et la bourgeoisie, soutenues par le clergé, veillent à faire de la langue de la cour la langue commune. Le roi crée des institutions comme l'**Académie française** (1635), qui a notamment pour mission de rédiger un dictionnaire du français et d'en fixer les règles par une grammaire. C'est la raison pour laquelle on dit du français qu'il est une langue « noble » et non « populaire ».

UN GRAND MODÈLE SOCIAL : L' « HONNÊTE HOMME »

Le concept d'« honnêteté », au XVIIe siècle, est beaucoup plus vaste que l'idée moderne d'intégrité et de franchise. Il se rapproche plutôt de l'idée d'honneur, de vertu. Les « honnêtes gens » ont des mœurs distinguées : ils se conduisent honorablement en société, pratiquent la bienséance propre aux personnes de haut rang et savent briller par leur conversation. En littérature, cet idéal se traduit par une langue simple et naturelle, sans pédanterie ni vanité, par des idées claires et judicieuses, par un style soigné mais sobre. C'est pourquoi, dans les textes classiques, on peut si souvent dégager une morale : l'écrivain réprouve les manières « malhonnêtes » ou donne des conseils sur l'étiquette et les bonnes mœurs.

EN ART :
LIBERTÉ CRÉATRICE OU CRÉATION ORDONNÉE ?

Au début du siècle, les artistes jouissent d'une liberté quasi complète : leur principal souci est de plaire au public. L'art **baroque**, à la fin du XVIe siècle et au début du XVIIe, se caractérise par une ornementation excessive et un manque d'unité. Les auteurs classiques, pour décrire les œuvres de cette époque, parleront de littérature « irrégulière », c'est-à-dire sans règles. La plupart des auteurs de la période baroque ont pratiqué surtout le burlesque et la préciosité. Les auteurs **burlesques** affectionnent la bouffonnerie, se moquent des conventions de leur époque, placent des personnages héroïques dans des situations loufoques. Ils suivent en cela la tradition établie par Rabelais (1483-1553) au siècle précédent. Quant à la **préciosité**, elle se développe dans la noblesse, en continuité avec l'esprit courtois hérité du Moyen Âge. Les précieux cherchent à se distinguer; leurs vêtements, leur comportement, leurs idées sur l'amour et même leur langage sont galants, raffinés, affectés. Cette tendance, véritable mouvement culturel, s'étendra hors de la noblesse. La littérature et l'esprit précieux se déploient surtout dans les salons: pour se divertir, des nobles reçoivent des personnes cultivées; on fait la lecture et la critique de poèmes, de romans et d'œuvres théâtrales. Mus par le désir de la perfection, les participants à ces salons élaborent des règles littéraires que l'Académie française, fondée en 1635, s'empresse de promouvoir. Les salons les plus courus sont ceux de Mme de Rambouillet et de Mlle de Scudéry.

Le **classicisme**, qui triomphe de 1661 jusque vers 1685, adopte les aspects les plus modérés du baroque et de la préciosité: souci de plaire au public cultivé, volonté d'instruire en proposant une morale à la fois « honnête » et conforme aux vérités universelles, respect des bienséances propres aux classes sociales supérieures, « honnêteté » des personnages et des idées, langue noble mais intelligible, etc. Il rejette toutefois tout ce qui est exagération et invraisemblance. La caractéristique fondamentale du classicisme est de mettre de l'ordre dans la création artistique. Il n'est plus question de laisser libre cours à la fantaisie, on doit l'encadrer, la délimiter, lui imposer la mesure, la raison et la logique afin d'atteindre un idéal de perfection, qu'on pense pouvoir codifier et transmettre à la postérité. Ainsi, au théâtre, afin de respecter les bienséances, toute scène violente ou au langage cru est rapportée par un personnage plutôt que d'être montrée sur scène. En se fondant sur l'autorité des Anciens, c'est-à-dire des « meilleurs » auteurs de l'Antiquité grecque et latine, les partisans du classicisme élaborent des règles littéraires qui, pense-t-on, ne peuvent que mener au Beau, au Vrai et à l'Universel. La plus célèbre des règles formelles est celle des trois unités au théâtre: unité de lieu (l'action doit se situer en un seul endroit qui favorise la rencontre des personnages), unité de temps (l'action ne doit pas durer plus d'un jour), unité d'action (aucune digression ne doit détourner le spectateur du sujet principal). Le classicisme impose aussi ses contraintes à la langue en bannissant, par exemple, la création lexicale qui a fait toute la richesse du siècle précédent. Dictionnaires et grammaires prescrivent des limites au « bon usage ».

LA DERNIÈRE QUERELLE

Vers 1685, certains artistes comprennent que les règles sont devenues une recette, un carcan étouffant plutôt que la digue qu'elles devaient élever contre les débordements et l'outrance. Le balancier amorce un retour vers la liberté. Ces artistes se lancent dans l'exploration de nouvelles avenues et invoquent la notion de progrès: on a non seulement réussi à imiter les Anciens, on les a rejoints et même dépassés. « Nous voilà tous parfaitement égaux, anciens et modernes, Grecs, Latins, Français. Et même, nous autres modernes, nous sommes supérieurs aux anciens, car étant montés sur leurs épaules, nous voyons plus loin qu'eux », écrit Fontenelle en 1691. Les historiens appellent cette contestation du classicisme la **Querelle des Anciens et des Modernes**. Tous les dogmes sont relativisés à la lumière de la raison et de la science, comme le sera la société tout entière. On verra durant le siècle des Lumières et l'époque romantique à quelles évolutions… et à quelles révolutions ces idées mèneront !

PARTIE 1

LA SPLENDEUR DU PARAÎTRE

L A SOCIÉTÉ aristocratique fait grand cas du paraître : il importe avant tout de sauvegarder les apparences. En toute circonstance, le noble doit se contenir, garder son calme et se donner une attitude qui lui permet de dominer la situation ; les bonnes manières et le code vestimentaire, l'accumulation des bijoux, des tissus précieux, des plumes et des fourrures confèrent de l'autorité, suscitent déférence et respect ; les châteaux et leurs jardins, ainsi que les festivités grandioses qu'on y donne, sont le reflet de la majesté et du prestige des princes. De nombreuses œuvres littéraires visent à glorifier les mécènes ; c'est ce que fait Malherbe, poète de cour engagé au service du roi. Quant à Boileau, il décrit les préceptes littéraires qui donneront aux textes leur forme parfaite, tout en exaltant la figure de l'« honnête homme ». D'autres consacrent les valeurs aristocratiques, louent l'héroïsme et la vertu, et condamnent les manquements à l'« honnêteté » ; les œuvres de Mme de La Fayette, de Mme de Sévigné et de Pierre Corneille dépeignent des personnages admirables, même si, dans la réalité courante, la vertu est loin d'être aussi répandue. Placés au sommet de la hiérarchie, les princes sont déchirés par des décisions aux conséquences malheureuses, certes, mais justifiées par les intérêts de l'État. En somme, la réalité présentée n'est pas nécessairement la vérité, ce qu'on voit dissimule parfois autre chose ; le respect des convenances ne crée qu'un semblant d'harmonie.

MALHERBE
Gravure d'après
D. du Monstier. (Bibliothèque
nationale de France.)

François de Malherbe (1555-1628)

Peu fortuné, François de Malherbe se place dès l'âge de vingt et un ans sous la protection d'un grand seigneur, le duc d'Angoulême ; durant les dix années qu'il passe à son service, il apprend son métier de poète de cour et aspire à une renommée littéraire qui lui échappe. Après la disparition de son mécène, mort assassiné, la situation de Malherbe se détériore. Ce n'est qu'à cinquante ans qu'il est enfin présenté à Henri IV. Le roi lui accorde le titre d'écuyer et de gentilhomme de la Chambre, emploi dont la rémunération lui permet de sortir de l'indigence. Après l'assassinat d'Henri IV (1610), il demeurera à la cour jusqu'à sa mort, servant tour à tour Marie de Médicis, Louis XIII et le cardinal de Richelieu.

Si certaines de ses premières œuvres appartiennent au courant baroque, Malherbe passe pour l'un des fondateurs de ce qui deviendra plus tard le classicisme. Ses disciples tracent de lui le portrait d'un grand théoricien de la poésie, d'un maître estimé dans son « école littéraire ». À l'opposé, ses détracteurs le présentent comme un homme froid, conformiste et dépourvu de lyrisme. Dès son arrivée à la cour, Malherbe se démarque des poètes baroques par sa poésie mesurée et son inspiration tempérée par la raison. Il privilégie une versification régulière, où domine l'alexandrin avec césure à l'hémistiche, prône une rime riche autant par la sonorité que par l'orthographe, bannit ce qu'il considère comme des faiblesses poétiques : la rime facile, l'hiatus et l'enjambement. Il épure la langue en proscrivant les archaïsmes, les mots étrangers, les termes techniques, le vocabulaire grivois, « sale et bas ». Ses mots d'ordre sont la clarté, la rigueur, l'harmonie, l'équilibre et la technique plutôt que l'imagination débridée.

■ ŒUVRES (posthume 1630)

En 1605, comme il doit aller dans la province du Limousin pour mâter des révoltes (rébellion du duc de Bouillon, chef du parti protestant, et soulèvement des croquants, c'est-à-dire des paysans) et présider le tribunal des « Grands Jours », Henri IV commande le poème qui suit. Long de cent vingt-six vers, ce poème est composé de stances classiques, c'est-à-dire de strophes rigoureusement semblables. Malherbe pousse la rigueur jusqu'à rédiger chaque strophe en une seule phrase, laquelle peut être divisée en deux mouvements de trois vers chacun. On y reconnaît un exemple de poésie de circonstance : Malherbe demande à Dieu de soutenir l'effort du roi, qui a de nouveau entrepris de ramener la paix et la prospérité dans le royaume comme il l'avait fait au début de son règne en mettant fin aux guerres de religion.

« Prière pour le roi Henri le Grand allant en Limousin » (1605)

       Ô Dieu, dont les bontés de nos larmes touchées,
       Ont aux vaines fureurs les armes arrachées,
       Et rangé l'insolence aux pieds de la raison[1],
       Puisqu'à rien d'imparfait ta louange n'aspire,
5   Achève ton ouvrage au bien de cet empire,
       Et nous rends l'embonpoint[2] comme la guérison.

       Nous sommes sous un roi si vaillant et si sage,
       Et qui si dignement a fait l'apprentissage,
       De toutes les vertus propres à commander,
10   Qu'il semble que cet heur[3] nous impose silence,
       Et qu'assurés par lui de[4] toute violence,
       Nous n'ayons plus sujet de te rien demander.

1. Voir les explications sur la religion et le rôle d'Henri IV, p. 99.
2. *nous rends l'embonpoint* : rends-nous la bonne santé.
3. *heur* : bonne fortune, mot ayant servi à former bonHEUR, malHEUR, etc.
4. *de* : contre.

FRANS POURBUS LE JEUNE
(1569-1622).

Henri IV, roi de France, en armure,
v. 1610. (Huile sur toile :
43 × 28 cm. Musée du Louvre, Paris.)

Ce portrait en pied du roi de France
et de Navarre, posant de trois quarts
devant une grande tenture rouge,
offre l'image du grand chef militaire
qui a pris la tête de ses armées pour
combattre les ennemis de l'État.

Certes quiconque a vu pleuvoir dessus nos têtes
Les funestes éclats des plus grandes tempêtes
15   Qu'excitèrent jamais deux contraires partis[5],
Et n'en voit aujourd'hui nulle marque paraître,
En ce miracle seul il peut assez connaître
Quelle force a la main qui nous a garantis[6].

[...]

La terreur de son nom rendra nos villes fortes,
20   On n'en gardera plus ni les murs ni les portes,
Les veilles cesseront au sommet de nos tours :
Le fer mieux employé cultivera la terre,
Et le peuple qui tremble aux frayeurs de la guerre,
Si ce n'est pour danser, n'aura plus de tambours.

25   Loin des mœurs de son siècle il bannira les vices,
      L'oisive nonchalance et les molles délices
      Qui nous avaient portés jusqu'aux derniers hasards[7] :
      Les vertus reviendront de palmes couronnées[8],
      Et ses[9] justes faveurs aux mérites données,
30   Feront ressusciter l'excellence des arts.

      La foi de ses aïeux, ton amour et ta crainte,
      Dont il porte dans l'âme une éternelle empreinte,
      D'actes de piété ne pourront l'assouvir :
      Il étendra ta gloire autant que sa puissance ;
35   Et n'ayant rien si cher que ton obéissance,
      Où tu le fais régner il te fera servir.

      Tu nous rendras alors nos douces destinées ;
      Nous ne reverrons plus ces fâcheuses années,
      Qui pour les plus heureux n'ont produit que des pleurs :
40   Toute sorte de biens comblera nos familles,
      La moisson de nos champs lassera les faucilles[10],
      Et les fruits passeront[11] la promesse des fleurs.

---

5. Voir note 1.
6. *garantir* : protéger.
7. *derniers hasards* : les plus graves dangers.
8. *couronnées de palmes* : les palmes sont des symboles de victoires militaires.
9. *ses* : celles du roi Henri IV.
10. *La moisson de nos champs lassera les faucilles* : les faucilles seront lasses de moissonner des champs où la récolte est si abondante.
11. *passeront* : dépasseront.

QUESTIONS

1 a) Malherbe maîtrise la versification classique ; pour vous en rendre compte, faites la scansion des vers de la première strophe, indiquez par un double trait la césure et observez l'équilibre des vers.

b) Pour chacune des strophes du poème, indiquez la principale idée énoncée ; puisque chaque strophe peut être divisée en deux mouvements, trouvez les deux aspects exposés dans chacune.

2 À quoi voit-on que le poème vise à faire admirer Henri IV.

3 a) Qui le poète interpelle-t-il ? Dans quelles strophes trouvez-vous une mention du destinataire ? Pourquoi Malherbe s'adresse-t-il à lui ?

b) Relevez des citations ou expressions à caractère mélioratif et identifiez les thèmes qui y sont reliés.

c) Pour qualifier les moments troubles que la France a traversés récemment, Malherbe emploie plusieurs termes et expressions. Relevez-les et expliquez-en la pertinence.

d) L'auteur emploie de nombreux verbes au passé et au futur. Faites la liste des verbes au passé, précisez leur place dans le poème et déterminez le thème qui leur est associé ; faites le même exercice pour les verbes au futur.

e) Découpez le texte de manière à montrer les différentes étapes de sa progression.

4 En vous servant des observations qui précèdent, expliquez en quoi il s'agit bien d'un poème de circonstance sur Henri IV et ses réalisations.

5 a) Comparez la situation du royaume de France que décrit Agrippa d'Aubigné dans le poème « Misères » (voir p. 74-75) avec celle présentée par ce poème de Malherbe.

b) Imaginez une situation où l'on ferait, de nos jours, l'éloge d'une personnalité notoire. Rédigez un court paragraphe (cent mots ou plus) louangeant cette personnalité.

MME DE SÉVIGNÉ

Claude LeFebvre
(1632-1675). (Musée
Carnavalet, Paris.)

Madame de Sévigné (1626-1696)

Orpheline à sept ans, veuve à vingt-cinq ans, Marie de Rabutin-Chantal devient marquise de Sévigné grâce à son mariage ; elle participe à la vie mondaine de son époque en fréquentant les salons et les « beaux esprits ». Quand Françoise-Marguerite, sa fille chérie, épouse le comte de Grignan et s'installe en Provence, dans le Sud de la France, inconsolable de son absence, Mme de Sévigné entreprend, avec elle surtout, mais aussi avec quelques autres de ses amis, une correspondance qui deviendra vite abondante. Elle y livre ses états d'âme, mais aussi tout un portrait intimiste et souvent mordant des événements de son temps. Reconnue de son vivant pour son esprit vif, sa spontanéité, sa curiosité et sa conversation enjouée, elle verra plusieurs de ses lettres lues et appréciées dans les salons littéraires. Sa petite-fille Pauline, Mme de Simiane, veillera à la première publication en 1726 des quelque mille cinq cents lettres qui nous sont parvenues ; mais il s'agit d'une édition incomplète dont certaines lettres ont été revues et corrigées. Non seulement Mme de Simiane ne réunit pas toutes les lettres conservées par les correspondants, mais aussi et surtout, soucieuse de préserver l'image de sa grand-mère et de la famille dans un monde où réputation et honneur sont des valeurs souveraines, elle élimine les plus gênantes. Les spécialistes des XIXe et XXe siècles entreprendront des recherches pour retrouver, dans la mesure du possible, les textes originaux ; à partir de celle parue de 1862 à 1867, les nouvelles éditions seront toujours plus complètes et fidèles.

■ LETTRES (POSTHUMES, 1726)

En compagnie de sa cour, Louis XIV se rend au château de Chantilly, résidence du prince de Condé. C'est sur François Vatel — intendant, maître d'hôtel et cuisinier entièrement dévoué à son maître — et son assistant Gourville que repose le succès des festivités, grâce auxquelles le prince espère regagner la faveur du roi. Le film intitulé Vatel, réalisé en 2000 par Rolland Joffé, reconstitue la splendeur aristocratique de ces fêtes. « Le beau récit de Mme de Sévigné, qui n'a rien vu, rien su directement, qu'elle invente à partir de ce qu'on est venu lui raconter, a toutes les chances d'être le reflet d'une version officielle destinée à éviter tout scandale », dira Roger Duchêne, spécialiste du XVIIe siècle et biographe de Mme de Sévigné. Comme ses lettres sont parfois lues en public, Mme de Sévigné sait qu'elle ne doit pas heurter la sensibilité du monarque absolu ; elle adopte donc un style en apparence neutre, mais dont le ton reste mordant, malgré les atténuations qui laissent deviner un drame dont les conséquences pourraient compromettre les plus hauts personnages.

À Madame de Grignan

À Paris, ce dimanche 26e avril 1671

Il est dimanche 26e avril ; cette lettre ne partira que mercredi ; mais ce n'est pas une lettre, c'est une relation que vient de me faire Moreuil, à votre intention, de ce qui s'est passé à Chantilly touchant Vatel. Je vous écrivis vendredi qu'il s'était poignardé : voici l'affaire en détail. Le Roi

5

arriva jeudi au soir ; la chasse, les lanternes, le clair de lune, la promenade, la collation dans un lieu tapissé de jonquilles, tout cela fut à souhait. On soupa ; il y eut quelques tables où le rôti manqua, à cause de plusieurs dîners où[1] l'on ne s'était point attendu. Cela saisit Vatel ; il dit plusieurs fois : « Je suis perdu d'honneur ; voici un affront que je ne supporterai pas. » Il dit à Gourville : « La tête me tourne ; il y a douze nuits que je n'ai dormi ; aidez-moi à donner des ordres. » Gourville le soulagea en ce qu'il put. Ce rôti qui avait manqué, non pas à la table du Roi, mais aux vingt-cinquièmes, lui revenait toujours à la tête. Gourville le dit à M. le Prince. M. le Prince alla jusque dans sa chambre, et lui dit : « Vatel, tout va bien, rien n'était si beau que le souper du Roi. » Il lui dit : « Monseigneur, votre bonté m'achève : je sais que le rôti a manqué à deux tables. — Point du tout, dit M. le Prince, ne vous fâchez point[2], tout va bien. » La nuit vient : le feu d'artifice ne réussit pas, il fut couvert d'un nuage ; il coûtait seize mille francs. À quatre heures du matin, Vatel s'en va partout, il trouve tout endormi, il rencontre un petit pourvoyeur qui lui apportait seulement deux charges de marée ; il lui demanda : « Est-ce là tout ? » Il lui dit : « Oui, Monsieur. » Il ne savait pas que Vatel avait envoyé à tous les ports de mer. Il attend quelque temps ; les autres pourvoyeurs ne viennent point ; sa tête s'échauffait, il croit qu'il n'y aura point d'autre marée ; il trouve Gourville, et lui dit : « Monsieur, je ne survivrai pas à cet affront-ci ; j'ai de l'honneur et de la réputation à perdre. » Gourville se moqua de lui. Vatel monte à sa chambre, met son épée contre la porte, et se la passe au travers du cœur ; mais ce ne fut qu'au troisième coup, car il s'en donna deux qui n'étaient pas mortels : il tombe mort. La marée cependant arrive de tous côtés ; on cherche Vatel pour la distribuer ; on va à sa chambre ; on heurte, on enfonce la porte ; on le trouve noyé dans son sang ; on court à M. le Prince, qui fut au désespoir. M. le Duc[3] pleura : c'était sur Vatel que roulait tout son voyage de Bourgogne[4]. M. le Prince le dit au Roi fort tristement : on dit que c'était à force d'avoir de l'honneur en sa manière ; on le loua fort, on loua et blâma son courage. Le Roi dit qu'il y avait cinq ans qu'il tardait de venir à Chantilly, parce qu'il comprenait l'excès de cet embarras[5]. Il dit à M. le Prince qu'il ne devait avoir que deux tables, et ne point se charger de tout le reste. Il jura qu'il ne souffrirait pas que M. le Prince en usât ainsi ; mais c'était trop tard pour le pauvre Vatel. Cependant Gourville tâche de réparer la perte de Vatel ; elle le fut : on dîna très bien, on fit collation, on soupa, on se promena, on joua, on fut à la chasse ; tout était parfumé de jonquilles, tout était enchanté. Hier, qui était samedi, on fit encore de même ; et le soir, le Roi alla à Liancourt où il avait commandé un médianoche[6] ; il y doit demeurer aujourd'hui. Voilà ce que m'a dit Moreuil pour vous mander[7]. Je jette mon bonnet par-dessus le moulin[8], et je ne sais rien du reste.

1. *où* : auxquels.
2. *ne vous fâchez point* : ne soyez pas affligé.
3. Le duc d'Enghien, fils du prince.
4. Où il se rendait pour présider les États, à la place de son père.
5. *l'excès de cet embarras* : les complications que causerait sa venue.
6. *médianoche* : repas pris après minuit, sorte de réveillon.
7. *mander* : faire savoir.
8. *Jeter son bonnet par-dessus le moulin* : agir sans souci de la bienséance ou de l'opinion des autres.

QUESTIONS

1 Quelle valeur du XVIIᵉ siècle est mise en évidence dans le texte de Mᵐᵉ de Sévigné ?

2 Pourquoi Vatel s'est-il donné la mort ?

3 a) L'auteure fait deux énumérations pour décrire les activités de la fête. Où sont-elles placées dans le texte ? Sur quoi portent-elles ? Quels effets contraires produisent-elles sur le lecteur ?

b) Le Prince, le Duc et le roi semblent-ils aussi peinés l'un que l'autre de la mort de Vatel ? Quelles phrases le laissent entendre ? Quelle antithèse traduit leur pensée ?

c) Relevez le champ lexical de l'honneur.

d) Analysez la description de la mort de Vatel. Quels effets de style produisent la ponctuation, la longueur des phrases ou sous-phrases, l'énumération des verbes décrivant la préparation du suicide, et les coordonnants « mais » et « car » ?

4 En tenant compte de la dernière phrase du texte et des observations que vous avez faites en lisant le texte et en répondant aux questions précédentes, expliquez comment Mme de Sévigné s'y prend pour exprimer ses sentiments sur l'événement qu'elle rapporte.

5 Trouvez et décrivez une situation qui, dans le monde d'aujourd'hui, montre l'indifférence des grands envers les petits, des puissants envers les faibles. Justifiez le lien que vous pouvez faire avec le texte de Mme de Sévigné.

Art et littérature

UNE MORT SANS IMPORTANCE…

Phocion (402-317 av. J.-C.), citoyen d'Athènes, est un stratège et un orateur. Chef du parti aristocratique, il négocie la paix avec les Macédoniens — à des conditions jugées cependant humiliantes pour les Athéniens (après la mort d'Alexandre le Grand). Accusé de trahison, il est condamné à mort et banni du rituel funéraire.

Un chemin serpente à travers la campagne et mène à la ville dont l'architecture permet de situer la scène dans l'Antiquité. Au pied des murailles et devant les monuments se déroule une procession. Sur les chemins, on aperçoit, de gauche à droite, des piétons, une charrette et un cavalier qui se dirigent vers la ville. Au centre du deuxième plan, trois silhouettes vêtues de blanc se reposent sur l'herbe. Les collines de l'arrière-plan guident le regard sur un ciel occupant le tiers de la hauteur de la toile. Les couleurs chaudes, le ciel clair où flottent de légers nuages créent un climat serein auquel contribuent les mouvements harmonieux des figures. Ce paysage calme et l'état de conservation des monuments sont des indices de la paix.

Dans la campagne, les habitants vaquent à leurs occupations : un berger observe son troupeau occupé à paître dans un pré vert ; la charrette transporte des paysans qui se rendent probablement au marché. Le vert des prés et des champs ressort à plusieurs endroits. Tous les arbres sont bien fournis : la nature remplit ses promesses.

Poussin souligne la mort de l'homme et non celle du héros ou du noble. Phocion est enterré comme un voleur : deux hommes au premier plan le portent sur une simple civière allant à contre-courant des autres figures. Personne ne le regarde ni ne le suit : ceux qui défilent devant les murailles de la ville comme ceux qui sont sur la route et dans la campagne ignorent qui est le mort et que c'est grâce à lui qu'ils goûtent la paix.

Les funérailles se déroulent dans un paysage. La construction ordonnée des différents plans montre la nature calme, sereine, silencieuse, nullement tragique. L'arbre à droite, qui pousse sur des ruines, signifie que la vie continue, que la nature a raison du travail des hommes — métaphore des efforts de Phocion pour obtenir la paix à tout prix et élargissement de la réflexion morale au-delà de la scène historique.

Dans le texte, la mort de Vatel est ignorée par les grands qui ne pensent qu'à poursuivre la fête sans se soucier de savoir son véritable rôle dans la réussite des banquets et autres divertissements. Le Prince pleure, certes, mais par intérêt personnel, car le drame de l'homme lui est indifférent. Phocion est mort parce qu'il a fait ce que lui dictait sa raison, mais tous semblent ignorer qu'il a payé de sa vie la paix grâce à laquelle ils jouissent de l'abondance. Mme de Sévigné critique l'attitude des grands et rapporte l'événement sans se préoccuper du qu'en-dira-t-on, alors que Poussin fait ressortir, par l'image de la nature, les effets de l'action de Phocion.

Il n'y a pas de véritable dialogue entre les grands de ce monde et les gens qui les servent : la population ignore

- Observez le paysage et la ville et relevez-y les indices d'une situation de paix. Observez la campagne et les gens qui s'y trouvent et relevez-y les signes qui indiquent l'abondance.

- Quel pourrait être le statut social du mort que les deux hommes transportent sur la civière ? Comment le tableau traduit-il l'indifférence de tous à son égard ?

- Comparez l'attitude des figures vis-à-vis de la mort de Phocion avec la réaction des personnages à la mort de Vatel.

NICOLAS POUSSIN (1594-1665).

Les Funérailles de Phocion, 1648. (Huile sur toile : 114 × 175 cm. National Museums & Galleries of Wales, National Gallery, Cardiff.)

souvent les difficultés de la vie des dirigeants et ne voit que les images officielles qui les louangent ou les blâment. La mort des grands est soulignée par des funérailles en grande pompe, même lorsque leurs actions ont été répréhensibles ou dictées par l'intérêt personnel, alors que ceux qui œuvrent dans l'ombre sont ignorés.

Nicolas Boileau (1636-1711)

La vie et la carrière de Nicolas Boileau-Despréaux sont marquées au sceau de la lutte. Ardent polémiste, il combat d'abord ceux qui rejettent les règles du classicisme en plein triomphe. Il expose ses idées et ses critiques des auteurs dans des *Satires* (1666-1668), puis dans l'*Art poétique* et *Le Lutrin* (1674) ; la théorie qu'il y formule n'est pas la sienne propre, mais celle qui s'est construite au cours du siècle. Il a le mérite d'en avoir assemblé les composantes et de les avoir clairement exprimées. Dans la dernière partie de sa vie, il s'attaquera aux partisans d'une sensibilité nouvelle, qu'on appelle les « Modernes », par opposition aux « Anciens ». On peut observer des liens évidents entre le pouvoir absolu du roi sur le plan politique et la mainmise littéraire de Boileau. Les deux hommes s'admirent mutuellement : en 1677, Louis XIV nommera Boileau historiographe, poste assorti d'une généreuse pension.

BOILEAU

Hyacinthe Rigaud (1659-1743). (Musée national du château, Versailles.)

■ ART POÉTIQUE (1674)

Depuis l'Antiquité, les penseurs — Platon, Aristote, etc. — visaient à dégager les règles du beau. Aux XVIᵉ et XVIIᵉ siècles, on verra foisonner les publications portant sur ce sujet. Petit à petit, s'élaborent les règles du classicisme : imitation des Anciens, mesure et régularité, richesse en même temps que sobriété de la langue, sujets nobles, souci pédagogique et moral, intention de plaire autant que d'instruire, etc. Condensant cette longue tradition, l'Art poétique de Boileau fait autorité et surclasse les autres ouvrages sur la question. Composée de quatre « chants », entièrement écrite en alexandrins, l'œuvre traite des règles générales de la rédaction (Chant I), des genres poétiques « mineurs », comme l'ode, le rondeau et la chanson (Chant II), et des « grands » genres, c'est-à-dire la tragédie, la comédie et l'épopée (Chant III). Enfin, elle récapitule les principes généraux, avant de faire l'éloge du roi et acte d'humilité de la part de l'auteur (Chant IV). Dans chacune des parties, Boileau critique ceux qui, parmi les auteurs de son temps, ne se conforment pas selon lui aux principes qu'il défend.

Dans l'extrait suivant, Boileau exalte Malherbe au détriment du « méchant écrivain » et donne des conseils littéraires aux auteurs de son temps, conseils dont certains peuvent valoir pour tout document écrit d'importance, même de nos jours.

Chant premier, vers 131 à 162

Enfin Malherbe vint, et, le premier en France,

Fit sentir dans les vers une juste cadence,

D'un mot mis en place enseigna le pouvoir,

Et réduisit la Muse aux règles du devoir.

135 Par ce sage écrivain la langue réparée

N'offrit plus rien de rude à l'oreille épurée.

Les stances avec grâce apprirent à tomber,

Et le vers sur le vers n'osa plus enjamber[1].

Tout[2] reconnut ses lois ; et ce guide fidèle

140 Aux auteurs de ce temps sert encore de modèle.

Marchez sur ses pas ; aimez sa pureté ;

Et de son tour heureux imitez la clarté.

Si le sens des vers tarde à se faire entendre,

Mon esprit aussitôt commence à se détendre[3] ;

145 Et, de vos vains discours prompt à se détacher,

Ne suit point un auteur qu'il faut toujours chercher.

Il est certains esprits dont les sombres pensées

Sont d'un nuage épais toujours embarrassées ;

Le jour de la raison ne le saurait percer.

JOHANNES VERMEER DE DELFT
(1632-1675).

L'Art de la peinture
(L'Atelier du peintre) (détail), v. 1665-1666.
(Huile sur toile : 120 × 100 cm.
Kunsthistorisches Museum, Vienne.)

Le rideau crée une distance entre le spectateur et l'atelier. L'artiste a préparé sa toile et a disposé le décor ; il a placé son modèle en tenant compte de la lumière. Il est lui-même de dos, concentré : il observe, réfléchit à la composition, aux couleurs. La jeune femme tient un livre, symbole de culture, et un instrument de musique, symbole d'harmonie ; c'est la muse inspiratrice. Comme la musique, la peinture est un art : le peintre est sensible à la beauté. Il ne lui suffit pas toutefois d'être inspiré : il doit aussi, à la manière de l'écrivain que conseille Boileau, réfléchir et travailler, sans quoi il serait un « méchant » *barbouilleur*.

On sait, par ailleurs, que Vermeer mettait plusieurs semaines de travail, sinon des mois, pour finir un tableau ; il retouchait les moindres détails, les effets de lumière…

150 Avant donc que d'écrire, apprenez à penser.

Selon que notre idée est plus ou moins obscure,

L'expression la suit, ou moins nette, ou plus pure.

Ce que l'on conçoit bien s'énonce clairement,

Et les mots pour le dire arrivent aisément.

155 Surtout qu'en vos vers la langue révérée

Dans vos plus grands excès vous soit toujours sacrée.

En vain vous me frappez d'un son mélodieux,

Si le terme est impropre ou le tour vicieux :

Mon esprit n'admet point un pompeux barbarisme,

160 Ni d'un vers ampoulé l'orgueilleux solécisme[4].

Sans la langue[5], en un mot, l'auteur le plus divin

Est toujours, quoi qu'il fasse, un méchant écrivain.

---

1. *L'enjambement* est défini en page 282.
2. *tout* : tout le monde.
3. *se détendre* : se distraire du sujet.
4. *solécisme* : faute de syntaxe.
5. *sans la langue* : sans la maîtrise de la langue.

QUESTIONS

1 Expliquez en quoi ce texte reflète les préoccupations des écrivains du XVIIe siècle.

2 Quel rôle Boileau attribue-t-il à Malherbe dans le domaine littéraire ?

3 a) Expliquez l'importance d'avoir une idée claire avant d'écrire.

b) Relevez les termes et expressions ayant une valeur amplificatrice ; que valorise l'auteur par ces termes ?

c) L'auteur emploie de nombreux adjectifs pour qualifier le texte écrit et la langue ; dressez la liste de ceux qui ont une valeur méliorative, puis de ceux qui ont une valeur dépréciative. Dégagez ce que l'auteur valorise et ce qu'il dénigre.

d) Par quelles raisons Boileau justifie-t-il l'importance de maîtriser la langue ?

4 Bien écrire n'est pas uniquement une question d'inspiration ou de fantaisie créatrice, mais aussi de réflexion et de travail acharné. Commentez ce propos.

5 a) Comparez l'opinion de Boileau avec celle de Du Bellay, qui affirme que « la langue française ne doit être nommée barbare » (voir p. 63-64).

b) En quoi le texte de Boileau éclaire-t-il le débat sur la langue au Québec ?

Madame de La Fayette (1634-1693)

Mme DE LA FAYETTE
Lithographie de Delpech.
(Bibliothèque nationale de France.)

Issue des échelons les plus élevés de la société aristocratique, Marie-Madeleine Pioche de La Vergne fréquente la société précieuse grâce à son éducation savante qui lui permettra de créer elle-même un salon réunissant les beaux esprits. Connue sous le nom de Mme de La Fayette après son mariage avec le comte François de La Fayette en 1655, elle ne publia jamais sous son véritable nom. En effet *La Princesse de Montpensier* (1662) et *Zaïde* (1670-1671) parurent sous le pseudonyme de Segrais. *La Princesse de Clèves* (roman édité sans nom d'auteur en 1678) est son chef-d'œuvre. Si certains ont nié qu'elle en fût l'auteure, l'état actuel de la recherche semble bien lui en attribuer tout le mérite. On lui doit aussi des œuvres posthumes : *La Comtesse de Tende* (1724) et *Mémoires de la Cour de France pour les années 1688 et 1689* (1731).

■ LA PRINCESSE DE CLÈVES (1678)

Contrairement à plusieurs romans de l'époque, La Princesse de Clèves ne se situe pas dans un cadre imaginaire ou pastoral, mais à un moment historique avéré : la fin du règne d'Henri II, en 1558-1559. L'œuvre met en scène des figures importantes : la reine Catherine de Médicis, le roi Henri II et sa maîtresse, Diane de Poitiers, duchesse de Valentinois, la reine de Navarre, mère du futur roi Henri IV, ainsi que Marie Stuart, alors reine dauphine parce qu'elle était l'épouse du prince héritier François II.

Dans le roman, peu après avoir été présentée à la cour, Mlle de Chartres épouse le prince de Clèves, plus par raison que par amour, et comme sa mère le lui a

conseillé. Malgré les mises en garde maternelles contre l'amour, Mlle de Chartres
s'éprend passionnément de M. de Nemours. Mais si son cœur est conquis, sa volonté
résiste : même après la mort de son époux, elle reste fidèle à sa mémoire et refuse de
se donner à son amant.

Il parut alors une beauté à la cour, qui attira les yeux de tout le monde, et l'on doit croire que c'était une beauté parfaite, puisqu'elle donna de l'admiration dans un lieu où l'on était si
5 accoutumé à voir de belles personnes. Elle était de la même maison que le vidame de Chartres, et une des plus grandes héritières de France. Son père était mort jeune, et l'avait laissée sous la conduite de madame de Chartres, sa femme,
10 dont le bien, la vertu et le mérite étaient extra-ordinaires. Après avoir perdu son mari, elle avait passé plusieurs années sans revenir à la cour. Pendant cette absence, elle avait donné ses soins à l'éducation de sa fille ; mais elle ne
15 travailla pas seulement à cultiver son esprit et sa beauté ; elle songea aussi à lui donner de la vertu[1] et à la lui rendre aimable. La plupart des mères s'imaginent qu'il suffit de ne parler jamais de galanterie[2] devant les jeunes personnes pour
20 les en éloigner. Madame de Chartres avait une opinion opposée ; elle faisait souvent à sa fille des peintures de l'amour ; elle lui montrait ce qu'il a d'agréable pour la persuader plus aisé-ment sur ce qu'elle lui en apprenait de dange-
25 reux ; elle lui contait le peu de sincérité des hommes, leurs tromperies et leur infidélité, les malheurs domestiques où plongent les enga-gements ; et elle lui faisait voir, d'un autre côté, quelle tranquillité suivait la vie d'une honnête
30 femme, et combien la vertu donnait d'éclat et d'élévation à une personne qui avait de la beauté et de la naissance. Mais elle lui faisait voir aussi combien il était difficile de conser-ver cette vertu, que par une extrême défiance
35 de soi-même, et par un grand soin de s'attacher à ce qui seul peut faire le bonheur d'une femme, qui est d'aimer son mari et d'en être aimée. [...]

40 Madame de Chartres, qui avait eu tant d'ap-plication pour inspirer la vertu à sa fille, ne dis-continua pas de prendre les mêmes soins dans un lieu où ils étaient si nécessaires, et où il y avait tant d'exemples si dangereux.
45 L'ambition et la galanterie étaient l'âme de cette cour, et occupaient également les hommes et les femmes. Il y avait tant d'intérêts et tant de cabales[3] différentes, et les dames y avaient tant de part, que l'amour était toujours mêlé aux
50 affaires, et les affaires à l'amour. Personne n'était tranquille, ni indifférent ; on songeait à s'élever, à plaire, à servir ou à nuire ; on ne connaissait ni l'ennui, ni l'oisiveté, et on était toujours oc-cupé des plaisirs ou des intrigues. Les dames
55 avaient des attachements particuliers pour la reine, pour la reine dauphine, pour la reine de Navarre, pour Madame, sœur du roi, ou pour la duchesse de Valentinois. Les inclinations, les raisons de bienséance, ou le rapport d'humeur
60 faisaient ces différents attachements. Celles qui avaient passé la première jeunesse et qui fai-saient profession d'une vertu plus austère étaient attachées à la reine. Celles qui étaient plus jeunes et qui cherchaient la joie et la galan-
65 terie faisaient leur cour à la reine dauphine. La reine de Navarre avait ses favorites ; elle était jeune et elle avait du pouvoir sur le roi son mari : il était joint au connétable, et avait par là beaucoup de crédit. Madame, sœur du roi,
70 conservait encore de la beauté, et attirait plu-sieurs dames auprès d'elle. La duchesse de Valentinois avait toutes celles qu'elle dai-gnait regarder ; mais peu de femmes lui étaient agréables ; et excepté quelques-unes qui avaient sa familiarité et sa confiance, et
75 dont l'humeur avait du rapport avec la sienne, elle n'en recevait chez elle que les jours où elle

---

1. *vertu* : toute qualité qui donne du mérite à une « honnête personne », non pas la seule chasteté.

2. *galanterie* : plaisir (avec nuance défavorable) lié aux intrigues amoureuses ; le mot comporte aussi le sens de politesse et de courtoisie, mais en vue de duper.

3. *cabales* : intrigues de cour.

PIERRE PAUL RUBENS
(1577-1640).

*Couronnement de Marie
de Médicis le 13 mai 1610,*
1621-1625. (Huile sur toile :
394 × 727 cm.
Musée du Louvre, Paris.)

À la mort d'Henri IV en 1610, son épouse Marie de Médicis devient régente. Le *Couronnement* fait partie d'un cycle de vingt-quatre tableaux illustrant sa vie, commandés en 1620 pour son palais du Luxembourg. Cette scène historique monumentale montre la régente recevant la couronne de France des mains du cardinal de Joyeuse ; à ses côtés se trouvent ses enfants : le Dauphin (Louis XIII) et la princesse sa sœur. Toute la cour de France est réunie pour la cérémonie.

La régente apparaît dans toute sa gloire, revêtue du manteau bleu brodé de fleurs de lys et doublé d'hermine des rois de France. Tous les regards convergent vers elle. La pluie d'or lancée par deux génies symbolise la largesse. En plus d'être très flatteuse pour la commanditaire des tableaux, la mise en scène proposée par Rubens offre une image très officielle de la cour, où les intrigues courtisanes, similaires à celles décrites dans *La Princesse de Clèves*, ne se font pas au grand jour.

prenait plaisir à avoir une cour comme celle de la reine.

Toutes ces différentes cabales avaient de l'ému-
80   lation et de l'envie les unes contre les autres :
les dames qui les composaient avaient aussi de
la jalousie entre elles, ou pour la faveur, ou pour
les amants ; les intérêts de grandeur et d'élévation se trouvaient souvent joints à ces autres
85   intérêts moins importants, mais qui n'étaient
pas moins sensibles. Ainsi il y avait une sorte

d'agitation sans désordre dans cette cour, qui
la rendait très agréable, mais aussi très dangereuse pour une jeune personne. Madame de
90   Chartres voyait ce péril, et ne songeait qu'aux
moyens d'en garantir sa fille. Elle la pria, non
pas comme sa mère, mais comme son amie, de
lui faire confidence de toutes les galanteries
qu'on lui dirait, et elle lui promit de lui aider
95   à se conduire dans des choses où l'on était souvent embarrassée quand on était jeune.

QUESTIONS

1 Quels aspects de la vie à la cour justifient les précautions de Mme de Chartres à l'égard de sa fille ?

2 À la cour, quels sont les deux centres d'intérêt des femmes aussi bien que des hommes ?

3 a) Relevez les qualités que la mère tente d'inculquer à Mlle de Chartres pour faire d'elle une « honnête personne » au sens du XVIIe siècle.

b) Quelles sont les préoccupations de la mère en ce qui a trait à l'éducation de sa fille ? Quels sont les deux aspects de l'amour que ces préoccupations l'amènent à lui présenter ?

c) Énumérez les jeux d'opposition par lesquels l'auteure décrit l'éducation de Mlle de Chartres.

4 Pourquoi l'amour préoccupe-t-il tellement les personnes qui fréquentent la cour royale ? Décrivez l'image que cette préoccupation donne de la cour royale.

5 Les amours des personnalités connues, qu'elles soient du milieu artistique, politique ou autre, intéressent beaucoup le public ; trouvez-en des exemples dans la vie actuelle et établissez une comparaison avec les personnages de Mme de La Fayette. Est-ce que les histoires amoureuses des personnalités d'aujourd'hui ont des incidences sur leur fonction ou leur vie publique ? Expliquez votre point de vue.

Pierre Corneille (1606-1684)

Figure dominante du théâtre durant toute la première moitié du siècle, Pierre Corneille construit une œuvre dramatique à la jonction du baroque et du classicisme. Auteur d'une cinquantaine de pièces, aussi bien comiques que tragiques, il exerça, malgré sa timidité légendaire, une influence considérable sur le théâtre et les règles qui en régirent la rédaction jusqu'au XIXe siècle. Son chef-d'œuvre, *Le Cid* (1636), déclencha une querelle dont se mêla l'Académie, tout juste formée en 1635. Il s'agissait de vérifier s'il avait respecté la règle des trois unités (voir p. 101), en particulier l'unité de temps, si sa versification obéissait aux préceptes poétiques (la pièce est en vers), et d'autres questions du même ordre. Mais la réplique cinglante de l'auteur et le succès considérable de la pièce auprès du public donnèrent finalement raison à Corneille. Dans ses *Discours* (1660) et dans les *Examens* de ses pièces, il décrit sa conception du « poème dramatique » (pièce en vers) : sujet emprunté à l'histoire, personnages nobles, intrigue mêlant amour, sentiments nobles et enjeux politiques, et préférence pour les « fins heureuses ».

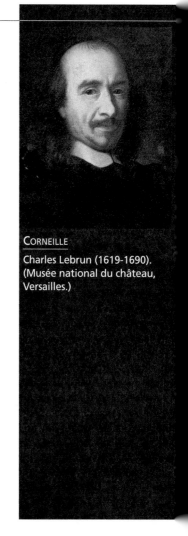

CORNEILLE
Charles Lebrun (1619-1690).
(Musée national du château, Versailles.)

Son œuvre abondante, écrite entre 1629 et 1674, comporte des succès retentissants, quelques succès mitigés et même un échec lamentable. Élu à l'Académie française en 1647, il compte dès 1658 parmi les amis de Molière, dont la troupe joue plusieurs de ses pièces ; dès lors, ils se soutiennent mutuellement dans l'adversité autant que dans la réussite. Vers 1663, son étoile amorce son déclin. À partir de 1667, il est déclassé par un rival au goût du jour : Jean Racine. Corneille avait toujours eu une prédilection pour les héros plus grands que nature, qui finissent par dominer leur passion et s'astreindre à l'honneur aristocratique et au devoir. Chez Racine, les personnages sont des victimes qui succombent à la passion envers et contre tout.

■ CINNA (1641)

L'intrigue de Cinna *a pour protagoniste Octave qui, devenu empereur de Rome, choisit le nom de César Auguste, pour rappeler son glorieux prédécesseur César et souligner la qualité qu'il veut donner à son règne : la clémence. Mais pour accéder au trône, il a dû commettre des actes dont il éprouve du remords : poursuite implacable des meurtriers de César, et tout particulièrement de son fils adoptif, Marcus Junius*

Brutus (nommé Brute dans le texte), défait en Macédoine, destruction de la ville de Pérouse et massacre de ses habitants, victoire sur son second rival, Sextus Pompeius Magnus (nommé Sexte dans le texte), anéantissement à Actium des armées de Marc-Antoine, qui avait eu l'audace de s'associer à une étrangère, Cléopâtre, reine d'Égypte.

Au début de la pièce, Auguste considère ce passé sanglant et se demande s'il doit abdiquer ou demeurer en poste. Il ignore encore qu'Émilie, fille de son tuteur proscrit puis tué sur son ordre, a promis sa main à Cinna, l'un de ses plus fidèles amis, s'il acceptait de diriger un complot pour le renverser. Quand il appelle cet ami, qu'il considère presque comme son fils, pour lui demander conseil sur son avenir, ce dernier le supplie de demeurer empereur : il ne veut pas que sa victime lui échappe. Mais bientôt, Auguste est mis au courant de la conspiration. Déchiré entre son amitié et son devoir d'empereur, il décidera finalement, soit par calcul politique, soit par réelle clémence, de pardonner aux conjurés.

Acte IV, scène 2, vers 1121 à 1192

AUGUSTE

Ciel ! à qui voulez-vous désormais que je fie[1]
Les secrets de mon âme et le soin[2] de ma vie ?
Reprenez le pouvoir que vous m'avez commis[3],
Si donnant des sujets il ôte les amis,
1125 Si tel est le destin des grandeurs souveraines
Que leurs plus grands bienfaits n'attirent que des haines,
Et si votre rigueur les condamne à chérir
Ceux que vous animez à les faire périr.
Pour elles[4] rien n'est sûr ; qui peut tout doit tout craindre.
1130 Rentre en toi-même, Octave, et cesse de te plaindre.
Quoi ! tu veux qu'on t'épargne, et n'as rien épargné !
Songe aux fleuves de sang où ton bras s'est baigné,
De combien ont rougi les champs de Macédoine,
Combien en a versé la défaite d'Antoine,
1135 Combien celle de Sexte, et revois tout d'un temps
Pérouse au sien noyée, et tous ses habitants.
Remets dans ton esprit, après tant de carnages,
De tes proscriptions les sanglantes images,
Où toi-même, des tiens devenu le bourreau,
1140 Au sein de ton tuteur enfonças le couteau :
Et puis ose accuser le destin d'injustice
Quand tu vois que les tiens s'arment pour ton supplice !
Et que, par ton exemple à ta perte guidés,
Ils violent des droits que tu n'as pas gardés !
1145 Leur trahison est juste, et le ciel l'autorise :
Quitte ta dignité comme tu l'as acquise ;
Rends un sang infidèle à l'infidélité,
Et souffre des ingrats après l'avoir été.

**JACQUES CALLOT
(1592-1635).**

*Les Misères de la guerre :
La Dévastation d'un
monastère (n° 6), 1633.*
(Eau forte : 15 × 24,8 cm.
Galerie Wittert, Université
de Liège, Belgique.)

Dans cette série de gravures, Callot dénonce les atrocités commises par les soldats et déplore les malheurs des victimes de la guerre, ici des religieuses, comme l'indique le texte au bas de l'image :

> *Icy par un effort sacrilege et barbare*
> *Ces Demons enragez et d'une humeur avare*
> *Pillent et bruslent tout, abattent les Autels*
> *Se mocquent du respect qu'on doit aux Immortels*
> *Et tirent des saincts lieux les Vierges desolées*
> *Qu'ils osent enlever pour estre violées*

Devant le dilemme auquel il est confronté, Auguste réussit à rejeter l'image d'un passé lourd d'actions aux conséquences terribles, qui a hanté son règne, et à prendre une décision digne d'un grand roi, d'un héros cornélien.

Mais que mon jugement au besoin[5] m'abandonne !
1150 Quelle fureur[6], Cinna, m'accuse et te pardonne,
Toi, dont la trahison me force à retenir
Ce pouvoir souverain dont tu me veux punir,
Me traite en criminel, et fait seule mon crime,
Relève pour l'abattre un trône illégitime,
1155 Et, d'un zèle effronté couvrant son attentat,
S'oppose, pour me perdre, au bonheur de l'État ?
Donc jusqu'à l'oublier je pourrais me contraindre !
Tu vivrais en repos après m'avoir fait craindre !
Non, non, je me trahis moi-même d'y penser :
1160 Qui pardonne aisément invite à l'offenser ;
Punissons l'assassin, proscrivons les complices.
Mais quoi ! toujours du sang, et toujours des supplices !
Ma cruauté se lasse, et ne peut s'arrêter ;
Je veux me faire craindre et ne fais qu'irriter.
1165 Rome a pour ma ruine une hydre[7] trop fertile ;

1. *fie* : confie.
2. *soin* : ensemble de soucis, d'inquiétudes.
3. *commis* : remis.
4. *elles* : les grandeurs souveraines (v. 1125), c'est-à-dire ceux qui ont atteint le plus haut degré du pouvoir souverain, le titre d'empereur.
5. *au besoin* : au moment où j'en ai besoin.
6. *fureur* : folie, emportement incontrôlable.

Une tête coupée en fait renaître mille,
Et le sang répandu de mille conjurés
Rend mes jours plus maudits, et non plus assurés.
Octave, n'attends plus le coup d'un nouveau Brute ;
1170 Meurs, et dérobe-lui la gloire de ta chute ;
Meurs : tu ferais pour vivre un lâche et vain effort,
Si tant de gens de cœur font des vœux pour ta mort,
Et si tout ce que Rome a d'illustre jeunesse
Pour te faire périr tour à tour s'intéresse ;
1175 Meurs, puisque c'est un mal que tu ne peux guérir ;
Meurs enfin, puisqu'il faut ou tout perdre ou mourir.
La vie est peu de chose, et le peu qui t'en reste
Ne vaut pas l'acheter par un prix si funeste.
Meurs, mais quitte du moins la vie avec éclat,
1180 Éteins-en le flambeau dans le sang de l'ingrat,
À toi-même en mourant immole ce perfide ;
Contentant ses désirs, punis son parricide ;
Fais un tourment pour lui de ton propre trépas,
En faisant qu'il le voie et n'en jouisse pas :
1185 Mais jouissons plutôt nous-même de sa peine[8] ;
Et, si Rome nous hait, triomphons de sa haine.
Ô Romains ! ô vengeance ! ô pouvoir absolu !
Ô rigoureux combat d'un cœur irrésolu
Qui fuit en même temps tout ce qu'il se propose !
1190 D'un prince malheureux ordonnez quelque chose.
Qui des deux dois-je suivre, et duquel m'éloigner ?
Ou laissez-moi périr, ou laissez-moi régner.

---

7. *hydre* : serpent à plusieurs têtes qui repoussent à mesure qu'on les coupe. Ici, le monstre symbolise les luttes qu'Auguste doit constamment mener et les ennemis qu'il doit vaincre pour garder le pouvoir.

8. *peine* : tourment, supplice.

QUESTIONS

1 Dans cet extrait, quels éléments correspondent aux idées de Corneille sur le théâtre ?

2 Quel est le dilemme d'Auguste ? Relevez une ou plusieurs phrases du texte le résumant bien ?

3 a) Déterminez à qui l'empereur s'adresse tour à tour dans cet extrait et montrez comment cela marque la progression de sa réflexion.

b) Relevez les pronoms par lesquels le personnage se désigne. Que révèle ce choix de pronoms sur le drame intérieur d'Auguste ? Quels autres moyens l'auteur emploie-t-il pour montrer que deux personnalités s'affrontent en l'empereur ?

c) Dressez la liste des crimes dont Auguste s'accuse ; dans quel but l'empereur rappelle-t-il les méfaits dont il a entaché son règne ?

d) Relevez les figures d'opposition entre les vers 1145 et 1161. Montrez comment elles font ressortir les deux personnalités d'Auguste.

e) Entre les vers 1170 et 1179, l'auteur emploie l'anaphore, et entre les vers 1170 à 1184, des synonymes du nom *mort* ou du verbe *mourir*. Cette abondance de termes appartenant au champ lexical de la mort a quel effet ? Quelle décision et quels sentiments Corneille met-il ainsi en valeur ?

f) Auguste éprouve de la difficulté à prendre une décision face au complot de ses amis ; donnez les six changements d'attitude de l'empereur ou les six étapes de son hésitation.

4 Auguste apparaît-il dans cet extrait comme un empereur autoritaire et sanguinaire ou plutôt comme un dirigeant qui prend le temps de réfléchir avant d'agir ?

5 Vous êtes officier de l'armée et votre section combat un ennemi mortel. Vous devez envoyer un éclaireur et, pour ne pas être accusé de favoritisme, vous nommez votre meilleur ami pour cette mission risquée. Décrivez dans votre journal personnel les hésitations et les déchirements qui vous accablent.

PARTIE

MORALE ET CRITIQUE PERSONNELLE

MÊME SI, dans de nombreuses œuvres du XVIIᵉ siècle, les règles de composition semblent prévaloir sur le contenu, les auteurs ne négligent pas pour autant les idées. À cette époque, en effet, raison, réflexion et philosophie prennent une extraordinaire importance dans la société française cultivée. En font foi les œuvres de Descartes et de Pascal. Chez les philosophes libertins, cet essor de la pensée va jusqu'à tourner le dos à la morale religieuse pour jeter les bases d'une morale naturelle. Par ailleurs, dans les salons, on ne discute pas seulement de sujets relatifs aux apparences : la mode, l'art et les règles formelles de composition des œuvres ; on en critique le contenu, l'ordre et le plan, la qualité, les enchaînements. L'œuvre respecte-t-elle les convenances ? La conception de l'être humain et de l'amour y est-elle acceptable ? Y a-t-on supprimé le vocabulaire vulgaire ? Ces discussions qui occupent tous ceux qui ont de la culture et de l'esprit contribueront à la définition de l'idéal du temps.

L'idéal esthétique et littéraire commande le respect des conventions sociales, l'adhésion à la morale chrétienne, le consensus sur les valeurs de la bonne société et des « honnêtes gens » qui la composent. Plusieurs auteurs, notamment La Bruyère, proposent des réflexions critiques sur les questions morales et condamnent les modèles négatifs. Le discours devient moraliste. On l'observe dans les comédies de Molière, qui se moque aussi bien des dévoyés que des bien-pensants en dénonçant l'hypocrisie de ceux qui, sous des apparences honnêtes, cachent des desseins personnels perfides ; quant à la tragédie de Racine, elle vise à susciter l'horreur des passions inconsidérées et des mœurs dépravées en montrant à quoi elles aboutissent. L'amour est bon, dans la mesure où il n'aveugle pas ; le pouvoir est nécessaire, s'il ne corrompt pas l'âme et n'entraîne pas la tyrannie ; la religion est un bon guide, à condition qu'elle n'encourage pas l'aveuglement et l'abandon de la raison.

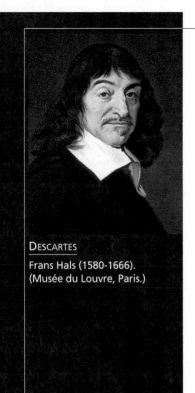

René Descartes (1596-1650)

Après des études chez les jésuites, où il acquiert une solide formation littéraire aussi bien que scientifique, René Descartes obtient un diplôme en droit. Son œuvre maîtresse est le *Discours de la méthode*, accompagné de trois traités scientifiques (*Dioptrique*, *Météores*, *Géométrie*) « qui sont des essais de cette méthode ». Il en a eu l'intuition dès 1619 et a passé près de vingt ans à raffiner son idée. Il y remet en question la logique aristotélicienne et l'autorité de la tradition, sur lesquelles repose presque toute la philosophie élaborée depuis le Moyen Âge. Il lui substitue une philosophie où l'observation, la clarté, l'analyse minutieuse et la logique permettent d'atteindre la vérité. Ses ennemis l'accusent de blasphème et même d'athéisme, bien qu'il ait accompli un pèlerinage en remerciement de la réalisation de son projet philosophique. Il continue néanmoins d'écrire des ouvrages philosophiques, et la valeur de son œuvre est rapidement reconnue dans toute l'Europe, notamment grâce à l'abondante correspondance qu'il entretient avec les esprits libres. Invité en Suède en septembre 1649 par la reine Christine, il meurt d'une pneumonie en février 1650.

Les principes d'analyse, de clarté et d'ordre qui imprègnent la plupart des chefs-d'œuvre classiques lui doivent beaucoup. Il croit que la recherche du vrai mène au beau et à l'universel. Les plus grands penseurs et savants du temps, Newton, Leibnitz, Spinoza par exemple, reconnaissent tous leur dette considérable envers lui.

■ DISCOURS DE LA MÉTHODE (1636)

Si des nos jours le « cartésianisme » est largement accepté, en son temps, il fut une révolution intellectuelle, car il opposait la raison, fondée sur l'observation, à l'argument d'autorité, fondé sur la tradition. Toutes les disciplines scientifiques vont profiter de la clarté du raisonnement cartésien ; Descartes veut que la philosophie et tout le domaine des humanités bénéficient de la même rigueur que les sciences. À compter de cette époque, le critère unique sera la raison logique. Les auteurs classiques ont voulu appliquer aux œuvres littéraires une rigueur inspirée de cette méthode. En ce sens, Descartes est l'un des piliers du classicisme. Dans l'extrait qui suit, Descartes montre d'abord les faiblesses des champs de connaissance de son époque, puis dégage de son analyse les principes qui fondent son approche de la connaissance.

J'avais un peu étudié, étant plus jeune, entre les parties de la philosophie, à la logique, et, entre les mathématiques, à l'analyse des géomètres et à l'algèbre, trois arts ou sciences qui sem-
5 blaient devoir contribuer quelque chose à mon dessein. Mais, en les examinant, je pris garde que, pour la logique, ses syllogismes[1] et la plupart de ses autres instructions servent plutôt à expliquer à autrui les choses qu'on sait,
10 ou même, comme l'art de Lulle[2], à parler sans jugement de celles qu'on ignore, qu'à les apprendre ; et bien qu'elle contienne en effet beaucoup de préceptes très vrais et très bons, il y en a toutefois tant d'autres mêlés parmi, qui
15 sont ou nuisibles ou superflus qu'il est presque aussi malaisé de les en séparer, que de tirer une

Diane ou une Minerve[3] hors d'un bloc de marbre qui n'est point encore ébauché. Puis, pour l'analyse des anciens et l'algèbre des modernes, outre qu'elles ne s'étendent qu'à des matières fort abstraites, et qui ne semblent d'aucun usage, la première est toujours si astreinte à la considération des figures, qu'elle ne peut exercer l'entendement sans fatiguer beaucoup l'imagination ; et on s'est tellement assujetti en la dernière à certaines règles et à certains chiffres, qu'on en a fait un art confus et obscur qui embarrasse l'esprit, au lieu d'une science qui le cultive. Ce qui fut cause que je pensai qu'il fallait chercher quelque autre méthode, qui, comprenant les avantages de ces trois, fût exempte de leurs défauts. Et comme la multitude des lois fournit souvent des excuses aux vices, en sorte qu'un état est bien mieux réglé lorsque, n'en ayant que fort peu, elles y sont fort étroitement observées ; ainsi, au lieu de ce grand nombre de préceptes dont la logique est composée, je crus que j'aurais assez des quatre suivants, pourvu que je prisse une ferme et constante résolution de ne manquer pas une seule fois à les observer.

Le premier était de ne recevoir jamais aucune chose pour vraie que je ne la connusse évidemment être telle ; c'est-à-dire, d'éviter soigneusement la précipitation et la prévention[4], et de ne comprendre rien de plus en mes jugements que ce qui se présenterait si clairement et si distinctement à mon esprit, que je n'eusse aucune occasion de le mettre en doute.

Le second, de diviser chacune des difficultés que j'examinerais en autant de parcelles qu'il se pourrait et qu'il serait requis pour les mieux résoudre.

Le troisième, de conduire par ordre mes pensées, en commençant par les objets les plus simples et les plus aisés à connaître, pour monter peu à peu, comme par degrés, jusqu'à la connaissance des plus composés, et supposant même de l'ordre entre ceux qui ne se précèdent point naturellement les uns les autres.

Et le dernier, de faire partout des dénombrements si entiers et des revues si générales, que je fusse assuré de ne rien omettre.

Ces longues chaînes de raisons, toutes simples et faciles, dont les géomètres ont coutume de se servir pour parvenir à leurs plus difficiles démonstrations, m'avaient donné occasion de m'imaginer que toutes les choses qui peuvent tomber sous la connaissance des hommes s'entresuivent en même façon, et que, pourvu seulement qu'on s'abstienne d'en recevoir aucune pour vraie qui ne le soit, et qu'on garde toujours l'ordre qu'il faut pour les déduire les unes des autres, il n'y en peut avoir de si éloignées auxquelles enfin on ne parvienne, ni de si cachées qu'on ne découvre.

---

1. *syllogisme* : raisonnement en trois parties voulant que si A et B sont vrais, C en découle.
2. Raymond Lulle (v. 1232-1316). Théologien catalan aujourd'hui tombé dans l'oubli, dont le langage hermétique donne l'impression d'une connaissance approfondie alors qu'il n'est que poudre aux yeux.
3. Diane et Minerve : déesses de l'Antiquité, souvent représentées par les sculpteurs.
4. *prévention* : idée préconçue, préjugé.

QUESTIONS

1 Où voit-on dans cet extrait que Descartes rejette les conceptions fondées sur l'argument d'autorité ?

2 Reformulez en vos propres mots les quatre principes de la méthode de Descartes.

3 a) Quels sont les « trois arts ou sciences » que Descartes a étudiés ? Quelles critiques formule-t-il contre ces disciplines ?

b) Pourquoi Descartes veut-il élaborer une nouvelle méthode de connaissance ? Comment s'y prend-il ?

c) Descartes établit un rapprochement entre « l'analyse des géomètres » et sa propre méthode. Expliquez ce rapprochement.

4 Qu'y a-t-il de révolutionnaire dans la pensée de Descartes ?

5 a) Expliquez ce qui pourrait représenter une menace pour certaines autorités politiques et religieuses du XVIIe siècle dans les principes de Descartes.

b) Montrez la similitude entre les idées de Descartes dans cet extrait et celles de Boileau dans l'extrait de l'*Art poétique* (p. 110-111).

PASCAL

Auguste Glaise, 1859. (Musée des beaux-arts, Clermont-Ferrand.)

Blaise Pascal (1623-1662)

Génie précoce, Blaise Pascal s'est d'abord adonné à l'étude des sciences, encouragé par un père plutôt libéral, lui-même intéressé au domaine scientifique. Il n'avait que dix-neuf ans lorsqu'il inventa une « machine d'arithmétique », lointain ancêtre mécanique de nos calculatrices; il a par la suite publié plusieurs opuscules relatant ses expériences sur le vide, l'équilibre des « liqueurs » (liquides) et la masse de l'air. Vers 1646, il lit les écrits de Jansénius et communique son enthousiasme religieux à son père et à ses deux sœurs, Gilberte et Jacqueline. De 1651 à 1654, cependant, il semble délaisser ses préoccupations métaphysiques; il fréquente les salons, connaît plusieurs auteurs célèbres du temps et se lie d'amitié avec des penseurs libertins qui, sceptiques, substituent à la morale religieuse une morale naturelle. En 1654, à la suite d'une extase mystique, il se sent appelé par la religion et joint les rangs des jansénistes, à l'exemple de sa sœur Jacqueline. Dans les dix-huit lettres des *Provinciales* (1656-1657), il défend le jansénisme contre les jésuites, à qui il reproche, entre autres, d'être trop indulgents envers ceux qui ont des mœurs dissolues: pour Pascal, l'homme ne peut se fier à l'unique pardon pour obtenir la grâce, il doit la rechercher en menant une vie exemplaire fondée sur les principes chrétiens les plus stricts. Pascal consacre les dernières années de sa vie à écrire une apologie du christianisme, mais sa mort prématurée, à l'âge de trente-neuf ans, l'empêche d'achever son œuvre. Ses notes sont réunies sous le titre de *Pensées* et publiées à titre posthume en 1669-1670.

■ LES PENSÉES
(1669-1670, POSTHUME)

Les diverses éditions des Pensées *organisent différemment les fragments que Pascal a laissés sans les ordonner. Ce qui est remarquable, c'est que cette réflexion incomplète, dont le but avoué est de défendre le véritable christianisme, comporte en outre des observations sur l'état du monde, ainsi que des principes d'écriture et d'argumentation qui annoncent le classicisme. Philosophe en quête de vérité absolue, contemplatif pour qui réflexion et prière se combinent pour mener à Dieu, Pascal a eu l'ambition d'une œuvre monumentale que sa mort est venue interrompre. Mais l'écho de sa voix, traversant l'abîme des siècles, s'adresse encore au monde contemporain, comme si Pascal avait entrevu ce vers quoi se dirigerait la société. Aussi semble-t-il nous mettre en garde, nous personnellement, dans de nombreux passages étonnamment actuels de ses Pensées.*

S'amuser, quoi de plus naturel ! Et si le véritable bonheur n'était pas dans le plaisir ? Voilà la réflexion à laquelle Pascal nous convie dans l'extrait qui suit. Sa conclusion est que l'être humain ne peut trouver le bonheur que chez lui, dans son jardin, et non dans la gloire et l'argent. Mais pourquoi nous donnons-nous tant de mal à chercher le bonheur là où il n'est pas ?

« Divertissement » (Lafuma, 269)

Quand je m'y suis mis quelquefois à considérer les diverses agitations des hommes et les périls et les peines où ils s'exposent, dans la cour, dans la guerre, d'où naissent tant de querelles, de passions, d'entreprises hardies et souvent mauvaises, etc., j'ai dit souvent que tout le malheur des hommes vient d'une seule chose, qui est de ne savoir pas demeurer en repos dans une chambre. Un homme qui a assez de bien pour vivre, s'il savait demeurer chez soi avec plaisir, n'en sortirait pas pour aller sur la mer ou au siège d'une place. On n'achètera une charge à l'armée si cher, que parce qu'on trouverait insupportable de ne bouger de la ville ; et on ne recherche les conversations et les divertissements des jeux que parce qu'on ne peut demeurer chez soi avec plaisir.

Mais quand j'ai pensé de plus près, et qu'après avoir trouvé la cause de tous nos malheurs, j'ai voulu en découvrir la raison, j'ai trouvé qu'il y en a une bien effective, qui consiste dans le malheur naturel de notre condition faible et mortelle, et si misérable, que rien ne peut nous consoler lorsque nous y pensons de près.

Quelque condition qu'on se figure, si l'on assemble tous les biens qui peuvent nous appartenir, la royauté est le plus beau poste du monde ; et cependant, qu'on s'en imagine [un] accompagné de toutes les satisfactions qui peuvent le toucher, s'il est sans divertissement, et qu'on le laisse considérer et faire réflexion sur ce qu'il est, cette félicité languissante ne le soutiendra point, il tombera par nécessité dans les vues qui le menacent, des révoltes qui peuvent arriver, et enfin de la mort et des maladies qui sont inévitables ; de sorte que, s'il est sans ce qu'on appelle divertissement, le voilà malheureux, et [plus] malheureux que le moindre de ses sujets, qui joue et qui se divertit. […]

De là vient que le jeu et la conversation des femmes, la guerre, les grands emplois, sont si recherchés. Ce n'est pas qu'il y ait en effet du bonheur, ni qu'on s'imagine que la vraie béatitude soit d'avoir l'argent qu'on peut gagner au jeu, ou dans le lièvre qu'on court : on n'en voudrait pas, s'il était offert. Ce n'est pas cet usage mol et paisible, et qui nous laisse penser à notre malheureuse condition, qu'on recherche, ni les dangers de la guerre, ni la peine des emplois, mais c'est le tracas qui nous détourne d'y penser et nous divertit.

Raison pourquoi on aime mieux la chasse que la prise.

De là vient que les hommes aiment tant le bruit et le remuement[1] ; de là vient que la prison est un supplice si horrible ; de là vient que le plaisir de la solitude est une chose incompréhensible. Et c'est enfin le plus grand sujet de félicité de la condition des rois, de [ce] qu'on essaie sans cesse à les divertir et à leur procurer toutes sortes de plaisirs.

Le roi est environné de gens qui ne pensent qu'à divertir le roi, et à l'empêcher de penser à lui. Car il est malheureux, tout roi qu'il est, s'il y pense.

---

1. *remuement* : changement.

<small>Rembrandt Harmenszoon van Rijn
(1632-1675).</small>

*Rembrandt et Saskia : scène de l'enfant prodigue
dans une taverne*, v. 1635. (Huile sur toile :
161 × 131 cm. Gemäldegalerie, Dresde.)

Si pour Pascal le divertissement est nécessaire pour oublier le malheur inhérent à la condition humaine, il en va différemment dans ce tableau. Le peintre est assis, sa femme Saskia sur les genoux, et lève son verre : ils semblent s'amuser et faire la fête. La plume du chapeau symbolise la légèreté de la jeunesse qui songe à se divertir sans se soucier du lendemain.

Dans la Hollande protestante, il y a très peu d'images religieuses dans les églises, et le message biblique se transpose dans des scènes de la vie quotidienne comme celle-ci. Ainsi, les plaisirs et le divertissement s'inscrivent dans le contexte de la parabole évangélique du fils prodigue qui dilapide l'argent de son père dans la boisson et le jeu. Réduit à la misère, il retourne vers son père qui le reçoit à bras ouverts et lui accorde le pardon. C'est une manière de rappeler que Dieu pardonne au pécheur.

Voilà tout ce que les hommes ont pu inventer pour se rendre heureux. Et ceux qui font sur cela les philosophes, et qui croient que le monde est bien peu raisonnable de passer tout le jour
70 à courir après un lièvre qu'ils ne voudraient pas avoir acheté, ne connaissent guère notre nature. Ce lièvre ne nous garantirait pas de la vue de la mort et des misères, mais la chasse — qui nous en détourne — nous en garantit. […]

75 Ainsi s'écoule toute la vie. On cherche le repos en combattant quelques obstacles ; et si on les a surmontés, le repos devient insupportable, par l'ennui qu'il engendre. Il en faut sortir et mendier le tumulte. Nulle condition n'est heu-
80 reuse sans bruit et sans divertissement, et toute condition est heureuse quand on jouit de quelque divertissement.

QUESTIONS

1 Quels aspects de la vie de Pascal se manifestent dans cet extrait et contribuent à former sa pensée sur le divertissement ?

2 Selon Pascal, qu'est-ce qui constitue le véritable divertissement ?

3 a) Dès le début de l'extrait, Pascal analyse ce qui fait le malheur des hommes. Deux idées se dégagent de sa réflexion : lesquelles ?

b) Dressez le champ lexical du divertissement en le partageant en deux sous-ensembles se rapportant au bonheur et au malheur. Qu'est-ce qui fait le bonheur ? Et le malheur ?

c) Selon vous, pourquoi Pascal choisit-il l'exemple du roi pour illustrer son propos ?

d) Expliquez le rapport entre la dernière phrase de l'extrait et celle-ci : « Ce n'est pas qu'il y ait en effet du bonheur, ni qu'on s'imagine que la vraie béatitude soit d'avoir l'argent qu'on peut gagner au jeu, ou dans le lièvre qu'on court : on n'en voudrait pas, s'il était offert. »

4 Quelle vision de la nature humaine se dégage de cet extrait de Pascal ?

5 a) Comparez l'extrait de Pascal avec celui de Montaigne tiré du chapitre « De l'expérience » (p. 89). En quoi

la vision de l'homme diffère-t-elle chez les deux penseurs ?

b) Comparez l'extrait de Pascal avec celui de Rousseau sur le bonheur (p. 186-187). En quoi leurs visions diffèrent-elles ? En quoi sont-elles semblables ?

c) Imaginez le jugement que porterait Pascal sur les « raves » ou les soirées passées à danser dans les bars. Que lui répondez-vous ?

Molière (1622-1673)

Dire que le français est la langue de Molière, c'est faire à ce grand dramaturge, comédien et directeur de troupe un hommage bien mérité. Jean-Baptiste Poquelin vient d'un milieu bourgeois aisé. Attiré par le théâtre, il prend le nom de Molière en 1643 et fonde *L'Illustre théâtre* avec l'actrice Madeleine Béjart. Mais il fait faillite deux ans plus tard et est emprisonné pour dettes. Libéré, il parcourt la France avec sa troupe. Au contact du public et des autres comédiens, il apprend son métier d'homme de théâtre. De retour à Paris en 1658, il jouit de la protection de Louis XIV et s'installe, sur son ordre, avec les Comédiens italiens, amenés par la reine Catherine de Médicis au milieu du XVIe siècle.

MOLIÈRE
Portrait attribué à Pierre Mignard (1612-1695). (Comédie-Française, Paris.)

Malgré une renommée impressionnante, il se fait des ennemis. En effet, *Les Précieuses ridicules* (1659) lui valent l'inimitié des nobles précieux ; *L'École des femmes* (1662) l'oppose aux dames prudes et aux dévots ; *Tartuffe* (1664) est interdit et *Dom Juan* (1665) est retiré de l'affiche après quinze représentations. On ira même jusqu'à menacer d'excommunication les spectateurs, comme le sont déjà les comédiens ! Heureusement, Louis XIV le protège. En mécène exigeant, il lui impose des sujets et des contraintes : composer en vers, inclure des entrées de ballet ou travailler avec des compositeurs comme Lully. La troupe devient florissante : elle joue aussi Corneille et Racine qui lui confie ses deux premières pièces. Mais, à peine quelques jours après le début des représentations de la seconde, *Alexandre le Grand* (1665), Racine se rétracte et décide de donner la pièce à une autre troupe ! La comédienne vedette de Molière suit Racine chez les rivaux. Les deux hommes deviennent ennemis.

Après *Dom Juan*, Molière donne deux chefs-d'œuvre, *Le Misanthrope* et *Le Médecin malgré lui* (1666). Grâce à l'appui de Louis XIV, il peut enfin monter *Tartuffe* en 1669. Sur un sujet donné par le roi et une musique de Lully, il présente *Le Bourgeois gentilhomme* (1671). Au cours de la quatrième représentation du *Malade imaginaire*, il s'effondre au milieu des rires de la foule ; il meurt quelques heures plus tard. Grâce à l'intervention du roi, Molière obtient des funérailles et une sépulture chrétiennes, mais accordées du bout des lèvres, et célébrées de nuit.

Art et littérature

LES PLAISIRS

Comme pour beaucoup de tableaux hollandais de l'époque, cette scène de genre se situe dans un intérieur. Imaginez une scène de théâtre avec le décor, des éclairages, des accessoires, des personnages, des costumes…

■ Quels éléments du décor et des accessoires illustrent l'ordre, la propreté et l'harmonie?

■ Observez la partie gauche du premier plan: à qui appartiennent les vêtements jetés sur le fauteuil? Pouvez-vous deviner qui est dans le lit?

■ Pourriez-vous avancer une hypothèse sur le genre de lieu où se déroule la scène? Que symboliserait la couleur rouge? Pourquoi avoir laissé dans l'ombre le sujet du tableau?

■ Cette manière indirecte de présenter les plaisirs et la sexualité s'accorde-t-elle avec l'attitude des hypocrites décrits par Molière?

■ Établissez un parallèle avec l'image qu'on a, dans notre société, des quartiers «chauds»? Comment les nomme-t-on? Est-ce hypocrite?

EMMANUEL DE WITTE (1617-1692).

Intérieur avec femme jouant de l'épinette, v. 1660. (Huile sur toile: 97,5 × 109,7 cm. Musée des beaux-arts de Montréal.)

■ DOM JUAN (1665)

Menteur, voleur, imposteur, fourbe, débauché, corrompu, immoral, hypocrite, don Juan a tous les vices, mais aussi le charme et la désinvolture qui le servent si bien dans ses conquêtes amoureuses. Sauvé du naufrage par le paysan Pierrot, il tente de séduire sa fiancée, Charlotte, puis une autre paysanne, Mathurine; il promet aux deux de les épouser, même s'il est déjà marié. Passant devant le tombeau du Commandeur, un mari jaloux qu'il a tué en duel, il lance une invitation à dîner à sa statue, qui accepte puis lui rend la pareille. Don Juan feint devant son père de renier son passé de dépravé, mais avoue le subterfuge à son fidèle serviteur. À la fin, dans un déploiement d'effets spéciaux, le séducteur est dévoré par les feux de l'enfer : le fourbe est puni, la morale est sauve. Les pitreries du valet amusent, mais ni les tromperies du héros ni sa punition finale ne font rire.

Acte V, scène 2 (*extrait*)

DON JUAN

[…] si j'ai dit que je voulais corriger ma conduite, et me jeter dans un train de vie exemplaire, c'est un dessein que j'ai formé par pure politique, un stratagème utile, une grimace
5 nécessaire, où je veux me contraindre, pour ménager un père dont j'ai besoin, et me mettre à couvert, du côté des hommes, de cent fâcheuses aventures qui pourraient m'arriver. Je veux bien, Sganarelle, t'en faire confidence, et
10 je suis bien aise d'avoir un témoin du fond de mon âme et des véritables motifs qui m'obligent à faire les choses.

SGANARELLE

Quoi ? vous ne croyez rien du tout, et vous voulez cependant vous ériger en homme de bien ?

DON JUAN

15 Et pourquoi non ? Il y en a tant d'autres comme moi, qui se mêlent de ce métier[1], et qui se servent du même masque pour abuser le monde.

SGANARELLE

Ah ! quel homme ! quel homme !

DON JUAN

20 Il n'y a plus de honte maintenant à cela : l'hypocrisie est un vice à la mode, et tous les vices à la mode passent pour vertus. Le personnage d'homme de bien est le meilleur de tous les personnages qu'on puisse jouer aujourd'hui, et
25 la profession d'hypocrite a de merveilleux

avantages. C'est un art de qui[2] l'imposture est toujours respectée, et quoiqu'on la découvre, on n'ose rien dire contre elle. Tous les autres vices des hommes sont exposés à la censure,
30 et chacun a la liberté de les attaquer hautement[3], mais l'hypocrisie est un vice privilégié, qui, de sa main, ferme la bouche à tout le monde, et jouit en repos d'une impunité souveraine. On lie à force de grimaces une société
35 étroite[4] avec tous les gens du parti[5]. Qui en choque un, se les attire tous sur les bras ; et ceux que l'on sait même agir de bonne foi là-dessus, et que chacun connaît pour être véritablement touchés[6], ceux-là, dis-je, sont
40 toujours les dupes des autres ; ils donnent hautement dans le panneau des grimaciers, et appuient aveuglément les singes de leurs actions. Combien crois-tu que j'en connaisse qui, par ce stratagème, ont rhabillé adroitement[7] les
45 désordres de leur jeunesse, qui se sont fait un bouclier du manteau de la religion, et, sous cet habit respecté, ont la permission d'être les plus méchants hommes du monde ? On a beau savoir leurs intrigues et les connaître pour ce
50 qu'ils sont, ils ne laissent pas pour cela d'être en crédit parmi les gens ; et quelque baissement de tête, un soupir mortifié, et deux roulements d'yeux rajustent dans le monde tout ce qu'ils peuvent faire. C'est sous cet abri favorable que
55 je veux me sauver et mettre en sûreté mes affaires. Je ne quitterai point mes douces habitudes, mais j'aurai soin de me cacher et me divertirai à petit bruit[8]. Que si je viens à être

---

1. *qui se mêlent de ce métier* : qui agissent de cette façon.
2. *de qui* : dont, dans lequel.
3. *hautement* : avec vigueur, délibérément.
4. *On lie […] une société étroite* : on noue des rapports étroits.
5. *gens du parti* : personnes de même opinion.
6. *être véritablement touchés* : défendre de bonne foi une idée.
7. *rhabillé adroitement* : présenté sous un jour favorable.
8. *à petit bruit* : secrètement, sans éveiller les soupçons.

60 découvert, je verrai, sans me remuer, prendre mes intérêts à toute la cabale[9], et je serai défendu par elle envers, et contre tous. Enfin, c'est là le vrai moyen de faire impunément tout ce que je voudrai. Je m'érigerai en censeur des actions d'autrui, jugerai mal de tout le monde, 65 et n'aurai bonne opinion que de moi. Dès qu'une fois on m'aura choqué tant soit peu, je ne pardonnerai jamais, et garderai tout doucement une haine irréconciliable. Je ferai le ven-70 geur des intérêts du Ciel, et sous ce prétexte commode, je pousserai[10] mes ennemis, je les accuserai d'impiété, et saurai déchaîner contre eux des zélés indiscrets[11], qui, sans connaissance de cause, crieront en public contre eux, 75 qui les accableront d'injures, et les damneront hautement de leur autorité privée. C'est ainsi qu'il faut profiter des faiblesses des hommes, et qu'un sage esprit s'accommode aux[12] vices de son siècle.

---

9. *cabale* : complot, intrigue ; clique de personnes impliquées dans une cabale.
10. *pousserai* : repousserai.
11. *zélés indiscrets* : partisans qui répandront des rumeurs.
12. *aux* : des.

QUESTIONS

1 En quoi cette scène s'inspire-t-elle d'événements auxquels Molière a été confronté ?

2 Don Juan s'est-il repenti ? Expliquez votre réponse.

3 a) Pour quelles raisons don Juan décide-t-il de mentir ? Quels sont les avantages qu'il espère tirer de cette pratique ?

b) Relevez les mots se rapportant à l'hypocrisie et à la tromperie dans la tirade de don Juan. Dans ce contexte, que révèlent ces mots sur le point de vue de don Juan ?

c) Faites l'inventaire des figures d'opposition contenues dans cet extrait et expliquez comment elles contribuent à mettre en évidence la duplicité de don Juan.

d) Don Juan évoque la religion à deux reprises dans sa tirade ; quelle place y occupe-t-elle ?

4 Pourquoi peut-on affirmer que don Juan est aux antipodes de l'« honnête homme » du XVIIe siècle ?

5 Donnez un exemple de gens qui, de nos jours, sous le couvert de respecter la morale par rectitude politique, ont commis des actes vils.

Écriture littéraire

LA COMÉDIE

Les comédies de Molière tournent en dérision les travers humains. Comment reproduire cette démarche ? En associant le trivial au sublime. Il vous faut donc tout d'abord faire une liste de travers et de vices humains : alcoolisme, jalousie, mensonge, vantardise, fraude, duplicité, indécision, timidité, etc. Ensuite vous en choisissez un et vous l'associez à un type d'homme ou de femme qui, dans la réalité ou dans l'imagerie populaire, n'a pas ce travers.

Prenons l'alcoolisme. C'est un vice. Allons maintenant vers le sublime. La chirurgie pourrait être considérée comme une activité sublime (guérir des malades, sauver des vies, etc.). Il ne vous reste plus qu'à imaginer un chirurgien ivrogne qui fait ses interventions en état d'ébriété. Ici, c'est le genre théâtral que vous devez explorer. Il vous faut donc construire un dialogue de deux ou trois pages entre cet individu, et son travers, et un autre personnage.

Jean Racine (1639-1699)

Orphelin à l'âge de quatre ans, Racine est élevé par sa grand-mère, très liée aux jansénistes établis à Port-Royal dont les idées sur la faiblesse de l'être humain face aux passions et au péché semblent avoir marqué aussi bien sa vie que son théâtre. Ses débuts sont hésitants : il écrit quelques poèmes de circonstance, comme « La Nymphe de la Seine » (1660), dédié à l'épouse de Louis XIV, puis se brouille avec Molière à propos de la pièce *Alexandre le Grand* en 1665 (voir p. 125). En 1667, son talent s'affirme avec *Andromaque* ; suivent *Les Plaideurs* (1668), sa seule comédie, *Britannicus* (1669), puis cinq autres tragédies, qui obtinrent toutes un succès retentissant malgré la cabale de ses ennemis. On s'échange des épigrammes et des sonnets insultants. Ses détracteurs lui reprochent ses démêlés avec Molière, condamnent l'étalage de ses maîtresses, répandent des rumeurs sur ses fréquentations douteuses — on l'accuse de visiter les faiseuses de poisons —, jalousent les faveurs qu'il obtient du roi, de Mme de Maintenon et de la Cour.

RACINE
D'après Jean-Baptiste Santerre (1651-1717). (Comédie-Française, Paris.)

Nommé à l'Académie en 1673, puis historiographe du roi en 1677, il saisit l'occasion pour se retirer de la scène et devient un parfait courtisan. Durant les dernières années de sa vie, il renoue avec les jansénistes et se transforme en un véritable modèle de vertu. Mme de Maintenon le convainc d'écrire deux pièces d'inspiration religieuse : *Esther* (1689) et *Athalie* (1691). Il meurt le mardi de Pâques 1699 et est enterré auprès de ses maîtres de Port-Royal.

Dans toutes ses tragédies, on assiste aux dérèglements que provoque l'amour, aux drames affligeants qu'entraînent les passions, aux intrigues qui opposent aussi bien des adversaires politiques que des alliés, aux châtiments que récoltent celles et ceux qui ont succombé à leurs faiblesses. Son écriture, insurpassée, plaît aux gens de la cour, qui s'y reconnaissent dépeints comme des victimes de la malédiction divine. Une fois mise en route la machine infernale du drame, rien ne peut empêcher le destin de sévir. Le caractère tragique de l'œuvre racinienne tient à ce que le simple drame devient l'effet d'un destin inéluctable (*fatum*). Comme les personnages appartiennent à l'aristocratie, leur drame personnel se mue en catastrophe pour leur entourage, leur palais et même leur royaume, où il fait d'autres victimes encore.

■ ANDROMAQUE (1667)

Après avoir vaincu Troie, les Grecs ramènent richesses et prisonniers. Le roi Pyrrhus a enlevé Andromaque, la veuve du Troyen Hector, et leur fils Astyanax. Au début de la pièce, Oreste, ambassadeur des autres rois grecs, réclame Astyanax, dont on craint la vengeance lorsqu'il sera adulte. Il veut aussi revoir Hermione, la fiancée de Pyrrhus, dont il a été l'amant autrefois et qu'il aime toujours. Il croit avoir encore une chance, car le roi tarde à célébrer son mariage avec Hermione, et pour cause : il est amoureux de sa belle prisonnière Andromaque.

Quand enfin Hermione apprend que le roi épousera Andromaque, elle incite Oreste à tuer Pyrrhus en lui promettant de l'épouser en retour. Or, une fois le crime commis, elle entre dans une rage meurtrière, car elle aimait Pyrrhus malgré tout. Le refus d'Hermione d'honorer sa promesse éveille en Oreste le souvenir de ses crimes passés :

il a vengé Agamemnon, son père, en tuant sa mère et son amant. Depuis ce jour, il est torturé par les Érinyes, des créatures à la chevelure composée de serpents qui tourmentent les criminels jusqu'à les rendre fous. Comme dans toutes les tragédies de Racine, les personnages sont punis pour s'être laissé dominer par leur passion amoureuse.

Acte V, scène 5, vers 1613 à 1649

ORESTE

Grâce aux Dieux ! mon malheur passe[1] mon espérance :
Oui, je te loue, ô Ciel, de ta persévérance.
1615 Appliqué sans relâche au soin de me punir,
Au comble des douleurs tu m'as fait parvenir.
Ta haine a pris plaisir à former ma misère ;
J'étais né pour servir d'exemple à ta colère,
Pour être du malheur un modèle accompli.
1620 Hé bien ! je meurs content, et mon sort est rempli.
Où sont ces deux amants ? Pour couronner ma joie,
Dans leur sang, dans le mien, il faut que je me noie ;
L'un et l'autre en mourant je les veux regarder.
Réunissons trois cœurs qui n'ont pu s'accorder.
1625 Mais quelle épaisse nuit tout à coup m'environne ?
De quel côté sortir ? D'où vient que je frissonne ?
Quelle horreur me saisit ? Grâce au ciel, j'entrevoi[2]…
Dieux ! quels ruisseaux de sang coulent autour de moi !

PYLADE

Ah ! Seigneur.

ORESTE

        Quoi ! Pyrrhus, je te rencontre encore ?
1630 Trouverai-je partout un rival que j'abhorre ?
Percé de tant de coups, comment t'es-tu sauvé ?
Tiens, tiens, voilà le coup que je t'ai réservé.
Mais que vois-je ? À mes yeux Hermione l'embrasse ?
Elle vient l'arracher au coup qui le menace ?
1635 Dieux ! quels affreux regards elle jette sur moi !
Quels démons, quels serpents traîne-t-elle après soi ?
Hé bien ! filles d'enfer[3], vos mains sont-elles prêtes ?
Pour qui sont ces serpents qui sifflent sur vos têtes ?
À qui destinez-vous l'appareil qui vous suit ?
1640 Venez-vous m'enlever dans l'éternelle nuit ?
Venez, à vos fureurs Oreste s'abandonne.
Mais non, retirez-vous, laissez faire Hermione :
L'ingrate mieux que vous saura me déchirer ;
Et je lui porte enfin mon cœur à dévorer.

D'APRÈS CHARLES LE BRUN (1619-1690).

Caracteres des passions : Extreme Desespoir. (Gravure de Bernard Picart tirée de la *Conference de Monsieur Le Brun, premier peintre du roy de France, chancelier et directeur de l'Academie de peinture et sculpture, sur l'Expression generale & particuliere.* Amsterdam, J.L. de Lorme, Paris, E. Picart, 1698 [p. 42, fig. 31]. Page : 16 × 8 cm ; gravure : 9,2 × 5,6 cm. Bibliothèque Osler, Université McGill, Montréal.)

Le peintre Charles Le Brun est le premier directeur de l'Académie de peinture et sculpture, fondée en 1648, qui avait pour but la formation des artistes. Lors de deux conférences (7 avril et 5 mai 1668), Le Brun exposa sa théorie sur les expressions, se fondant sur des ouvrages comme *Le Traité sur les passions* de Descartes (1649). Croyant au langage universel de la peinture, il présente des modèles ; ainsi « la plus grande partie des passions de l'âme produit des actions corporelles ». Ses dessins furent gravés dès 1696 et la première édition du texte date de 1698.

On y lit aux pages 43 et 44 : « L'extrême desespoir […] se peut exprimer par un homme qui grince les dents, écume […], & qui aura le front ridé par des plis qui descendent du haut en bas, les sourcils seront abaissés sur les yeux, & fort pressés du côté du nez : il aura l'œil en feu, […] la prunelle égarée, & cachée sous le sourcil, […] elle paroîtra étincelante […], les narines grosses et ouvertes s'éleveront en haut, & le bout du nez tirera en bas, les muscles […] seront fort enflés, ainsi que toutes les veines & nerfs du front, des tempes, & des quatre parties du visage : le haut des joues paroîtra […] serré à l'endroit de la machoire, la bouche […] sera plus ouverte par les côtés que par le milieu, la levre de dessous sera plus grosse & renversée […] ; il aura les cheveux droits & hérissés. »

Cette conception des effets visibles des passions n'est-elle pas illustrée par le personnage d'Oreste et par le théâtre racinien, qui dépeint les dérèglements provoqués par ces passions ?

PYLADE

1645   Il perd le sentiment[4]. Amis, le temps nous presse :
    Ménageons les moments que ce transport[5] nous laisse.
    Sauvons-le. Nos efforts deviendraient impuissants
    S'il reprenait ici sa rage avec ses sens.

---

1. *passer* : dépasser, surpasser.
2. *entrevoi* : entrevois ; licence poétique qui permet une « rime pour l'œil » avec *moi.*
3. *filles d'enfer* : les Érinyes.
4. *perd le sentiment* : s'évanouit.
5. *transport* : égarement

QUESTIONS

1 Qu'est-ce qui dans cet extrait correspond à la définition de la tragédie racinienne ?

2 Expliquez comment Pyrrhus est « présent » dans cet extrait.

3 a) Le sens de la vue joue un rôle prépondérant dans cet extrait ; relevez les termes liés à ce sens. Que nous apprennent-ils sur l'état mental et affectif d'Oreste ?

b) Tout ce que voit Oreste est-il réel ? Comment l'apprend-on ?

c) La seconde tirade d'Oreste (vers 1629 à 1644) est composée principalement de phrases interrogatives : expliquez-en le rôle dans l'extrait.

d) À qui Oreste s'adresse-t-il ? Qu'est-ce que le fait de s'adresser à ces trois destinataires révèle sur le cheminement d'Oreste au cours de cet extrait ?

e) Oreste souffre d'un délire de persécution : par qui se sent-il persécuté ? Précisez qui sont ces personnages et quels sont leurs rôles respectifs.

4 Analysez ce qui rend la situation d'Oreste tragique au sens racinien et expliquez en quoi Oreste en est tout à la fois l'artisan et la victime.

5 La démence est souvent invoquée par les accusés ou leurs avocats ; comment réagissez-vous à l'idée que la folie puisse atténuer la gravité d'un crime ?

LA BRUYÈRE
Nicolas de Largillière
(1656-1746).
(Musée du Puy-en-Velay.)

Jean de La Bruyère (1645-1696)

Bourgeois tranquille et lettré, Jean de La Bruyère semble avoir préféré la solitude et la méditation à son métier d'avocat et de trésorier des finances de Caen. Peu après avoir traduit les *Caractères* de Théophraste (Grèce, IIIe siècle av. J.-C.), il devient en 1684 précepteur du petit-fils du Grand Condé, mais l'élève, odieux, insupportable, le pousse à abandonner ce poste ; il reste tout de même au service du prince à titre de secrétaire. Dans cette famille illustre, il peut observer à loisir le comportement des nobles. La première édition des *Caractères*, en 1688, remporte un succès phénoménal, même si ceux qui se croient visés par les traits satiriques de La Bruyère lui vouent une hostilité marquée. Il sera élu à l'Académie française en 1693 après avoir essuyé deux refus en raison de l'opposition des « Modernes ». Son œuvre paraît incroyablement actuelle, ce qui confirme sa valeur universelle, qualité souhaitable aux yeux des Anciens. Il continuera à ajouter des portraits à son œuvre jusqu'à la neuvième édition en 1696, peu avant sa mort. Son ouvrage dépeint de façon critique la haute société au moment où l'étoile de Louis XIV commence à pâlir ; d'esprit libéral et juste, La Bruyère semble avoir senti les transformations que la société et la littérature allaient connaître au siècle suivant.

■ LES CARACTÈRES (1688-1696)

À la fois universelle et moderne, l'œuvre de La Bruyère trace des portraits, petits bijoux bien ciselés, de gens que l'on pourrait rencontrer n'importe où. Les Caractères n'est pas un texte suivi, mais plutôt un ensemble de maximes et de portraits plus ou moins longs regroupés en seize chapitres. La Bruyère attribue à ses personnages un prénom significatif par son origine grecque ou latine, ce qui enrichit la description. Dès la première édition, circulèrent des clés qui établissaient une hypothétique correspondance entre les noms des personnages et ceux de personnes renommées reconnaissables par un détail notoire, une parole célèbre, un trait physique ou moral. Ainsi, dans l'extrait suivant, Æmile aurait la signification d'obligeant ou d'aimable selon la racine grecque, mais celle de conquérant *ou de* rival *en latin. Il s'agirait du Grand Condé lui-même, reconnu à cause du grand cas qu'il fait de ses victoires militaires et de la supposée judicieuse décision qu'il avait prise en levant le siège de Lérida en 1647.*

32 (VII) « Du mérite personnel »

Æmile était né ce que les plus grands hommes ne deviennent qu'à force de règles, de méditation et d'exercice. Il n'a eu dans ses premières années qu'à remplir[1] des talents qui étaient naturels, et qu'à se livrer à son génie. Il a fait, il a 5 agi, avant que de savoir, ou plutôt il a su ce qu'il n'avait jamais appris. Dirai-je que les jeux de son enfance ont été plusieurs victoires ? Une vie accompagnée d'un extrême bonheur joint à une 10 longue expérience serait illustre par les seules actions qu'il avait achevées dès sa jeunesse.

Toutes les occasions de vaincre qui se sont depuis offertes, il les a embrassées ; et celles qui n'étaient pas, sa vertu et son étoile les ont fait 15 naître : admirable même et par les choses qu'il a faites, et par celles qu'il aurait pu faire. On l'a regardé comme un homme incapable de céder à l'ennemi, de plier sous le nombre ou sous les obstacles ; comme une âme du premier 20 ordre, pleine de ressources et de lumières, et qui voyait encore où personne ne voyait plus ; comme celui qui, à la tête des légions, était pour

---

1. *remplir* : réaliser, concrétiser.

CHARLES ANTOINE COYSEVOX (1640-1720).

Le Grand Condé (Louis II de Bourbon, prince de Condé, dit), 1688. (Bronze doré : 60 cm. Musée du Louvre, Paris.)

Dans la tradition classique des bustes antiques, ce buste du Grand Condé (mort en 1686) présente le vainqueur de la bataille de Rocroy dans toute sa gloire, le regard hautain, l'air arrogant. C'est un portrait officiel commandé par son neveu, le prince de Conti, pour célébrer le grand homme, alors que La Bruyère jette un regard satirique sur son personnage d'Æmile.

elles un présage de la victoire, et qui valait seul
plusieurs légions ; qui était grand dans la
25 prospérité, plus grand quand la fortune² lui
a été contraire (la levée d'un siège, une retraite,
l'ont plus ennobli que ses triomphes ; l'on ne
met qu'après les batailles gagnées et les villes
prises) ; qui était rempli de gloire et de mo-
30 destie ; on lui a entendu dire : « Je fuyais », avec

la même grâce qu'il disait : « Nous les bat-
tîmes » ; un homme dévoué à l'État, à sa
famille, au chef de sa famille³ ; sincère pour
Dieu et pour les hommes, autant admirateur
35 du mérite que s'il lui eût été moins propre et
moins familier ; un homme vrai, simple, magnanime, à qui il n'a manqué que les moindres
vertus.

2. *fortune* : chance, sort.
3. Le chef de famille en question est Louis XIV, à qui Condé n'a pas toujours été fidèle, car il a participé à la Fronde durant l'enfance du roi.

QUESTIONS

1 Dans un dictionnaire ou une encyclopédie, cherchez des informations sur le Grand Condé et vérifiez si certaines correspondent au portrait d'Æmile.

2 La Bruyère présente-t-il d'Æmile une image positive ou négative ?

3 a) Selon ce texte, quelles sont les qualités des grands personnages ? Faites la liste des caractéristiques énumérées par l'auteur.

b) Dressez le champ lexical de la réussite. Que met-il en évidence dans le portrait d'Æmile ?

c) Relevez les endroits où l'auteur emploie l'antiphrase. Que veut-il dire au sujet d'Æmile par ces passages ?

d) À Partir de « On l'a regardé comme un homme… », le texte ne compte qu'une phrase. Examinez le développement de cette phrase en mettant en lumière l'accumulation qui enrichit le portrait du personnage.

e) Comment l'ironie de la dernière phrase jette-t-elle un éclairage particulier sur tout ce qui a été dit jusque-là au sujet d'Æmile ?

4 Expliquez ce qui fait le mérite personnel, selon La Bruyère, et ce que le mérite doit à la naissance, à l'apprentissage, à l'expérience, aux succès et échecs.

5 Relisez le texte de Montaigne intitulé « De l'inégalité qui est entre nous » (voir p. 83-84) : Montaigne et La Bruyère ont-ils la même conception de ce qui fait la valeur d'une personne ? Et selon vous, qu'est-ce qui fait qu'une personne a du mérite ?

PARTIE 3

LA CONTESTATION SOCIALE

LETTRES anonymes, dénonciations politiques, épigrammes, satires, pamphlets et chansons ironiques (comme les célèbres « mazarinades » contre le cardinal Mazarin, premier ministre durant l'enfance de Louis XIV), tous les moyens sont bons pour critiquer la société du XVIIᵉ siècle. Rien de nouveau ni d'exclusif en cela : en tout temps, en tout pays, on trouve cette façon d'agir. Les auteurs trop critiques doivent ou se cacher derrière des pseudonymes, ou fuir à l'étranger, ou obtenir la protection de personnages haut placés. Car leurs œuvres ne se contentent plus de simples attaques personnelles, mais défendent des idées qui dérangent le pouvoir en place, contestent l'autorité et remettent en question l'organisation sociale. Parfois dissimulées dans des textes de prime abord anodins, les accusations n'en sont pas moins graves et efficaces. Quel meilleur moyen de critiquer les travers d'une société que de fabriquer un monde imaginaire ou de présenter le point de vue d'un étranger ? Les Cyrano de Bergerac, La Fontaine et Perrault auront de nombreux disciples dans les siècles suivants : les *Contes* philosophiques de Voltaire, les *Lettres persanes* de Diderot, *Les Voyages de Gulliver* de Jonathan Swift, par exemple, contiennent tous une critique plus ou moins voilée de la société de leur époque.

Cyrano de Bergerac (1619-1655)

S'il faut chercher un contestataire au XVIIe siècle, c'est principalement à Savinien Hercule Cyrano de Bergerac que l'on doit songer. Gentilhomme parisien, après ses études, il joint les rangs des gardes gascons en 1638. Revenu à Paris après avoir été blessé en 1640, il fréquente des penseurs libertins, c'est-à-dire des partisans de la liberté et de la recherche de la vérité hors des sentiers battus. Il s'intéresse passionnément au développement des sciences de son temps : physiologie, sciences naturelles, astronomie font partie de ses vastes connaissances, enrichies par une profonde réflexion philosophique. Les théories sur le système solaire ne lui sont pas étrangères. Dans son œuvre, il critique ouvertement les idées reçues et la société de son époque, se moque de la pratique religieuse traditionnelle et prend parti pour Copernic et Galilée. Pendant la Fronde, on a attribué à Cyrano des « mazarinades ». Sa mort reste mystérieuse ; la chute de cette poutre qu'il a reçue sur la tête était-elle vraiment accidentelle ? La légende veut qu'il ait été invincible à l'épée et que ses adversaires se soient rabattus sur cet ignoble expédient pour en finir avec lui.

CYRANO DE BERGERAC

Gravure. (Bibliothèque nationale de France.)

Cyrano de Bergerac a écrit deux romans publiés après sa mort et parus sous divers titres : *Histoire comique* ou *Voyage à la Lune* (1657) et *Les États et Empires du Soleil* (1662). La confrontation avec « l'autre » permet à l'auteur de prendre du recul par rapport à la collectivité dans laquelle il vit. Imitant les récits de voyage, il imagine des sociétés à travers lesquelles il critique l'organisation sociale de son pays. Le roman philosophique du siècle des Lumières se réclame de ce courant de réflexion, que certains exégètes modernes considèrent comme l'ancêtre du roman de science-fiction, qui connaîtra un essor fulgurant à la fin du XIXe siècle et durant tout le XXe.

■ LES ÉTATS ET EMPIRES DU SOLEIL (1662)

Le roman de Cyrano de Bergerac se veut comique et satirique. Le narrateur, visitant les diverses sociétés du Soleil, y découvre des mondes parfois meilleurs, parfois pires que le sien. Ses analyses comparatives lui permettent de mieux comprendre le comportement humain et de discerner ce qui devrait être amélioré. Après sa rencontre avec les oiseaux, il explique comment ils ont organisé une société à contre-pied de la vision humaine du monde.

Comme dans les fables, les animaux sont dotés de caractéristiques humaines: ils parlent, pensent, se gouvernent et agissent à l'image de ceux qui se croient les rois de la création. On trouve d'ailleurs une évidente parenté d'idées entre Cyrano de Bergerac et La Fontaine; ce dernier n'affirme-t-il pas, dans « Les Animaux malades de la peste », que les humains sont « de ces gens qui, sur les animaux, se font un chimérique empire » ?

Je vis arriver quatre grands aigles, dont les uns m'ayant de leurs serres accolé[1] par les jambes, les deux autres par les bras, m'enlevèrent fort haut.

5 Je remarquai parmi la foule une pie, qui tantôt deçà, tantôt delà, volait et revolait avec beaucoup d'empressement, et j'entendis qu'elle me cria que je ne me défendisse point, à cause que ses compagnons tenaient déjà conseil de me crever les yeux. Cet avertissement empêcha 10 toute la résistance que j'aurais pu faire; de sorte que ces aigles m'emportèrent à plus de mille lieues de là dans un grand bois, qui était, à ce que dit ma pie, la ville où le roi faisait sa résidence.

15 La première chose qu'ils firent fut de me jeter en prison dans le tronc creusé d'un grand chêne, et quantité des plus robustes se perchèrent sur les branches, où ils exercèrent les fonctions d'une compagnie de soldats sous les 20 armes.

Environ au bout de vingt-quatre heures, il en entra d'autres en garde qui relevèrent ceux-ci. Cependant que j'attendais avec beaucoup de mélancolie ce qu'il plairait à la Fortune d'ordonner de mes désastres, ma charitable pie 25 m'apprenait tout ce qui se passait.

Entre autres choses, il me souvient qu'elle m'avertit que la populace des oiseaux avait fort crié de ce qu'on me gardait[2] si longtemps 30 sans me dévorer; qu'ils avaient remontré que j'amaigrirais tellement qu'on ne trouverait plus sur moi que des os à ronger.

La rumeur pensa s'échauffer en sédition, car ma pie s'étant émancipée[3] de représenter que 35 c'était un procédé barbare, de faire ainsi mourir sans connaissance de cause, un animal qui approchait en quelque sorte de leur raisonnement, ils la pensèrent mettre en pièces, alléguant que cela serait bien ridicule de croire 40 qu'un animal tout nu, que la nature même en mettant au jour ne s'était pas souciée de fournir des choses nécessaires à le conserver, fût comme eux capable de raison: « Encore, ajoutaient-ils, si c'était un animal qui approchât un 45 peu davantage de notre figure, mais justement le plus dissemblable, et le plus affreux; enfin une bête chauve, un oiseau plumé, une chimère amassée de toutes sortes de natures, et qui fait peur à toutes: l'homme, dis-je, si sot et si vain, 50 qu'il se persuade que nous n'avons été faits que pour lui; l'homme qui avec son âme si clairvoyante, ne saurait distinguer le sucre d'avec l'arsenic, et qui avalera de la ciguë que son beau jugement lui aurait fait prendre pour du persil; l'homme qui soutient qu'on ne raisonne que 55 par le rapport des sens, et qui cependant a les sens les plus faibles, les plus tardifs et les plus faux d'entre toutes les créatures; l'homme enfin que la nature, pour faire de tout, a créé 60 comme les monstres, mais en qui pourtant elle a infus[4] l'ambition de commander à tous les animaux et de les exterminer. »

Voilà ce que disaient les plus sages: pour la commune[5], elle criait que cela était horrible, de 65 croire qu'une bête qui n'avait pas le visage fait comme eux, eût de la raison. «Hé, quoi! murmuraient-ils l'un à l'autre, il n'a ni bec, ni plumes, ni griffes, et son âme serait spirituelle! Ô dieux! quelle impertinence!»

---

1. *accolé* : saisi.
2. *crié de ce qu'on me gardait* : maugréé contre le fait qu'on me gardait.
3. *s'étant émancipée* : s'étant donné la liberté.
4. *infus* : répandu.
5. *la commune* : la populace, le menu peuple

QUESTIONS

1 Quels traits particuliers de la société de son temps (politique, justice, relations entre les individus, etc.) Cyrano de Bergerac représente-t-il à travers la société des oiseaux?

2 En quoi la société des oiseaux est-elle semblable à la société humaine dans ce texte?

3 a) Relevez les termes qui traduisent l'aspect chétif et grotesque que revêt l'être humain aux yeux des oiseaux, ainsi que ceux qui traduisent la supériorité des oiseaux sur les hommes.

b) Cherchez dans le dictionnaire les mots *aigle*, *chimère*, *oiseau* et *pie*; trouvez, dans les définitions, des sens figurés pouvant s'appliquer à une personne et déterminez s'ils éclairent le sens du texte.

c) Explorez les rapports conflictuels entre les divers clans d'oiseaux et établissez un parallèle avec les conflits idéologiques humains.

d) Selon les oiseaux, quelles caractéristiques physiques sont nécessaires pour posséder une âme?

4 Quel message critique l'auteur fait-il passer sur la tolérance à l'égard de l'«autre»?

5 a) L'être humain est-il le maître de la création ou un simple animal un peu plus intelligent que les autres? Débattez la question.

b) Comparez ce texte avec celui de Montaigne intitulé «Des Coches» (p. 87-88). En quoi leurs critiques de la société se rejoignent-elles? Sur quels points sont-elles différentes? Expliquez votre réponse.

Jean de La Fontaine (1621-1695)

Inutile de présenter l'œuvre de Jean de La Fontaine : ses *Fables*, publiées en trois tranches en 1668, 1678 et 1694, lui ont valu une renommée universelle! Réunissant dans de courtes scènes des personnages d'animaux et même d'objets, il donne des leçons de vie que seul un observateur éclairé peut concevoir et que seule une plume habile peut traduire dans un style si alerte.

Comme son ami La Bruyère, il s'inspire d'un auteur de l'Antiquité, le fabuliste Ésope (Grèce, VIᵉ siècle av. J.-C.); comme lui, il prend parti en faveur des Anciens dans la Querelle des Anciens et des Modernes. Il fréquente les salons et les milieux mondains, connaît tous les grands auteurs du temps et publie, en plus de ses célèbres *Fables*, cinq séries de *Contes* entre 1664 et 1685, et un roman en prose et en vers, *Les Amours de Psyché et de Cupidon* (1669). Protégé de Fouquet, il doit s'éloigner de Paris un moment en 1661 lorsque celui-ci est jeté en prison. Craignant le même sort à cause des ses œuvres, La Fontaine cherche un nouveau protecteur, tout en vouant au ministre déchu une amitié indéfectible. Il se place sous la protection d'abord de la duchesse d'Orléans, puis de Mᵐᵉ de la Sablière et enfin de la famille d'Hervart.

LA FONTAINE
Hyacinthe Rigaud, v. 1684.

Élu à l'Académie française en 1684 contre l'avis de Louis XIV, il mène toujours, dans la soixantaine, une vie dissolue et galante. À soixante-douze ans, malade, éprouvé par la mort de son amie de toujours, Mme de la Sablière, il revient à la foi. Il publie en 1694 une dernière tranche des *Fables*, le livre XII. On dit qu'il mourut en bon chrétien. Sur son tombeau, il fait graver une épitaphe où il affirme avoir dormi la moitié de sa vie et passé l'autre à ne rien faire ! Singulier mot d'esprit pour un homme dont l'œuvre a eu une telle influence.

■ FABLES, LIVRE VIII, 14 (1668-1694)

Tiré du livre VIII des Fables, paru en 1678, ce récit dépeint ironiquement la vie à la cour et son cérémonial. Tout y est orchestré pour et par un seul homme, le roi ; tous y jouent un rôle et font de la figuration quand ils y sont mandés par l'étiquette ; le roi lui-même n'échappe pas au protocole. La Fontaine est un grand observateur des mœurs humaines. S'il a recours à des figures animales, c'est que la vérité risquerait de choquer les puissants : une audace excessive pourrait lui coûter cher.

« Les Obsèques de la Lionne »

La femme du lion mourut ;
Aussitôt chacun accourut
Pour s'acquitter envers le prince
De certains compliments de consolation,
5   Qui sont surcroît d'affliction.
Il fit avertir sa province
Que les obsèques se feraient
Un tel jour, en tel lieu ; ses prévôts y seraient
Pour régler la cérémonie,
10   Et pour placer la compagnie.
Jugez si chacun s'y trouva.
Le prince aux cris s'abandonna,
Et tout son antre en résonna :
Les lions n'ont point d'autre temple.
15   On entendit, à son exemple,
Rugir en leurs patois messieurs les courtisans.
Je définis la cour un pays où les gens,
Tristes, gais, prêts à tout, à tout indifférents,
Sont ce qu'il plaît au prince, ou, s'ils ne peuvent l'être,
20   Tâchent au moins de le paraître :
Peuple caméléon, peuple singe du maître ;
On dirait qu'un esprit anime mille corps :
C'est bien là que les gens sont de simples ressorts.
Pour revenir à notre affaire,
25   Le cerf ne pleura point. Comment eût-il pu faire ?
Cette mort le vengeait : la reine avait jadis

Étranglé sa femme et son fils.
Bref, il ne pleura point. Un flatteur l'alla dire,
Et soutint qu'il l'avait vu rire.
30 La colère du roi, comme dit Salomon,
Est terrible, et surtout celle du roi lion ;
Mais ce cerf n'avait pas accoutumé de lire.
Le monarque lui dit : « Chétif hôte des bois,
Tu ris ! tu ne suis pas ces gémissantes voix.
35 Nous n'appliquerons point sur tes membres profanes
Nos sacrés ongles ! Venez, loups,
Vengez la reine ; immolez tous
Ce traître à ses augustes mânes¹. »
Le cerf reprit alors : « Sire, le temps de pleurs
40 Est passé ; la douleur est ici superflue.
Votre digne moitié, couchée entre des fleurs,
Tout près d'ici m'est apparue,
Et je l'ai d'abord² reconnue.
"Ami, m'a-t-elle dit, garde que ce convoi,
45 "Quand je vais chez les dieux, ne t'oblige à des larmes.
"Aux champs élysiens³ j'ai goûté mille charmes,
"Conversant avec ceux qui sont saints comme moi.
"Laisse agir quelque temps le désespoir du roi.
"J'y prends plaisir." » À peine on eut ouï la chose,
50 Qu'on se mit à crier : « Miracle, Apothéose ! »
Le cerf eut un présent, bien loin d'être puni.

Amusez les rois par des songes,
Flattez-les, payez-les d'agréables mensonges :
Quelque indignation dont leur cœur soit rempli,
55 Ils goberont l'appât ; vous serez leur ami.

---

1. *ses augustes mânes* : l'âme de la noble morte.
2. *d'abord* : tout de suite (dès l'abord).
3. *champs élysiens* : les champs Élysées, lieu où va l'âme des justes et des héros dans la mythologie gréco-latine.

QUESTIONS

1 Quels traits de la vie de cour La Fontaine illustre-t-il dans cette fable ?

2 Quel message l'auteur entend-il livrer par cette fable ?

3 a) Alors que les vers 1 à 11 sont d'une écriture plutôt neutre et détachée, les vers 12 à 16 sont empreints de douleur. Quelles constructions de phrase et quelles figures d'amplification créent ces deux effets contraires ?

b) L'affliction du roi et des courtisans est-elle sincère ? Quels signes permettent d'en juger ?

c) Par quels procédés La Fontaine décrit-il les courtisans entre les vers 17 et 23 ? Quelles caractéristiques met-il ainsi en évidence ?

d) Expliquez le rôle des antithèses dans les paroles du lion (vers 33 à 38) ainsi que celui du vocabulaire mélioratif dans les paroles de la reine (vers 44 à 49).

e) Comment le cerf réussit-il à renverser la situation à son avantage ? Son attitude est-elle différente de celle des courtisans ?

4 Expliquez comment La Fontaine se sert de l'ironie pour dénoncer l'hypocrisie de la société de cour dans cette fable.

5 a) Montrez que La Fontaine et Pascal sont du même avis en ce qui a trait aux divertissements et aux « agréables mensonges » dont on comble les rois.

b) Trouvez deux ou trois exemples de situations modernes où les gens agissent pour faire bonne figure plutôt que selon leurs sentiments.

Art et littérature

IMAGE DE LA COUR

On est ici à la cour d'Espagne, celle du roi Philippe IV (de 1621 à 1665), frère d'Anne d'Autriche (épouse de Louis XIII et mère de Louis XIV). Velasquez fait le portrait de l'infante Margarita, sa fille. Le tableau est construit comme une scène de théâtre : à gauche, on aperçoit le dos d'une grande toile appuyée sur un chevalet ; le peintre, pinceau et palette à la main, regarde la « salle » où se trouvent le roi et la reine, dont le reflet apparaît dans la glace au centre du mur du fond.

DIEGO VELASQUEZ **(1599-1660).**

Les Ménines, 1656-1657.
(Huile sur toile : 318 × 276 cm.
Museo del Prado, Madrid.)

■ Décrivez l'infante Margarita : son physique et ses vêtements, sa pose.

■ a) Décrivez les demoiselles de compagnie. Quelle attitude adoptent-elles vis-à-vis de l'infante ?

b) Quel est, selon vous, le rôle des deux nains (à droite) et du chien ?

■ a) Quel est l'effet créé par la composition ? Quelle image de la cour ce tableau présente-t-il ?

b) Comparez cette image de la cour avec celle qu'en donne La Fontaine.

■ Le tableau de Velasquez correspond-il à l'image qu'on se fait aujourd'hui des cours actuelles, comme celles d'Angleterre, du Danemark ou d'Arabie Saoudite ? Expliquez.

Écriture littéraire

LA FABLE

Le travail de création consiste ici à composer une fable classique. Il faut dresser une liste d'animaux, en choisir un ou deux, et trouver des sujets de tension dramatique. Ces sujets prendront forme dans une dualité ou une contradiction (vraies ou vraisemblables). En matière de dualité, on constate par exemple que l'ours est à la fois carnivore et végétarien. La chauve-souris est à la fois mammifère et oiseau. Les animaux présentent aussi des contradictions. Le renard est beau, flamboyant, mais il se nourrit de charogne. Le loup a la réputation d'être méchant, mais il ne s'attaque pas aux humains. L'araignée est prédatrice, mais peut aussi être une proie.

Vous pouvez également mettre en scène des animaux aux caractéristiques opposées : l'hippopotame (le grand) et l'oiseau (le petit) ; l'ours polaire (le puissant) et le bébé phoque (le faible).

Vous devez écrire votre fable dans une forme poétique.

Charles Perrault (1628-1703).

Les *Contes de ma mère l'Oye* (1697) valurent à Charles Perrault sa renommée. Qui ne se rappelle pas le fameux escarpin de verre de « Cendrillon » ? la phrase la plus célèbre du « Petit Chaperon Rouge » : « Tire la chevillette, la bobinette cherra », « Peau d'âne », « Le Petit Poucet », « La Barbe bleue », « La Belle au bois dormant » ? Avec Perrault, la littérature entre définitivement dans la modernité par l'humble portillon de la chaumière. Finis les héros de l'Antiquité, les reines ou les princes déchirés par des dilemmes insolubles. C'est dans les campagnes, dans les familles du peuple que Perrault recueille les idées de ses *Contes* ; il les transposera dans la noble langue de la bonne société. Cette entreprise lui conférera une notoriété inégalée qui franchira les siècles.

Fils d'une riche famille bourgeoise, Perrault jouit de la protection de Colbert. Après quelques œuvres burlesques et galantes qui ne lui valent qu'une maigre renommée, il est reçu à l'Académie française (1671). Grâce à son long poème *Le Siècle de Louis le Grand* (1687), puis à son *Parallèle des Anciens et des Modernes* (1688-1692), on découvre son talent de polémiste : il y prend résolument parti pour les modernes, affirmant la supériorité des œuvres françaises sur celles de l'Antiquité, revendiquant pour le domaine artistique et littéraire l'idée de progrès déjà reconnue en sciences. En donnant la parole aux gens ordinaires, il aide le peuple à prendre sa place dans l'univers littéraire ; bientôt, le peuple revendiquera une place honorable dans la société.

PERRAULT

Lithographie de Delpech d'après Maurin. (Bibliothèque nationale de France.)

■ CONTES (1697)

Le plus jeune fils d'un meunier reçoit pour tout héritage un chat, alors que ses aînés ont droit à des parts bien plus substantielles. Or, ce chat se révèle si astucieux que le jeune homme en oublie vite sa peine. Un jour, le chat se présente chez le roi et lui offre la part la plus alléchante de sa chasse, en disant qu'il s'agit d'un cadeau du marquis de Carabas...

« Le Maître Chat ou le Chat Botté »

Le Chat continua ainsi, pendant deux ou trois mois, à porter de temps en temps au roi du gibier de la chasse de son maître. Un jour qu'il sut que le roi devait aller à la promenade sur

5 le bord de la rivière avec sa fille, la plus belle princesse du monde, il dit à son maître : « Si vous voulez suivre mon conseil, votre fortune est faite : vous n'avez qu'à vous baigner dans la rivière, à l'endroit que je vous montrerai, et

10 ensuite, me laisser faire. » Le marquis de Carabas fit ce que son Chat lui conseillait, sans savoir à quoi cela serait bon. Dans le temps qu'il se baignait, le roi vint à passer, et le Chat se mit à crier de toute sa force : « Au secours ! au

15 secours ! voilà Monsieur le marquis de Carabas qui se noie ! » À ce cri, le roi mit la tête à la portière, et, reconnaissant le Chat qui lui avait apporté tant de fois du gibier, il ordonna à ses gardes qu'on allât vite au secours de Monsieur

20 le marquis de Carabas. Pendant qu'on retirait le pauvre marquis de la rivière, le Chat s'approcha du carrosse et dit au roi que, dans le temps que son maître se baignait, il était venu des voleurs qui avaient emporté ses habits,

25 quoiqu'il eût crié *au voleur !* de toute sa force ; le drôle les avait cachés sous une grosse pierre.

Le roi ordonna aussitôt aux officiers de sa garde-robe d'aller quérir un de ses plus beaux habits pour Monsieur le marquis de Carabas.

30 Le roi lui fit mille caresses, et, comme les beaux habits qu'on venait de lui donner relevaient sa bonne mine (car il était beau et bien fait de sa personne), la fille du roi le trouva fort à son gré, et le marquis de Carabas ne lui eut pas jeté

35 deux ou trois regards, fort respectueux et un peu tendres, qu'elle en devint amoureuse à la folie. Le roi voulut qu'il montât dans son carrosse et qu'il fût de la promenade. Le Chat, ravi de voir que son dessein commençait à réussir,

40 prit les devants, et, ayant rencontré des paysans qui fauchaient un pré, il leur dit : « Bonnes gens qui fauchez, si vous ne dites au roi que le pré que vous fauchez appartient à Monsieur le marquis de Carabas, vous serez tous hachés menu

45 comme chair à pâté. » Le roi ne manqua pas à

demander aux faucheurs à qui était ce pré qu'ils fauchaient. « C'est à Monsieur le marquis de Carabas », dirent-ils tous ensemble, car la menace du Chat leur avait fait peur. « Vous avez là un bel

50 héritage, dit le Roi au marquis de Carabas.

— Vous voyez, sire, répondit le marquis, c'est un pré qui ne manque point de rapporter abondamment toutes les années. »

Le maître Chat, qui allait toujours devant, ren-

55 contra des moissonneurs, et leur dit : « Bonnes gens qui moissonnez, si vous ne dites que tous ces blés appartiennent à Monsieur le marquis de Carabas, vous serez tous hachés menu comme chair à pâté. » Le roi, qui passa un

60 moment après, voulut savoir à qui appartenaient tous les blés qu'il voyait. « C'est à Monsieur le marquis de Carabas », répondirent les moissonneurs, et le roi s'en réjouit encore avec le marquis. Le Chat, qui allait devant le carrosse,

65 disait toujours la même chose à tous ceux qu'il rencontrait ; et le roi était étonné des grands biens de Monsieur le marquis de Carabas.

Le maître Chat arriva enfin dans un beau château dont le maître était un ogre, le plus riche

70 qu'on ait jamais vu ; car toutes les terres par où le roi avait passé étaient de la dépendance de ce château. Le Chat, qui eut soin de s'informer qui était cet ogre et ce qu'il savait faire, demanda à lui parler, disant qu'il n'avait pas

75 voulu passer si près de son château, sans avoir l'honneur de lui faire la révérence. L'ogre le reçut aussi civilement que le peut un ogre et le fit reposer. « On m'a assuré, dit le Chat, que vous aviez le don de vous changer en toutes

80 sortes d'animaux ; que vous pouviez, par exemple, vous transformer en lion, en éléphant.

— Cela est vrai, répondit l'ogre brusquement, et pour vous le montrer, vous m'allez voir devenir lion. » Le Chat fut si effrayé de voir un

85 lion devant lui, qu'il gagna aussitôt les gouttières, non sans peine et sans péril, à cause de ses bottes qui ne valaient rien pour marcher sur les tuiles.

Quelque temps après, le Chat, ayant vu que
90 l'ogre avait quitté sa première forme, descendit et avoua qu'il avait eu bien peur. « On m'a assuré encore, dit le Chat, mais je ne saurais le croire, que vous aviez aussi le pouvoir de prendre la forme des plus petits animaux, par
95 exemple de vous changer en un rat, en une souris : je vous avoue que je tiens cela tout à fait impossible.

— Impossible ? reprit l'Ogre, vous allez voir »,
et en même temps il se changea en une souris,
100 qui se mit à courir sur le plancher. Le Chat ne l'eut pas plutôt aperçue qu'il se jeta dessus et la mangea.

Cependant, le roi, qui vit en passant le beau château de l'ogre, voulut entrer dedans. Le
105 Chat, qui entendit le bruit du carrosse qui passait sur le pont-levis, courut au-devant et dit au roi : « Votre Majesté soit la bienvenue dans le château de Monsieur le marquis de Carabas.

— Comment, Monsieur le marquis, s'écria le
110 roi, ce château est encore à vous ! Il ne se peut rien de plus beau que cette cour et que tous ces bâtiments qui l'environnent ; voyons les dedans, s'il vous plaît. »

Le marquis donna la main à la jeune princesse,
115 et suivant le roi, qui montait le premier, ils entrèrent dans une grande salle où ils trouvèrent une magnifique collation que l'ogre avait fait préparer pour ses amis qui le devaient venir voir ce même jour-là, mais qui n'avaient pas osé
120 entrer, sachant que le roi y était. Le roi, charmé des bonnes qualités de Monsieur le marquis de Carabas, de même que sa fille, qui en était folle, et voyant les grands biens qu'il possédait, lui dit, après avoir bu cinq ou six
125 coups : « Il ne tiendra qu'à vous, Monsieur le marquis, que vous ne soyez mon gendre. » Le marquis, faisant de grandes révérences, accepta l'honneur que lui faisait le roi, et, dès le même jour épousa la princesse. Le Chat devint
130 grand seigneur et ne courut plus après les souris que pour se divertir.

MORALITÉ
Quelque grand soit l'avantage
De jouir d'un riche héritage
135 Venant à nous de père en fils,
Aux jeunes gens pour l'ordinaire,
L'industrie et le savoir-faire
Valent mieux que des biens acquis.

AUTRE MORALITÉ
140 Si le fils d'un meunier, avec tant de vitesse,
Gagne le cœur d'une princesse,
Et s'en fait regarder avec des yeux mourants,
C'est que l'habit, la mine et la jeunesse,
Pour inspirer de la tendresse,
145 N'en sont pas des moyens toujours indifférents.

QUESTIONS

1 Au XVIIᵉ siècle, des signes extérieurs et des qualités intérieures définissent la noblesse. Les trouve-t-on chez le marquis ?

2 Dans de nombreux contes pour enfants, le méchant est puni et le bon récompensé : est-ce le cas ici ? Expliquez brièvement.

3 a) Recensez les personnages de ce conte et expliquez le rôle qu'ils y jouent.

b) Relevez les répétitions (d'actions et de mots) dans les démarches du chat et dites à quoi elles servent, selon vous, dans le récit.

c) Pour chacune des étapes du récit (sauvetage du marquis, rencontres avec les paysans, conversation avec l'ogre), relevez une hyperbole et expliquez son rôle dans l'action.

d) Relevez des indices de simplification à outrance ou des faits qui semblent cousus de fil blanc. Expliquez brièvement leur invraisemblance en même temps que leur nécessité dans un conte pour enfants.

e) Contrairement aux personnages humains, le chat est rusé et intelligent ; comment cette qualité sert-elle le propos de l'auteur ?

4 L'habit fait-il le moine ? Outre le rôle des vêtements, expliquez celui de l'héritage, de la débrouillardise et de l'amour dans l'ascension sociale. Servez-vous des moralités comme guides.

Littérature et actualité

ORESTE EN CHANSON

Le chanteur et musicien Dan Bigras réactualise un texte de Racine vieux de plus de trois cents ans dans la chanson « Oreste » de son disque *Le fou du diable*. Après avoir lu et écouté cette chanson, déterminez si Bigras a réussi son entreprise. Évaluez l'apport de la musique et de la voix de Bigras aux idées et aux émotions du texte. Dans votre appréciation, tenez compte de deux autres pièces du disque, soit celle qui précède et celle qui suit « Oreste » : « Naufrage » et « La Muerte » ; montrez que Dan Bigras établit une évolution dramatique en plaçant ces trois chansons dans cet ordre.

Texte écho

■ OTHELLO
de William Shakespeare

Le dramaturge anglais William Shakespeare (1564-1616) a écrit la pièce Othello en 1604. Dans cette tragédie qui débute à Venise, Desdémona, une jeune femme très chaste qui repousse tous ses soupirants, s'éprend d'un général maure à la peau noire, Othello, et l'épouse secrètement. Iago, le serviteur d'Othello, jaloux de Cassio qui a reçu le grade de lieutenant, décide de se venger de son maître et de Cassio en faisant passer Desdémona pour infidèle. Pour convaincre son maître, Iago lui montre un mouchoir dont Desdémona aurait fait cadeau à Cassio, ce qui déclenche chez le Maure une jalousie meurtrière et aveugle. Othello étrangle de ses mains son épouse dans son lit. En réalité, c'est Émilia, servante de Desdémona, qui a trouvé le mouchoir accusateur et l'a remis à son mari, Iago. Deux gentilshommes vénitiens, Montano et Gratiano, assistent à la révélation des crimes.

Acte V, scène II

ÉMILIA

Trahison ! trahison ! trahison !… J'y songe, j'y songe… Je devine ! Ô ! trahison ! trahison !… Je l'ai pensé alors !… Je me tuerai de douleur… Oh ! trahison !

IAGO

5 Allons ! êtes-vous folle ? Rentrez à la maison, je vous l'ordonne.

ÉMILIA

Mes bons messieurs, ne me laissez pas interdire la parole ! Il est juste que je lui obéisse, mais pas à présent ! Il se peut, Iago, que je ne 10 retourne jamais à la maison.

OTHELLO (*se jetant sur le corps de Desdémona*) Oh ! oh ! oh !

ÉMILIA

Oui, jette-toi là et rugis ! Car tu as tué la plus adorable innocente qui ait jamais levé les yeux au ciel.

OTHELLO

15 Oh ! elle était impure ! (*Se relevant.*) Je ne vous reconnais pas, mon oncle. Votre nièce est ici gisante. Ces mains viennent en effet de lui ôter le souffle. Je sais que cette action semble horrible et hideuse.

GRATIANO

20 Pauvre Desdémona, je suis heureux que ton père ne soit plus ! Ton mariage lui a été fatal et une pure douleur a tranché le fil de ses jours. S'il vivait encore, ce spectacle l'aurait jeté dans le désespoir ; il aurait maudit son bon ange, et 25 il serait tombé parmi les réprouvés.

OTHELLO

C'est bien malheureux, mais Iago sait qu'elle a mille fois commis avec Cassio l'acte d'impudeur. Cassio l'a avoué. Et elle l'a récompensé de ses tendres labeurs en lui donnant le pre- 30 mier souvenir, le premier gage d'amour qu'elle avait eu de moi ; je l'ai vu à la main de Cassio : c'était un mouchoir, antique offrande que ma mère avait reçue de mon père.

ÉMILIA

Ô ciel, ô puissances célestes !

IAGO

35 Allons ! taisez-vous.

ÉMILIA

Le jour se fera ! le jour se fera !… Me taire, monsieur ? Non ! non ! Je veux parler, libre comme l'air ! Quand le ciel et les hommes et les démons, quand tous, tous, tous crieraient honte 40 sur moi, je parlerai.

IAGO

Soyez raisonnable, et rentrez.

ÉMILIA

Je ne veux pas. (*Iago menace sa femme de son épée.*)

GRATIANO

Fi ! votre épée contre une femme !

ÉMILIA

45 Ô More stupide ! ce mouchoir dont tu parles, je l'avais trouvé par hasard et donné à mon mari ; car, maintes fois, avec une insistance solennelle que ne méritait pas un pareil chiffon, il m'avait supplié de le voler !

IAGO

50 Misérable putain !

ÉMILIA

Elle l'a donné à Cassio ! Non. Hélas ! c'est moi qui l'ai trouvé et qui l'ai donné à mon mari !

IAGO

Femme ignoble, tu mens !

ÉMILIA

Par le ciel, je ne mens pas. Je ne mens pas, mes- 55 sieurs ! (*À Othello.*) Ô meurtrier idiot ! qu'est-ce qu'un fou pareil pouvait faire d'une si noble femme ? (*Iago frappe Émilia de son épée, et se sauve.*)

OTHELLO

N'y a-t-il donc des foudres au ciel que pour tonner ? Oh ! l'insigne scélérat ! (*Pendant qu'Othello parle, Montano lui enlève son épée.*)

GRATIANO (*montrant Émilia qui chancelle*) Elle tombe ! Pour sûr, il a tué sa femme.

ÉMILIA

Oui, oui. Oh ! mettez-moi à côté de ma maîtresse. (*On la porte sur le lit.*)

(*Traduction de François-Victor Hugo, © Garnier Frères, 1964.*)

QUESTION

À partir de cet extrait, expliquez ce qui fait d'*Othello* une tragédie. Faites ressortir ce qui distingue le tragique de Shakespeare des tragédies classiques françaises. Imaginez le sort final des personnages d'Othello et de Iago.

Texte contemporain

■ LE MYTHE DE SISYPHE

d'Albert Camus

Albert Camus (1913-1960) est l'un des écrivains les plus marquants du XXᵉ siècle, peut-être en raison de son appartenance au groupe des philosophes existentialistes. Dans son essai intitulé Le Mythe de Sisyphe, il se propose d'explorer le sentiment de l'absurdité de la vie, puisque, pour les existentialistes, la vie n'a pas de sens. Selon eux, ni Dieu ni le paradis n'existent, les êtres humains n'ont que leur vie terrestre pour se réaliser, rien d'autre. Dans l'extrait proposé ici, tiré d'un chapitre sur la comédie, Camus explore la relation entre la vraie vie et celle représentée au théâtre, dont l'opposition est particulièrement manifeste pour les comédiens.

« La Comédie »

L'acteur a trois heures pour être Iago ou Alceste, Phèdre ou Glocester. Dans ce court passage, il les fait naître et mourir sur cinquante mètres carrés de planches. […] Ces vies mer-
5   veilleuses, ces destins uniques et complets qui croissent et s'achèvent entre les murs et pour quelques heures, quel raccourci souhaiter qui soit plus révélateur ? Passé le plateau, Sigismond n'est plus rien. Deux heures après, on le voit
10 qui dîne en ville. C'est alors peut-être que la vie est un songe. Mais après Sigismond vient un autre. Le héros qui souffre d'incertitude remplace l'homme qui rugit après sa vengeance. […] Dans quelle mesure l'acteur bénéficie de
15 ces personnages, il est difficile de le dire. Mais l'important n'est pas là. Il s'agit de savoir, seulement, à quel point il s'identifie à ces vies irremplaçables. Il arrive en effet qu'il les transporte avec lui, qu'ils débordent légèrement le

20 temps et l'espace où ils sont nés. Ils accompagnent l'acteur qui ne se sépare plus très aisément de ce qu'il a été. Il arrive que pour prendre son verre, il retrouve le geste d'Hamlet soulevant sa coupe. Non, la distance n'est pas
25 si grande qui le sépare des êtres qu'il fait vivre. Il illustre alors abondamment tous les mois ou tous les jours, cette vérité si féconde qu'il n'y a pas de frontière entre ce qu'un homme veut être et ce qu'il est. À quel point le paraître fait
30 l'être, c'est ce qu'il démontre, toujours occupé de mieux figurer. Car c'est son art, cela, de feindre absolument, d'entrer le plus avant possible dans des vies qui ne sont pas les siennes. Au terme de son effort, sa vocation
35 s'éclaire : s'appliquer de tout son cœur à n'être rien ou à être plusieurs. Plus étroite est la limite qui lui est donnée pour créer son personnage et plus nécessaire est son talent. Il va mourir

dans trois heures sous le visage qui est le sien aujourd'hui. Il faut qu'en trois heures il éprouve et exprime tout un destin exceptionnel. Cela s'appelle se perdre pour se retrouver. Dans ces trois heures, il va jusqu'au bout du chemin sans issue que l'homme du parterre met toute sa vie à parcourir. [...]

Les comédiens de l'époque se savaient excommuniés. Entrer dans la profession, c'était choisir l'Enfer. Et l'Église discernait en eux ses pires ennemis. Quelques littérateurs s'indignent : « Eh quoi, refuser à Molière les derniers secours ! » Mais cela était juste et surtout pour celui-là qui mourut en scène et acheva sous le fard une vie tout entière vouée à la dispersion. On invoque à son propos le génie qui excuse tout. Mais le génie n'excuse rien, justement parce qu'il s'y refuse.

(© Éditions Gallimard.)

QUESTION

Quel rapport y a-t-il entre l'activité du comédien et sa vie réelle ? Dans une société du paraître comme celle du XVIIe siècle, peut-on dire que le sens de la représentation occupe une place prépondérante ? Dans la société actuelle, le sens de la représentation est-il aussi important ? Expliquez votre point de vue.

CLÉS POUR COMPRENDRE LE XVIIᵉ SIÈCLE

1 Le roi exerce un **pouvoir absolu**. En plus des domaines politique, militaire et économique, il cherche à dominer l'Église et à faire de la foi catholique l'unique religion du pays. En outre, culture et science dépendent presque exclusivement de son mécénat.

2 Préoccupée par l'honneur et la gloire militaire, la **noblesse** est conquise par le cérémonial de la cour ; à l'exemple du roi, elle y exhibe ses bonnes manières, son beau langage, ses riches habits, etc.

3 Surtout intéressée par le pouvoir économique, la **bourgeoisie** se rapproche du pouvoir monarchique. Louis XIV s'entoure de ministres issus de cette classe sociale montante.

4 Dans les **salons**, on examine les œuvres littéraires, spécialement sur le plan esthétique, et la conversation témoigne d'un haut niveau de culture ; courtoisie, beau langage, mots d'esprit, noblesse de l'expression et civilité sont à l'honneur.

5 L'**honnête homme** recherche une perfection mesurée qui fait de lui une personne respectable et digne : sensible aux élans de son cœur, il sait juguler ses passions et tempérer ses désirs avec sa raison.

6 Toute belle et inspirée des Anciens qu'elle soit, l'**œuvre d'art** doit être utile et édifiante ; utile en proclamant la grandeur du roi ; édifiante en exaltant les valeurs de l'« honnête homme » : les conflits entre raison et passion se dénouent par la condamnation de ceux qui transgressent les conventions.

7 En continuité avec le siècle précédent, l'**art baroque** privilégie l'exubérance et les contrastes (beauté et laideur, vertu et péché, etc.) ; il s'exprime notamment dans la préciosité et le burlesque.

8 L'**art classique** vise à représenter l'universel et l'éternel en s'inspirant des auteurs de l'Antiquité. Sobriété, raison, mesure, discipline, respect des règles, vraisemblance et concision en sont les mots d'ordre.

9 Vers la fin du siècle, on assiste à la **Querelle des Anciens et des Modernes**, où les artistes commencent à contester l'autorité des classiques en invoquant la notion de progrès.

BILAN DES AUTEURS ET DES ŒUVRES

MALHERBE

Dès les premières années du siècle, il se fixe des préceptes de clarté et de mesure guidés par la raison. Sa poésie servira de modèle aux auteurs classiques.

Poète attitré de la cour sous Henri IV, il écrit des œuvres de circonstance qui, comme sa « Prière pour le roi Henri le Grand… », illustrent parfaitement ses théories.

Mᴹᴱ DE SÉVIGNÉ

Classée parmi les écrivains mondains, elle rapporte et commente les événements marquants de son temps. Ses *Lettres* sont une source d'information inestimable sur les faits d'actualité qui ont ému la cour et la noblesse, comme le suicide de Vatel, serviteur de la cour qui avait cru son honneur bafoué.

BOILEAU

Dans son *Art poétique*, il récapitule et unifie les principes de rédaction établis pour les principaux genres durant le siècle. Il fustige les auteurs qui ne respectent pas les règles et fait l'éloge de ceux qui, selon lui, ont atteint la perfection classique.

Mᴹᴱ DE LA FAYETTE

Elle a écrit le premier véritable roman historique français, *La Princesse de Clèves*, qui dépeint la splendeur de la cour en même temps que les intrigues et les complots de l'univers courtisan qui menacent la vertu d'une jeune personne.

CORNEILLE

Auteur de tragédies et de comédies, il exerce une influence marquante sur le théâtre pendant cinquante ans. Son chef-d'œuvre, *Le Cid*, déclenche à l'Académie française une querelle célèbre sur les règles de l'art dramatique. Ses héros luttent pour dominer leurs instincts ou leurs passions, mais finissent, à l'exemple de l'Empereur dans *Cinna*, par suivre la voie de la raison.

DESCARTES

Selon ce philosophe, il faut mettre de l'ordre dans la réflexion en se fondant sur l'observation et la raison ; telle est la thèse de son fameux *Discours de la méthode*.

PASCAL

Héritier de la tradition philosophique et religieuse française, ce janséniste livre dans ses *Pensées* des réflexions morales sur le sens de la vie. Ainsi, le divertissement lui apparaît indispensable, mais se révèle un leurre car il détourne l'esprit de l'essentiel.

MOLIÈRE

Cet auteur compte parmi les plus célèbres du siècle. Il écrit des comédies, dirige une troupe et est lui-même comédien. À travers des personnages excessifs comme Don Juan, il dénonce l'hypocrisie de ceux qui se servent du système pour parvenir à leurs fins. Universelles et intemporelles, bon nombre de ses pièces sont encore jouées de nos jours.

RACINE

Ce tragédien lié aux jansénistes écrit des pièces où les personnages, victimes de leurs passions, ne peuvent échapper à leur destin malheureux. Dans *Andromaque*, Oreste glisse vers la folie après avoir fait assassiner son rival et provoqué la fureur de la femme qu'il aimait.

LA BRUYÈRE

Dans les *Caractères*, il brosse un portrait satirique des travers, des faiblesses et des petitesses de l'être humain. Il y dépeint notamment un grand de son époque sous les traits d'Æmile, qui semble sans défauts jusqu'à ce que la dernière phrase révèle l'ironie de la description.

CYRANO DE BERGERAC

Auteur burlesque, il juge et condamne la société et les hommes, jamais avec mépris et toujours sur le ton de la plaisanterie. Ses communautés imaginaires, comme celle des oiseaux dans les *États et Empires du Soleil*, ont pour dessein d'illustrer l'arbitraire des conventions.

LA FONTAINE

Ses célèbres *Fables* ont traversé le temps : par l'intermédiaire de scènes animalières, l'auteur fustige la mesquinerie, la naïveté, la bêtise, la vanité qu'il observe dans le genre humain et spécialement à la cour, comme dans « Les Obsèques de la lionne ». Les morales de ses fables bousculent les idées établies.

PERRAULT

Ses contes, qu'il recueillit dans le folklore de son temps, appartiennent maintenant à la tradition littéraire universelle : « Cendrillon », « Le Petit Chaperon rouge » et « Le Petit Poucet » enchantent toujours les enfants. Toutefois, sous leurs dehors anodins, ces histoires sont des mises en garde contre les dangers du monde, ainsi que des observations satiriques sur la crédulité des puissants aveuglés par leur vanité. C'est effectivement en jouant sur cette vanité que le Chat botté réussit à berner l'ogre et le roi.

JEAN HUBER (1721-1786).

Un dîner de philosophes, 1772-1773. (Voltaire Foundation, Oxford.)

Voltaire reçoit ses amis à son château de Ferney, près de la frontière suisse. On le reconnaît au centre, levant la main. À droite, de profil : Diderot ; à gauche, en noir, le père Adam parle avec Condorcet.

ARTICLE « PHILOSOPHE »

LES AUTRES HOMMES sont déterminés à agir sans sentir ni connaître les causes qui les font mouvoir, sans même songer qu'il y en ait. Le philosophe, au contraire, démêle les causes autant qu'il est en lui et souvent même les prévient, et se livre à elles avec connaissance : c'est une horloge qui se monte, pour ainsi dire, quelquefois elle-même. Ainsi il évite les objets qui peuvent lui causer des sentiments qui ne conviennent ni au bien-être, ni à l'être raisonnable, et cherche ceux qui peuvent exciter en lui des affections convenables à l'état où il se trouve. La raison est à l'égard du philosophe, ce que la grâce est à l'égard du chrétien. La grâce détermine le chrétien à agir ; la raison détermine le philosophe.

Les autres hommes sont emportés par leurs passions, sans que les actions qu'ils font soient précédées de la réflexion : ce sont des hommes qui marchent dans les ténèbres ; au lieu que le philosophe dans ses passions mêmes, n'agit qu'après la réflexion ; il marche la nuit, mais il est précédé d'un flambeau. […]

La vérité n'est pas pour le philosophe une maîtresse qui corrompe son imagination, et qu'il croie trouver partout ; il se contente de la pouvoir démêler où il peut l'apercevoir. Il ne la confond point avec la vraisemblance ; il prend pour vrai ce qui est vrai, pour faux ce qui est faux, pour douteux ce qui est douteux, et pour vraisemblable ce qui n'est que vraisemblable. Il fait plus, et c'est ici une grande perfection du philosophe, c'est que, lorsqu'il n'a point de motif pour juger, il sait demeurer indéterminé. […]

L'esprit philosophique est donc un esprit d'observation et de justesse qui rapporte tout à ses véritables principes ; mais ce n'est pas l'esprit seul que le philosophe cultive, il porte plus loin son attention et ses soins.

L'homme n'est point un monstre qui ne doive vivre que dans les abîmes de la mer ou au fond d'une forêt : les seules nécessités de la vie lui rendent le commerce des autres nécessaire ; et dans quelque état où il puisse se trouver, ses besoins et le bien-être l'engagent à vivre en société. Ainsi la raison exige de lui qu'il étudie, et qu'il travaille à acquérir les qualités sociables.

Notre philosophe ne se croit pas en exil dans ce monde ; il ne se croit point en pays ennemi ; il veut jouir en sage économe des biens que la nature lui offre ; il veut trouver du plaisir avec les autres ; et pour en trouver, il en faut faire : ainsi il cherche à convenir à ceux avec qui le hasard ou son choix le font vivre : c'est un honnête homme qui veut plaire et se rendre utile. […]

Cet amour de la société si essentiel au philosophe, fait voir combien est véritable la remarque de l'Empereur Antonin : « Que les peuples seront heureux quand les rois seront philosophes, ou quand les philosophes seront rois ! »

Le philosophe est donc un honnête homme qui agit en tout par raison, et qui joint à un esprit de réflexion et de justesse les mœurs et les qualités sociables. Entez un souverain sur un philosophe d'une telle trempe, et vous aurez un parfait souverain.

DUMARSAIS, article tiré de l'*Encyclopédie* (1765).

1675		Naissance de Saint-Simon (†1755).
1684		Naissance du peintre Watteau (†1721).
1685	Révocation de l'édit de Nantes : la religion protestante est interdite en France.	
1688		Naissance de Marivaux (†1763).
1689		Naissance de Montesquieu (†1755). — Locke, *Lettre sur la tolérance*.
1694		Naissance de Voltaire (†1778).
1699		Locke, *Essai sur l'entendement humain*.
1701	Guerre de succession d'Espagne.	
1703		Naissance du peintre Boucher (†1770).
1712		Naissance de Rousseau (†1778).
1713	Fin de la guerre de succession d'Espagne.	Naissance de Diderot (†1784).
1715	Mort de Louis XIV. Début de la régence de Philipe d'Orléans.	
1721		Montesquieu, *Lettres persanes*. — Naissance du peintre Hubert (†1786).
1723	Louis XV devient roi. Il confie le gouvernement au Cardinal de Fleury.	
1725		Naissance du peintre Greuze (†1805). — Marivaux, *L'Île des esclaves*.
1730		Marivaux, *Le Jeu de l'amour et du hasard*.
1732		Naissance de Beaumarchais (†1799).
1733	Début de la guerre de succession de Pologne qui se termine en 1735.	
1738		Naissance du peintre Benjamin West (†1820).
1740	Début de la guerre de succession d'Autriche.	Naissance de Choderlos de Laclos (†1803). — Naissance du peintre américain Peale (†1827). — Naissance du sculpteur Houdon (†1828).
1743	Mort du Cardinal de Fleury. Louis XV prend en charge le gouvernement.	
1748	Fin de la guerre de succession d'Autriche.	Naissance du peintre David (†1825). — Montesquieu, *De l'Esprit des lois*.
1749		Emprisonnement de Diderot après la parution de la *Lettre sur les aveugles*.
1750		Publication du premier volume de l'*Encyclopédie*. — Diderot, *Jacques le Fataliste et son maître*.
1755	1er novembre : un tremblement de terre fait trente mille morts à Lisbonne.	
1756	Début de la guerre de Sept Ans.	
1759	Tentative d'assassinat ratée contre Louis XV.	Interdiction de l'*Encyclopédie*. — Voltaire, *Candide ou l'Optimisme*.
1761	Exécution de Jean Calas.	Rousseau, *Julie ou la Nouvelle Héloïse*.
1762		Rousseau, *Du Contrat social*. En juin, l'ouvrage est brûlé publiquement à Genève. Rousseau doit fuir.
1763	Fin de la guerre de Sept Ans. La France, défaite, perd le Canada au profit de l'Angleterre.	Voltaire, *Traité sur la tolérance*.
1764	Réhabilitation de Jean Calas.	
1772		Publication du dernier volume de l'*Encyclopédie*.
1774	Mort de Louis XV. Louis XVI devient roi.	
1775		Naissance du peintre Turner (†1851). — Beaumarchais, *Le Barbier de Séville*.
1776	Déclaration d'indépendance des États-Unis.	
1778	Alliance entre la France et les États-Unis.	
1782		Laclos, *Les Liaisons dangereuses*.
1784		Première représentation du *Mariage de Figaro* de Beaumarchais.
1788	Émeutes populaires à Paris.	
1789	Révolution française. Abolition de la monarchie absolue. — *Déclaration des droits de l'homme et du citoyen*.	
1793	Louis XVI et Marie-Antoinette sont guillotinés.	

DE NOUVELLES IDÉES se répandent en Europe au début du XVIIIᵉ siècle. Inspirés par les découvertes scientifiques du physicien et astronome anglais Isaac Newton (1642-1727) et les écrits du philosophe anglais John Locke (1632-1704), un certain nombre d'écrivains et de penseurs proposent une nouvelle vision du monde fondée sur la raison et la tolérance. Les découvertes de Newton ont en effet permis une meilleure compréhension des phénomènes physiques tels que la gravité et la lumière. Quant à Locke, il défend l'idée selon laquelle la connaissance passe avant tout par l'expérience sensuelle, combinée à la capacité de réflexion de l'être humain. Il affirme également que chaque personne détient des droits individuels, que nul ne pourrait lui retirer. On appelle cette époque le « siècle des Lumières ». En France, l'émergence de ces nouvelles idées coïncide avec la mort de Louis XIV, le vieux roi dont la fin du règne avait été entachée par la morosité et une recrudescence de l'intolérance religieuse : Louis XIV, influencé par les dévots, avait révoqué l'édit de Nantes qui permettait aux protestants de pratiquer librement leur religion.

L'arrivée sur le trône d'un successeur en la personne de Louis XV, arrière-petit-fils de Louis XIV, réjouit les Français et permet un assouplissement des mœurs et une relative liberté d'expression. Les critiques de la monarchie deviennent alors plus audacieuses qu'au XVIIᵉ siècle. Le prestige de la couronne en est affaibli, car Louis XV est incapable d'imposer son autorité comme l'avait fait Louis XIV.

UN REGARD NEUF SUR LE MONDE

Véritable mise en œuvre de l'approche proposée par Descartes dans son *Discours de la méthode*, la pensée du siècle des Lumières repose sur la conviction que la raison et l'analyse sont préférables aux superstitions et aux préjugés. Il convient d'examiner le monde en faisant abstraction de toute idée préconçue. Dorénavant, les intellectuels observeront le monde sans se soucier d'aller à l'encontre des dogmes religieux ou des tabous sociaux. Tout est remis en question, souvent avec audace : le pouvoir, les lois, la religion, la morale, rien n'échappe à l'examen implacable de la raison.

Petit à petit, on conçoit un nouvel idéal de société où règnerait la tolérance, c'est-à-dire l'acceptation des différences entre les individus et la diversité des opinions. On propose de nouveaux modes de gouvernement où le pouvoir, au lieu d'être imposé au peuple, est accordé par celui-ci. On favorise la libre circulation des idées, avec la conviction que de ces échanges émergera une société meilleure.

C'est dans ce contexte qu'il faut comprendre l'expression « siècle des Lumières ». Les « Lumières » sont celles de la raison, par opposition aux « ténèbres » de la superstition. Le mot *Lumières* désigne également un certain nombre de penseurs et d'écrivains qui tentent « d'éclairer » le peuple grâce à leurs publications. Malgré la censure royale qui interdit certaines œuvres et n'hésite pas à emprisonner leurs auteurs, les idées des Lumières se répandent dans toute l'Europe. La culture française jouit d'un prestige inégalé au XVIIIᵉ siècle. Le roi de Prusse, Frédéric le Grand, parle mieux le français que l'allemand, sa langue maternelle, et va brièvement engager Voltaire à sa cour. Catherine la Grande, impératrice de Russie, correspond assidûment avec Diderot. Le français devient la langue des idées, la langue que toute personne éduquée se doit de parler.

LA FOI DANS LE PROGRÈS

Les auteurs des Lumières sont sensibles à tout ce qui peut favoriser le bonheur de l'être humain. Ils se passionnent pour le progrès des sciences et des techniques, car ils ont la conviction que la civilisation, malgré les travers de la nature humaine, se dirige vers un destin meilleur. Une véritable frénésie intellectuelle s'empare alors de la France, et les cafés, les salons et les académies se multiplient.

La littérature du XVIIIᵉ siècle est donc avant tout une littérature d'idées. Il ne suffit plus de plaire au lecteur ou de le distraire : il faut le faire réfléchir et, ainsi, permettre à la raison de s'imposer. Les idées prennent une telle importance dans la production littéraire que, bien vite, les termes *écrivain* et *philosophe* deviennent synonymes.

De tous les genres littéraires, l'essai semble être le plus propice à l'exposition des idées des écrivains-philosophes. Le XVIIIᵉ siècle est le siècle de la publication d'œuvres majeures comme *De l'Esprit des lois* (Montesquieu), *L'Essai sur les mœurs* (Voltaire) ou *Émile ou De l'Éducation* (Rousseau). C'est aussi la grande époque des écrits polémiques, pamphlets ou libelles, qui traitent de questions d'actualité. Voltaire en fera sa spécialité.

Le roman constitue l'autre genre littéraire privilégié par les Lumières. On peut même affirmer que le roman, au XVIIIᵉ siècle, acquiert enfin ses lettres de noblesse. Jadis, le mot *romanesque* désignait un récit invraisemblable qui ne servait qu'à distraire le lecteur. Les penseurs des Lumières vont donner une dimension philosophique au roman, en se servant de la fiction pour diffuser leurs idées. On peut même affirmer que certaines des œuvres les plus audacieuses du siècle sont des romans, notamment *Jacques le Fataliste et son maître* (Diderot) et *Les Liaisons dangereuses* (Choderlos de Laclos).

VERS LA RÉVOLUTION

Ce brassage d'idées amène certains écrivains à formuler de nouveaux principes sociaux et politiques. Jean-Jacques Rousseau affirme qu'il faut abolir les classes sociales, car tous les citoyens d'un même pays sont égaux entre eux. Diderot se demande ouvertement s'il est normal que le pouvoir réside dans les mains d'une seule personne ; on révoque en doute les privilèges de la noblesse. Le pouvoir royal, alarmé par cette contestation sans précédent, tente bien de museler les penseurs les plus audacieux, mais l'effritement de l'ordre social, une fois amorcé, ne peut être arrêté. La société française est en pleine mutation. La mort de Louis XV en 1774 accélère le processus. Louis XVI, le nouveau roi, est un homme bon mais faible ; incapable de comprendre que l'heure est au changement, il s'entête à vouloir maintenir l'ordre établi. La bourgeoisie et le peuple, exaspérés par les privilèges dont jouissent les aristocrates, réclament un nouveau pacte social. En 1789, les événements se précipitent. Un hiver particulièrement dur pousse à bout le peuple, affamé et désespéré. Le 14 juillet, le peuple de Paris envahit la Bastille. C'est le début de la Révolution française, qui mènera à la suppression de la monarchie et à l'exécution du roi et de la reine. En quelques années, les Français ont mis fin à un régime politique qui remontait au Moyen Âge. Mais ces changements si radicaux n'auraient pas été possibles sans les écrits des philosophes du siècle des Lumières. Les révolutionnaires ne l'oublieront pas et rendront des hommages posthumes à Voltaire et à Jean-Jacques Rousseau.

LE COMBAT POUR LA TOLÉRANCE

LE FANATISME, c'est-à-dire la croyance absolue et irréfléchie à une religion ou à une idée, s'oppose naturellement à l'esprit du siècle des Lumières, fondé sur l'analyse et le questionnement. Pour les Lumières, le fanatisme, l'intolérance et l'esprit de système (c'est-à-dire la tendance à toujours expliquer les choses en partant d'idées préconçues) constituent les obstacles premiers au bonheur de l'humanité, car ils enferment les sociétés dans des carcans religieux ou patriotiques qui empêchent toute réflexion personnelle.

Aussi les écrivains vont-ils militer, par leurs écrits, en faveur de la tolérance, soit l'acceptation de la différence, qu'elle soit religieuse, politique ou idéologique. Voltaire, dans « De l'horrible danger de la lecture », montre avec ironie comment la libre circulation des idées favorise la tolérance, et ridiculise du même coup la censure qui vise avant tout à contrôler les esprits.

Le fanatisme religieux représente évidemment une cible de choix pour les Lumières, mais une cible délicate : la religion catholique était encore la religion officielle du royaume français et il était périlleux de l'attaquer de front. Montesquieu, dans ses *Lettres persanes*, va quand même dénoncer les comportements religieux excessifs tout en évitant de pointer le catholicisme du doigt. Voltaire, plus cinglant, se moque allègrement de l'Inquisition dans *Candide* et plaide en faveur d'une meilleure compréhension entre les hommes dans son *Traité sur la tolérance*.

Les Lumières vont également combattre le fanatisme patriotique qui s'exprime le plus souvent par des guerres insensées et sanglantes. De 1756 à 1763, l'Europe est plongée dans l'horreur de la guerre de Sept Ans. La France, l'Autriche, la Russie, la Saxe, la Suède et l'Espagne combattent la Grande-Bretagne, la Prusse et le Hanovre. Voltaire (qui a vécu en Angleterre et en Prusse, les deux pays ennemis de la France) est horrifié par la violence des combats : lors de la bataille de Rossbach (1757), en Allemagne, dix mille hommes trouvent la mort. Dans *Candide*, Voltaire emploie d'ailleurs l'expression « boucherie héroïque » qui décrit bien ce qu'était la guerre au XVIIIe siècle. Pour sa part, Damilaville tente, dans l'article « Paix » qu'il signe pour l'*Encyclopédie*, de faire l'éloge des bienfaits que cet état de non-belligérance procure à l'humanité (voir p. 168-170).

Montesquieu (1689-1755)

Charles de Secondat est né dans une famille noble de la région de Bordeaux. Après des études de droit, il hérite de son oncle le titre de baron de Montesquieu. Il tire de ses propriétés (notamment de ses vignobles) une fortune considérable qui assure son indépendance de la cour royale. En 1721, il fait paraître les *Lettres persanes*, à Amsterdam. Le succès de l'œuvre le révèle au public et ouvre à cet obscur penseur de province les portes des salons mondains et des milieux intellectuels de Paris. En 1728, il quitte la France pour un voyage de trois ans en Europe, au cours duquel il observe les gouvernements et les mœurs propres à chaque pays qu'il visite. De ses observations naît *De l'Esprit des lois* (1748), œuvre monumentale qui analyse l'interaction entre la société, la quête du bonheur et le régime politique d'une nation. Ouvrage précurseur de la sociologie et des sciences politiques, *De l'Esprit des lois* est interdit peu après sa parution, car son propos remet en question l'idée de la monarchie absolue. Devenu aveugle, Montesquieu continuera tout de même à travailler à son œuvre en dictant ses textes, plutôt qu'en les écrivant. Il meurt à Paris en 1755.

■ LETTRES PERSANES (1721)

Usbek et Reca ont quitté leur pays, la Perse, pour voyager dans la France de Louis XIV. Les lettres qu'ils envoient à leurs compatriotes et les réponses de ces derniers constituent la trame narrative du roman. À travers le regard à la fois amusé et étonné des Persans, Montesquieu se livre à une critique des institutions et des mœurs françaises du début du XVIIIᵉ siècle. L'audace de certaines remarques a sans doute contribué à l'immense succès du roman. Parmi les sujets abordés par Montesquieu, on trouve inévitablement celui de la religion.

Lettre 46 : Usbek à Rhedi

Je vois ici des gens qui disputent sans fin sur la religion, mais il semble qu'ils combattent en même temps à qui l'observera le moins.

5 Non seulement ils ne sont pas meilleurs chrétiens, mais même meilleurs citoyens ; et c'est ce qui me touche : car, dans quelque religion qu'on vive, l'observation des lois, l'amour pour les hommes, la piété envers les parents, sont toujours les premiers actes de religion.

10 En effet, le premier objet d'un homme religieux ne doit-il pas être de plaire à la divinité qui a établi la religion qu'il professe ? Mais le moyen le plus sûr pour y parvenir est sans doute d'observer les règles de la société et les devoirs de 15 l'humanité. Car, en quelque religion qu'on vive, dès qu'on en suppose une, il faut bien que l'on suppose aussi que Dieu aime les hommes, puisqu'il établit une religion pour les rendre heureux ; que s'il aime les hommes, on est sûr de 20 lui plaire en les aimant aussi, c'est-à-dire en exerçant envers eux tous les devoirs de la charité et de l'humanité, en ne violant point les lois sous lesquelles ils vivent.

On est bien plus sûr par là de plaire à Dieu 25 qu'en observant telle ou telle cérémonie ; car les cérémonies n'ont point un degré de bonté par elles-mêmes ; elles ne sont bonnes qu'avec égard, et dans la supposition que Dieu les a commandées ; mais c'est la matière d'une 30 grande discussion : on peut facilement s'y tromper, car il faut choisir les cérémonies d'une religion entre celles de deux mille.

Un homme faisait tous les jours à Dieu cette prière : Seigneur, je n'entends rien dans les dis- 35 putes que l'on fait sans cesse à votre sujet ; je voudrais vous servir selon votre volonté ; mais chaque homme que je consulte veut que je vous serve à la sienne. Lorsque je veux vous faire ma prière, je ne sais en quelle langue je 40 dois vous parler. Je ne sais non plus en quelle posture je dois me mettre : l'un dit que je dois vous prier debout ; l'autre veut que je sois assis ; l'autre exige que mon corps porte sur mes genoux. Ce n'est pas tout : il y en a qui pré- 45 tendent que je dois me laver tous les matins avec de l'eau froide ; d'autres soutiennent que vous me regarderez avec horreur, si je ne me fais pas couper un petit morceau de chair¹. Il m'arriva l'autre jour de manger un lapin dans 50 un caravansérail² : trois hommes qui étaient

auprès de là me firent trembler ; ils me sou- tinrent tous trois que je vous avais grièvement offensé : l'un (un juif), parce que cet animal était immonde ; l'autre (un Turc), parce qu'il était 55 étouffé ; l'autre enfin (un Arménien), parce qu'il n'était pas un poisson. Un brachmane³ qui pas- sait par là, et que je pris pour juge, me dit : Ils ont tort, car apparemment vous n'avez pas tué vous-même cet animal. Si fait, lui dis-je. Ah ! 60 vous avez commis une action abominable, et que Dieu ne vous pardonnera jamais, me dit- il d'une voix sévère : que savez-vous si l'âme de votre père n'était pas passée dans cette bête⁴ ? Toutes ces choses, Seigneur, me jettent dans un 65 embarras inconcevable : je ne puis remuer la tête que je ne sois menacé de vous offenser ; cependant je voudrais vous plaire, et employer à cela ma vie que je tiens de vous. Je ne sais si je me trompe ; mais je crois que le meilleur 70 moyen pour y parvenir est de vivre en bon citoyen dans la société où vous m'avez fait naître, et en bon père dans la famille que vous m'avez donnée.

À Paris, le 8 de la lune de Chahban, 1713.

---

1. Allusion à la circoncision dans la religion juive.
2. *caravansérail* : halte de repos pour les caravanes ; au sens figuré, endroit fréquenté par des gens de diverses origines.
3. *brachmane* : prêtre hindou (« brahmane »).
4. Allusion à la métempsychose, doctrine voulant que l'âme puisse habiter successivement plusieurs corps.

QUESTIONS

1 a) Pourquoi est-il préférable pour Montesquieu de se « cacher » derrière un narrateur venu d'un pays lointain ?

b) Comment s'exprime ici l'esprit du siècle des Lumières ?

2 Comment devient-on un meilleur chrétien et une meilleure personne, selon Montesquieu ?

3 a) Quel rapport Montesquieu établit-il entre le respect des lois religieuses et le respect des lois de la société ?

b) Comment Montesquieu met-il toutes les religions sur le même pied, sans en favoriser une en parti- culier ? Pourquoi procède-t-il ainsi ?

4 a) Expliquez en quoi ce texte critique les lois reli- gieuses et non Dieu.

b) En prolongeant le raisonnement contenu dans cette lettre, on peut affirmer que la religion n'est pas vraiment nécessaire. Pourquoi ?

5 Expliquez comment cet extrait éclaire les rapports sociaux dans une société multiculturelle comme le Québec d'aujourd'hui.

Voltaire (1694-1778)

VOLTAIRE
Jean-Antoine Houdon, 1778.
(Marbre : 36,5 cm. National
Gallery of Art, Washington.)

Figure dominante de la littérature française du XVIIIᵉ siècle, François-Marie Arouet naît à Paris dans un milieu bourgeois. Après de brillantes études, Arouet adopte le surnom de Voltaire et décide de devenir écrivain. Il multiplie dès lors les succès de scène, mais aussi les ennuis à cause de ses écrits satiriques. En 1726, une querelle avec un aristocrate l'oblige à s'exiler trois ans en Angleterre, où il fait la découverte de la culture anglaise, qui aura une grande influence sur sa propre philosophie. De retour en France, il est brièvement au service du roi Louis XV avant de tomber en disgrâce en 1748. Voltaire quitte Paris définitivement. Il n'y reviendra que trente ans plus tard. Frédéric le Grand, roi de Prusse, lui offre un poste de conseiller à sa cour, mais Voltaire accepte mal d'être au service de quiconque. Ses relations avec le roi prussien se détériorent, et l'écrivain se voit forcé de quitter la cour prussienne. Voltaire, grâce à de judicieux investissements, a pu amasser au fil des ans une fortune considérable. Cette indépendance financière lui assure également son indépendance intellectuelle. Il décide donc de s'établir à Ferney, dans une riche propriété située près de la frontière franco-suisse. Loin de Paris et des foudres de la censure royale, Voltaire domine la vie intellectuelle de son époque. Il milite, par ses écrits, en faveur de la liberté d'opinion et de la justice, tout en fustigeant l'intégrisme religieux et les abus de pouvoir. Il met sa plume au service de causes célèbres comme celle du chevalier de La Barre, accusé, à tort, de sacrilège et exécuté d'atroce manière. Il obtient la réhabilitation de Jean Calas, injustement exécuté pour le meurtre de son fils. Il accueille à Ferney des individus persécutés pour leurs idées ou leurs croyances religieuses. En 1778, Voltaire revient triomphalement à Paris avant de mourir quelques semaines plus tard, laissant derrière lui une œuvre colossale.

■ NOUVEAUX MÉLANGES (1765)

Dans le texte « De l'horrible danger de la lecture », publié en 1765 dans les Nouveaux Mélanges, *Voltaire s'inspire d'un incident authentique : en 1727, le sultan Achmet II avait autorisé l'ouverture d'une imprimerie turque alors que, jusque-là, la typographie était interdite aux musulmans. Mais l'expérience ne dure guère et au moment où Voltaire écrit son texte, l'imprimerie de Constantinople est déjà détruite. Voltaire, avec humour, dénonce cet état de fait.*

« De l'horrible danger de la lecture »

Nous Joussouf Chéribi, par la grâce de Dieu mouphti[1] du Saint-Empire ottoman, lumière des lumières, élu entre les élus, à tous les fidèles qui ces présentes verront, sottise et bénédiction.

5 Comme ainsi soit que Saïd Effendi, ci-devant ambassadeur de la Sublime-Porte[2] vers un petit

État nommé Frankrom[3], situé entre l'Espagne et l'Italie, a rapporté parmi nous le pernicieux usage de l'imprimerie, ayant consulté sur cette 10 nouveauté nos vénérables frères les cadis[4] et imans[5] de la ville impériale de Stamboul, et surtout les fakirs connus pour leur zèle contre l'esprit, il a semblé bon à Mahomet et à nous de

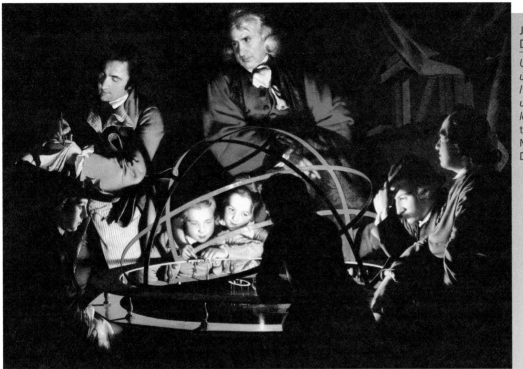

JOSEPH WRIGHT OF DERBY (1734-1797)

Un Philosophe donnant une conférence sur l'«orrery» dans lequel une lampe représente le soleil, 1766. (Huile sur toile : 147,3 × 203,2 cm. Museum & Art Gallery, Derby.)

L'«*orrery*» est une sphère armillaire servant à expliquer le mouvement des astres : ceux-ci figurent sur les anneaux concentriques qu'un mécanisme permet de mettre en mouvement autour d'une tige centrale fixe sur laquelle une sphère représente le soleil. Dans le tableau, celui-ci a été remplacé par une lampe dont la lumière fait ressortir les visages attentifs. Le philosophe, «éclair[ant] les hommes», explique aux personnes rassemblées le fonctionnement du système solaire ; la connaissance scientifique dissipe l'ignorance, ainsi que le pense Voltaire.

15 condamner, proscrire, anathématiser[6] ladite infernale invention de l'imprimerie, pour les causes ci-dessous énoncées :

1. Cette facilité de communiquer ses pensées tend évidemment à dissiper l'ignorance, qui est la gardienne et la sauvegarde des États 20 bien policés.

2. Il est à craindre que, parmi les livres apportés d'Occident, il ne s'en trouve quelques-uns sur l'agriculture et sur les moyens de perfectionner les arts mécaniques, lesquels 25 ouvrages pourraient à la longue, ce qu'à Dieu ne plaise, réveiller le génie de nos cultivateurs et de nos manufacturiers, exciter leur industrie, augmenter leurs richesses, et leur inspirer un jour quelque élévation d'âme,

30 quelque amour du bien public, sentiments absolument opposés à la sainte doctrine.

3. Il arriverait à la fin que nous aurions des livres d'histoire dégagés du merveilleux qui entretient la nation dans une heureuse 35 stupidité. On aurait dans ces livres l'imprudence de rendre justice aux bonnes et aux mauvaises actions, et de recommander l'équité et l'amour de la patrie, ce qui est visiblement contraire aux droits de notre place.

40 4. Il se pourrait, dans la suite des temps, que de misérables philosophes, sous le prétexte spécieux, mais punissable, d'éclairer les hommes et de les rendre meilleurs, viendraient nous enseigner des vertus dange-45 reuses dont le peuple ne doit jamais avoir de connaissance.

---

1. *mouphti* : chef suprême de la religion ottomane.
2. *Sublime-Porte* : l'Empire ottoman.
3. Nom inventé par Voltaire pour désigner la France.
4. *cadis* : juges.
5. *imans* (imams) : prêtres de l'islam.
6. *anathématiser* : au sens premier, exclure de l'Église catholique ; au sens figuré, condamner totalement.

5. Ils pourraient, en augmentant le respect qu'ils ont pour Dieu, et en imprimant scandaleusement qu'il remplit tout de sa présence, diminuer le nombre des pèlerins de la Mecque, au grand détriment du salut des âmes.

6. Il arriverait sans doute qu'à force de lire les auteurs occidentaux qui ont traité des maladies contagieuses, et de la manière de les prévenir, nous serions assez malheureux pour nous garantir de la peste, ce qui serait un attentat énorme contre les ordres de la Providence.

À ces causes et autres, pour l'édification des fidèles et pour le bien de leurs âmes, nous leur défendons de jamais lire aucun livre, sous peine de damnation éternelle. Et, de peur que la tentation diabolique ne leur prenne de s'instruire, nous défendons aux pères et aux mères d'enseigner à lire à leurs enfants. Et, pour prévenir toute contravention à notre ordonnance, nous leur défendons expressément de penser, sous les mêmes peines; enjoignons à tous les vrais croyants de dénoncer à notre officialité[7],

quiconque aurait prononcé, quatre phrases liées ensemble, desquelles on pourrait inférer un sens clair et net. Ordonnons que dans toutes les conversations on ait à se servir de termes qui ne signifient rien, selon l'ancien usage de la Sublime-Porte.

Et pour empêcher qu'il n'entre quelque pensée en contrebande dans la sacrée ville impériale, commettons spécialement le premier médecin de sa Hautesse, né dans un marais de l'Occident septentrional; lequel médecin, ayant déjà tué quatre personnes augustes de la famille ottomane, est intéressé plus que personne à prévenir toute nouvelle introduction de connaissances dans le pays; lui donnons pouvoir, par ces présentes, de faire saisir toute idée qui se présenterait par écrit ou de bouche aux portes de la ville, et nous amener ladite idée pieds et poings liés, pour lui être infligé par nous tel châtiment qu'il nous plaira.

Donné dans notre palais de la stupidité, le 7 de la lune de Muharem, l'an 1143 de l'hégire.

---

7. *officialité*: tribunal ecclésiastique.

QUESTIONS

1 Trouvez les divers indices qui rappellent la lutte de Voltaire contre le fanatisme.

2 a) Voltaire s'attaque-t-il uniquement à l'Empire ottoman ou ses intentions sont-elles plus générales?

b) Ce texte est-il une critique de la religion ou du clergé? Quelle autre institution est dénoncée ici?

3 a) À quel procédé stylistique Voltaire a-t-il recours tout le long de son texte?

b) Expliquez les bienfaits de la lecture et, par opposition, les conséquences de l'ignorance.

c) Relevez les mots appartenant au champ lexical de la stupidité. En quoi leur emploi est-il particulier dans ce texte?

d) Quels mots appartiennent au champ lexical de la damnation? Quelle idée ajoutent-ils au contenu du texte?

4 Comment Voltaire montre-t-il que les livres et la libre circulation des idées sont des principes fondamentaux dans une société évoluée?

5 a) La problématique soulevée par Voltaire vous semble-t-elle encore pertinente en Amérique? Et ailleurs dans le monde?

b) Pouvez-vous nommer des régimes politiques contemporains qui ont des pratiques similaires à celles de l'Empire ottoman du XVIIIe siècle?

■ CANDIDE (1759)

Voltaire écrit Candide ou l'Optimisme *afin de répliquer aux tenants de la philosophie optimiste qui affirmaient que le monde, tel que Dieu l'avait créé, était le meilleur des mondes possibles. Il crée le personnage de Candide, un jeune homme élevé dans l'ignorance, à l'écart du monde, qui a été chassé de son château natal pour avoir courtisé Cunégonde, la fille du propriétaire du château. Le pauvre Candide est alors précipité dans un monde chaotique où la violence, l'injustice et l'intolérance écrasent les individus. Dès le début du récit, Candide est enrôlé de force dans l'armée bulgare et participe à la bataille contre les ennemis des Bulgares, les Abares (il est généralement admis que les Bulgares correspondent ici aux Allemands et les Abares aux Français). Voltaire en profite pour dénoncer les horreurs de la guerre.*

Chapitre troisième : « Comment Candide se sauva d'entre les Bulgares, et ce qu'il devint »

Rien n'était si beau, si leste, si brillant, si bien ordonné que les deux armées. Les trompettes, les fifres, les hautbois, les tambours, les canons, formaient une harmonie telle qu'il n'y en eut

5 jamais en enfer. Les canons renversèrent d'abord à peu près six mille hommes de chaque côté ; ensuite la mousqueterie ôta du meilleur des mondes environ neuf à dix mille coquins qui en infectaient la surface. La baïon-

10 nette fut aussi la raison suffisante de la mort de quelques milliers d'hommes. Le tout pouvait bien se monter à une trentaine de mille âmes. Candide, qui tremblait comme un philosophe, se cacha du mieux qu'il put pendant cette bou-

15 cherie héroïque.

Enfin, tandis que les deux rois faisaient chanter des Te Deum[1] chacun dans son camp, il prit le parti d'aller raisonner ailleurs des effets et des causes. Il passa par-dessus des tas de morts

20 et de mourants, et gagna d'abord un village voisin ; il était en cendres : c'était un village abare que les Bulgares avaient brûlé, selon les lois du droit public. Ici des vieillards criblés de coups regardaient mourir leurs femmes égor-

25 gées, qui tenaient leurs enfants à leurs mamelles sanglantes ; là des filles éventrées après avoir assouvi les besoins naturels de quelques héros rendaient les derniers soupirs ; d'autres, à demi brûlées, criaient qu'on achevât de leur

30 donner la mort. Des cervelles étaient répandues sur la terre à côté de bras et de jambes coupés.

Candide s'enfuit au plus vite dans un autre village : il appartenait à des Bulgares, et des héros

35 abares l'avaient traité de même. Candide, toujours marchant sur des membres palpitants ou à travers des ruines, arriva enfin hors du théâtre de la guerre, portant quelques petites provisions dans son bissac, et n'oubliant jamais

40 Mlle Cunégonde.

---

1. *Te Deum* : chant de remerciement à Dieu entonné pour célébrer la victoire.

QUESTIONS

1 Pourquoi Voltaire choisit-il de décrire la guerre pour critiquer l'optimisme ?

2 Quelle conclusion peut-on tirer de cette description de la guerre ?

3 a) Cet extrait se divise en deux parties. Dégagez ces parties et montrez leurs points communs et leurs différences.

b) Quelle connotation le mot *héros* prend-il dans cet extrait ?

c) En quoi le vocabulaire montre-t-il que la bataille ne fait pas de gagnants ? Expliquez ce choix de l'auteur de ne pas donner l'avantage à un camp en particulier.

d) Comparez les descriptions dans le premier et le deuxième paragraphe. Quelle différence observez-vous ? Que peut-elle signifier ?

e) Trouvez les comparaisons, oxymores et euphémismes dans le premier paragraphe et montrez leur caractère ironique.

4 En quoi la description de la guerre contribue-t-elle à combattre le fanatisme ?

5 Dans quelle mesure le fait d'insister sur les souffrances des populations civiles confère-t-il au texte son actualité ? Pouvez-vous faire un parallèle entre cet extrait et un conflit récent ?

Art et littérature

La guerre en Amérique

Le tableau relate, dix ans plus tard, la mort du général Wolfe à la bataille des Plaines d'Abraham, à Québec, en 1759. Benjamin West présente le point de vue officiel du pouvoir britannique. Pour faire l'apologie de la guerre, le peintre évoque l'image religieuse de la descente de croix (du Christ) telle qu'on peut la voir, entre autres, dans des tableaux du peintre flamand Antoon Van Dyck connus en Angleterre à l'époque.

Au centre se trouve Wolfe mi-allongé, la tête penchée, les yeux au ciel. Comme le Christ, il porte au flanc gauche une blessure sur laquelle le chirurgien presse un linge

- Observez la position du général Wolfe (en rouge, au centre) et des personnes qui l'entourent.

- Observez le cadre spatial à l'arrière-plan.

- Ce traitement des personnages et des lieux est-il révélateur du point de vue de West sur la guerre ? Ce point de vue rejoint-il celui de Voltaire ?

BENJAMIN WEST **(1738-1820).**

La mort du général Wolfe, 1770. (Huile sur toile : 152,6 × 214,5 cm. Musée des beaux-arts du Canada, Ottawa.)

blanc. La bannière rappelle la croix. À l'instar des « saintes femmes » des Évangiles, ses subordonnés l'entourent et supportent le poids du corps dont la vie s'échappe, tout comme d'autres soutiennent son second, Robert Monckton, le bras en écharpe, qui occupe la place de la Vierge. Le groupe de militaires représente les différents corps de l'armée anglaise et les renforts venus des colonies américaines. Quant à l'Amérindien qui semble observer la scène, il tient le rôle de la « Marie-Madeleine », de celui qui bénéficiera de l'acte héroïque : c'est le peuple opprimé (par les Français) du territoire conquis qui sera enfin libéré grâce au sacrifice de Wolfe.

Le cadre spatial créé par West revêt une valeur symbolique : le clocher indique Québec ; les navires sur le fleuve soulignent l'importance de la flotte anglaise. On devine loin derrière le déroulement flou des combats alors que dans le ciel, les nuages noirs sont chassés par le vent : les canons des Anglais apporteraient-ils la paix ?

Le traitement épique impose une modification de la vérité historique : Wolfe serait mort près d'un buisson, comme bien d'autres soldats. Au moyen de l'image religieuse, West magnifie le héros qui, avec l'aide d'une « poignée d'hommes », a vaincu : seule sa mort glorieuse est fixée à jamais pour la postérité, le grand nombre de victimes de la bataille des Plaines d'Abraham apparaissant négligeable aux yeux de l'Histoire. Ce point de vue élitiste va à l'encontre de celui de Voltaire qui amplifie la « boucherie héroïque » par le très grand nombre de soldats morts et les horreurs de la guerre, par la description des villages dévastés.

L'image que l'on donne de la guerre et de ses conséquences dépend des intentions de celui qui la présente : elle est manipulée par les Grands qui veulent laisser leur nom dans l'Histoire ; la véritable valeur humaine ne devrait-elle pas nous porter à en dénoncer inlassablement l'horreur ?

■ CANDIDE (1759)

Après avoir échappé à l'horreur de la guerre, Candide est recueilli par un Hollandais charitable. Il retrouve en Hollande son ancien précepteur, Pangloss, philosophe optimiste et ridicule. En voyage à Lisbonne, Candide et Pangloss sont pris dans un effroyable tremblement de terre qui détruit la ville et entraîne la mort de milliers d'habitants.

Chapitre cinquième : **« Tempête, naufrage, tremblement de terre, et ce qui advient du docteur Pangloss, de Candide et de l'anabaptiste[1] Jacques »**

Le lendemain, ayant trouvé quelques provisions de bouche en se glissant à travers des décombres, ils réparèrent un peu leurs forces. Ensuite, ils travaillèrent comme les autres à soulager
5 les habitants échappés à la mort. Quelques citoyens secourus par eux leur donnèrent un aussi bon dîner qu'on le pouvait dans un tel désastre. Il est vrai que le repas était triste ; les convives arrosaient leur pain de leurs larmes ;
10 mais Pangloss les consola en les assurant que les choses ne pouvaient être autrement : « Car, dit-il, tout ceci est ce qu'il y a de mieux. Car, s'il y a un volcan à Lisbonne, il ne pouvait être ailleurs. Car il est impossible que les choses ne
15 soient pas où elles sont. Car tout est bien. »

Un petit homme noir, familier de l'Inquisition, lequel était à côté de lui, prit poliment la parole

---

1. Les anabaptistes faisaient partie d'une secte protestante qui refusait de baptiser les enfants et ne le permettait qu'à l'âge de raison.

et dit : « Apparemment que monsieur ne croit pas au péché originel ; car, si tout est au mieux, il n'y a donc eu ni chute ni punition.

— Je demande très humblement pardon à Votre Excellence, répondit Pangloss encore plus poliment, car la chute de l'homme et la malédiction entraient nécessairement dans le meilleur des mondes possibles. — Monsieur ne croit donc pas à la liberté ? dit le familier. — Votre Excellence m'excusera, dit Pangloss ; la liberté peut subsister avec la nécessité absolue ; car il était nécessaire que nous fussions libres ; car enfin la volonté déterminée… » Pangloss était au milieu de sa phrase, quand le familier fit un signe de tête à son estafier qui lui servait à boire du vin de Porto, ou d'Oporto.

Chapitre sixième : « Comment on fit un bel auto-da-fé pour empêcher les tremblements de terre, et comment Candide fut fessé »

Après le tremblement de terre qui avait détruit les trois quarts de Lisbonne, les sages du pays n'avaient pas trouvé un moyen plus efficace pour prévenir une ruine totale que de donner au peuple un bel auto-da-fé[2] ; il était décidé par l'université de Coïmbre[3] que le spectacle de quelques personnes brûlées à petit feu, en grande cérémonie, est un secret infaillible pour empêcher la terre de trembler.

On avait en conséquence saisi un Biscayen[4] convaincu d'avoir épousé sa commère[5], et deux Portugais qui en mangeant un poulet en avaient arraché le lard[6] : on vint lier après le dîner le docteur Pangloss et son disciple Candide, l'un pour avoir parlé, et l'autre pour avoir écouté avec un air d'approbation : tous deux furent menés séparément dans des appartements d'une extrême fraîcheur, dans lesquels on n'était jamais incommodé du soleil ; huit jours après ils furent tous deux revêtus d'un san-benito[7], et on orna leurs têtes de mitres[8] de papier : la mitre et le san-benito de Candide étaient peints de flammes renversées et de diables qui n'avaient ni queues ni griffes ; mais les diables de Pangloss portaient griffes et queues, et les flammes étaient droites. Ils marchèrent en procession ainsi vêtus, et entendirent un sermon très pathétique, suivi d'une belle musique en faux-bourdon[9]. Candide fut fessé en cadence, pendant qu'on chantait ; le Biscayen et les deux hommes qui n'avaient point voulu manger de lard furent brûlés, et Pangloss fut pendu, quoique ce ne soit pas la coutume. Le même jour la terre trembla de nouveau avec un fracas épouvantable.

---

2. *auto-da-fé* : mot qui veut dire « acte de foi ». On employait ce mot pour décrire la mise à mort, sur le bûcher, de ceux qui étaient condamnés pour sacrilège par l'Inquisition. On écrit aujourd'hui *autodafé*.

3. *Coïmbre* ou *Coimbra* : ville du Portugal.

4. *Biscayen* : personne qui vient d'une région du nord de l'Espagne.

5. *commère* : marraine d'un enfant dont le Biscayen est le parrain. Il fallait une autorisation de l'Église pour que le parrain et la marraine d'un enfant puissent se marier.

6. *arracher le lard de la viande* : un signe d'appartenance à la religion juive qui interdit de manger du porc.

7. *san-benito* : vêtement porté par les condamnés de l'Inquisition.

8. *mitre* : chapeau à pointes porté par les évêques.

9. *faux-bourdon* : musique religieuse à plusieurs voix.

QUESTIONS

1 Repérez dans le texte des exemples de la pensée optimiste et comment Voltaire ridiculise cette pensée.

2 Quelle conclusion faut-il tirer de la dernière phrase du texte ?

3 a) Énumérez les « crimes » dont sont accusés les condamnés. Quel est leur point commun ?

   b) Analysez les mots qui décrivent l'auto-da-fé. À quel champ lexical appartiennent-ils ? Que suggèrent-ils ?

c) Montrez que l'ironie est la tonalité dominante de cet extrait, notamment en analysant les mots laudatifs et en expliquant l'euphémisme « des appartements d'une extrême fraîcheur, dans lesquels on n'était jamais incommodé du soleil ».

4 Expliquez en quoi ce texte est une critique de l'intolérance religieuse et de l'esprit de système.

5 a) Montrez que ce texte reprend certaines idées de l'extrait des *Lettres persanes* de Montesquieu (p. 156-157).

b) Cette critique de l'intolérance religieuse garde-t-elle sa pertinence de nos jours ? Connaissez-vous des pays où des pratiques ressemblant à celles de l'Inquisition existent encore ?

■ TRAITÉ SUR LA TOLÉRANCE (1763)

Le 13 octobre 1761, le fils aîné de Jean Calas, commerçant de Toulouse, est retrouvé pendu au rez-de-chaussée de la maison familiale. La famille Calas veut dissimuler le suicide du jeune homme, car le suicide est un péché impardonnable aux yeux des autorités religieuses. Les Calas détachent le cadavre et l'étendent sur le sol de la maison. Rapidement, la rumeur se répand dans Toulouse que les Calas, de religion protestante, ont tué leur fils parce qu'il venait de se convertir au catholicisme. On arrête la famille. Le père, torturé, refuse d'avouer et jure qu'il est innocent. On instruit alors le procès pour meurtre des Calas, dans un climat d'hystérie religieuse qui rend toute impartialité impossible. Jean Calas est condamné à mort et exécuté peu après. Les autres membres de sa famille sont dépossédés de leurs biens et exilés.

Voltaire, informé de l'affaire, y voit le symbole évident du fanatisme religieux, cet « infâme » qu'il combat de toutes ses forces. Il mène une campagne visant à prouver l'innocence des Calas et à obtenir la réhabilitation du père. Le Traité sur la tolérance qu'il rédige à la défense de la famille dénonce l'iniquité du procès et l'intolérance religieuse dont ont fait preuve les habitants de Toulouse en s'acharnant sur les Calas, dont le seul crime était d'être protestants dans une ville catholique. Voltaire obtiendra finalement la réhabilitation de Jean Calas et sa famille pourra récupérer ses biens.

En conclusion de son traité, Voltaire donne la parole à la nature, qui s'adresse aux êtres humains pour les inciter à écouter la raison et non leurs préjugés.

Cet écrit sur la tolérance est une requête que l'humanité présente très humblement au pouvoir et à la prudence. Je sème un grain qui pourra un jour produire une moisson. Attendons
5 tout du temps, de la bonté du roi, de la sagesse de ses ministres, et de l'esprit de raison qui commence à répandre partout sa lumière.

La nature dit à tous les hommes : « Je vous ai tous fait naître faibles et ignorants, pour
10 végéter quelques minutes sur la terre, et pour l'engraisser de vos cadavres. Puisque vous êtes faibles, secourez-vous ; puisque vous êtes ignorants, éclairez-vous et supportez-vous. Quand vous seriez tous du même avis, ce qui

Le philosophe Socrate prônait le développement de la conscience morale. Injustement accusé par les dirigeants d'Athènes, il se présenta néanmoins devant un tribunal constitué de l'ensemble des citoyens. Malgré son plaidoyer plein de noblesse, il fut condamné à mort. David le représente au moment où il prend la coupe contenant la ciguë, tel que le rapporte Platon dans Phédon. Droit sur son lit, il semble raisonner ses amis affligés en leur tenant un discours sur l'immortalité de l'âme, comme pour les consoler. L'attitude du philosophe est ainsi donnée en exemple de courage et de tolérance, selon le goût de l'époque pour les sujets nobles.

15 certainement n'arrivera jamais, quand il n'y aurait qu'un seul homme d'un avis contraire, vous devriez lui pardonner : car c'est moi qui le fais penser comme il pense. Je vous ai donné des bras pour cultiver la terre, et une petite
20 lueur de raison pour vous conduire ; j'ai mis dans vos cœurs un germe de compassion pour vous aider les uns les autres à supporter la vie. N'étouffez pas ce germe, ne le corrompez pas, apprenez qu'il est divin, et ne substi-
25 tuez pas les misérables fureurs de l'école[1] à la voix de la nature.

« C'est moi seule qui vous unis encore malgré vous par vos besoins mutuels, au milieu même de vos guerres cruelles si légèrement entreprises,
30 théâtre éternel des fautes, des hasards, et des malheurs. C'est moi seule qui, dans une nation, arrête les suites funestes de la division interminable entre la noblesse et la magistrature,

entre ces deux corps et celui du clergé, entre
35 le bourgeois même et le cultivateur. Ils ignorent tous les bornes de leurs droits ; mais ils écoutent tous malgré eux, à la longue, ma voix qui parle à leur cœur. Moi seule je conserve l'équité dans les tribunaux, où tout serait
40 livré sans moi à l'indécision et aux caprices, au milieu d'un amas confus de lois faites souvent au hasard et pour un besoin passager, différentes entre elles de province en province, de ville en ville, et presque toujours contradictoires
45 entre elles dans le même lieu. Seule je peux inspirer la justice, quand les lois n'inspirent que la chicane. Celui qui m'écoute juge toujours bien ; et celui qui ne cherche qu'à concilier des opinions qui se contredisent est celui qui
50 s'égare.

« Il y a un édifice immense dont j'ai posé le fondement de mes mains : il était solide et simple,

tous les hommes pouvaient y entrer en sûreté ; ils ont voulu y ajouter les ornements les plus
55 bizarres, les plus grossiers, et les plus inutiles ; le bâtiment tombe en ruine de tous les côtés ; les hommes en prennent les pierres, et se les jettent à la tête ; je leur crie : Arrêtez, écartez ces décombres funestes qui sont votre ouvrage, et
60 demeurez avec moi en paix dans l'édifice inébranlable qui est le mien. »

---

1. *fureurs de l'école* : cette expression désigne les attaques des tenants d'une idéologie opposée.

QUESTIONS

1 Établissez les divers liens entre ce passage de la conclusion du livre et l'affaire Calas.

2 Expliquez, en vos mots, le rôle que Voltaire attribue à la raison et à la nature dans la société.

3 a) Relevez les passages qui composent la métaphore filée du « germe » de la raison. Trouvez son sens.

b) Relevez tous les termes dépréciatifs associés aux activités humaines.

c) Le dernier paragraphe constitue une allégorie : expliquez son sens.

d) Par quelle gradation Voltaire montre-t-il que l'intolérance est universelle ?

e) Quels bienfaits de la tolérance (ou de la raison) mentionne-t-il dans le troisième paragraphe ?

4 Quelle morale se dégage de ce portrait négatif de la société ?

5 Appliquez la morale de ce texte à un événement de l'actualité.

Écriture littéraire

L'esprit critique

Il s'agit ici de développer votre esprit critique. Vous pouvez le faire en vous aidant de journaux ou en écoutant des émissions d'information ou d'affaires publiques.

C'est un exercice à faire à la maison. Il faut débusquer l'injustice, la bêtise ou l'absurdité d'une situation. Les sujets ne manquent pas. Ils touchent des domaines aussi variés que la santé, l'éducation, la justice, la fiscalité, les dépenses gouvernementales, les promesses électorales, les tensions internationales, etc. Si Voltaire, Rousseau, Beaumarchais, Diderot et compagnie étaient nos contemporains, Dieu sait s'ils ne manqueraient pas d'analyser et de critiquer la société.

Les médias électroniques et écrits fournissent une grande quantité de sujets : l'insalubrité des hôpitaux, les listes d'attente, les réformes du système d'éducation, la mauvaise gestion des fonds publics, l'exploitation de la jeune main-d'œuvre, la langue de bois des fonctionnaires (euphémismes), etc., sans parler des publicités tendancieuses fondées sur le positionnement des publics cibles ni des infopubs qui vendent de la camelote.

Montrez que vous n'êtes pas dupes, dans un texte de deux pages, à double interligne, en dénonçant une situation injuste, bête ou absurde et en proposant une solution originale.

LES AUTEURS DE L'*ENCYCLOPÉDIE*.

Voltaire, Rousseau, Daubenton, Lamarck, Condorcet, Dumarsais, Buffon, Necker, Vicq d'Azir, Thouin, Roland de La Platière, Marmontel et Gaillard, de gauche à droite et de bas en haut, entourant, de haut en bas, d'Alembert et Diderot. Hommage de l'éditeur Charles Panckoucke gravé par Saint-Aubin (XVIIIe siècle). (Bibliothèque nationale de France.)

L'*Encyclopédie*

En 1745, un regroupement de libraires propose à Diderot de superviser la production d'un répertoire alphabétique des connaissances techniques, scientifiques et philosophiques de l'époque. Secondé par le mathématicien d'Alembert, Diderot s'attaque à la tâche et recrute des collaborateurs parmi les esprits les plus brillants du XVIIIe siècle, dont Voltaire, Rousseau, d'Holbach, Condillac et Dumarsais. L'*Encyclopédie*, qui a comme sous-titre *Dictionnaire raisonné des sciences, des arts et des métiers*, est vendue par souscription : les acheteurs paient à l'avance l'ensemble des volumes à paraître. On compte rapidement plus de quatre mille souscripteurs, un chiffre considérable compte tenu du prix élevé de l'ouvrage et du nombre restreint de lecteurs potentiels à une époque où l'analphabétisme est encore largement répandu en Europe. D'Alembert affirme, dans la préface, que les auteurs de l'*Encyclopédie* comptent « tout examiner, tout remuer sans exception et sans ménagement », au mépris des préjugés et des dogmes.

L'ouvrage fait montre d'audace pour l'époque, car il explique aux lecteurs que la vérité vient de la raison et de la science, et non de la Bible ou du roi. Il fait de l'être humain le centre de l'univers, et donne la primauté à l'observation objective des faits. Ce n'est qu'après avoir observé et compris le monde qui l'entoure que l'être humain pourra progresser et faire évoluer la société vers le bonheur. On dénonce le fanatisme, les croyances ridicules, les abus de pouvoir des puissants et des prêtres. On fait l'éloge du travail, du progrès scientifique et de la tolérance.

Dès la parution du premier tome, en 1751, les jésuites accusent l'*Encyclopédie* de miner les fondements de la religion et du pouvoir royal. L'année suivante, les deux premiers tomes de l'*Encyclopédie* sont interdits. La publication des cinq tomes suivants se poursuit jusqu'en 1759, date à laquelle le Conseil du Roi interdit officiellement l'ensemble de l'ouvrage. La publication reprend, discrètement, grâce à d'habiles manœuvres en coulisse des amis du projet. L'ensemble de l'œuvre comprend vingt-huit volumes, dont onze réservés aux illustrations. La diffusion et l'influence de l'*Encyclopédie* sont considérables. On la lit partout en Europe, et même à la cour du roi de France, cette même cour qui avait interdit l'œuvre. Les éditions pirates se multiplient et contribuent à diffuser encore plus largement les idées des encyclopédistes.

Article « **Paix** »

La guerre est un fruit de la dépravation des hommes ; c'est une maladie convulsive et violente du corps politique ; il[1] n'est en santé, c'est-à-dire dans son état naturel, que lorsqu'il 5 jouit de la paix ; c'est elle qui donne de la vigueur aux empires ; elle maintient l'ordre parmi les citoyens ; elle laisse aux lois la force qui leur est nécessaire ; elle favorise la population, l'agriculture et le commerce ; en un mot, 10 elle procure au peuple le bonheur qui est le but de toute société. La guerre, au contraire, dépeuple les États ; elle y fait régner le désordre ;

AMBROGIO LORENZETTI
(v. 1290-1348).

Les effets du mauvais gouvernement dans la campagne (détail), 1338-1340. (Fresque. Palazzo Publico, Sienne.)

un plaidoyer = plead for peace.

La fresque dont est tiré le détail ci-dessus occupe le mur faisant face à celui où sont représentés les *Effets du bon gouvernement dans la ville et dans la campagne* (voir p. 93). Le mauvais gouvernement est un tyran qui a les cornes du Diable ; la justice est ligotée et, dans les campagnes, les soldats (à gauche) font régner la terreur en s'emparant des récoltes et en incendiant les maisons.

les lois sont forcées de se taire à la vue de la licence qu'elle introduit ; elle rend incertaines
15 la liberté et la propriété des citoyens ; elle trouble et fait négliger le commerce ; les terres deviennent incultes et abandonnées. Jamais les triomphes les plus éclatants ne peuvent dédommager une nation de la perte d'une multitude
20 de ses membres que la guerre sacrifie. Ses victimes mêmes lui font des plaies profondes que la paix seule peut guérir.

Si la raison gouvernait les hommes, si elle avait sur les chefs des nations l'empire qui lui est dû,
25 on ne les verrait point se livrer inconsidérément aux fureurs de la guerre. Ils ne marqueraient point cet acharnement qui caractérise les bêtes féroces. Attentifs à conserver une tranquillité de qui dépend leur bonheur, ils ne saisiraient
30 point toutes les occasions de troubler celle des autres. Satisfaits des biens que la nature a distribués à tous ses enfants, ils ne regarderaient point avec envie ceux qu'elle a accordés à d'autres peuples ; les souverains sentiraient que
35 des conquêtes payées du sang de leurs sujets ne valent jamais le prix qu'elles ont coûté. Mais, par une fatalité déplorable, les nations vivent entre elles dans une défiance réciproque ; perpétuellement occupées à repousser les entre-
40 prises injustes des autres ou à en former elles-mêmes, les prétextes les plus frivoles leur mettent les armes à la main. Et l'on croirait qu'elles ont une volonté permanente de se priver des avantages que la Providence ou
45 l'industrie[2] leur ont procurés. Les passions aveugles des princes les portent à étendre les bornes de leurs États ; peu occupés du bien de leurs sujets, ils ne cherchent qu'à grossir le nombre des hommes qu'ils rendent malheu-
50 reux. Ces passions, allumées ou entretenues par des ministres ambitieux ou par des guerriers

1. « il » désigne le corps politique, c'est-à-dire le pays.
2. *l'industrie* : le travail.

dont la profession est incompatible avec le repos, ont eu, dans tous les âges, les effets les plus funestes pour l'humanité. L'histoire ne
55 nous fournit que des exemples de paix violées, de guerres injustes et cruelles, de champs dévastés, de villes réduites en cendres. L'épuisement seul semble forcer les princes à la paix ; ils s'aperçoivent toujours trop tard que le sang
60 du citoyen s'est mêlé à celui de l'ennemi ; ce carnage inutile n'a servi qu'à cimenter l'édifice chimérique[3] de la gloire du conquérant et de ses guerriers turbulents ; le bonheur de ses peuples est la première victime qui est immo-
65 lée à son caprice ou aux vues intéressées de ses courtisans.

(Attribué à Étienne-Noël Damilaville [1723-1768], correspondant privilégié de Voltaire à Paris.)

---

3. *chimérique* : illusoire.

QUESTIONS

1 Quels traits caractéristiques de l'esprit du siècle des Lumières se retrouvent dans ce texte ?

2 L'auteur vous apparaît-il pessimiste ou optimiste ?

3 a) Relevez tous les termes dépréciatifs reliés à la guerre. Quels sous-thèmes illustrant les effets négatifs de la guerre s'en dégagent ?

b) Relevez les oppositions dans le premier paragraphe et expliquez comment leur disposition obéit à un plan précis.

c) Le deuxième paragraphe renferme une figure de style particulièrement dure à l'égard des rois. Relevez-la et expliquez-la.

4 Montrez que l'*Encyclopédie* était une œuvre militante en étudiant la critique du pouvoir politique et la valorisation de la tolérance.

5 a) Comparez ce texte avec celui de Voltaire en page 161 et avec celui d'Agrippa d'Aubigné en pages 74-75. Les auteurs dénoncent-ils les mêmes problèmes ?

b) Dans notre société actuelle, qui seraient les « courtisans » dont parle l'auteur à la fin de l'extrait ?

Écriture littéraire

L'encyclopédie

L'exercice de création proposé ici consiste à faire l'expérience de la rédaction d'une encyclopédie. Chaque élève de la classe se voit assigner une lettre de l'alphabet. Il devra donner une définition approfondie d'un mot de son choix commençant par cette lettre. Cette définition doit être personnalisée, en ce sens qu'elle doit se fonder sur le sens de l'observation et l'expérience personnelle de l'élève.

Un ordinateur, par exemple, peut être défini comme un moyen d'évasion, une agence de rencontres, un lieu d'échanges superficiels ou un jeu électronique. Une maison, selon qu'elle est en ville, en banlieue ou à la campagne, peut avoir des significations bien différentes. Il y a des maisons modestes, des maisons princières. Une maison peut être un lieu d'amour, de chaleur, de paix, mais aussi un endroit désagréable, soumis à des règles strictes, où règnent la froideur ou les conflits familiaux. Chacun, chacune doit y aller de sa vision et de son expérience de la vie. La même démarche est de mise pour la définition de notions abstraites comme l'amour, la bonté, la société, etc.

Après la remise des travaux, un cours peut être consacré à la lecture des rubriques, par ordre alphabétique. Chaque élève est invité à lire son article au bénéfice du groupe.

UN ORDRE SOCIAL CONTESTÉ

AVANT LA RÉVOLUTION de 1789, la société française était divisée en trois classes : la noblesse, le clergé et le tiers état (les commerçants, les artisans, les paysans, bref l'ensemble du peuple). Chaque classe, ou « ordre » comme on dit à cette époque, occupe une place bien précise au sein de la hiérarchie sociale, et cette hiérarchie ne peut, en principe, être bousculée. La noblesse, qui ne représente que 0,02 % de la population, domine les autres classes sociales par ses privilèges. On distingue à l'époque la « grande noblesse », celle des courtisans proches du pouvoir, de la « petite noblesse », qui vit à la campagne, souvent dans la pauvreté. Certains bourgeois réussissent à accéder à la noblesse en achetant des charges, c'est-à-dire des fonctions au sein du gouvernement qui s'accompagnent de titres de noblesse. On parle alors de « noblesse de robe », par opposition à la « noblesse du sang », transmise de génération en génération.

Cet ordre social, que l'on considérait comme incontestable au XVIIᵉ siècle, devient la cible de critiques de plus en plus vives au XVIIIᵉ siècle. Lassés de vivre dans une société d'ordres, où l'avancement personnel est brimé par les privilèges désuets de la noblesse, la bourgeoisie et le peuple unissent leurs forces. On demande aux nobles d'abandonner certains des privilèges liés au rang social, afin d'établir une société plus juste où le mérite, et non la naissance, sera la mesure du succès de chacun. La bourgeoisie cherche par là à imposer ses valeurs : le travail, le commerce, la réussite individuelle. Alors que les nobles dépensent sans compter pour leurs plaisirs et leur prestige personnel, les bourgeois font fructifier leurs économies, à la manière de Voltaire qui devient riche grâce à d'habiles investissements. Les philosophes, pour la plupart issus de la bourgeoisie, défendent les valeurs bourgeoises dans leurs écrits. L'*Encyclopédie* décrit avec lyrisme le travail qui procure à l'homme « sa santé, sa subsistance, sa sérénité, son bon sens et sa vertu peut-être ».

Les tensions sociales se font sentir dans les œuvres de Marivaux et de Beaumarchais, les deux dramaturges les plus importants du siècle. *L'Île des esclaves* et *Le Mariage de Figaro* mettent en scène des nobles contestés par leurs valets. Laclos, dans son roman *Les Liaisons dangereuses*, dénonce une aristocratie oisive qui a sombré dans l'immoralité.

Durant la révolution de 1789, les privilèges de la noblesse sont abolis, ce qui met fin à l'ancien ordre social. On proclame la *Déclaration des droits de l'homme et du citoyen* qui consacre l'égalité de tous devant la loi. Au cours des années 1791-1794, beaucoup de nobles qui tentent de résister seront exécutés et leurs biens seront saisis. Plusieurs s'enfuient en Angleterre, d'autres préfèrent tout simplement abandonner leur titre de noblesse et essaient de se fondre dans l'anonymat du peuple.

MARIVAUX
Carle Van Loo, 1705-1765.
(Comédie-Française, Paris.)

Marivaux (1688-1763)

La vie de Pierre Carlet de Chamblain de Marivaux est demeurée plutôt obscure. Il naît à Paris au sein d'une famille bourgeoise. Il étudie le droit et se consacre ensuite au journalisme et à la littérature. En 1720, il perd sa fortune dans de mauvais investissements. Contraint de vivre de sa plume, Marivaux écrit alors ses pièces les plus importantes. De 1720 à 1737, il remporte de grands succès de scène grâce à des œuvres comme *La Double Inconstance*, *Le Jeu de l'amour et du hasard* ou *Les Fausses Confidences*. Marivaux privilégie la comédie psychologique qui repose sur une intrigue sentimentale et des dialogues brillants, tout en se livrant à une critique sociale subtile. Il écrit également des comédies «philosophiques», comme *L'Île des esclaves*, dans lesquelles il remet en question l'ordre social établi. Après son élection à l'Académie française en 1742, où il défait Voltaire, Marivaux n'écrit presque plus. Il meurt paisiblement en 1763.

■ L'ÎLE DES ESCLAVES (1725)

Le noble Iphicrate et son serviteur Arlequin ont quitté Athènes à bord d'un bateau qui fait naufrage peu de temps après. Ils trouvent refuge dans une île où ils font la rencontre d'une aristocrate, Euphrosine, accompagnée de sa servante Cléanthis. L'île où ils ont échoué est habitée par des esclaves qui ont échappé à leurs maîtres. Le gouverneur de l'île oblige maîtres et serviteurs à inverser leurs rôles: ceux qui commandaient naguère doivent maintenant obéir. Nantis de leur nouvelle autorité, Arlequin et Cléanthis en profitent pour se venger des humiliations que leur ont fait subir leurs maîtres. Bien vite, Arlequin accorde son pardon à son maître, ce que Cléanthis tarde à faire à l'égard d'Euphrosine.

Scène X: Cléanthis, Euphrosine, Iphicrate, Arlequin.

CLÉANTHIS *(en entrant avec Euphrosine qui pleure)*
Laissez-moi, je n'ai que faire de vous entendre gémir. *(Et plus près d'Arlequin.)* Qu'est-ce que cela signifie, seigneur Iphicrate[1]? Pourquoi avez-vous repris votre habit?

ARLEQUIN *(tendrement)*
5   C'est qu'il est trop petit pour mon cher ami, et que le sien est trop grand pour moi. *Il embrasse les genoux de son maître.*

CLÉANTHIS
Expliquez-moi donc ce que je vois; il semble que vous lui demandiez pardon?

ARLEQUIN
10   C'est pour me châtier de mes insolences. […]

EUPHROSINE
Ah! ma chère Cléanthis, quel exemple pour vous!

IPHICRATE

Dites plutôt : quel exemple pour nous ! Madame, vous m'en voyez pénétré[2].

CLÉANTHIS

15 Ah ! vraiment, nous y voilà avec vos beaux exemples. Voilà de nos gens qui nous méprisent dans le monde, qui font les fiers, qui nous maltraitent, et qui nous regardent comme des vers de terre ; et puis, qui sont trop heureux 20 dans l'occasion de nous trouver cent fois plus honnêtes gens qu'eux. Fi ! que cela est vilain, de n'avoir eu pour mérite que de l'or, de l'argent et des dignités ! C'était bien la peine de faire tant les glorieux ! Où en seriez-vous 25 aujourd'hui, si nous n'avions point d'autre mérite que cela pour vous ? Voyons, ne seriez-vous pas bien attrapés ? Il s'agit de vous pardonner, et pour avoir cette bonté-là, que faut-il être, s'il vous plaît ? Riche ? non ; noble ? non ; grand sei- 30 gneur ? point du tout. Vous étiez tout cela ; en valiez-vous mieux ? Et que faut-il donc ? Ah ! nous y voici. Il faut avoir le cœur bon, de la vertu et de la raison ; voilà ce qu'il nous faut, voilà ce qui est estimable, ce qui distingue, ce 35 qui fait qu'un homme est plus qu'un autre. Entendez-vous, Messieurs les honnêtes gens du monde ? Voilà avec quoi l'on donne les beaux exemples que vous demandez et qui vous passent[3]. Et à qui les demandez-vous ? À de 40 pauvres gens que vous avez toujours offensés, maltraités, accablés, tout riches que vous êtes, et qui ont aujourd'hui pitié de vous, tout pauvres qu'ils sont. Estimez-vous à cette heure, faites les superbes, vous aurez bonne grâce ! 45 Allez ! vous devriez rougir de honte.

ARLEQUIN

Allons, m'amie[4], soyons bonnes gens sans le reprocher, faisons du bien sans dire d'injures. Ils sont contrits d'avoir été méchants, cela fait qu'ils nous valent bien ; car quand on se 50 repent, on est bon ; et quand on est bon, on est aussi avancé que nous. Approchez, Madame Euphrosine ; elle vous pardonne ; voici qu'elle pleure ; la rancune s'en va, et votre affaire est faite.

CLÉANTHIS

55 Il est vrai que je pleure : ce n'est pas le bon cœur qui me manque.

EUPHROSINE (*tristement*)

Ma chère Cléanthis, j'ai abusé de l'autorité que j'avais sur toi, je l'avoue.

CLÉANTHIS

Hélas ! comment en aviez-vous le courage ? 60 Mais voilà qui est fait, je veux bien oublier tout ; faites comme vous voudrez. Si vous m'avez fait souffrir, tant pis pour vous ; je ne veux pas avoir à me reprocher la même chose, je vous rends la liberté ; et s'il y avait un vais- 65 seau, je partirais tout à l'heure avec vous : voilà tout le mal que je vous veux ; si vous m'en faites encore, ce ne sera pas ma faute.

[...]

EUPHROSINE

La reconnaissance me laisse à peine la force de te répondre. Ne parle plus de ton esclavage, et 70 ne songe plus désormais qu'à partager avec moi tous les biens que les dieux m'ont donnés, si nous retournons à Athènes.

---

1. Il s'agit en fait d'Arlequin. Maîtres et valets ont non seulement échangé leurs rôles, mais aussi leurs noms.
2. *pénétré* : convaincu.
3. *passent* : qui dépassent vos capacités.
4. *m'amie* : mon amie.

QUESTIONS

1 Cette pièce a connu un succès mitigé à la cour du roi Louis XV. Pouvez-vous expliquer les raisons de ce demi-échec, en tenant compte du contexte social du XVIIIᵉ siècle ?

2 Quelle leçon les valets donnent-ils à leurs maîtres ?

3 a) Remarquez-vous des différences entre l'attitude d'Arlequin envers son maître et celle de Cléanthis envers sa maîtresse ? Si oui, lesquelles ?

b) Comment la ponctuation et le rythme suggèrent-ils l'intensité de la rancœur de Cléanthis ?

c) Étudiez la situation d'énonciation dans la tirade de Cléanthis : selon vous, qui les propos du personnage visent-ils vraiment ?

d) Quels sont les reproches que Cléanthis adresse aux nobles ? Comment ces derniers réagissent-ils ?

4 Comment Marivaux montre-t-il la supériorité morale des esclaves ?

5 Comparez le comportement d'Arlequin avec celui de Figaro, dans l'extrait du *Mariage de Figaro* (voir p. 175-176). Comme la pièce de Marivaux a été écrite une soixantaine d'années avant celle de Beaumarchais, peut-on dire que les attitudes des deux personnages reflètent l'évolution du sentiment révolutionnaire au XVIIIe siècle ?

Beaumarchais (1732-1799)

BEAUMARCHAIS
Paul Soyer (1823-1903), d'après Jean-Baptiste Greuze (1725-1805). (Musée national du château, Versailles.)

La vie de Beaumarchais, pleine d'intrigues et de péripéties, ressemble à un roman. Né à Paris le 24 janvier 1732, Pierre-Augustin Caron, qui prendra le nom de Beaumarchais après le premier de ses trois mariages, apprend le métier d'horloger de son père. L'invention d'un ingénieux mécanisme d'horlogerie attire sur lui l'attention de la famille royale. Il devient le maître de harpe des filles de Louis XV, et leur confident. Son bagou, sa personnalité brillante lui permettent de faire sa marque à la cour. Il est bientôt chargé de missions secrètes pour le compte du roi. Il multiplie les entreprises commerciales et financières, certaines fort audacieuses, et trouve tout de même le temps d'écrire des pièces pour les théâtres de Paris. En 1775, on joue son premier succès, *Le Barbier de Séville*. Il fonde en 1778 une compagnie pour soutenir les Américains révoltés contre l'Angleterre. *Le Mariage de Figaro* (1781), la suite du *Barbier de Séville*, est d'abord interdite à cause de son audace politique. Elle est finalement créée en 1784 et remporte un triomphe. Beaumarchais ne néglige pas pour autant ses multiples entreprises commerciales. Sous la Révolution française, il se trouve impliqué dans une affaire de trafic d'armes qui lui vaut un exil de trois ans en Suisse et en Angleterre. De retour à Paris en 1796, il connaît une dernière fois le succès avec *La Mère coupable*, la suite du *Mariage de Figaro*, avant de mourir dans son sommeil en 1799.

■ LE MARIAGE DE FIGARO (1781)

En 1781, Louis XVI demande qu'on lui lise Le Mariage de Figaro. *Après quoi, il aurait déclaré : « Il faudrait détruire la Bastille pour que la représentation de cette pièce ne fût pas une inconséquence dangereuse. Cet homme déjoue tout ce qu'il faut respecter dans un gouvernement. » Dans ces années pré-révolutionnaires, le pouvoir surveille étroitement toute œuvre qui remet en question l'ordre établi, et la pièce de Beaumarchais, qui décrit les abus de pouvoir des nobles, est proscrite des scènes parisiennes.*

Figaro est l'intendant du comte Almaviva, à Séville. Il doit épouser Suzanne, la
femme de chambre de la comtesse, mais le comte s'est épris de Suzanne et désire
faire d'elle sa maîtresse. Lorsque Suzanne repousse ses avances, le comte décide
de se venger en empêchant le mariage de Figaro et de Suzanne. Les amoureux font
alliance avec la comtesse afin de contrer les intentions adultères du comte. Ce dernier
se doute qu'une intrigue se trame dans son château lorsqu'il surprend un jeune page
dans la chambre de sa femme. Il convoque Figaro pour lui demander des explica-
tions. Dans la scène 5 de l'acte III, maître et valet s'affrontent dans un combat
verbal où chacun essaie de forcer l'autre à révéler son jeu.

Acte III, scène 5

LE COMTE

Quel motif avait la Comtesse, pour me jouer un pareil tour?

FIGARO

Ma foi, Monseigneur, vous le savez mieux que moi.

LE COMTE

5   Je la préviens sur tout, et la comble de présents.

FIGARO

Vous lui donnez, mais vous êtes infidèle. Sait-on gré du superflu, à qui nous prive du nécessaire?

LE COMTE

… Autrefois tu me disais tout.

FIGARO

10   Et maintenant je ne vous cache rien.

LE COMTE

Combien la Comtesse t'a-t-elle donné pour cette belle association?

FIGARO

Combien me donnâtes-vous pour la tirer des mains du docteur? Tenez, Monseigneur, n'hu-
15   milions pas l'homme qui nous sert bien, crainte d'en faire un mauvais valet.

LE COMTE

Pourquoi faut-il qu'il y ait toujours du louche en ce que tu fais?

FIGARO

C'est qu'on en voit partout quand on cherche
20   des torts.

LE COMTE

Une réputation détestable!

FIGARO

Et si je vaux mieux qu'elle? y a-t-il beaucoup de seigneurs qui puissent en dire autant?

LE COMTE

Cent fois je t'ai vu marcher à la fortune et jamais
25   aller droit.

FIGARO

Comment voulez-vous? la foule est là: chacun veut courir, on se presse, on pousse, on coudoie, on renverse, arrive qui peut; le reste est écrasé. Aussi c'est fait; pour moi j'y renonce.

LE COMTE

30   À la fortune? (*À part.*) Voici du neuf.

FIGARO (*à part*)

À mon tour maintenant. (*Haut.*) Votre Excellence m'a gratifié de la conciergerie du château; c'est un fort joli sort; à la vérité je ne serai pas le courrier étrenné des nouvelles intéres-
35   santes[1]; mais en revanche, heureux avec ma femme au fond de l'Andalousie…

LE COMTE

Qui t'empêcherait de l'emmener à Londres?

---

1. Le comte a proposé à Figaro, le concierge de son château, de l'accompagner à Londres en mission diplomatique.

FIGARO

Il faudrait la quitter si souvent que j'aurais bientôt du mariage par-dessus la tête.

LE COMTE

40 Avec du caractère et de l'esprit, tu pourrais un jour t'avancer dans les bureaux.

FIGARO

De l'esprit pour s'avancer ? Monseigneur se rit du mien. Médiocre et rampant ; et l'on arrive à tout.

LE COMTE

45 … Il ne faudrait qu'étudier un peu sous moi la politique.

FIGARO

Je la sais.

LE COMTE

Comme l'anglais, le fond[2] de la langue !

FIGARO

Oui, s'il y avait de quoi se vanter. Mais, fein-
50 dre d'ignorer ce qu'on sait, de savoir tout ce qu'on ignore, d'entendre ce qu'on ne comprend pas, de ne point ouïr ce qu'on entend, surtout de pouvoir au-delà de ses forces ; avoir souvent pour grand secret de cacher qu'il n'y en a point ;
55 s'enfermer pour tailler des plumes, et paraître profond, quand on n'est, comme on dit, que vide et creux ; jouer bien ou mal un personnage ; répandre des espions et pensionner des traîtres ; amollir des cachets[3] ; intercepter des
60 lettres ; et tâcher d'ennoblir la pauvreté des moyens par l'importance des objets. Voilà toute la politique, ou je meure !

LE COMTE

Eh ! c'est l'intrigue que tu définis !

FIGARO

La politique, l'intrigue, volontiers mais, comme
65 je les crois un peu germaines[4], en fasse qui voudra. « J'aime mieux ma mie, ô gué ! » comme dit la chanson du bon roi[5].

LE COMTE (à part)

Il veut rester. J'entends… Suzanne m'a trahi.

FIGARO (à part)

Je l'enfile et le paye en sa monnaie[6].

LE COMTE

70 Ainsi tu espères gagner ton procès contre Marceline ?

FIGARO

Me feriez-vous un crime de refuser une vieille fille, quand Votre Excellence se permet de nous souffler toutes les jeunes ?

LE COMTE (raillant)

75 Au tribunal, le magistrat s'oublie, et ne voit plus que l'ordonnance.

FIGARO

Indulgente aux grands, dure aux petits…

LE COMTE

Crois-tu donc que je plaisante ?

FIGARO

Eh ! qui le sait, Monseigneur ?

---

2. *le fond* : l'essentiel.

3. *amollir des cachets* : amollir le cachet de cire d'une lettre pour l'ouvrir et la lire en cachette.

4. *germaines* : sœurs.

5. Allusion à la chanson d'Alceste dans *Le Misanthrope* de Molière.

6. *Je l'enfile et le paye en sa monnaie* : Je le bats à son propre jeu.

QUESTIONS

1 En quoi l'attitude du valet envers son maître annonce-t-elle la Révolution française ?

2 Qui est le gagnant dans cette joute verbale entre le maître et le valet ? Expliquez votre choix.

3 a) Relevez les diverses leçons de Figaro à son maître. Sur quoi portent-elles ?

b) Dégagez les deux temps de cette scène : quel est l'objet de chaque partie ? Quelle phrase sert de transition ? Quel est le sens d'ensemble de la scène ?

c) Quelle image de la politique émerge de la tirade de Figaro (l. 49-62) ? Relevez les antithèses et les mots du champ lexical de l'hypocrisie et montrez leur importance dans cette réflexion sur la politique.

4 Quelle image Beaumarchais propose-t-il des rapports sociaux entre maîtres et valets ?

5 a) Comparez l'attitude de Figaro envers son maître avec celle de Cléanthis dans l'extrait de *L'Île des esclaves* de Marivaux (p. 172-173).

b) Qu'est-ce qui demeure actuel dans la description que fait Figaro de la politique ?

Art et littérature

La société parisienne

Cette enseigne annonçait la boutique d'œuvres d'art de Gersaint, un ami de Watteau, sur le pont Notre-Dame à Paris. Elle constitue un miroir de la société parisienne. Deux classes sociales y sont représentées : les nobles (les clients) et les gens du peuple (les commis et un passant).

JEAN-ANTOINE WATTEAU **(1684-1721).**

L'Enseigne de Gersaint, 1720. (Huile sur toile : 163 × 206 cm. Staatliche Museen zu Berlin, Schloß Charlottenburg.)

- Expliquez comment les vêtements et les attitudes soulignent les inégalités sociales.

- Que révèlent les tableaux et les objets en vente sur le goût des clients ?

- Un commis dépose dans une caisse le portrait de Louis XIV. Qu'est-ce que ce geste laisse supposer sur l'époque ?

- Comparez l'attitude des nobles chez Watteau, Marivaux et Beaumarchais. Cette attitude diffère-t-elle de celle des bien nantis de notre société ?

Pierre Choderlos de Laclos (1741-1803)

Officier d'artillerie issu de la petite noblesse de province, Pierre Choderlos de Laclos connaît la vie terne des petits officiers de l'armée française, mutés de ville en ville au gré de leurs affectations. En 1781, Laclos demande un congé de six mois afin de terminer le roman qu'il a entrepris deux ans auparavant, *Les Liaisons dangereuses*. Publié l'année suivante, l'ouvrage est un énorme succès de scandale. Laclos quitte brièvement l'armée quelques années plus tard pour faire carrière dans le domaine politique. Il sera mêlé de près au tumulte de la révolution de 1789 et, comme bien d'autres, échappera de peu à la guillotine en 1794. Il réintègre l'armée lorsque Napoléon Bonaparte s'empare du pouvoir en 1799. Il mourra en 1803, en pleine campagne militaire, laissant un deuxième roman à l'état de projet.

■ LES LIAISONS DANGEREUSES (1782)

L'unique œuvre de Choderlos de Laclos se présente au lecteur comme la somme de la correspondance entre plusieurs aristocrates. Le chassé-croisé des lettres permet à Laclos de peindre avec justesse les intrigues des nobles libertins du XVIIIe siècle. Le terme libertin *apparaît au XVIIe siècle. Il désigne à l'origine les individus qui rejettent les doctrines religieuses et la morale qui en découle. Les libertins sont des libres-penseurs qui préconisent une morale individualiste : l'homme doit agir selon sa conscience, sans rendre de comptes à un Dieu qui n'existe pas. Le protagoniste de la pièce* Dom Juan *de Molière, par son mépris de la religion et de la fidélité conjugale, personnifie à merveille le libertin du XVIIe siècle.*

Toutefois, au XVIIIe siècle, un glissement de sens donne au mot libertin *une nouvelle dénotation : le « libertinage » désigne alors les outrages à la morale publique commis par certains individus débauchés, souvent des nobles. Une bonne part de la noblesse du XVIIIe siècle, qui ne travaille pas et dispose donc de beaucoup de temps libre, consacre sa vie aux plaisirs et aux divertissements, ce qui ouvre la voie, chez certains, à des excès de toutes sortes, notamment sur le plan sexuel.*

Dans Les Liaisons dangereuses, *Laclos condamne en apparence le libertinage tout en décrivant avec habileté l'état d'esprit des aristocrates libertins du XVIIIe siècle. Ces derniers sont incarnés par les deux personnages principaux : la marquise de Merteuil, une jeune veuve qui dissimule son libertinage derrière une façade de respectabilité, et le vicomte de Valmont, un séducteur notoire. Au début du roman, la marquise de Merteuil demande à Valmont de la venger : le comte de Gercourt, son ancien amant, doit épouser Cécile Volanges, une toute jeune fille fraîchement sortie du couvent. La marquise demande à Valmont de séduire Cécile avant le mariage, et* *de déshonorer ainsi Gercourt. La marquise, de son côté, devient la confidente de Cécile et lui présente en secret un jeune homme, Danceny, dont la jeune fille tombe amoureuse. Valmont n'en séduit pas moins Cécile qui, prise de remords, écrit à la marquise pour avouer sa faute. Dans sa réponse, la marquise donne à sa jeune amie une petite leçon de libertinage.*

Lettre 105 : **La marquise de Merteuil à Cécile Volanges**

Sérieusement peut-on, à quinze ans passés, être enfant comme vous l'êtes ? Vous avez bien raison de dire que vous ne méritez pas mes bontés. Je voulais pourtant être votre amie : vous
5 en avez besoin peut-être avec la mère que vous avez, et le mari qu'elle veut vous donner ! Mais si vous ne vous formez pas davantage, que voulez-vous qu'on fasse de vous ? Que peut-on espérer, si ce qui fait venir l'esprit aux filles
10 semble au contraire vous l'ôter[1] ?

Si vous pouviez prendre sur vous de raisonner un moment, vous trouveriez bientôt que vous devez vous féliciter au lieu de vous plaindre. Mais vous êtes honteuse, et cela vous gêne ! Hé !
15 tranquillisez-vous ; la honte que cause l'amour est comme sa douleur : on ne l'éprouve qu'une fois. On peut encore la feindre après ; mais on ne la sent plus. Cependant le plaisir reste, et c'est bien quelque chose. Je crois même avoir
20 démêlé, à travers votre petit bavardage, que

---

1. Allusion au poème de Jean de La Fontaine « Comment l'esprit vient aux filles ».

FRANÇOIS BOUCHER (1703-1770).

La Marchande de modes, 1746.
(Huile sur toile : 64 × 53 cm.
Nationalmuseum, Stockholm.)

La scène se déroule dans le boudoir d'une femme du monde, probablement contemporaine de Madame de Pompadour. Assise devant sa coiffeuse, profitant de la lumière du jour, la dame fait mine de s'intéresser aux fins rubans et aux écharpes soyeuses qu'est venue lui proposer la jeune marchande, alors qu'à ses pieds, dans l'ombre d'un petit meuble, on aperçoit une enveloppe dont le cachet rouge capte l'attention. Sous le couvert d'une image en apparence anodine, il s'agit d'une mise en scène bien orchestrée où la jeune fille joue le rôle de l'entremetteuse qui apporte une lettre de l'amant ! Le rideau n'est-il pas ouvert sur l'alcôve, promesse des plaisirs que recherche le libertin...

vous pourriez le compter pour beaucoup. Allons, un peu de bonne foi. Là, ce trouble qui vous empêchait de faire comme vous disiez, qui vous faisait trouver si difficile de se défendre, qui vous rendait comme fâchée, quand Valmont s'en est allé, était-ce bien la honte qui le causait? ou si c'était le plaisir? et ses façons de dire auxquelles on ne sait comment répondre, cela ne viendrait-il pas de ses façons de faire? Ah! petite fille, vous mentez, et vous mentez à votre amie! Cela n'est pas bien. Mais brisons² là.

Ce qui pour tout le monde serait un plaisir, et pourrait n'être que cela, devient dans votre situation un véritable bonheur. En effet, placée entre une mère dont il vous importe d'être aimée, et un Amant dont vous désirez de l'être toujours, comment ne voyez-vous pas que le seul moyen d'obtenir ces succès opposés est de vous occuper d'un tiers? Distraite par cette nouvelle aventure, tandis que vis-à-vis de votre Maman vous aurez l'air de sacrifier à votre soumission pour elle un goût qui lui déplaît, vous acquerrez vis-à-vis de votre Amant l'honneur d'une belle défense. En l'assurant sans cesse de votre amour, vous ne lui en accorderez pas les dernières preuves. Ces refus, si peu pénibles dans le cas où vous serez, il ne manquera pas de les mettre sur le compte de votre vertu; il s'en plaindra peut-être, mais il vous en aimera davantage, et pour avoir le double mérite, aux yeux de l'un de sacrifier l'amour, à ceux de l'autre, d'y résister, il ne vous en coûtera que d'en goûter les plaisirs. Oh! combien de femmes ont perdu leur réputation, qui l'eussent conservée avec soin, si elles avaient pu la soutenir par de pareils moyens!

Ce parti que je vous propose, ne vous paraît-il pas le plus raisonnable, comme le plus doux? Savez-vous ce que vous avez gagné à celui que vous avez pris? c'est que votre Maman a attribué votre redoublement de tristesse à un redoublement d'amour, qu'elle en est outrée, et que pour vous en punir elle n'attend que d'en être plus sûre. Elle vient de m'en écrire; elle tentera tout pour obtenir cet aveu de vous-même. Elle ira, peut-être, me dit-elle, jusqu'à vous proposer Danceny pour époux; et cela pour vous engager à parler. Et si, vous laissant séduire par cette trompeuse tendresse, vous répondiez, selon votre cœur, bientôt renfermée pour longtemps, peut-être pour toujours, vous pleureriez à loisir votre aveugle crédulité.

Cette ruse qu'elle veut employer contre vous, il faut la combattre par une autre. Commencez donc, en lui montrant moins de tristesse, à lui faire croire que vous songez moins à Danceny. Elle se le persuadera d'autant plus facilement, que c'est l'effet ordinaire de l'absence; et elle vous en saura d'autant plus de gré, qu'elle y trouvera une occasion de s'applaudir de sa prudence, qui lui a suggéré ce moyen. Mais si, conservant quelque doute, elle persistait pourtant à vous éprouver³, et qu'elle vînt à vous parler de mariage, renfermez-vous, en fille bien née, dans une parfaite soumission. Au fait, qu'y risquez-vous? Pour ce qu'on fait d'un mari, l'un vaut toujours bien l'autre; et le plus incommode est encore moins gênant qu'une mère.

Une fois plus contente de vous, votre Maman vous mariera enfin; et alors, plus libre dans vos démarches, vous pourrez, à votre choix, quitter Valmont pour prendre Danceny, ou même les garder tous deux. Car, prenez-y garde, votre Danceny est gentil: mais c'est un de ces hommes qu'on a quand on veut et tant qu'on veut; on peut donc se mettre à l'aise avec lui. Il n'en est pas de même de Valmont: on le garde difficilement; et il est dangereux de le quitter. Il faut avec lui beaucoup d'adresse, ou, quand on n'en a pas, beaucoup de docilité. Mais, aussi, si vous pouviez parvenir à vous l'attacher comme ami, ce serait là un bonheur! il vous mettrait tout de suite au premier rang de nos femmes à la mode. C'est comme cela qu'on acquiert une consistance⁴ dans le monde, et non pas à rougir et à pleurer, comme quand vos Religieuses vous faisaient dîner à genoux.

---

2. *brisons*: mettons fin à cette discussion.
3. *éprouver*: mettre à l'épreuve.
4. *consistance*: réputation, statut (sens contextuel).

QUESTIONS

1 En vous basant sur cette lettre, pouvez-vous expliquer pourquoi certains ont vu dans *Les Liaisons dangereuses* une critique de la noblesse du XVIIIe siècle ?

2 Expliquez en vos mots le stratagème que la marquise propose à Cécile.

3 a) La marquise évoque deux types d'homme : faites-en la description en vous appuyant sur le vocabulaire employé par la marquise dans sa lettre.

b) Relevez tous les mots qui appartiennent au champ lexical du mensonge. Quels sous-thèmes peut-on y découvrir ? Qui d'autre a recours au mensonge et dans quel but ?

c) Pourquoi la plus grande partie de cette lettre est-elle écrite au futur ?

4 Quelle est la « leçon » que la marquise veut donner à Cécile ? Comment l'esprit libertin s'y exprime-t-il ?

5 a) Peut-on dire des propos de la marquise qu'ils sont féministes ?

b) Ce texte fait-il l'apologie de l'hypocrisie au même titre que l'extrait de *Dom Juan* aux pages 127-128 ?

c) Quelle différence peut-on faire entre l'infidélité décrite dans *Tristan et Iseult* et celle proposée par la marquise de Merteuil ?

PARTIE **3**

VERS UN MONDE NOUVEAU

EUX ÉCRIVAINS, Denis Diderot et Jean-Jacques Rousseau, comptent parmi les esprits les plus visionnaires de leur temps. Leurs écrits politiques annoncent le renversement prochain de la monarchie absolue en France, tout en jetant les bases de la démocratie, le régime politique qui finira par s'imposer, tant bien que mal au fil des siècles, en Amérique et en Europe. Diderot et Rousseau ont comme précurseur Saint-Simon qui, dans ses *Mémoires*, critiquait ouvertement Louis XIV, le Roi-Soleil emblématique de la monarchie absolue. De Jaucourt, pour sa part, dénonce l'esclavage dans l'*Encyclopédie* afin de défendre le principe de la liberté individuelle face à la tyrannie.

Les sensibilités littéraires de Rousseau et de Diderot sont tout aussi nouvelles que leurs idées politiques. Rousseau, le père de l'autobiographie, annonce déjà, dans *Julie ou La Nouvelle Héloïse*, le courant romantique qui s'épanouira au XIXe siècle. Diderot va encore plus loin dans *Jacques le Fataliste et son maître*, un roman labyrinthique que ne renieraient pas des écrivains du XXe siècle tels que Milan Kundera ou Alain Robbe-Grillet.

SAINT-SIMON

D'après A. Guiard-Labille.
(Lithographie. Photo colorisée.
Bibliiothèque nationale de
France.)

Saint-Simon (1675-1755)

Louis de Rouvroy, duc de Saint-Simon, est-il un écrivain du xviiᵉ siècle ou appartient-il plutôt au siècle des Lumières ? Les spécialistes le classent parfois dans l'un, parfois dans l'autre. Du strict point de vue chronologique, il rédige ses *Mémoires* entre 1739 et 1750, ce qui fait de lui un écrivain contemporain de Montesquieu et de Voltaire. Toutefois, toute son œuvre évoque l'époque du règne de Louis XIV. Saint-Simon a passé la première partie de sa vie à la cour du roi. Il vivait à Versailles et pouvait, dès lors, observer les intrigues des courtisans qui gravitaient autour du Roi-Soleil. Avec l'avènement de Louis XV sur le trône de France, Saint-Simon se retire de la vie de la cour et entreprend la rédaction de ses *Mémoires*. La publication de l'œuvre est longtemps retardée, car Choiseul, ministre de Louis XV, ordonne la confiscation du manuscrit. Une première édition incomplète paraît en 1830 et suscite l'admiration d'écrivains tels que Stendhal et Victor Hugo, qui soulignent la justesse de l'observation psychologique et l'élégance du style de Saint-Simon. Il faudra attendre 1879 pour que la première édition complète soit publiée.

■ MÉMOIRES (1739-1750)

Loin de se « pique[r] d'impartialité », Saint-Simon ne tarit pas d'éloges envers ceux qu'il admire, mais il se déchaîne contre les parvenus, les bâtards (ceux de Louis XIV en particulier), les bourgeois ; jamais il n'a pardonné à Louis XIV d'avoir réduit les nobles à un rôle subalterne d'apparat, allant même jusqu'à affirmer que « vers sa fin il abandonna la cour à ses propres débris ». Sa critique atteint le roi dans sa personnalité même, frôlant de ce fait la sédition : « On l'a vu grand, riche, conquérant, arbitre de l'Europe, redouté, admiré, tant qu'ont duré les ministres et les capitaines qui ont véritablement mérité ce nom. À leur fin, la machine a roulé quelque temps encore, d'impulsion, et sur leur compte. Mais tôt après, le tuf s'est montré, les fautes, les erreurs se sont multipliées, la décadence est arrivée à grands pas, sans toutefois ouvrir les yeux à ce maître despotique si jaloux de tout faire et de tout diriger par lui-même. » Autrement dit, sans ses ministres, Louis XIV n'était rien…

« Portrait de Louis XIV »

Il aima en tout la splendeur, la magnificence, la profusion. Ce goût, il le tourna en maxime par politique, et l'inspira en tout à sa cour. C'était lui plaire que de s'y jeter en tables, en
5   habits, en équipages, en bâtiments, en jeu. C'étaient des occasions pour qu'il parlât aux gens. Le fond était qu'il tendait et parvint par là à épuiser tout le monde en mettant le luxe en honneur, et pour certaines parties en néces-
10 sité, et réduisit ainsi peu à peu tout le monde à dépendre entièrement de ses bienfaits pour subsister. Il y trouvait encore la satisfaction de son orgueil par une cour superbe en tout, et par une plus grande confusion qui anéantissait de
15 plus en plus les distinctions naturelles.

C'est une plaie qui, une fois introduite, est devenue le cancer intérieur qui ronge tous les particuliers, parce que de la cour il s'est promptement communiqué à Paris et dans les
20 provinces et les armées, où les gens en quelque place ne sont comptés qu'à proportion de leur table et de leur magnificence, depuis cette malheureuse introduction qui ronge tous les particuliers, qui force ceux d'un état à pouvoir
25 voler, à ne s'y pas épargner pour la plupart, dans la nécessité de soutenir leur dépense ; et par la confusion des états, que l'orgueil, que jusqu'à la bienséance retiennent, qui par la folie du gros va toujours en augmentant, dont les

30 suites sont infinies, et ne vont à rien moins qu'à la ruine et au renversement général.

Rien, jusqu'à lui, n'a jamais approché du nombre et de la magnificence de ses équipages de chasse et de toutes ses autres sortes d'équipages.
35 Ses bâtiments, qui les pourrait nombrer ? En même temps, qui n'en déplorera pas l'orgueil, le caprice, le mauvais goût ? Il abandonna Saint-Germain, et ne fit jamais à Paris ni ornement ni commodité, que le pont Royal,
40 par pure nécessité, en quoi, avec son incomparable étendue, elle est si inférieure à tant de villes dans toutes les parties de l'Europe.

QUESTIONS

1 Quels signes de la monarchie absolue trouve-t-on dans cet extrait ?

2 Quel est le principal reproche que Saint-Simon adresse à Louis XIV ?

3 a) Dressez le champ lexical de la splendeur. Quelle connotation négative Saint-Simon associe-t-il à ce champ lexical et quels mots soutiennent cette connotation ?

b) Ce sont principalement les figures d'amplification (hyperbole et énumération, en particulier) dont se sert l'auteur pour exprimer sa pensée : faites-en le relevé et reliez-les à la critique que fait l'auteur.

c) Expliquez les effets des dépenses de Louis XIV sur sa société.

4 En critiquant le goût du luxe de Louis XIV, qu'est-ce que Saint-Simon remet en cause de plus fondamental ?

5 a) Comparez le roi lion de la fable *Les Obsèques de la lionne* et Louis XIV dans le présent texte : qu'est-ce qui nous conduit à penser que La Fontaine et Saint-Simon ont des opinions semblables sur la monarchie absolue ?

b) Quels rapports pouvez-vous établir entre les dépenses de Louis XIV que critique Saint-Simon et celles de nos gouvernements actuels ?

Jean-Jacques Rousseau (1712-1778)

Orphelin de mère dès sa naissance, Jean-Jacques Rousseau est élevé par son père, à Genève (Suisse), puis par un pasteur protestant. Il s'enfuit de Genève à l'âge de seize ans et, après une courte période de vagabondage, est recueilli par madame de Warens qui sera, plus tard, sa maîtresse. Devenu adulte, Rousseau exerce divers petits métiers, développe un système de notation de la musique et s'installe finalement à Paris en 1742. Il fait la rencontre de Diderot et collabore à l'*Encyclopédie*. En 1749, il rédige le *Discours sur les sciences et les arts* dans lequel il affirme que l'être humain est naturellement bon, mais corrompu par la civilisation et le luxe. Le bonheur n'est donc possible que si l'on accepte de vivre simplement, en petites communautés, au sein de la nature. En 1762, deux de ses œuvres, dont son traité politique *Du Contrat social*, sont brûlées en public à Paris et à Genève à cause de l'audace de leur contenu.

JEAN-JACQUES ROUSSEAU.
Portrait fait par Allan Ramsay en 1766, gravé par J.-E. Nochez en 1769.

Rousseau, devenu *persona non grata*, doit s'enfuir en Suisse, puis en Angleterre. Commence alors pour lui une vie d'errance, rendue encore plus difficile par son caractère ombrageux qui le brouille avec les autres philosophes, notamment avec Voltaire. Il souffre d'un complexe de persécution qui le pousse à rédiger *Les Confessions* (1765-1770), sans doute la première véritable autobiographie, dans laquelle il se décrit avec une franchise étonnante. À la fin de sa vie, il peut finalement revenir à Paris, où il gagne modestement son pain en copiant de la musique. Il meurt en 1778, quelques semaines après Voltaire.

■ DU CONTRAT SOCIAL (1762)

Dans cet essai sur la politique et la société, Rousseau définit ce qui serait à ses yeux le gouvernement idéal. Selon lui, la légitimité du pouvoir réside dans l'expression de la volonté populaire : le peuple doit pouvoir choisir ses gouvernants. Le gouvernement, dans ces conditions, est responsable de l'administration de l'État, mais son pouvoir n'est jamais absolu, il est toujours subordonné à celui du peuple. Pour que ce type de gouvernement se réalise, il faut que les individus concluent entre eux un contrat social : chacun s'engage, au nom du bien collectif, à respecter ce contrat. L'individu accepte de renoncer à une liberté absolue, synonyme de chaos, afin de se soumettre aux règles promulguées par la communauté. En échange des limites imposées à sa liberté, l'individu peut compter sur la force commune pour défendre ses droits. Si jamais le gouvernement abusait de son pouvoir, en imposant des lois qui vont à l'encontre de l'opinion populaire, le contrat social serait rompu et les citoyens ne seraient plus obligés d'obéir au gouvernement. Selon Rousseau, seule la démocratie représente donc une forme de gouvernement acceptable. Ce raisonnement, qui contredit ouvertement le pouvoir royal absolu, vaut à Rousseau toutes sortes d'ennuis de son vivant. Les révolutionnaires de 1789, quant à eux, verront en l'auteur du Contrat social un des prophètes de la république française qu'ils établiront après avoir renversé le roi Louis XVI.

Chapitre 1.1

L'homme est né libre, et partout il est dans les fers. Tel se croit le maître des autres, qui ne laisse pas d'être plus esclave qu'eux. Comment ce changement s'est-il fait ? Je l'ignore. Qu'est-ce qui peut le rendre légitime ? Je crois pouvoir résoudre cette question.

Si je ne considérais que la force et l'effet qui en dérive, je dirais : « Tant qu'un peuple est contraint d'obéir et qu'il obéit, il fait bien ; sitôt qu'il peut secouer le joug, et qu'il le secoue, il fait encore mieux : car, recouvrant sa liberté par le même droit qui la lui a ravie, ou il est fondé à la reprendre, ou on ne l'était point à la lui ôter. » Mais l'ordre social est un droit sacré qui sert de base à tous les autres. Cependant, ce droit ne vient point de la nature ; il est donc fondé sur des conventions. Il s'agit de savoir quelles sont ces conventions.

Chapitre 3.4 : **De la démocratie**

20 Il n'est pas bon que celui qui fait les lois les exécute, ni que le corps du peuple détourne son attention des vues générales pour les donner aux objets particuliers. Rien n'est plus dangereux que l'influence des intérêts privés dans les affaires publiques, et l'abus des lois par le gou-
25 vernement est un mal moindre que la corruption du législateur, suite infaillible des vues particulières. Alors, l'État étant altéré dans sa substance, toute réforme devient impossible. Un peuple qui n'abuserait jamais du gouver-
30 nement n'abuserait pas non plus de l'indépendance ; un peuple qui gouvernerait toujours bien n'aurait pas besoin d'être gouverné.

À prendre le terme dans la rigueur de l'acception, il n'a jamais existé de véritable démocra-
35 tie, et il n'en existera jamais. Il est contre l'ordre naturel que le grand nombre gouverne et que le petit soit gouverné. On ne peut imaginer que le peuple reste incessamment assemblé pour vaquer[1] aux affaires publiques, et l'on voit aisé-
40 ment qu'il ne saurait établir pour cela des commissions, sans que la forme de l'administration change. […]

D'ailleurs, que de choses difficiles à réunir ne suppose pas ce gouvernement ! Premièrement,
45 un État très petit, où le peuple soit facile à rassembler, et où chaque citoyen puisse aisément connaître tous les autres ; secondement, une grande simplicité de mœurs qui prévienne la multitude d'affaires et de discussions épi-
50 neuses ; ensuite beaucoup d'égalité dans les rangs et dans les fortunes, sans quoi l'égalité ne saurait subsister longtemps dans les droits et l'autorité ; enfin peu ou point de luxe, car ou le luxe est l'effet des richesses, ou il les rend
55 nécessaires ; il corrompt à la fois le riche et le pauvre, l'un par la possession, l'autre par la convoitise ; il vend la patrie à la mollesse, à la vanité ; il ôte à l'État tous ses citoyens pour les asservir les uns aux autres, et tous à l'opinion.

60 Voilà pourquoi un auteur célèbre[2] a donné la vertu pour principe à la république, car toutes ces conditions ne sauraient subsister sans la vertu ; mais, faute d'avoir fait les distinctions nécessaires, ce beau génie a manqué souvent
65 de justesse, quelquefois de clarté, et n'a pas vu que l'autorité souveraine étant partout la même, le même principe doit avoir lieu dans tout État bien constitué, plus ou moins, il est vrai, selon la forme du gouvernement.

70 Ajoutons qu'il n'y a pas de gouvernement si sujet aux guerres civiles et aux agitations intestines que le démocratique ou populaire, parce qu'il n'y en a aucun qui tende si fortement et si continuellement à changer de
75 forme, ni qui demande plus de vigilance et de courage pour être maintenu dans la sienne. C'est surtout dans cette constitution que le citoyen doit s'armer de force et de constance, et dire chaque jour de sa vie au fond de son
80 cœur ce que disait un vertueux Palatin dans la diète de Pologne : *Malo periculosam libertatem quam quietum servitium*[3].

S'il y avait un peuple de dieux, il se gouvernerait démocratiquement. Un gouvernement si
85 parfait ne convient pas à des hommes.

1. *vaquer* : s'occuper de.
2. Montesquieu, dans *De l'Esprit des lois*.
3. « Je préfère les dangers de la liberté au calme de la servitude. »

QUESTIONS

1 Compte tenu du régime politique français au XVIIIe siècle, qu'est-ce qui paraît audacieux dans le chapitre 1.1 ? Comment ce chapitre peut-il être vu comme une annonce de la révolution de 1789 ?

2 Est-ce que la démocratie est présentée comme un modèle de gouvernement facile à appliquer ?

3 a) Relevez les deux antithèses dans le chapitre 1.1 et montrez en quoi elles constituent une critique de la situation politique en France sous la monarchie.

b) Analysez le quatrième paragraphe du chapitre 3.4 et indiquez en vos mots quelles sont les conditions nécessaires à l'épanouissement de la démocratie.

c) Rousseau insiste sur le mot *vertu*. Cherchez ce mot dans le dictionnaire et indiquez la dénotation qui s'applique à cet extrait.

d) Relevez les mots qui appartiennent au champ lexical des vertus et à celui des vices. En quoi ces champs lexicaux expliquent-ils la conception que Rousseau se fait de la politique ?

4 Peut-on affirmer que, selon Rousseau, la démocratie est un type de gouvernement à la fois parfait et irréalisable ?

5 En observant les différents États du monde actuel, peut-on dire que Rousseau a raison d'affirmer que la véritable démocratie est impossible ?

■ JULIE ou LA NOUVELLE HÉLOÏSE (1761)

Roman épistolaire, tout comme les Lettres persanes *de Montesquieu ou* Les Liaisons dangereuses *de Laclos,* Julie ou La Nouvelle Héloïse *paraît en 1761. Rousseau connaît alors le plus grand succès populaire de sa carrière, lui qui pourtant se méfiait du genre romanesque. Nul doute que l'œuvre a profité de la mode du roman « sensible » qui fait fureur dans la seconde moitié du XVIIIe siècle. Les lecteurs sont alors friands de récits qui décrivent les plaisirs et les malheurs engendrés par la passion amoureuse, comme* Paul et Virginie *(1788) de Bernardin de Saint-Pierre. Amour, exotisme et exaltation de la nature, ces thèmes chers à la génération romantique du XIXe siècle sont déjà en germe dans la littérature sensible du XVIIIe siècle, au point qu'on a parfois associé cette production romanesque au « préromantisme ».*

Le titre La Nouvelle Héloïse *renvoie explicitement à l'histoire authentique de l'amour tragique que vécurent au Moyen Âge le philosophe Abélard et son élève, la jeune Héloïse, histoire rendue célèbre par la publication des lettres qu'ils se sont échangées. Saint-Preux, précepteur (professeur particulier) dans une famille noble de Suisse, est amoureux de son élève, Julie d'Étanges. Julie aime également Saint-Preux, mais il s'agit d'un amour impossible, car Julie est promise en mariage au baron de Wolmar. Pour alléger ses tourments, Saint-Preux quitte Julie et part en voyage dans les montagnes de la Suisse. Le paysage incomparable des Alpes a un effet momentanément salvateur sur l'amant malheureux.*

Lettre XXIII de Saint-Preux à Julie

Je voulais rêver, et j'en était toujours détourné par quelque spectacle inattendu. Tantôt, d'immenses roches pendaient en ruine au-dessus de ma tête. Tantôt de hautes et bruyantes cascades
5 m'inondaient de leur épais brouillard. Tantôt un torrent éternel ouvrait à mes côtés un abîme dont les yeux n'osaient sonder la profondeur. Quelquefois, je me perdais dans l'obscurité d'un bois touffu. Quelquefois en sortant d'un gouffre
10 une agréable prairie réjouissait tout à coup mes regards. Un mélange étonnant de la nature sauvage et de la nature cultivée montrait partout

la main des hommes, où l'on eût cru qu'ils n'avaient jamais pénétré. […]

15 Ajoutez à tout cela les illusions de l'optique, les pointes des monts différemment éclairées, le clair-obscur[1] du soleil et des ombres, et tous les accidents de lumière qui en résultaient le matin et le soir ; vous aurez quelque idée des scènes
20 continuelles qui ne cessèrent d'attirer mon admiration, et qui semblaient m'être offertes en un vrai théâtre ; car la perspective des monts étant verticale frappe les yeux tout à la fois et bien plus puissamment que celle des plaines qui ne se voit
25 qu'obliquement, en fuyant, et dont chaque objet vous en cache un autre.

J'attribuai, durant la première journée, aux agréments de cette variété le calme que je sentais renaître en moi. J'admirais l'empire[2] qu'ont
30 sur nos passions les plus vives les êtres les plus insensibles, et je méprisais la philosophie de ne pouvoir pas même autant sur l'âme qu'une suite d'objets inanimés. Mais cet état paisible ayant duré la nuit et augmenté le lendemain,
35 je ne tardai pas de juger qu'il avait encore quelque autre cause qui ne m'était pas connue. J'arrivai ce jour-là sur des montagnes les moins élevées, et, parcourant ensuite leurs inégalités, sur celles des plus hautes qui étaient
40 à ma portée. Après m'être promené dans les nuages, j'atteignais un séjour plus serein, d'où l'on voit dans la saison le tonnerre et l'orage se former au-dessous de soi ; image trop vaine de l'âme du sage, dont l'exemple n'exista jamais,
45 ou n'existe qu'aux mêmes lieux d'où l'on en a tiré l'emblème.

Ce fut là que je démêlai sensiblement dans la pureté de l'air où je me trouvais la véritable cause du changement de mon humeur, et du
50 retour de cette paix intérieure que j'avais perdue depuis si longtemps. En effet, c'est une impression générale qu'éprouvent tous les hommes, quoiqu'ils ne l'observent pas tous, que sur les hautes montagnes, où l'air est pur
55 et subtil, on se sent plus de facilité dans la respiration, plus de légèreté dans le corps, plus de

sérénité dans l'esprit ; les plaisirs y sont moins ardents, les passions plus modérées. Les médi-
60 tations y prennent je ne sais quel caractère grand et sublime, proportionné aux objets qui nous frappent, je ne sais quelle volupté tranquille qui n'a rien d'âcre et de sensuel. Il semble qu'en s'élevant au-dessus du séjour des hommes, on y laisse tous les sentiments bas et
65 terrestres, et qu'à mesure qu'on approche des régions éthérées[3], l'âme contracte quelque chose de leur inaltérable pureté. On y est grave sans mélancolie, paisible sans indolence, content d'être et de penser : tous les désirs trop vifs
70 s'émoussent, ils perdent cette pointe aiguë qui les rend douloureux ; ils ne laissent au fond du cœur qu'une émotion légère et douce ; et c'est ainsi qu'un heureux climat fait servir à la félicité de l'homme les passions qui font ailleurs son
75 tourment. Je doute qu'aucune agitation violente, aucune maladie de vapeurs pût tenir contre un pareil séjour prolongé, et je suis surpris que des bains de l'air salutaire et bienfaisant des montagnes ne soient pas un des grands remèdes de
80 la médecine et de la morale. […]

Supposez les impressions réunies de ce que je viens de vous décrire, et vous aurez quelque idée de la situation délicieuse où je me trouvais. Imaginez la variété, la grandeur, la beauté
85 de mille étonnants spectacles ; le plaisir de ne voir autour de soi que des objets tout nouveaux, des oiseaux étranges, des plantes bizarres et inconnues, d'observer en quelque sorte une autre nature, et de se trouver dans un
90 nouveau monde. Tout cela fait aux yeux un mélange inexprimable, dont le charme augmente encore par la subtilité de l'air qui rend les couleurs plus vives, les traits plus marqués, rapproche tous les points de vue ; les distances
95 paraissent moindres que dans les plaines, où l'épaisseur de l'air couvre la terre d'un voile, l'horizon présente aux yeux plus d'objets qu'il semble n'en pouvoir contenir : enfin le spectacle a je ne sais quoi de magique, de surnaturel, qui
100 ravit l'esprit et les sens ; on oublie tout, on s'oublie soi-même, on ne sait plus où l'on est.

---

1. *clair-obscur* : distribution de la lumière et des ombres.
2. *empire* : forte influence.
3. *éthérées* : aériennes, délicates ; par extension, élevées, pures.

QUESTIONS

1 Comment Rousseau fait-il comprendre à son lecteur que le seul bonheur véritable ne se trouve qu'au sein de la nature ?

2 Décrivez l'influence de la nature sur la sensibilité de Saint-Preux.

3 a) Analysez les oppositions dans le premier paragraphe. Montrez qu'elles suggèrent l'immensité du paysage que contemple Saint-Preux. Comment cette description de la nature nous permet-elle de mieux comprendre les tourments intérieurs du narrateur ?

   b) Relevez les mots qui forment le champ lexical de la pureté et précisez le rôle de ce thème dans l'extrait.

   c) Analysez les qualificatifs appliqués à la nature dans le dernier paragraphe. Quelle impression suggèrent-ils ?

   d) Relevez les caractéristiques du ton lyrique présentes dans cet extrait.

4 Le narrateur abandonne-t-il progressivement le rationalisme pour se laisser aller aux sensations pures ?

5 La pensée de Rousseau s'éloigne-t-elle de celle des autres écrivains du siècle des Lumières ou est-elle similaire ?

Art et littérature

La nature

Le domaine de Gibside, un des plus grands du nord de l'Angleterre, est situé dans la vallée de Derwent. Turner présente une vue en plongée du paysage.

- Décrivez le paysage.

- Que suggèrent la présence de quelques vaches dans le pré et celle de l'enfant au bord de la rivière ?

- Quelle image de la nature propose Turner ? Comparez-la avec celle de Rousseau.

- Quels sentiments éprouvez-vous devant de tels paysages ?

J. M. WILLIAM TURNER (1775-1851).

Gibside from the North. (Aquarelle sur papier : 27,4 x 45,1 cm. The Bowes Museum, Barnard Castle, County Durham.)

Louis de Jaucourt (1704-1779)

Né à Paris, le chevalier Louis de Jaucourt parcourt l'Europe pour étudier la médecine, la théologie et les mathématiques. Il fréquente les milieux philosophiques parisiens aussi bien que les sociétés savantes qui sont nombreuses à le compter parmi leurs membres. À trente ans, il publie une *Histoire de la vie et des œuvres de Leibniz*. Il est, après Diderot, l'auteur qui aura rédigé le plus d'articles pour l'*Encyclopédie*.

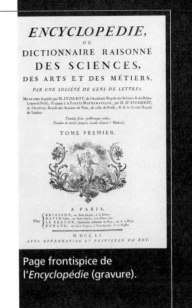

Page frontispice de
l'*Encyclopédie* (gravure).

■ « ESCLAVAGE »
(tiré de l'*Encyclopédie*)

La traite des esclaves africains atteint son apogée au XVIIIe siècle. Officiellement aboli en Europe, l'esclavage demeure très important dans les colonies des puissances européennes et en Amérique. Il joue un rôle fondamental dans le commerce international, fondé sur les échanges économiques entre l'Europe, l'Amérique et les colonies. Comme la culture de la canne à sucre, du café ou du coton aux Antilles françaises exige une main-d'œuvre constamment renouvelée, les Français considèrent l'esclavage comme une nécessité économique, et les idées racistes de l'époque permettent aux commerçants de passer outre aux souffrances ainsi imposées aux Noirs. Les intellectuels du XVIIIe siècle, en hommes de leur temps, partagent en bonne partie les idées racistes en vogue en Europe. Certains, toutefois, vont dénoncer l'institution de l'esclavage, au nom du principe de la liberté individuelle. C'est le cas du chevalier de Jaucourt.

La liberté de l'homme est un principe qui a été reçu longtemps avant la naissance de Jésus-Christ par toutes les nations qui ont fait profession de générosité. La liberté *naturelle* de
5 l'homme, c'est de ne connaître aucun pouvoir souverain sur la terre, et de n'être point assujettie à l'autorité législative de qui que ce soit, mais de suivre seulement les lois de la Nature : la liberté *dans la société* est d'être soumis à un
10 pouvoir législatif établi par le consentement de la communauté, et non pas d'être sujet à la fantaisie, à la volonté inconstante, incertaine et arbitraire d'un seul homme en particulier.

Cette liberté, par laquelle l'on n'est point assu
15 jetti à un pouvoir absolu, est unie si étroitement avec la conservation de l'homme, qu'elle n'en peut être séparée que par ce qui détruit en même temps sa conservation et sa vie. Quiconque tâche donc d'usurper un pouvoir

20 absolu sur quelqu'un, se met par là en état de guerre avec lui, de sorte que celui-ci ne peut regarder le procédé de l'autre, que comme un attentat manifeste contre sa vie. En effet, du moment qu'un homme veut me soumettre
25 malgré moi à son empire, j'ai lieu de présumer que si je tombe entre ses mains, il me traitera selon son caprice, et ne fera pas scrupule de me tuer, quand la fantaisie lui en prendra. La liberté est, pour ainsi dire, le rempart de ma
30 conservation, et le fondement de toutes les autres choses qui m'appartiennent. Ainsi, celui qui dans l'état de la nature, veut me rendre esclave, m'autorise à le repousser par toutes sortes de voies, pour mettre ma per-
35 sonne et mes biens en sûreté.

[...]

Si l'esclavage choque le droit naturel et le droit civil, il blesse aussi les meilleures formes de gouvernement : il est contraire au gouvernement monarchique, où il est souverainement
40 important de ne point abattre et de ne point avilir la nature humaine. Dans la démocratie, où tout le monde est égal, et dans l'aristocratie, où les lois doivent faire leurs efforts pour que tout le monde soit aussi égal que la nature
45 du gouvernement peut le permettre, des esclaves sont contre l'esprit de la constitution ; ils ne serviraient qu'à donner aux citoyens une puissance et un luxe qu'ils ne doivent point avoir.

50 De plus, dans tout gouvernement et dans tout pays, quelque pénibles que soient les travaux que la société y exige, on peut tout faire avec des hommes libres, en les encourageant par des récompenses et des privilèges, en proportion-
55 nant les travaux à leurs forces, ou en y suppléant par des machines que l'art invente et applique suivant les lieux et le besoin.

[...]

Ainsi tout concourt à laisser à l'homme la dignité qui lui est naturelle. Tout nous crie
60 qu'on ne peut lui ôter cette dignité naturelle, qui est la liberté : la règle du juste n'est pas fondée sur la puissance, mais sur ce qui est conforme à la nature ; l'esclavage n'est pas seulement un état humiliant pour celui qui le
65 subit, mais pour l'humanité même qui est dégradée.

QUESTIONS

1 Peut-on dire que ce texte, écrit par un noble, adopte l'idéologie de la bourgeoisie ?

2 Comment Jaucourt prouve-t-il que l'esclavage contrevient aux lois naturelles ?

3 a) Dans le premier paragraphe, Jaucourt distingue deux types de liberté. Nommez-les et expliquez-les.

b) Relevez tous les mots qui décrivent de manière dépréciative le pouvoir absolu et montrez leur portée politique.

c) Quel est le sens contextuel du mot *conservation* et pourquoi est-il fondamental dans la démonstration de l'auteur ?

d) Jaucourt insiste sur le nom *nature* et l'adjectif *naturel*. Pourquoi ces mots sont-ils répétés ainsi dans l'extrait ?

4 En quoi ce texte illustre-t-il le fait que l'*Encyclopédie* était une œuvre engagée dans un combat social et politique, y compris une lutte contre la monarchie ?

5 a) Qu'est-ce qui rapproche cet extrait de celui du *Contrat social* de Rousseau (voir p. 184-185) ?

b) Dans le contexte actuel de la mondialisation de l'économie, quelle leçon peut-on tirer de cet extrait ?

Denis Diderot (1713-1784)

À l'âge de treize ans, Denis Diderot est poussé vers la prêtrise par sa famille. Le jeune homme fait des études brillantes chez les jésuites, mais sa vocation religieuse s'éteint lorsqu'il atteint l'âge adulte. Étudiant à Paris, il mène une vie assez désordonnée et sa famille cesse de l'aider financièrement. Pour survivre, il cumule les petits métiers : il donne des cours particuliers, écrit des sermons pour des prêtres peu doués pour la rédaction ou traduit en français des livres anglais. Il se fait peu à peu connaître dans les milieux intellectuels de Paris et, en 1746, on lui confie une énorme entreprise : diriger la rédaction de l'*Encyclopédie*. En dépit du travail écrasant que lui demande cet ouvrage, Diderot réussit tout de même à écrire des œuvres plus personnelles. La publication, en 1749, de la *Lettre sur les aveugles à l'usage de ceux qui voient* lui vaut un séjour de trois mois en prison, la censure royale n'ayant pas apprécié l'audace des idées antireligieuses contenues dans ce livre. Diderot continue d'écrire, mais décide de publier peu de son vivant. Il pratique presque tous les genres littéraires, du roman à l'essai philosophique, en passant par le théâtre. Il se fait également connaître comme un critique d'art respecté. Aussi saisissante aujourd'hui qu'hier par sa modernité et son originalité, l'œuvre de Diderot fait de lui un des plus grands penseurs du XVIIIe siècle.

DIDEROT
Jean-Antoine Houdon, 1775.
(Marbre, Musée du Louvre, Paris.)

■ « AUTORITÉ POLITIQUE » (tiré de l'*Encyclopédie*)

Publiée dans le premier tome de l'Encyclopédie, la vision politique de Diderot surprend encore par son audace. À une époque de monarchie absolue de droit divin, Diderot ose contester la légitimité de l'autorité royale et proposer de nouvelles institutions politiques. On ne saurait s'étonner que, dès lors, la publication de l'Encyclopédie se fasse sous la haute surveillance de la censure royale.

Aucun homme n'a reçu de la nature le droit de commander aux autres. La liberté est un présent du ciel, et chaque individu de la même espèce a le droit d'en jouir aussitôt qu'il jouit
5 de la raison. Si la nature a établi quelque autorité, c'est la puissance paternelle ; mais la puissance paternelle a ses bornes ; et dans l'état de nature elle finirait aussitôt que les enfants seraient en état de se conduire. Toute autre
10 autorité vient d'une autre origine que la nature. Qu'on examine bien et on la fera toujours remonter à l'une de ces deux sources : ou la force et la violence de celui qui s'en est emparé, ou le consentement de ceux qui s'y sont sou-
15 mis par un contrat fait ou supposé entre eux et à qui ils ont déféré l'autorité.

La puissance qui s'acquiert par la violence n'est qu'une usurpation et ne dure qu'autant que la force de celui qui commande l'emporte sur celle
20 de ceux qui obéissent ; en sorte que si ces derniers deviennent à leur tour les plus forts, et qu'ils secouent le joug, ils le font avec autant de droit et de justice que l'autre qui le leur avait imposé. La même loi qui a fait l'autorité la défait
25 alors ; c'est la loi du plus fort.

Quelquefois l'autorité qui s'établit par la violence change de nature ; c'est lorsqu'elle continue et se maintient du consentement exprès de ceux qu'on a soumis ; mais elle rentre par là
30 dans la seconde espèce dont je vais parler ; et celui qui se l'était arrogée devenant alors prince cesse d'être tyran.

La puissance qui vient du consentement des peuples suppose nécessairement des conditions
35 qui en rendent l'usage légitime utile à la société, avantageux à la république, et qui la fixent et la restreignent entre des limites ; car l'homme ne peut ni ne doit se donner entièrement et sans réserve à un autre homme, parce
40 qu'il a un maître supérieur au-dessus de tout, à qui il appartient tout entier. C'est Dieu dont le pouvoir est toujours immédiat sur la créature, maître aussi jaloux qu'absolu, qui ne perd jamais de ses droits et ne les communique
45 point. Il permet pour le bien commun et le maintien de la société que les hommes établissent entre eux un ordre de subordination, qu'ils obéissent à l'un d'eux ; mais il veut que ce soit par raison et avec mesure, et non pas
50 aveuglément et sans réserve, afin que la créature ne s'arroge pas les droits du créateur. Toute autre soumission est le véritable crime de l'idolâtrie. Fléchir le genou devant un homme ou devant une image n'est qu'une cérémonie
55 extérieure, dont le vrai Dieu qui demande le cœur et l'esprit ne se soucie guère, et qu'il abandonne à l'institution des hommes pour en faire,

comme il leur conviendra, des marques d'un culte civil et politique, ou d'un culte de religion.
60 Ainsi ce ne sont pas ces cérémonies en elles-mêmes, mais l'esprit de leur établissement qui en rend la pratique innocente ou criminelle. Un Anglais n'a point de scrupule à servir le roi le genou en terre ; le cérémonial ne signifie que
65 ce qu'on a voulu qu'il signifiât, mais livrer son cœur, son esprit et sa conduite sans aucune réserve à la volonté et au caprice d'une pure créature, en faire l'unique et dernier motif de ses actions, c'est assurément un crime de lèse-
70 majesté divine au premier chef. […]

Le prince tient de ses sujets mêmes l'autorité qu'il a sur eux ; et cette autorité est bornée[1] par les lois de la nature et de l'État… Le prince ne peut donc disposer de son pouvoir et de ses
75 sujets sans le consentement de la nation et indépendamment du choix marqué par le contrat de soumission. […]

Les conditions de ce pacte sont différentes dans les différents États. Mais partout la nation est
80 en droit de maintenir envers et contre tous le contrat qu'elle a fait ; aucune puissance ne peut le changer ; et quand il n'a plus lieu, elle rentre dans le droit et dans la pleine liberté d'en passer un nouveau avec qui et comme il lui plaît.
85 C'est ce qui arriverait en France si, par le plus grand des malheurs, la famille entière régnante venait à s'éteindre jusque dans ses moindres rejetons : alors le sceptre et la couronne retourneraient à la nation.

---

1. *bornée* : limitée.

QUESTIONS

1 Quels indices signalent que Diderot critique la monarchie de droit divin ?

2 Quelles lois sont supérieures aux lois politiques ?

3 a) Quels mots soulignent l'arbitraire du pouvoir royal ?

b) Relevez les termes dépréciatifs et expliquez à quelle idée ils sont associés.

c) Quelle expression, dans le quatrième paragraphe, décrit le roi avec beaucoup d'audace ?

d) Comment Diderot se sert-il de la religion pour faire triompher son opinion ? Comment ce procédé contredit-il la notion de monarchie de droit divin ?

4 a) En quoi ce texte était-il susceptible de choquer le pouvoir royal ?

b) Après lecture de ce texte, pourrait-on affirmer qu'il appuie le principe selon lequel un peuple est en droit de se révolter contre ses gouvernants ? Expliquez votre réponse.

5 a) Cet article garde-t-il sa pertinence dans un régime démocratique ?

b) Après lecture de cet article, peut-on dire qu'un État serait justifié d'intervenir dans un autre État pour en destituer le chef et mettre au pouvoir une nouvelle autorité ?

c) Quel rapprochement peut-on faire entre la conception du pouvoir politique de La Boétie (voir p. 79-80) et celle de Diderot ?

■ JACQUES LE FATALISTE ET SON MAÎTRE (1750)

Roman sur le destin, le hasard et la liberté, Jacques le Fataliste et son maître est une des œuvres les plus étonnantes du xviiiᵉ siècle. Deux personnages, un valet (Jacques) et son maître, errent sur les routes de France et discutent de leur vision du monde. Selon Jacques, tous les événements de notre vie sont prévus par le destin, ce dont doute le maître de Jacques. Toutefois, le dialogue entre ces deux personnages est constamment interrompu par les réflexions du narrateur, qui n'hésite pas à raconter des anecdotes sans lien direct avec l'intrigue. Il lui arrive même d'engager le dialogue avec le lecteur, qui n'hésite pas à son tour à apostropher l'auteur. Dans ce roman déroutant, Diderot laisse libre cours à sa fantaisie, se moquant au passage des règles traditionnelles du roman. L'anecdote du poète de Pondichéry, que le narrateur raconte au lecteur, constitue une réflexion intéressante sur la passion de l'écriture.

■■■

La vérité, me direz-vous, est souvent froide, commune et plate ; […] la vérité a ses côtés piquants, qu'on saisit quand on a du génie ; mais quand on en manque ? — Quand on en
5 manque, il ne faut pas écrire. — Et si par malheur on ressemblait à un certain poète que j'envoyai à Pondichéry[1] ? — Qu'est-ce que ce poète ? — Ce poète… Mais si vous m'interrompez, lecteur, et si je m'interromps moi-
10 même à tout coup, que deviendront les amours de Jacques ? Croyez-moi, laissons là le poète… — Non, non, l'histoire du poète de Pondichéry. […] — Un jour, il me vint un jeune poète, comme il m'en vient tous les jours […] Après
15 les compliments ordinaires sur mon esprit, mon génie, mon goût, ma bienfaisance, et autres propos dont je ne crois pas un mot, bien qu'il y ait plus de vingt ans qu'on me les répète et peut-être de bonne foi, le jeune poète tire un
20 papier de sa poche : ce sont des vers, me dit-il. — Des vers ! — Oui, monsieur, et sur lesquels j'espère que vous aurez la bonté de me dire votre avis. — Aimez-vous la vérité ? — Oui, monsieur ; et je vous la demande. — Vous
25 allez la savoir. — Quoi ! vous êtes assez bête pour croire qu'un poète vient chercher la vérité chez vous ? — Oui. — Et pour la lui dire ? — Assurément ! — Sans ménagement ? — Sans doute : le ménagement le mieux apprêté ne
30 serait qu'une offense grossière ; fidèlement interprété, il signifierait : vous êtes un mauvais poète ; et comme je ne vous crois pas assez robuste pour entendre la vérité, vous n'êtes encore qu'un plat homme. — Et la franchise
35 vous a toujours réussi ? — Presque toujours… Je lis les vers de mon jeune poète, et je lui dis : Non seulement vos vers sont mauvais, mais il m'est démontré que vous n'en ferez jamais de bons. — Il faudra donc que j'en fasse de mau-
40 vais ; car je ne saurais m'empêcher d'en faire.

---

1. Territoire autonome, membre de l'union indienne. À l'époque de Diderot, le territoire appartenait à la France et était un lieu de commerce.

— Voilà une terrible malédiction ! Concevez-vous, monsieur, dans quel avilissement vous allez tomber ? Ni les dieux, ni les hommes, ni les colonnes, n'ont pardonné la médiocrité aux
45 poètes : c'est Horace[2] qui l'a dit. — Je le sais. — Êtes-vous riche ? — Non. — Êtes-vous pauvre ? — Très pauvre. — Et vous allez joindre à la pauvreté le ridicule de mauvais poète ; vous aurez perdu toute votre vie ; vous serez vieux.
50 Vieux, pauvre et mauvais poète, ah ! monsieur, quel rôle ! — Je le conçois, mais je suis entraîné malgré moi... (Ici Jacques aurait dit : Mais cela est écrit là-haut.) — Avez-vous des parents ? — J'en ai. — Quel est leur état ? —
55 Ils sont joailliers. — Feraient-ils quelque chose pour vous ? — Peut-être. — Eh bien ! voyez vos parents, proposez-leur de vous avancer une pacotille[3] de bijoux. Embarquez-vous pour Pondichéry ; vous ferez de mauvais
60 vers sur la route ; arrivé, vous ferez fortune. Votre fortune faite, vous reviendrez faire ici tant de mauvais vers qu'il vous plaira, pourvu que vous ne les fassiez pas imprimer, car il ne faut ruiner personne... Il y avait environ douze ans
65 que j'avais donné ce conseil au jeune homme, lorsqu'il m'apparut ; je ne le reconnaissais pas. C'est moi, monsieur, me dit-il, que vous avez envoyé à Pondichéry. J'y ai été, j'ai amassé là une centaine de mille francs. Je suis reve-
70 nu ; je me suis remis à faire des vers, et en voilà que je vous apporte... Ils sont toujours mauvais ? — Toujours ; mais votre sort est arrangé, et je consens que vous continuiez à faire de mauvais vers. — C'est bien mon projet...

---

2. Poète latin (65 av. J.-C.–8 av. J.-C.).
3. Anciennement, assortiment de marchandises, de menus objets, destinés au commerce en pays lointains. (*Le Petit Robert*.)

QUESTIONS

1 Quel aspect de l'idéologie bourgeoise du XVIIIe siècle est représenté dans cet extrait ?

2 Quel est le problème du jeune poète ? Comment le résout-il ?

3 a) Étudiez la situation d'énonciation de cet extrait : qui parle et à qui ?

b) Relevez les marques de l'ironie dans le dialogue entre le narrateur et le poète. Quels passages relèvent de l'autodérision ?

c) Qu'est-ce qui caractérise la ponctuation et quel rôle joue-t-elle dans le ton de cet extrait ?

d) Quand doit-on s'abstenir d'écrire et pourquoi ?

4 Montrez que ce passage contient une « morale » sur la différence entre une passion et un métier ; expliquez cette morale en vos propres mots.

5 L'union entre le travail et la passion est-elle encore possible de nos jours ?

Littérature et actualité

L'ACTUALITÉ AU REGARD DES LUMIÈRES

La plupart des thèmes qui sont abordés par les auteurs du siècle des Lumières font encore partie, d'une manière ou d'une autre, de notre actualité quotidienne. Choisissez l'un des thèmes suivants et trouvez dans les journaux, les magazines ou les médias électroniques des événements contemporains qui montrent que les réflexions des auteurs du XVIIIe siècle sont toujours pertinentes :

– l'esclavage (texte de Jaucourt, p. 189-190) ;

– la guerre (textes de Voltaire, p. 161, et de l'*Encyclopédie*, p. 168-170) ;

– l'intolérance (textes de Montesquieu, p. 156-157, et de Voltaire, p. 165-167 ;

– l'abus de pouvoir (textes de Marivaux, p. 172-173, de Beaumarchais, p. 175-176, et de Diderot, p. 191-192) ;

– la liberté d'expression (texte de Voltaire, p. 158-160).

■ DIDEROT, CRITIQUE D'ART

De 1759 à 1781, Diderot visite les Salons, c'est-à-dire les expositions, qui se tenaient tous les deux ans au salon rouge du Louvre. Il commente les tableaux, critique ou encense les artistes, rédige ses notes destinées à la Correspondance littéraire de son ami Grimm ; celles-ci ne seront toutefois éditées qu'après sa mort sous le titre de Salons, et constituent une importante source d'information sur la peinture française de l'époque.

Diderot apprécie les scènes édifiantes de Greuze. La famille de L'accordée de village *exprime sa joie devant les fiançailles de la jeune fille. Le père agit « en bon père de famille » (comme le dit Montesquieu à la fin du texte en pages 156-157) et accorde sa bénédiction aux jeunes gens : ils fonderont une famille qui s'épanouira tout comme la poule et ses poussins. Bien que les tableaux représentant des paysans soient à la mode depuis le début du xviiᵉ siècle, le choix de Greuze témoigne d'un souci « pédagogique » propre à l'esprit des Lumières. Diderot a vu dans ces gens humbles un modèle de bonnes mœurs qu'il préfère au style sensuel et aux sujets légers du peintre François Boucher.*

Salon de 1761 (extrait)

Enfin je l'ai vu, ce tableau de notre ami Greuze ; mais ce n'a pas été sans peine ; il continue d'attirer la foule. […] Le sujet est pathétique, et l'on se sent gagner d'une émotion
5 douce en le regardant. La composition m'en a paru très belle : c'est la chose comme elle a dû se passer. Il y a douze figures ; chacune est à sa place, et fait ce qu'elle doit. Comme elles s'enchaînent toutes ! comme elles vont en ondoyant
10 et en pyramidant ! Je me moque de ces conditions ; cependant quand elles se rencontrent dans un morceau de peinture par hasard, sans

JEAN-BAPTISTE
GREUZE (1725-1805).

L'Accordée de village,
1761. (Huile sur toile :
92 × 117 cm. Musée
du Louvre, Paris.)

que le peintre ait eu la pensée de les y intro-
duire, sans qu'il leur ait rien sacrifié, elles me
15 plaisent.

[…] Le père est le seul qui parle. Le reste écoute
et se tait.

[…] Les bras étendus vers son gendre, il lui
parle avec une effusion de cœur qui enchante ;
20 il semble lui dire : « Jeannette est douce et sage ;
elle fera ton bonheur ; songe à faire le sien… »
ou quelque autre chose sur l'importance des
devoirs du mariage… Ce qu'il dit est sûrement
touchant et honnête. [...]

25 Le fiancé est d'une figure tout à fait agréable.
Il est hâlé de visage ; mais on voit qu'il est blanc
de peau ; il est un peu penché vers son beau-
père ; il prête attention à son discours, il en a
l'air pénétré ; il est fait au tour, et vêtu à mer-
30 veille, sans sortir de son état. J'en dis autant de
tous les autres personnages.

Le peintre a donné à la fiancée une figure charmante, décente et réservée ; elle est vêtue à merveille. Ce tablier de toile blanc fait on ne peut
35 pas mieux ; il y a un peu de luxe dans sa gar-
niture ; mais c'est un jour de fiancailles. [...]

La mère est une bonne paysanne qui touche à
la soixantaine, mais qui a de la santé ; elle est
aussi vêtue large et à merveille. D'une main elle
40 tient le haut du bras de sa fille ; de l'autre, elle
serre ce bras au-dessus du poignet : elle est

assise ; elle regarde sa fille de bas en haut ; elle a
bien quelque peine à la quiter ; mais le parti est
bon. Jean est un brave garçon, honnête et labo-
45 rieux ; elle ne doute point que sa fille ne soit heureuse avec lui. La gaieté et la tendresse sont
mêlées dans la physionomie de cette bonne mère.

[…]

Les deux enfants, dont l'un, assis à côté de la
mère, s'amuse à jeter du pain à la poule et à sa
50 petite famille, et dont l'autre s'élève sur la pointe
des pieds et tend le cou pour voir, sont charmants ; mais surtout le dernier.

[…]

Et cette poule qui a mené ses poussins au
milieu de la scène, et qui a cinq ou six petits,
55 comme la mère aux pieds de laquelle elle
cherche sa vie a six à sept enfants, et cette petite
fille qui leur jette du pain et qui les nourrit ; il
faut avouer que tout cela est d'une convenance
charmante avec la scène qui se passe, et avec
60 le lieu et les personnages. Voilà un petit trait de
poésie tout à fait ingénieux.

[…] c'est certainement ce que Greuze a fait de
mieux. Ce morceau lui fera honneur, et
comme peintre savant dans son art, et comme
65 homme d'esprit et de goût. Sa composition est
pleine d'esprit et de délicatesse. Le choix de ses
sujets marque de la sensibilité et des bonnes
mœurs.

Texte écho

■ DÉCLARATION D'INDÉPENDANCE DES ÉTATS-UNIS (1776)

*Le 4 juillet 1776, les États-Unis proclament officiellement leur indépendance de
l'Empire britannique. Le texte de la Déclaration d'indépendance, que l'on considère
aujourd'hui comme l'acte de naissance de la nation américaine, a été rédigé par
Thomas Jefferson, qui allait devenir président des États-Unis en 1800. Jefferson
était un homme d'une intelligence exceptionnelle, et son texte est tout empreint
des idées politiques mises de l'avant par les philosophes du XVIIIe siècle.*

Lorsque dans le cours des événements humains, il devient nécessaire pour un peuple de dissoudre les liens politiques qui l'ont attaché à un autre et de prendre, parmi les puissances
5 de la Terre, la place séparée et égale à laquelle les lois de la nature et du Dieu de la nature lui donnent droit, le respect dû à l'opinion de l'humanité oblige à déclarer les causes qui le déterminent à la séparation.

10 Nous tenons pour évidentes pour elles-mêmes les vérités suivantes : tous les hommes sont créés égaux ; ils sont doués par le Créateur de certains droits inaliénables ; parmi ces droits se trouvent la vie, la liberté et la recherche du bonheur. Les
15 gouvernements sont établis parmi les hommes pour garantir ces droits, et leur juste pouvoir émane du consentement des gouvernés. Toutes les fois qu'une forme de gouvernement devient destructive de ce but, le peuple a le droit de la
20 changer ou de l'abolir et d'établir un nouveau gouvernement, en le fondant sur les principes et en l'organisant en la forme qui lui paraîtront

les plus propres à lui donner la sûreté et le bonheur. La prudence enseigne, à la vérité, que les gouvernements établis depuis longtemps ne
25 doivent pas être changés pour des causes légères et passagères, et l'expérience de tous les temps a montré, en effet, que les hommes sont plus disposés à tolérer des maux supportables qu'à se faire justice à eux-mêmes en abolissant
30 les formes auxquelles ils sont accoutumés. Mais lorsqu'une longue suite d'abus et d'usurpations, tendant invariablement au même but, marque le dessein de les soumettre au despotisme absolu, il est de leur droit, il est de leur
35 devoir de rejeter un tel gouvernement et de pourvoir, par de nouvelles sauvegardes, à leur sécurité future. Telle a été la patience de ces Colonies, et telle est aujourd'hui la nécessité qui les force à changer leurs anciens systèmes de
40 gouvernement. L'histoire du roi actuel de Grande-Bretagne est l'histoire d'une série d'injustices et d'usurpations répétées, qui toutes avaient pour but direct l'établissement d'une tyrannie absolue sur ces États. […]

CHARLES WILLSON PEALE **(1741-1827).**

Benjamin Franklin, 1789. (Huile sur toile. Historical Society of Pennsylvania, Philadelphie.)

Benjamin Franklin (1706–1790) corrigea la Déclaration d'indépendance. Il rédigea en 1787 la Constitution fédérale du nouvel État. Peale le représente assis à sa table de travail : il met ainsi en évidence le penseur et l'homme politique.

45 Dans tout le cours de ces oppressions, nous avons demandé justice dans les termes les plus humbles ; nos pétitions répétées n'ont reçu pour réponse que des injustices répétées. Un prince dont le caractère est ainsi marqué par les 50 actions qui peuvent signaler un tyran est impropre à gouverner un peuple libre. [...]

En conséquence, nous, les représentants des États-Unis d'Amérique, assemblés en Congrès général, prenant à témoin le Juge suprême de 55 l'univers de la droiture de nos intentions, publions et déclarons solennellement au nom et par l'autorité du bon peuple de ces Colonies, que ces Colonies unies sont et ont le droit d'être des États libres et indépendants ; qu'elles sont 60 dégagées de toute obéissance envers la Couronne de la Grande-Bretagne ; que tout lien politique entre elles et l'État de la Grande-Bretagne est et doit être entièrement dissous ; que, comme les États libres et indépendants, 65 elles ont pleine autorité de faire la guerre, de conclure la paix, de contracter des alliances, de réglementer le commerce et de faire tous autres actes ou choses que les États indépendants ont droit de faire ; et pleins d'une ferme 70 confiance dans la protection de la divine Providence, nous engageons mutuellement au soutien de cette Déclaration, nos vies, nos fortunes et notre bien le plus sacré, l'honneur.

(Traduction française de Thomas Jefferson.)

QUESTION

Dans quelle mesure les idées proposées dans la Déclaration d'indépendance des États-Unis rejoignent-elles celles de Diderot (« Autorité politique », p. 191-192) et de Rousseau (*Du Contrat social*, p. 184-185) ?

Texte contemporain

■ VOLTAIRE-ROUSSEAU (1991)
de Jean-François Prévand

Dramaturge et metteur en scène français, Jean-François Prévand a imaginé une rencontre entre Rousseau et Voltaire dont le dialogue s'inspire des œuvres de ces écrivains. La pièce se déroule en octobre 1765 et s'inspire d'un fait authentique : en 1758, Rousseau avait publié la Lettre à d'Alembert sur les spectacles *dans laquelle il s'élevait contre l'établissement possible d'un théâtre à Genève. Voltaire, qui avait fait fortune grâce à ses pièces et qui organisait des représentations théâtrales dans son château de Ferney, considère dès lors Rousseau comme un ennemi de la pensée philosophique. En 1764, il fait paraître un pamphlet anonyme,* Le Sentiment des citoyens, *violent réquisitoire contre la pensée et la personne de Rousseau. Il y révèle, entre autres, que Rousseau avait abandonné ses cinq enfants dans des orphelinats.* Le Sentiment des citoyens *enflamme l'opinion publique de Genève contre Rousseau, qui doit s'exiler à l'île de Saint-Pierre, sur le lac de Bienne.*

Dans la pièce de Prévand, Rousseau vient trouver Voltaire dans son château de Ferney. Il a la certitude que Voltaire est l'auteur du Sentiment des citoyens, *mais il désire que son ennemi l'avoue devant lui. Après avoir cherché à éviter la question, Voltaire fait les aveux attendus, mais c'est pour mieux s'en prendre aux idées de Rousseau. Le dialogue entre les deux écrivains révèle le fossé profond qui séparait leurs visions du monde respectives.*

ROUSSEAU *(froidement, après un temps)*

Êtes-vous l'auteur de « Sentiment des Citoyens » ?… *(Il sort les feuillets et les met sous le nez de Voltaire.)*

VOLTAIRE *(se jetant à l'eau)*

Il fallait vous faire taire. Il y a un moment où
5   un fou ridicule devient un fou dangereux. J'ai
beaucoup prêché la tolérance mais elle porte
ses limites. Je ne suis pas chrétien, Jean-
Jacques. Si on me frappe sur la joue gauche, je
donne un grand coup de poing sur la joue
10 droite de celui d'en face pour lui ôter l'envie de
recommencer. Nous n'avons jamais été aussi
près de la victoire. Mais la République des
Lettres est en danger. Nos ennemis, sentant que
tout leur échappe, ne se contiennent plus. Re-
15 gardez Diderot en prison, l'*Encyclopédie* interdite. D'Alembert qui n'ose plus écrire, Helvétius
qui se tait. Voyez Calas sur sa roue, Sirven que
j'ai eu tant de mal à mettre en sûreté. Mon
Dictionnaire Philosophique lacéré et brûlé devant
20 un parvis d'église. Regardez-vous vous-même,
pourchassé, méprisé, en exil comme moi,
toutes vos œuvres vilipendées, censurées… et
tout cela parce que pouvoir et religion ne sont
pas séparés… les infâmes se font hystériques
25 parce qu'ils savent qu'ils ont perdu la partie. Et
c'est le moment que vous choisissez pour nous
attaquer parce que cela fait joli et mode de péter
contre l'intelligence. Il ne faut pas se tromper
de camp, Jean-Jacques. Je suis pour la tolé-
30 rance, je suis contre la censure, mais il faut vous
faire taire et j'en suis désolé pour vous.

ROUSSEAU

Cela vous ressemble bien de donner des leçons
de morale et de vertu ! Cela vous ressemble bien
de faire des « prières à Dieu » et de vous com-
35 porter en athée épouvantable !… Cela me
perce le cœur, vous que j'admirais tant !

VOLTAIRE

Oui, je suis coupable, très certainement. Et j'ai
l'impression que cela vous fait plaisir. J'ai
bien compris, Jean-Jacques. Vous n'êtes pas
40 venu pour M'ACCUSER. Vous êtes venu pour

VOUS DISCULPER. Ce que je suis, tout ce qui
se passe autour de vous, tout cela vous est bien
indifférent. Si le grand Voltaire est capable d'une
crapulerie, cela donne bien raison à votre sys-
45 tème : « nous sommes tous coupables mais aussi
tous innocents puisque nous sommes soumis
à l'organisation sociale qui nous a faits tels que
nous sommes ». Hé bien non, Jean-Jacques.
Avant d'être coupables ou innocents nous
50 sommes RESPONSABLES.

ROUSSEAU

Tout cela est facile à dire avec le cul dans la soie.
Les chiens qui mordent sont souvent les
mieux nourris !

VOLTAIRE *(glacial)*

C'est le même fonds chez moi qui défend la
55 malheureuse famille Calas, et qui ne peut que
s'emporter contre les infâmes !…

ROUSSEAU *(entre ses dents)*

Le même fonds de commerce !… […] Capi-
taliste ! Vous avez des actions dans la Compagnie
des Indes, qui s'enrichit en faisant la traite des
esclaves ! Cela ne vous gêne pas la conscience
60 de boursicoter sur la chair humaine ?

VOLTAIRE *(dans un état indescriptible)*

Faux ! Faux ! Triste bâtard du chien de Dio-
gène ! Il faut te baigner et prendre des bouillons
rafraîchissants ! J'ai fait abolir le servage dans
65 le Jura !

ROUSSEAU

Oui, vous aimez à prendre la défense de tous
les opprimés ! — Pourvu qu'ils soient de couleur blanche !

VOLTAIRE

Mais c'est une abomination ! — ça y est, il est
70 devenu tout à fait fou ! — Polisson malfaisant
qui a changé trois fois de religion !

ROUSSEAU

Mais oui, Monsieur le Comte !…

VOLTAIRE *(ébahi)*

Monsieur le Comte ?

ROUSSEAU

Vous venez bien d'acheter le domaine de
75   Tourney ? Le titre de Comte y est attaché.

VOLTAIRE

Jamais je ne me suis fait appeler Monsieur le
Comte ! — Cela te ressemble bien d'aboyer du
fond de ton tonneau !

ROUSSEAU

Mais oui, Monsieur le Comte ! Vous ne vous
80   faites pas appeler Monsieur le Comte, mais ici
dans votre château vous en avez bien les airs et
la cour ! Et quand vous défendez la veuve et l'orphelin, vous avez toujours à la tête ce que cela
pourrait vous rapporter ! Allez, toutes vos phi-
85   losophies sont des idées de riche ! Et moi, je vais
vous donner le vrai fond de ma pensée, à vous
qui aimez bien parler de morale : le premier
grand criminel de tous les temps est le premier
qui a entouré un champ de barrières et qui a dit :
90   « ceci est à moi ! »

VOLTAIRE *(le souffle coupé)*

Quoi ! Je ne pourrais rien posséder moi-même ?

ROUSSEAU

Non. Puisque par là vous l'enlevez aux autres.

VOLTAIRE *(se prenant la tête à deux mains)*

Vous voulez priver celui qui a semé du fruit de
ses efforts ?

ROUSSEAU

95   Oui. Puisque les fruits sont à tout le monde et
que la terre n'est à personne.

VOLTAIRE

Hé bien les fruits sont à tout le monde mais
cela ne nous empêche pas de les cultiver ! Parce
que si vous laissez votre verger en friche les
100 fanatiques de tous bords viendront vous le
dévaster.

(© Jean-François PRÉVAND,
Éditions de L'Avant-scène théâtre, 1991.)

QUESTION

À partir de cet extrait, établissez les reproches que se font mutuellement Rousseau et Voltaire et montrez ce qui distinguait leurs philosophies respectives.

CLÉS POUR COMPRENDRE LE XVIIIe SIÈCLE

1 Au xviiie siècle, les écrivains veulent faire réfléchir par leurs œuvres, romans ou essais.

2 Une nouvelle vision du monde se développe, fondée sur la raison.

3 Le culte que vouent les Lumières (les écrivains) à la raison les incite à remettre en question les tabous et les idées reçues de leur époque.

4 Tout fanatisme, en particulier le fanatisme religieux, est dénoncé. Les Lumières prônent la tolérance et s'opposent à la guerre, à l'Inquisition…

5 Les Lumières ont foi dans le progrès scientifique et technique.

6 Dans leurs écrits, les philosophes contestent la monarchie absolue et les privilèges de la noblesse. Ils proposent de reconnaître l'autorité du peuple et l'égalité des hommes.

7 Les écrivains adoptent, pour la plupart, les valeurs de la bourgeoisie : le travail, la propriété privée, l'ascension sociale fondée sur le mérite, etc.

8 Les Lumières défendent la libre circulation des idées et s'opposent à la censure.

BILAN DES AUTEURS ET DES ŒUVRES

MONTESQUIEU

Montesquieu, dans les *Lettres persanes*, critique adroitement la société française de son temps. Dans la lettre 46, il décrit ironiquement différents rituels religieux dans un plaidoyer en faveur de la tolérance religieuse.

VOLTAIRE

Voltaire domine la vie intellectuelle du siècle des Lumières, tant par ses idées que par l'ampleur de son œuvre. Il lutte avant tout contre le fanatisme, comme le montrent les extraits de *Candide* et du *Traité sur la tolérance*. Il se sert de l'ironie dans « De l'horrible danger de la lecture » pour promouvoir la liberté d'expression.

L'ENCYCLOPÉDIE

L'*Encyclopédie* ou *Dictionnaire raisonné des sciences, des arts et des métiers* est l'œuvre qui définit le mieux l'esprit des Lumières. L'article « Paix » écrit par Damilaville condamne les gouvernements qui déclenchent des guerres inutiles. Jaucourt, dans l'article « Esclavage », réprouve cette institution au nom de la liberté individuelle.

MARIVAUX

Marivaux contribue au renouvellement du théâtre français au xviiie siècle. *L'île des esclaves* critique subtilement les inégalités sociale de la France pré-révolutionnaire.

BEAUMARCHAIS

Beaumarchais est, avec Marivaux, le plus brillant dramaturge du siècle des Lumières. *Le Mariage de Figaro* décrit les abus de pouvoir de l'aristocratie avec une telle verve que la censure royale interdira la pièce pendant quelques années.

CHODERLOS DE LACLOS

Laclos est l'auteur d'une seule œuvre, *Les Liaisons dangereuses*, roman épistolaire qui décrit les intrigues libertines d'une aristocratie en pleine déchéance morale.

SAINT-SIMON

Le duc de Saint-Simon a décrit dans ses *Mémoires* le règne de Louis XIV, dont il critique l'absolutisme, s'en prenant dans son « Portrait de Louis XIV » à ses dépenses extravagantes.

ROUSSEAU

Dans *Du contrat social*, Rousseau soutient que le pouvoir vient du peuple, ce qui remet en question la monarchie absolue. Son roman *Julie ou la nouvelle Héloïse* annonce le courant romantique qui va s'épanouir au xixe siècle.

DIDEROT

En plus de diriger la publication de l'*Encyclopédie*, Diderot a écrit une œuvre originale et moderne. Il fait montre d'audace envers le pouvoir du roi dans son article « Autorité politique » et oppose la passion à la raison dans *Jacques le Fataliste et son maître*.

INSUFFISANCES ET TERREURS CRÉATRICES

Johann Heinrich William Tischbein (1751-1829).

Gœthe dans la campagne romaine, 1787. (Huile sur toile :
164 × 206 cm. Städelsches Kunstinstitut, Francfort.)

Au XVIIIe siècle, tout intellectuel européen pétri de culture classique effectue le voyage d'Italie à la recherche de l'Antiquité étudiée dans les livres. L'écrivain allemand Johann Wolfgang von Goethe, qui domina pendant un demi-siècle la vie intellectuelle allemande, fit un séjour à Rome de 1786 à 1788. On le voit dans un *décor* composé de ruines, symboles d'un passé grandiose : un bas-relief sur lequel figure une scène antique, les restes d'une frise. Il a revêtu un manteau qui rappelle la toge romaine ; assis sur les restes d'un mur, il regarde au loin, au-delà du cadre, semblant « échapper aux bornes qui circonscrivent l'imagination ». L'attitude énergique, le regard et l'expression de celui qui inspira les écrivains romantiques laissent transparaître « cette disposition de l'âme » dont parle madame de Staël.

CE QUE L'HOMME a fait de plus grand, il le doit au sentiment douloureux de l'incomplet de sa destinée. Les esprits médiocres sont, en général, assez satisfaits de la vie commune ; ils arrondissent, pour ainsi dire, leur existence et suppléent à ce qui peut leur manquer encore par des illusions de la vanité ; mais le sublime de l'esprit, des sentiments et des actions, doit son essor au besoin d'échapper aux bornes qui circonscrivent l'imagination. L'héroïsme de la morale, l'enthousiasme de l'éloquence, l'ambition de la gloire, donnent des jouissances surnaturelles qui ne sont nécessaires qu'aux âmes à la fois exaltées et mélancoliques, fatiguées de tout ce qui se mesure, de tout ce qui est passager, d'un terme enfin, à quelque distance qu'on le place. C'est cette disposition de l'âme, source de toutes les passions généreuses, comme de toutes les idées philosophiques, qu'inspire particulièrement la poésie du Nord.

Germaine de Staël, *De la littérature*.

Année	Événements politiques	Événements culturels
1720		Naissance du peintre Piranesi (†1778).
1733		Naissance du peintre Robert (†1808).
1746		Naissance du peintre Goya (†1828).
1751		Naissance du peintre Tischbein (†1829).
1767		Naissance de Benjamin Constant (†1830).
1768		Naissance de Chateaubriand (†1848).
1774		Goethe, *Les Souffrances du jeune Werther*. — Naissance du peintre Friedrich (†1840).
1780		Naissance du peintre Ingres (†1867).
1786		Naissance de Marceline Desbordes-Valmore (†1859).
1796		Naissance du peintre Corot (†1875).
1802	Napoléon est nommé premier consul à vie.	Chateaubriand, *René*. — Naissance de Victor Hugo (†1885).
1803		Naissance de Mérimée (†1870).
1804	Proclamation de l'Empire le 18 mai. Napoléon Bonaparte devient empereur le 2 décembre. Adoption du Code civil.	Naissance de George Sand (†1876).
1807		Fulton construit le premier bateau à vapeur.
1808		Naissance de Nerval (†1855).
1810		Naissance de Musset (†1857).
1811		König conçoit la première presse typographique mécanique.
1814	Fin de l'Empire en avril avec l'abdication de Napoléon et son premier exil, à l'île d'Elbe ; retour des Bourbon, avec Louis XVIII, en juin.	Stephenson construit la première locomotive à vapeur.
1815	Retour de Napoléon pour les Cent-Jours (20 mars). Seconde abdication de l'empereur après la défaite de l'armée française à la bataille de Waterloo (18 juin). Seconde Restauration et second exil de Napoléon, à Sainte-Hélène cette fois (8 juillet).	
1816		Benjamin Constant, *Adolphe*. — Niepce présente la première photographie.
1821	Mort de Napoléon (5 mai).	
1822	Adoption de lois restreignant la liberté de presse ; elles ne seront amendées qu'en 1828.	
1824	Mort de Louis XVIII et début du règne de Charles X.	
1828		Naissance du peintre Rossetti (†1882).
1829		Naissance du peintre Millais (†1896).
1830	Les trois journées de la Révolution de 1830, les «Trois-Glorieuses», entraînent la chute de Charles X et l'avènement, le 9 août, de Louis-Philippe, un «roi bourgeois» incarnant un compromis entre l'ultra-royalisme déchu de Charles X et les aspirations républicaines révolutionnaires.	
1832		Morse invente le télégraphe électrique.
1834		Musset, *On ne badine pas avec l'amour*.
1836		Musset, *La Confession d'un enfant du siècle*.
1837		Hugo, *Les Voix intérieures*. — Sand, *Mauprat*.
1839		Desbordes-Valmore, *Pauvres fleurs*. — Daguerre invente le daguerréotype.
1840		Naissance du sculpteur Rodin (†1917).
1845		Mérimée, *Carmen*.
1848	Proclamation de la Deuxième République en février et élection de Louis-Napoléon Bonaparte à la présidence.	
1850		Chateaubriand, *Mémoires d'outre-tombe*.
1851	Coup d'État plébiscité en décembre qui permettra à Louis-Napoléon Bonaparte de rétablir l'Empire un an plus tard et de prendre le nom de Napoléon III.	
1853		Nerval, *Sylvie*.
1856		Hugo, *Les Contemplations*.
1869		Hugo, *L'Homme qui rit*.
1870	Proclamation de la Troisième République.	
1875		*Carmen*, opéra de Bizet.
1913		Hugo, *Choses vues*.

L A PREMIÈRE MOITIÉ du XIXe siècle français se caractérise par l'alternance de ses formes de gouvernement. L'accès difficile à une véritable société républicaine, avec la proclamation de la Troisième République en 1870, passe d'abord par la constante opposition entre la bourgeoisie et l'aristocratie : Napoléon (1799-1814) et Louis-Philippe (1830-1848) d'un côté, Charles X (1824-1830) de l'autre, et Louis XVIII (1814-1824) comme trait d'union. La littérature subit ou accentue ces oscillations.

Réduite autant que la liberté d'expression sous Napoléon, la littérature explose et multiplie ses contacts avec l'étranger après la chute du régime. Chateaubriand profite du contexte libéral d'après 1815 pour redonner une place au sentiment religieux. Le conservatisme du règne de Charles X, quant à lui, conduit des écrivains comme Hugo à réclamer plus de liberté dans la société et dans l'art. Musset assimile les premières manifestations du « mal du siècle » au désarroi politique. Les transformations sociales poussent en effet les écrivains à se tourner vers leur moi, vers la foi dans les sentiments — l'amour en particulier — plutôt que dans la raison des classiques. D'ailleurs, l'amour romantique ne vient pas de la tête ni des sens, mais d'une fatalité qu'on peut nommer Dieu. Et puisqu'il est souvent contrarié et toujours imparfait, l'amour du poète pour ses semblables se reporte sur le temple divin de la nature. Il y a aussi la mort pour mener à Dieu. Mais encore faut-il croire ! Enfin, devant l'enrichissement de la bourgeoisie des années 1830, le romantisme devient social, dénonce avec George Sand les injustices de classe et rêve d'un autre monde idéalisé où la vertu serait plus récompensée que le vice.

Comme le suggère Germaine de Staël, tout le romantisme donne une réponse d'idéaliste au mal de la finitude : il faut écrire parce qu'il y a insuffisance. La société ne suffit pas à l'artiste qui se réfugie en lui-même, où il ne trouvera peut-être que du vide ; le monde semble un cachot pour ses aspirations ; les autres sont inaptes à le comprendre et leur amour satisfait mal son besoin d'infini. La nature, sur laquelle il cherche à se projeter, le consolerait si elle ne se montrait pas si souvent impassible. Cette insuffisance de son être le porte encore à fuir dans les voyages, en quête spirituelle d'un paradis perdu capable de lui redonner le bonheur. Mais les voyages n'aboutissent jamais qu'à la déception d'être soi. Pour un poète comme Victor Hugo, l'histoire, l'évolution des peuples recèle pourtant un chemin qui passe par Dieu et qui mène au salut de l'humanité. La littérature doit indiquer à l'homme cette voie salutaire vers tout ce qui existe dans la nature et au-dessus d'elle.

Enfin, plusieurs des écrivains que nous présentons dans ce chapitre ont connu l'exil, la prison, la pauvreté, la mise à l'index de leur œuvre ; d'autres ont perdu en bas âge un parent, ont vécu le deuil d'un enfant ou ont éprouvé des troubles mentaux. Les tragédies de leurs vies, leurs révoltes, leurs désordres ne sont pas stériles ; l'œuvre qu'ils laissent derrière eux en répond. Dans une existence, tout peut, tout doit servir à construire une œuvre : voilà une leçon de vie et l'essence du romantisme. Être créateur nous sauve.

PARTIE 1

VICTOR HUGO OU LE ROMANTISME À LUI TOUT SEUL

QU'IL S'AGISSE du sens de l'absolu, de la mort, de la nature, de l'ailleurs, de l'art, de l'amour, de l'enfance et du moi, tout le demi-siècle romantique commence, s'achève ou passe par l'œuvre de Victor Hugo. Le théâtre romantique se situe entre *Les Burgraves* (1843) et *La Préface de Cromwell* (1827), avec son plaidoyer pour le grotesque et son réquisitoire contre les unités classiques du lieu et du temps. La poésie, chez lui, se montre lyrique, sociale ou même métaphysique ; l'essai révèle une interaction avec le monde ; le roman historique devient un vaste projet humanitaire.

VICTOR HUGO
Photo prise par son fils Charles à Jersey, 1853-1855.

Victor Hugo (1802-1885)

Avec Molière, Victor Hugo est probablement l'écrivain français le plus universellement connu. Le succès des comédies musicales adaptées des *Misérables* et de *Notre-Dame de Paris* ramène régulièrement son nom dans l'actualité culturelle. Né d'un père bientôt anobli sous l'Empire au titre de comte, il reçoit néanmoins une éducation très libre, favorisant la lecture, sous l'influence d'une mère royaliste à la manière voltairienne. Il écrit ses premiers vers à quatorze ans. La nature occupe très tôt une place de choix dans sa vision du monde. Les voyages de son enfance, en Espagne notamment, forment de bonne heure son goût pour l'exotisme et une conception de l'art où s'amalgament le bouffon, le difforme et le laid, comme chez Quasimodo, le célèbre bossu de *Notre-Dame de Paris* (1831). Dans le même esprit, son puissant désir de rénover les formes artistiques se manifeste d'abord au théâtre, où il s'oppose au sublime de la tragédie française d'inspiration classique.

Il s'éprend, à l'âge de dix-sept ans, d'une amie d'enfance qui deviendra sa femme, Adèle Foucher. Dans la vie de ce polygame fidèle malgré l'infidélité, les femmes sont comparables à des poupées russes : chacune en cache une autre. Sa relation non exclusive avec Juliette Drouet, la plus célèbre de ses maîtresses, dura un demi-siècle.

La mort, par noyade, de sa fille aînée Léopoldine marque en 1843 une césure dans sa vie personnelle et créatrice. La foi en un Dieu qui seul permet l'espérance ouvre à sa douleur une demeure possible. L'autre paradis — plus terrestre — réside dans la célébration de l'enfance. À cette mort s'ajoutent les décès rapprochés de ses deux fils, en 1871 et en 1873, et l'internement de sa deuxième fille dès 1872. Après la mort de Léopoldine, durant une courte parenthèse de deux années, Hugo verra son inspiration métaphysique se teinter d'un spiritisme de tables tournantes qui l'éloignera du rationalisme.

Socialement, Hugo est à l'origine de la métaphore du « mage » ; pour lui, le poète se doit d'incarner la conscience sociale de son époque. Hugo prend donc part à tous les combats : contre la censure, le travail des enfants, la guerre, la misère, la barbarie de la peine de mort, le sort réservé aux prisonniers, pour l'amnistie, la laïcité dans un enseignement pour tous, etc.

Sa maturité couverte d'honneurs n'empêche pas son bannissement pour opposition à certains principes du Second Empire ; son exil durera dix-neuf ans, jusqu'à la proclamation de la Troisième République, en 1870. Il publie alors ses grands recueils : *Les Châtiments* (1853), *Les Contemplations* (1856) et la première série de *La Légende des siècles* (1859). Dans la foulée de la parution des *Misérables*, en 1862, il profite de son séjour à Guernesey pour proposer un repas hebdomadaire aux enfants indigents. Élu plusieurs fois député, Hugo suit un parcours politique qui le mène du conservatisme au progressisme (sans aller jusqu'au socialisme), ou du royalisme à la démocratie.

Paris célèbre son quatre-vingtième anniversaire de naissance en donnant son nom à l'avenue qu'il habite. À sa mort, en 1885, le Parlement lui vote des funérailles nationales et sa dépouille est déposée au Panthéon. Par ses indignations nombreuses et actives, Hugo s'inscrit sans conteste dans une lignée bien française d'intellectuels engagés instituée par Voltaire.

■ LES VOIX INTÉRIEURES (1837)

Avec la publication, en 1837, de son recueil Les Voix intérieures, *Victor Hugo porte à son sommet sa veine lyrique des années 1830. Ces trois « voix » que le poète entend en lui sont tantôt celle de l'Histoire, tantôt celles de la Nature ou de l'Homme. Ces deux dernières se conjuguent ici d'une façon typiquement romantique : le traitement anthropomorphique de la nature en fait le meilleur témoin ou le comparant idéal de l'amour.*

Puisqu'ici-bas toute âme

        PUISQU'ICI-BAS toute âme
           Donne à quelqu'un
        Sa musique, sa flamme,
           Ou son parfum ;

5   Puisqu'ici toute chose
           Donne toujours
        Son épine ou sa rose
           À ses amours ;

        Puisqu'avril donne aux chênes
10   Un bruit charmant ;
        Que la nuit donne aux peines
           L'oubli dormant ;

Puisque l'air à la branche
Donne l'oiseau ;
15 Que l'aube à la pervenche
Donne un peu d'eau ;

Puisque, lorsqu'elle arrive
S'y reposer,
L'onde amère à la rive
20 Donne un baiser ;

Je te donne, à cette heure,
Penché sur toi,
La chose la meilleure
Que j'aie en moi !

25 Reçois donc ma pensée,
Triste d'ailleurs,
Qui, comme une rosée,
T'arrive en pleurs !

Reçois mes vœux sans nombre,
30 Ô mes amours !
Reçois la flamme ou l'ombre
De tous mes jours !

Mes transports pleins d'ivresses,
Purs de soupçons,
35 Et toutes les caresses
De mes chansons !

Mon esprit qui sans voile
Vogue au hasard,
Et qui n'a pour étoile
40 Que ton regard !

Ma muse, que les heures
Bercent rêvant,
Qui, pleurant quand tu pleures,
Pleure souvent !

45 Reçois, mon bien céleste,
Ô ma beauté,
Mon cœur, dont rien ne reste,
L'amour ôté !

19 mai 1836.

QUESTIONS

1 En vous référant aux grandes caractéristiques du romantisme, montrez que ce poème appartient tout à fait à ce courant littéraire.

2 Quel titre donneriez-vous à ce poème ?

3 a) Relevez les deux anaphores qui permettent de scinder le poème en deux parties. À quelle strophe se termine la première partie ? La première anaphore marque un lien logique ; quelle est la cause et quel est l'effet ?

b) Trouvez la gradation descendante contenue dans les premiers vers des strophes de la première partie. Repérez la gradation ascendante en deuxième partie. Que vous montre cette opposition symétrique ? Comparez le premier vers du poème avec l'envoi, son dernier quatrain.

c) Dressez un tableau des sujets et des compléments du verbe *donner* dans les cinq premières strophes. Qu'observez-vous ? Le poète fait-il appel aux sens ? aux éléments ? Le lexique vous semble-t-il concret ? abstrait ? Y a-t-il des champs lexicaux possibles ? Si oui, établissez-les pour dégager le ou les thèmes de la première partie.

d) En quoi les deux derniers vers de la cinquième strophe constituent-ils une transition appropriée

vers le *je* du poète ? Expliquez la métaphore employée ici.

e) Qu'est-ce que le poète donne précisément à sa bien-aimée ? Expliquez en quoi ce don forme une antithèse avec le « baiser » donné par la nature.

4 a) Comment l'amour est-il présenté ici ? Est-il plus éthéré que sensuel ? Reliez vos observations au titre du poème.

b) Peut-on affirmer que le don de la nature à l'homme est inférieur au don du poète à ses « amours » ? Expliquez votre réponse.

5 En comparaison avec ce poème d'amour romantique, considérez-vous que la sensualité des rapports avec la nature et avec nos semblables soit aujourd'hui inversée ? Exliquez votre réponse.

■ LES CONTEMPLATIONS (1856)

Les Contemplations, en 1856, marquent le retour du lyrisme chez Victor Hugo. Les poèmes de ce recueil séparé en deux parties, « Autrefois » et « Aujourd'hui », s'associent, par ailleurs, au double exil du poète : son bannissement de France depuis 1851 et la perte du sens de la vie depuis la mort de sa fille, en 1843. Dans son poème de la première partie intitulé « Aux arbres », Hugo met en scène un moi fondamentalement inaltérable, porté par une rêverie qui le détourne du genre humain, dans le temple divin d'une forêt.

Aux arbres

ARBRES de la forêt, vous connaissez mon âme !
Au gré des envieux, la foule loue et blâme ;
Vous me connaissez, vous ! — vous m'avez vu souvent,
Seul dans vos profondeurs, regardant et rêvant.
5   Vous le savez, la pierre où court un scarabée,
Une humble goutte d'eau de fleur en fleur tombée,
Un nuage, un oiseau, m'occupent tout un jour.
La contemplation m'emplit le cœur d'amour.
Vous m'avez vu cent fois, dans la vallée obscure,
10   Avec ces mots que dit l'esprit à la nature,
Questionner tout bas vos rameaux palpitants,
Et du même regard poursuivre en même temps,
Pensif, le front baissé, l'œil dans l'herbe profonde,
L'étude d'un atome et l'étude du monde.
15   Attentif à vos bruits qui parlent tous un peu,

JEAN-BAPTISTE CAMILLE
COROT (1796-1875).

Danses virgiliennes,
vers 1855-1860.
(Huile sur toile : 55 × 73 cm.
Musée du Louvre, Paris.)

Cette référence aux fêtes chantées par le poète latin Virgile se situe dans une nature calme et sereine. À gauche, la percée lumineuse tamisée par une brume légère participe au lyrisme de la composition en adoucissant les contours et en atténuant les contrastes ; les grands arbres sombres, qui occupent la partie droite, se font ainsi accueillants pour les petites figures adultes et enfantines, comme ceux de la forêt où Hugo trouve refuge. Toutefois, la quête d'absolu du poète est suscitée par les « arbres de ces grands bois qui frissonn[ent] toujours », une nature plus sauvage que celle de Corot.

> Arbres, vous m'avez vu fuir l'homme et chercher Dieu !
> Feuilles qui tressaillez à la pointe des branches,
> Nids dont le vent au loin sème les plumes blanches,
> Clairières, vallons verts, déserts sombres et doux,
> 20 Vous savez que je suis calme et pur comme vous.
> Comme au ciel vos parfums, mon culte à Dieu s'élance,
> Et je suis plein d'oubli comme vous de silence !
> La haine sur mon nom répand en vain son fiel ;
> Toujours, — je vous atteste, ô bois aimés du ciel ! —
> 25 J'ai chassé loin de moi toute pensée amère,
> Et mon cœur est encor tel que le fit ma mère !
>
> Arbres de ces grands bois qui frissonnez toujours,
> Je vous aime, et vous, lierre au seuil des antres sourds,
> Ravins où l'on entend filtrer les sources vives,
> 30 Buissons que les oiseaux pillent, joyeux convives !
> Quand je suis parmi vous, arbres de ces grands bois,
> Dans tout ce qui m'entoure et me cache à la fois,

Dans votre solitude où je rentre en moi-même,
Je sens quelqu'un de grand qui m'écoute et qui m'aime !

35 Aussi, taillis sacrés où Dieu même apparaît,
Arbres religieux, chênes, mousses, forêt,
Forêt ! c'est dans votre ombre et dans votre mystère,
C'est sous votre branchage auguste et solitaire,
Que je veux abriter mon sépulcre ignoré,
40 Et que je veux dormir quand je m'endormirai.

Juin 1843.

QUESTIONS

1 Partez de la définition du mal du siècle et établissez en quoi ce poème en propose une illustration.

2 a) Quelle impression avez-vous en suivant le regard du poète ?

b) Pourquoi le poète aime-t-il tant les arbres ?

3 a) Quelles sont les composantes de la nature personnifiées dans le poème et auxquelles le poète s'adresse en les apostrophant ? Juxtaposez-les pour les comparer. Qu'observez-vous ?

b) Ce poème repose sur une série d'antithèses et de métonymies ; repérez-les et dégagez leur sens.

c) Résumez l'attitude du poète devant la nature, qu'il expose du neuvième au seizième vers.

d) Analysez la série de comparaisons apparaissant dans la première strophe et faites un lien entre ces comparaisons et la chute de cette strophe.

e) Dans la deuxième strophe, répertoriez les champs lexicaux opposés du bas et du haut qui se réconcilient dans la mort du poète, évoquée dans les deux derniers vers du poème.

4 Compte tenu de sa verticalité, que représente ici l'arbre ?

5 a) Où est l'absolu aujourd'hui ?

b) La télévision — avec la télé-réalité et ses slogans notamment — a-t-elle remplacé la nature comme témoin de nos émotions ?

■ LES CONTEMPLATIONS (1856)

Ce deuxième extrait des Contemplations *illustre parfaitement les mots de Victor Hugo dans sa préface : ce livre est celui d'un mort, l'itinéraire universel d'un esprit créateur entre le berceau et le cercueil, jusqu'au bord de l'infini. Le lecteur peut penser que Hugo n'a que la poésie et Dieu pour se réconcilier avec la mort de ses proches et la sienne. Par ailleurs, ce poème apparaît particulièrement touchant par son lyrisme de la quotidienneté que résume un vers magnifique : «J'appelais cette vie être content de peu !»*

ELLE avait pris ce pli dans son âge enfantin
De venir dans ma chambre un peu chaque matin ;
Je l'attendais ainsi qu'un rayon qu'on espère ;
Elle entrait, et disait : « Bonjour, mon petit père » ;
5 Prenait ma plume, ouvrait mes livres, s'asseyait

Sur mon lit, dérangeait mes papiers, et riait,
Puis soudain s'en allait comme un oiseau qui passe.
Alors, je reprenais, la tête un peu moins lasse,
Mon œuvre interrompue, et, tout en écrivant,
10   Parmi mes manuscrits je rencontrais souvent
Quelque arabesque folle et qu'elle avait tracée,
Et mainte page blanche entre ses mains froissée
Où, je ne sais comment, venaient mes plus doux vers.
Elle aimait Dieu, les fleurs, les astres, les prés verts,
15   Et c'était un esprit avant d'être une femme.
Son regard reflétait la clarté de son âme.
Elle me consultait sur tout à tous moments.
Oh! que de soirs d'hiver radieux et charmants
Passés à raisonner langue, histoire et grammaire,
20   Mes quatre enfants groupés sur mes genoux, leur mère
Tout près, quelques amis causant au coin du feu!
J'appelais cette vie être content de peu!
Et dire qu'elle est morte! hélas! que Dieu m'assiste!
Je n'étais jamais gai quand je la sentais triste;
25   J'étais morne au milieu du bal le plus joyeux
Si j'avais, en partant, vu quelque ombre en ses yeux.

Novembre 1846, jour des morts.

AUGUSTE RODIN (1840-1917).

Mémorial (Main d'enfant), 1908. (Marbre: 40,8 × 32,7 × 14,9 cm. National Gallery of Art, Washington.)

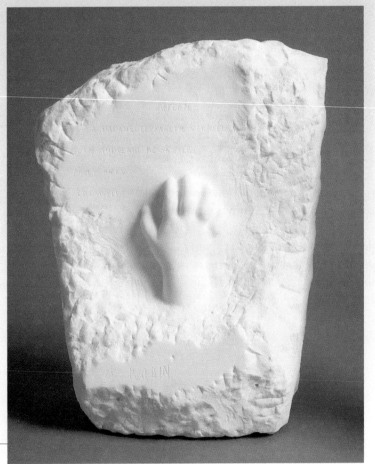

Comme *mémorial*, une main d'enfant potelée, les doigts en demi-cercle, semble agripper la paroi de marbre, comme si elle s'accrochait à la vie et voulait y laisser une trace; elle évoque toute la fraîcheur de l'enfant et fait songer à Léopoldine, qui laissait «quelque arabesque folle» sur le papier et dont l'«esprit» hante le poète.

QUESTIONS

1 Que nous indique ici la datation du poème ? Le pluriel, dans « jour des morts », est-il approprié ?

2 À quoi Hugo nous fait-il réfléchir ici ?

3 a) Que fait précisément l'enfant dans la première partie du poème ?

b) Quelle est la comparaison qui exprime le passage de la fillette dans les matinées d'écriture du père ?

c) Repérez le vers qui fait de l'enfant une métaphore de l'inspiration. Qui lui succède après sa mort ?

d) Découpez ce poème en quatre parties et donnez-leur des titres à l'aide de pronoms personnels que vous coordonnerez. Exemple : *je* et *elle*.

e) Quelles sont les étapes de la journée du poète et quel est le lien de l'enfant avec chacune d'elles ?

4 a) Retracez l'itinéraire entre le berceau, la mort et l'infini : du matin au soir de l'existence d'un poète.

b) Montrez que l'expression « arabesque folle » renvoie, pour Hugo, au désordre vivant et fécond du quotidien le plus banal qui définit l'inspiration.

5 Pourquoi écrire aujourd'hui sur des morts individuelles quand la guerre, la famine et les catastrophes naturelles font des milliers de morts ?

Écriture littéraire

LE ROMANTISME

Pour comprendre le romantisme, rien de tel que de le vivre, de l'expérimenter. Il s'agit donc ici d'écrire un texte romantique. Voici le sujet et les contraintes d'écriture. Vous avez perdu un être cher, une parente, une amie, un copain (un ami de cœur), bref, quelqu'un que vous aimiez beaucoup.

Vous divisez votre texte en trois parties. Tout d'abord, vous décrivez la personne en question, en insistant sur ses qualités, et vous dites ce qu'elle représentait pour vous.

Ensuite, vous racontez une promenade que vous avez faite dans la nature, après la disparition de cette personne chère, dans un endroit où vous aviez coutume d'aller avec elle. Finalement, vous faites quelques réflexions sur cette disparition, en précisant pourquoi cette personne vous manquera et en mettant en valeur l'aspect sombre de la situation. Ici, le concept de « nature » est large. Ce peut être une forêt où coule une rivière, la rive d'un lac, un bord de mer, un champ, le sommet d'une montagne, etc.

■ LES CONTEMPLATIONS (1856)

Malgré ses épreuves personnelles, Hugo n'abandonne pas ses combats politiques.
Dans un extrait du long poème « Melancholia », il dénonce le travail des enfants.

Mélancholia

Où vont tous ces enfants dont pas un seul ne rit ?
Ces doux êtres pensifs que la fièvre maigrit ?
Ces filles de huit ans qu'on voit cheminer seules ?
Ils s'en vont travailler quinze heures sous des meules ;
5 Ils vont, de l'aube au soir, faire éternellement
Dans la même prison le même mouvement.
Accroupis sous les dents d'une machine sombre,
Monstre hideux qui mâche on ne sait quoi dans l'ombre,
Innocents dans un bagne, anges dans un enfer,
10 Ils travaillent. Tout est d'airain, tout est de fer.
Jamais on ne s'arrête et jamais on ne joue.
Aussi quelle pâleur ! la cendre est sur leur joue.
Il fait à peine jour, ils sont déjà bien las.
Ils ne comprennent rien à leur destin, hélas !
15 Ils semblent dire à Dieu : « Petits comme nous sommes,
Notre père, voyez ce que nous font les hommes ! »
Ô servitude infâme imposée à l'enfant !
Rachitisme ! travail dont le souffle étouffant
Défait ce qu'a fait Dieu ; qui tue, œuvre insensée,
20 La beauté sur les fronts, dans les cœurs la pensée,
Et qui ferait — c'est là son fruit le plus certain ! —
D'Apollon un bossu, de Voltaire un crétin !
Travail mauvais qui prend l'âge tendre en sa serre,
Qui produit la richesse en créant la misère,
25 Qui se sert d'un enfant ainsi que d'un outil !
Progrès dont on demande : « Où va-t-il ? que veut-il ? »
Qui brise la jeunesse en fleur ! qui donne, en somme,
Une âme à la machine et la retire à l'homme !
Que ce travail, haï des mères, soit maudit !
30 Maudit comme le vice où l'on s'abâtardit,
Maudit comme l'opprobre et comme le blasphème !
Ô Dieu ! qu'il soit maudit au nom du travail même,
Au nom du vrai travail, sain, fécond, généreux,
Qui fait le peuple libre et qui rend l'homme heureux !

QUESTIONS

1 Comment Victor Hugo présente-t-il le progrès, cette valeur héritée du XVIIIe siècle ?

2 Quelle image de l'enfant se dégage de votre première lecture du poème ?

3 a) Quel vers illustre le mieux le titre du poème ?

b) Séparez ce poème en parties et donnez un titre à chacune d'elles pour faire ressortir la progression du texte. Expliquez le cheminement du poète en comparant le premier et le dernier vers.

c) Relevez les vers où sont contenues des figures d'opposition. Dégagez ces figures et analysez-les.

d) Comparez la description de la machine avec le portrait des enfants ; analysez l'opposition entre le champ lexical de la dureté et celui de la douceur.

e) Relevez les différentes marques de la dénonciation de Victor Hugo (mots, signes de ponctuation, interjections, etc.).

4 Quels jugements Hugo porte-t-il ici sur le travail des enfants ?

5 a) Qu'en est-il de nos jours de l'exploitation des enfants ?

b) En réfléchissant aux conséquences sur les humains, diriez-vous qu'il existe des liens entre l'industrialisation au XIXᵉ siècle et la technologie à notre époque ?

■ CHOSES VUES (1913)

La critique a trouvé dans Choses vues, *publié pour la première fois en 1913, « un dialogue avec le monde ». En effet, dans ces papiers épars : pages de souvenirs, de journaux et de carnets, Victor Hugo confie sa vie intime, tient les comptes de sa vie domestique, écrit ses brouillons, exprime ses opinions sur des aspects de la vie contemporaine aussi variés que l'emprisonnement, l'exploitation des enfants ou la peine de mort. Le 6 avril 1847 par exemple, durant une période où Hugo délaisse plus ou moins ses activités de poète, il profite de ses prérogatives comme pair de France pour visiter des prisons et noter ses impressions dans un carnet.*

6 avril 1847

J'ai visité hier la Roquette et la prison des condamnés. Le directeur de la prison de la Roquette s'appelle *M. Boulon.*

5 La prison des condamnés à mort, placée à côté et bâtie en pendant de la prison des jeunes détenus, est une vivante et saisissante antithèse. Ce n'est pas seulement le commencement et la fin du malfaiteur qui se regardent ; c'est aussi la confrontation perpétuelle des deux systèmes 10 pénitentiaires, la claustration cellulaire et l'emprisonnement en commun. Il suffit presque de ce vis-à-vis pour juger la question. C'est un duel sombre et silencieux entre le cachot et la cellule, entre la vieille prison et la prison nouvelle.

15 D'un côté, tous les condamnés pêle-mêle, l'enfant de dix-sept ans avec le vieillard de soixante-dix, le prisonnier de treize mois avec le forçat à vie, le gamin imberbe qui a chipé des pommes et l'assassin de grandes routes sauvé 20 de la place Saint-Jacques et jeté à Toulon par les circonstances atténuantes, des presque innocents et des quasi damnés, des yeux bleus et des barbes grises, de hideux ateliers infects où se coudoient et travaillent, dans des espèces 25 de ténèbres, à des choses sordides et fétides, sans air, sans jour, sans parole, sans regard, sans intérêt, d'affreux spectres mornes, dont les uns épouvantent par leur vieillesse, les autres par leur jeunesse.

30 De l'autre côté, un cloître, une ruche ; chaque travailleur dans sa cellule, chaque âme dans son alvéole ; un immense édifice à trois étages remplis de voisins qui ne se sont jamais vus ; une ville composée d'une foule de petites soli35 tudes ; rien que des enfants, et des enfants qui ne se connaissent pas, qui vivent des années l'un près de l'autre, sans jamais entendre ni le bruit de leurs pas, ni le son de leur voix, séparés par un mur et par un abîme ; le travail, 40 l'étude, les outils, les livres, huit heures de sommeil, une heure de repos, une heure de jeu dans une petite cour à quatre murs, la prière soir et matin, la pensée toujours.

D'un côté, un cloaque ; de l'autre, une culture.

GIOVANNI BATTISTA PIRANESI (1720-1778).

*Carceri (Prisons imaginaires);
Le puits.* Seconde édition,
plaque XIII, 1749-1750.
(Gravure sur cuivre [5ᵉ état] :
41,1 cm × 56 cm.)

Dans sa série de gravures sur les prisons imaginaires, Piranesi crée une architecture fantastique avec des ponts, des arches et des grilles. À gauche, un pendule se balance au-dessus d'un puits ; des chaînes et des instruments étranges et inquiétants évoquent les supplices auxquels sont soumis les prisonniers que l'on aperçoit notamment au centre et dans la partie supérieure droite. L'effet dramatique est accentué par la dominante sombre du premier plan. Comme la « vieille prison » d'Hugo, celle des condamnés à mort, c'est un lieu effrayant, sans issue…

45 Vous entrez dans une cellule ; vous trouvez un enfant debout devant un établi qu'éclaire une fenêtre à vitres dépolies dont un carreau du haut peut s'ouvrir. L'enfant est vêtu de grosse bure grise, propre, grave, paisible. Il s'inter-
50 rompt, car il travaillait, et il salue. Vous l'interrogez ; il répond avec un regard sérieux et une parole douce. Les uns font des serrures, douze par jour ; les autres des sculptures pour meubles, etc. Il y a autant d'états que d'ateliers,
55 autant d'ateliers que de corridors. L'enfant, en outre, sait lire et écrire. Il a dans sa prison un maître pour l'esprit comme pour le corps.

Il ne faut pas croire cependant qu'à force de douceur cette prison soit inefficace comme châ-
60 timent. Non, elle est profondément triste. Tous ces détenus ont un air qui est particulier.

Il y a du reste encore beaucoup de critiques à faire ; le système cellulaire commence. Il a presque tous ses perfectionnements devant
65 lui ; mais déjà, tel qu'il est, incomplet et insuffisant, il est admirable à côté du système de l'emprisonnement en commun.

Le prisonnier, captif de tous les côtés, et libre seulement du côté du travail, s'intéresse à ce
70 qu'il fait, quoi qu'il fasse. Tel enfant joueur, qui haïssait toute occupation, devient un ouvrier acharné. C'est que peu de travail ennuie et beaucoup de travail amuse.

Quand on est séquestré, on parvient à trouver
75 du plaisir dans le travail le plus aride, comme on finit par trouver de la lumière dans la cave la plus noire.

QUESTIONS

1 Qu'est-ce qui indique dans ce texte que Victor Hugo est un écrivain engagé, préoccupé par la réalité sociale ?

2 À la lecture de cet extrait, quelle idée vous faites-vous de ces prisons ?

3 a) Pourquoi Victor Hugo met-il en italiques le nom du directeur de la prison ?

b) Relevez les antithèses dans les deuxième et troisième paragraphes. Quel point de vue de l'écrivain annoncent-elles ?

c) En relisant le troisième paragraphe, établissez le champ lexical du « cloaque » ; en quoi s'oppose-t-il au contenu des quatrième et sixième paragraphes ?

d) Hugo recourt à plusieurs énumérations pour contraster ses descriptions des « deux systèmes pénitentiaires » ; quelles sont les plus expressives pour marquer ce contraste ? Quelles sont celles qui permettent de confronter le « cloaque » avec la « culture » ?

e) Quelles connotations s'attachent aux mots *cloître* et *ruche* ? Quelles sont les valeurs qu'ils véhiculent ?

f) L'extrait se termine par une comparaison ; qu'est-ce qui apporte de la lumière dans la prison des enfants ? Trouvez, vers la fin du texte, la phrase en forme de maxime qui résume la pensée de l'auteur à ce sujet.

4 Victor Hugo relie la prison des condamnés aux ténèbres et celle des enfants à la lumière ; que signifient ces rapprochements ?

5 Victor Hugo n'a pas peur des idées nouvelles ; à son exemple, que pourriez-vous envisager comme solution de rechange au système carcéral actuel ?

20 octobre 1842

L'autre jour, à Alger, — nous entrions dans ce mois d'octobre qui est si beau quand il est beau, — le soleil se couchait splendidement. Le ciel était bleu ; l'air était tiède ; la brise cares-
5   sait le flot, le flot caressait la rive ; de magnifiques rayons horizontaux découpaient, pour l'amusement des yeux qui errent çà et là tandis que l'esprit rêve, de bizarres trapèzes d'ombre et de clarté sur cet amphithéâtre de
10 maisons carrées, plates et blanches qui est Alger et qui a vu Hariadan Barberousse et Charles Quint ; une joie profonde et secrète, cette joie inexprimable qui, à de certaines heures et dans de certaines saisons, palpite au fond de la
15 nature, semblait animer et faire vivre sur le rivage, dans la plaine et sur les collines, tous ces beaux arbres qui épanouissent leur verdure éternelle dans la sombre et éclatante poésie de l'Orient : le palmier qu'a chanté Homère,
20 l'aloès qu'a célébré Hafiz, le lentisque dont a parlé Daniel, le figuier dont a parlé Job. Un bateau à vapeur, qui venait de France, et qui portait un nom charmant, le *Ramier*, était amarré au môle ; la cheminée fumait douce-
25 ment, faisant un petit nuage capricieux dans tout cet azur, et de loin on eût dit le narguilé colossal du géant Spahan. Tout cet ensemble était grand, charmant et pur ; pourtant ce n'était point ce que regardait un groupe nombreux,
30 hommes, femmes, Arabes, Juifs, Européens, accourus et amassés autour du bateau à vapeur.

Des calfats et des matelots allaient et venaient du bateau à terre, débarquant des colis sur lesquels étaient fixés tous les regards de la foule.
35 Sur le débarcadère, des douaniers ouvraient les colis, et, à travers les ais des caisses entrebâillées, dans la paille à demi écartée, sous les toiles d'emballage, on distinguait des objets étranges, deux longues solives peintes en rouge, une
40 échelle peinte en rouge, un panier peint en rouge, une lourde traverse peinte en rouge dans laquelle semblait emboîtée par un de ses côtés une lame épaisse et énorme de forme triangulaire.

Spectacle autrement attirant, en effet, que le
45 palmier, l'aloès, le figuier et le lentisque, que
le soleil et que les collines, que la mer et que

le ciel : c'était la civilisation qui arrivait à Alger
sous la forme d'une guillotine.

QUESTIONS

1 Aux XVIIIe et XIXe siècles, à la faveur du développement des moyens de communication, les écrivains se déplacent de plus en plus ; à quoi leur servent les voyages ?

2 Par sa description exotique, quelle impression l'auteur cherche-t-il à donner au lecteur ?

3 a) Dégagez de cet extrait les étapes d'une mise en scène cinématographique avant l'heure, où Hugo passe d'un plan d'ensemble à un plan moyen, puis à un gros plan.

b) Relevez les mots du champ lexical de la couleur. Quelle couleur, au début de l'extrait, s'oppose au rouge très accentué de la fin ? Quel est le sens de cette antithèse ?

c) Dressez le champ lexical de la nature et opposez-le à la « civilisation ».

d) Pourquoi Victor Hugo énumère-t-il plusieurs arbres exotiques ? Y a-t-il un lien à établir avec la guillotine ? avec le ramier, qui est aussi le nom d'un oiseau ? Expliquez votre réponse.

e) Dans quelle intention Victor Hugo emploie-t-il ironiquement le mot *civilisation* ? Cet emploi dénote-t-il un changement de perspective par rapport à la barbarie, étymologiquement associée aux étrangers ? Expliquez votre réponse.

4 a) L'écrivain romantique se veut toujours visionnaire ; montrez que sa largeur de vues s'oppose au regard du commun des mortels.

b) L'exotisme « à la française » consiste, pour l'écrivain, à passer par l'étranger afin de critiquer sa propre société. Montrez que Hugo, en conformité avec cette tendance, oppose ici une civilisation européenne cauchemardesque à une nature exotique idéalisée.

5 Que pensez-vous de la peine de mort dans les pays modernes, aux États-Unis par exemple, un pays vers lequel se tournent les regards du monde entier ? En comparaison avec ce châtiment, les décapitations diffusées sur Internet sont-elles plus barbares ? Expliquez votre réponse.

Écriture littéraire

LE ROMANTISME HUGOLIEN

Dans le précédent exercice, vous avez exploré le romantisme subjectif, pour ne pas dire égocentrique. Dans celui-ci, vous allez faire l'expérience d'un romantisme plus élargi, celui vécu et pratiqué par Victor Hugo, teinté d'égards, d'altruisme, d'une sensibilité qui vibre au malheur des humains.

Il vous faut tout d'abord trouver une cause de malheur. Le choix ne manque pas : la pauvreté, la maladie, le rejet, les ruptures, les rêves brisés, les ambitions trompées, les dépressions, la vieillesse, etc. Le texte doit porter sur l'infortune des autres et non sur les vôtres. Une fois que vous avez choisi votre sujet, il faut le traiter avec emphase, de façon théâtrale et avec beaucoup d'empathie. N'hésitez pas à vous indigner, à vous offusquer et à vous attendrir. Utilisez abondamment les épithètes et les figures de style. La métaphore, la synecdoque (métonymie), la gradation et l'hyperbole sont de mise.

Hugo avait le sens de la formule, de la maxime. Pour arriver à ce résultat, il faut faire usage de figures telles que l'antithèse, la périphrase et le parallélisme. Comme dans l'exercice précédent, n'hésitez pas à utiliser des *Oh*, *Ô*, *Ah*, *Hélas* et la forme interrogative (par exemple : Se peut-il que si peu de débris aient entaché tant de noblesse ?).

■ L'HOMME QUI RIT (1869)

Quand il entreprend d'écrire L'Homme qui rit, *dès 1866, Victor Hugo pense à l'évolution politique de l'aventure humaine, qu'il projette de représenter dans un triptyque : l'aristocratie, la monarchie puis la démocratie.* L'Homme qui rit *correspond au premier volet, qu'incarne l'Angleterre ; les deux autres ne seront jamais écrits. À sa publication en 1869, le roman propose, mais sans succès, une remise en question de l'organisation sociale de la France napoléonienne.*

Gwynplaine, cet homme qui rit, ou « l'homme hochet », est la créature des compra-chicos, ces nomades qui, de l'Espagne à l'Angleterre, à la fin du XVIIᵉ siècle, faisaient le commerce des enfants, les achetaient pour les transformer en monstres du rire avant de les revendre. Les petits servent ainsi à l'amusement des meilleurs et Gwynplaine l'apprend à ses dépens en tentant d'émouvoir les lords de la Chambre par un discours sur la misère, en écho à celui de l'auteur devant l'Assemblée législative en 1849. L'organisation sociale aristocratique échoue ici à sauver l'âme, le bien, sous le visage laid du héros. Sachant que Gwynplaine avait d'abord été recueilli par Ursus et son loup baptisé Homo, le lecteur comprend vite que l'homme est un loup pour l'homme. Il n'y a que le politique, par le changement des institutions, pour le sauver.

Sur le plan esthétique, Hugo rompt avec le sublime classique en élevant ce parfait exemple du grotesque au rang de personnage principal.

Gwynplaine était admirablement réussi. Gwynplaine était un don fait par la providence à la tristesse des hommes. Par quelle providence ? Y a-t-il une providence Démon comme
5 il y a une providence Dieu ? Nous posons la question sans la résoudre.

Gwynplaine était saltimbanque. Il se faisait voir en public. Pas d'effet comparable au sien. Il guérissait des hypocondries rien qu'en se
10 montrant. Il était à éviter pour des gens en deuil, confus et forcés, s'ils l'apercevaient, de rire indécemment. Un jour le bourreau vint, et Gwynplaine le fit rire. On voyait Gwynplaine, on se tenait les côtes ; il parlait, on se roulait à
15 terre. Il était le pôle opposé du chagrin. Spleen était à un bout, et Gwynplaine à l'autre.

Aussi était-il parvenu rapidement, dans les champs de foire et dans les carrefours, à une fort satisfaisante renommée d'homme horrible.

20 C'est en riant que Gwynplaine faisait rire. Et pourtant il ne riait pas. Sa face riait, sa pensée non. L'espèce de visage inouï que le hasard, ou une industrie bizarrement spéciale, lui avait façonné, riait tout seul. Gwynplaine ne s'en
25 mêlait pas. Le dehors ne dépendait pas du dedans. Ce rire qu'il n'avait point mis sur son front, sur ses joues, sur ses sourcils, sur sa bouche, il ne pouvait l'en ôter. On lui avait à jamais appliqué le rire sur le visage. C'était un
30 rire automatique, et d'autant plus irrésistible qu'il était pétrifié. Personne ne se dérobait à ce rictus. Deux convulsions de la bouche sont communicatives, le rire et le bâillement. Par la vertu de la mystérieuse opération probablement
35 subie par Gwynplaine enfant, toutes les parties de son visage contribuaient à ce rictus, toute sa physionomie y aboutissait, comme une roue se concentre sur le moyeu ; toutes ses émotions, quelles qu'elles fussent, augmentaient
40 cette étrange figure de joie, disons mieux, l'aggravaient. Un étonnement qu'il aurait eu, une souffrance qu'il aurait ressentie, une colère qui lui serait survenue, une pitié qu'il aurait éprouvée, n'eussent fait qu'accroître cette hila-
45 rité des muscles ; s'il eût pleuré, il eût ri ; et,

FRANCISCO DE GOYA Y LUCIENTES
(1746-1828).

L'enterrement de la sardine, v. 1808-1814.
(Huile sur bois : 82,5 × 62 cm. Academia de
San Fernando, Madrid.)

Dans l'Espagne très religieuse de l'époque, le carnaval, célébré le Mardi gras, se prolongeait le mercredi des Cendres, premier jour du carême ; on y brûlait alors un mannequin de paille auquel était accrochée une sardine que l'on enterrait, geste qui donna son nom à la fête populaire, véritable parodie des processions religieuses.

Le tableau représente le cortège traditionnel qui défile en dansant autour de la bannière du roi du carnaval. Symbole de la mort, mais nullement tragique, le visage lunaire aux traits grossiers et au rire figé, qui laisse voir les dents, comme celui de Gwynplaine, se découpe nettement au-dessus des têtes. La couleur noire donne le ton ; on la retrouve notamment dans le costume du porteur de la bannière et, à gauche, dans le masque de taureau, que le torrero met à mort lors des corridas. Les masques et la danse servent d'exutoire à la foule qui a choisi le burlesque pour contrer le tragique de l'existence. Dans le texte, le visage de Gwynplaine révèle la monstruosité de l'homme qui l'a façonné et le tragique de la victime, parodie de l'existence renvoyant l'être humain à ses propres failles.

quoi que fît Gwynplaine, quoi qu'il voulût, quoi qu'il pensât, dès qu'il levait la tête, la foule, si la foule était là, avait devant les yeux cette apparition, l'éclat de rire foudroyant.

50 Qu'on se figure une tête de Méduse, gaie.

Tout ce qu'on avait dans l'esprit était mis en déroute par cet inattendu, et il fallait rire.

L'art antique appliquait jadis au fronton des théâtres de la Grèce une face d'airain, joyeuse.
55 Cette face s'appelait la Comédie. Ce bronze semblait rire et faisait rire, et était pensif. Toute la parodie, qui aboutit à la démence, toute l'ironie, qui aboutit à la sagesse, se condensaient et s'amalgamaient sur cette figure ; la somme
60 des soucis, des désillusions, des dégoûts et des chagrins se faisait sur ce front impassible, et donnait ce total lugubre, la gaîté ; un coin de la bouche était relevé, du côté du genre humain, par la moquerie, et l'autre coin, du côté
65 des dieux par le blasphème ; les hommes venaient confronter à ce modèle du sarcasme idéal l'exemplaire d'ironie que chacun a en soi ; et la foule, sans cesse renouvelée autour de ce rire fixe, se pâmait d'aise devant l'immobi-
70 lité sépulcrale du ricanement. Ce sombre masque mort de la comédie antique ajusté à un homme vivant, on pourrait presque dire que

c'était là Gwynplaine. Cette tête infernale de l'hilarité implacable, il l'avait sur le cou. Quel
75 fardeau pour les épaules d'un homme, le rire éternel !

Rire éternel. Entendons-nous, et expliquons-nous. À en croire les manichéens, l'absolu plie par moments, et Dieu lui-même a des inter-
80 mittences. Entendons-nous aussi sur la volonté. Qu'elle puisse jamais être tout à fait impuissante, nous ne l'admettons pas. Toute existence ressemble à une lettre, que modifie le post-scriptum. Pour Gwynplaine, le post-scriptum
85 était ceci : à force de volonté, en y concentrant toute son attention, et à la condition qu'aucune émotion ne vînt le distraire et détendre la fixité de son effort, il pouvait parvenir à suspendre l'éternel rictus de sa face et à y jeter une sorte
90 de voile tragique, et alors on ne riait plus devant lui, on frissonnait.

Cet effort, Gwynplaine, disons-le, ne le faisait presque jamais, car c'était une fatigue douloureuse et une tension insupportable. Il suf-
95 fisait d'ailleurs de la moindre distraction et de la moindre émotion pour que, chassé un moment, ce rire, irrésistible comme un reflux, reparût sur sa face, et il était d'autant plus intense que l'émotion, quelle qu'elle fût, était
100 plus forte.

À cette restriction près, le rire de Gwynplaine était éternel.

On voyait Gwynplaine, on riait. Quand on avait ri, on détournait la tête. Les femmes sur-
105 tout avaient horreur. Cet homme était effroyable. La convulsion bouffonne était comme un tribut payé ; on la subissait joyeusement, mais presque mécaniquement. Après quoi, une fois le rire refroidi, Gwynplaine,
110 pour une femme, était insupportable à voir et impossible à regarder.

Il était du reste grand, bien fait, agile, nullement difforme si ce n'est de visage. Ceci était une indication de plus parmi les présomptions qui
115 laissaient entrevoir dans Gwynplaine plutôt une création de l'art qu'une œuvre de la nature. Gwynplaine, beau de corps, avait été probablement beau de figure. En naissant, il avait dû

120 être un enfant comme un autre. On avait conservé le corps intact et seulement retouché la face. Gwynplaine avait été fait exprès.

C'était là du moins la vraisemblance.

On lui avait laissé les dents. Les dents sont nécessaires au rire. La tête de mort les garde.

125 L'opération faite sur lui avait dû être affreuse. Il ne s'en souvenait pas, ce qui ne prouvait point qu'il ne l'eût pas subie. Cette sculpture chirurgicale n'avait pu réussir que sur un enfant tout petit, et par conséquent ayant peu
130 conscience de ce qui lui arrivait, et pouvant aisément prendre une plaie pour une maladie. En outre, dès ce temps-là, on se le rappelle, les moyens d'endormir le patient et de supprimer la souffrance étaient connus. Seulement, à
135 cette époque, on les appelait magie. Aujourd'hui on les appelle anesthésie.

Outre ce visage, ceux qui l'avaient élevé lui avaient donné des ressources de gymnaste et d'athlète ; ses articulations, utilement dislo-
140 quées, et propres à des flexions en sens inverse, avaient reçu une éducation de clown et pouvaient, comme des gonds de porte, se mouvoir dans tous les sens. Dans son appropriation au métier de saltimbanque, rien
145 n'avait été négligé.

Ses cheveux avaient été teints couleur d'ocre une fois pour toutes ; secret qu'on a retrouvé de nos jours. Les jolies femmes en usent ; ce qui enlaidissait autrefois est aujourd'hui bon pour
150 embellir. Gwynplaine avait les cheveux jaunes. Cette peinture des cheveux, apparemment corrosive, les avait laissés laineux et bourrus au toucher. Ce hérissement fauve, plutôt crinière que chevelure, couvrait et cachait un pro-
155 fond crâne fait pour contenir de la pensée. L'opération quelconque, qui avait ôté l'harmonie au visage et mis toute cette chair en désordre, n'avait pas eu prise sur la boîte osseuse. L'angle facial de Gwynplaine était puis-
160 sant et surprenant. Derrière ce rire il y avait une âme, faisant, comme nous tous, un songe.

Du reste ce rire était pour Gwynplaine tout un talent. Il n'y pouvait rien, et il en tirait parti. Au moyen de ce rire, il gagnait sa vie.

QUESTIONS

1 a) En complément à l'extrait 4, qu'ajoute ici Victor Hugo au thème de l'exploitation des enfants ?

b) En quoi le personnage de Gwynplaine est-il grotesque, c'est-à-dire laid, difforme, risible par excès ?

2 Gwynplaine est-il un produit de la nature ou de la culture ?

3 a) Séparez le texte en trois parties : Gwynplaine, un don de la providence ; Gwynplaine, un don de la nature ; Gwynplaine, un don de la culture.

b) Que signifient les mots qui ressortent du portrait de Gwynplaine : *saltimbanque*, *Méduse gaie*, *Comédie* et *clown* ?

c) Dans le portrait de Gwynplaine, relevez les mots qui entrent dans le champ lexical de la nature et ceux qui forment le champ lexical de la culture.

d) De quoi n'est-il pas naturel de rire ?

e) Quelle phrase vous permet de saisir que la culture transforme la nature ?

4 Expliquez la thèse que défend ici Hugo : la culture et la volonté humaine exprimée dans les institutions transforment, pour le malheur ou le bien de l'homme, ce que la providence ou la nature lui a donné.

5 a) À la lecture de cet extrait, quelle idée vous faites-vous de l'opposition entre nature et culture ?

b) En voulant nous faire rire de tout, quel mal ou quel bien notre société nous fait-elle ?

PARTIE **2**

L'ÉGOTISME OU LA CONSTRUCTION DU MOI

DE CHATEAUBRIAND à Musset, soit de 1802 à 1836, le roman personnel s'impose dans la prose romantique. Benjamin Constant portera à son sommet la veine des « romanciers à prénoms » que Musset achèvera d'épuiser. Ces romanciers, souvent dans des narrations à la troisième personne, se projettent dans des personnages plus ou moins fictifs — des personnages aux prénoms éponymes soulignant l'importance du thème de l'individu — pour s'observer, se construire et se peindre au fil d'une analyse psychologique. Ces héros entrent dans le roman en tant que personnages et en sortent comme types aux yeux du lecteur.

Leur caractère est marqué par un isolement social les conduisant au mal du siècle : un ennui, une mélancolie, un mal métaphysique lié à la finitude de l'homme et qui s'accompagne de rêverie ; un je-ne-sais-quoi, une sorte d'élan idéaliste vague sans véritable cause ni objet, qui tourne à vide dans son insatisfaction et qui porte les personnages au spleen, à une désillusion parfois amère avant d'avoir vécu, à la tristesse devant tout ce qui est condamné à finir.

Chateaubriand (1768-1848)

François-René de Chateaubriand naît en 1768, à Saint-Malo, un port tout désigné pour les départs vers l'Amérique… Un voyage qu'il entreprendra d'ailleurs en 1791, jusqu'aux chutes du Niagara. En 1802, il publie le *Génie du christianisme* dans lequel s'insèrent *René* et *Atala* (publié à part en 1801). Il part pour l'Orient en 1806 et tirera de ce voyage son *Itinéraire de Paris à Jérusalem*, qu'il publiera en 1811 et reprendra partiellement, en 1844, dans sa *Vie de Rancé*. Dans ces livres, l'exotisme de Chateaubriand semble souvent livresque, sa description de l'ailleurs (l'Amérique, par exemple) devrait plus à son imagination et à ses lectures qu'à l'observation. Il invente pourtant l'expression « couleur locale » pour reconnaître ce qu'il doit à son expérience directe du paysage. En fait, cette expérience libère en lui l'imagination.

Ses nombreux démêlés avec la censure pour avoir dénoncé, dans un article du *Mercure de France*, l'atteinte d'un tyran aux libertés fondamentales, lui valent d'être exilé de Paris en 1807. Monarchiste, il a surtout servi comme ministre des Affaires étrangères (notamment de 1822 à 1824) sous Louis XVIII et a quitté la vie politique deux jours avant l'arrivée de Louis-Philippe au pouvoir.

Son mariage durera de 1792 jusqu'à la mort de sa femme en 1847. De ses nombreuses liaisons se distingue son amour pour Madame Récamier, l'une des plus célèbres femmes de son époque, qu'il épouse finalement sur son lit de mort, en 1848.

Les *Mémoires d'outre-tombe* seront publiés irrégulièrement en feuilleton de 1849 à 1850. C'est principalement ce livre, inscrit dans la grande tradition des essais fondés sur le « je », où se retrouvent Montaigne, Saint-Simon et Rousseau, qui retient l'attention du lecteur d'aujourd'hui.

CHATEAUBRIAND
Par Anne-Louis Girodet de Roucy, dit Girodet-Trioson (1767-1824). (Musée national du château, Versailles.)

■ RENÉ (1802)

René souffre par un amour incestueux pour sa sœur Amélie. Sa peine le conduit dans les déserts de l'Amérique où il se confie à Chactas, son père adoptif, et au Père Souël, un missionnaire. Il évoque ici pour eux l'un de ses voyages.

Avec son personnage de René, Chateaubriand propose le type du héros romantique, cerne l'essence même du mal du siècle et définit l'exotisme.

« Un jour, j'étais monté au sommet de l'Etna, volcan qui brûle au milieu d'une île. Je vis le soleil se lever dans l'immensité de l'horizon au-dessous de moi, la Sicile resserrée comme un
5 point à mes pieds, et la mer déroulée au loin dans les espaces. Dans cette vue perpendiculaire du tableau, les fleuves ne me semblaient plus que des lignes géographiques tracées sur une carte ; mais, tandis que d'un côté mon œil
10 apercevait ces objets, de l'autre il plongeait dans le cratère de l'Etna, dont je découvrais les entrailles brûlantes, entre les bouffées d'une noire vapeur.

« Un jeune homme plein de passions, assis sur
15 la bouche d'un volcan, et pleurant sur les

mortels dont à peine il voyait à ses pieds les demeures, n'est sans doute, ô vieillard, qu'un objet digne de votre pitié ; mais, quoi que vous puissiez penser de René, ce tableau vous offre
20 l'image de son caractère et de son existence : c'est ainsi que toute ma vie j'ai eu devant les yeux une création à la fois immense et imperceptible, et un abîme ouvert à mes côtés. »

En prononçant ces derniers mots, René se tut,
25 et tomba subitement dans la rêverie. Le P. Souël le regardait avec étonnement, et le vieux Sachem aveugle qui n'entendait plus parler le jeune homme, ne savait que penser de ce silence.

30 René avait les yeux attachés sur un groupe d'Indiens qui passaient gaiement dans la plaine. Tout à coup sa physionomie s'attendrit, des larmes coulent de ses yeux, il s'écrie :

« Heureux Sauvages ! Oh ! que ne puis-je jouir
35 de la paix qui vous accompagne toujours ! Tandis qu'avec si peu de fruit je parcourais tant de contrées, vous, assis tranquillement sous vos chênes, vous laissiez couler les jours sans les

compter. Votre raison n'était que vos besoins,
40 et vous arriviez, mieux que moi, au résultat de la sagesse, comme l'enfant, entre les jeux et le sommeil. Si cette mélancolie qui s'engendre de l'excès du bonheur atteignait quelquefois votre âme, bientôt vous sortiez de cette tristesse pas-
45 sagère, et votre regard levé vers le Ciel, cherchait avec attendrissement ce je ne sais quoi inconnu qui prend pitié du pauvre Sauvage. »

Ici la voix de René expira de nouveau, et le jeune homme pencha la tête sur sa poitrine.
50 Chactas, étendant le bras dans l'ombre, et prenant le bras de son fils, lui cria d'un ton ému : « Mon fils ! mon cher fils ! » À ces accents, le frère d'Amélie revenant à lui, et rougissant de son trouble, pria son père de lui pardonner.

55 Alors le vieux Sauvage : « Mon jeune ami, les mouvements d'un cœur comme le tien ne sauraient être égaux ; modère seulement ce caractère qui t'a déjà fait tant de mal. Si tu souffres plus qu'un autre des choses de la vie, il ne faut pas t'en
60 étonner ; une grande âme doit contenir plus de douleur qu'une petite. Continue ton récit. »

QUESTIONS

1 Comment l'exotisme se manifeste-t-il ici ?

2 De quoi René souffre-t-il ?

3 a) Relevez dans cet extrait des mots pouvant figurer dans une définition du romantisme.

b) Quels sont les trois « spectacles » que décrit René et que vous apprennent-ils sur le mal du siècle ?

c) Trouvez les lignes du texte qui vous permettent de comprendre que l'homme est une sorte de point où se croisent les deux barres d'un X, le point de convergence de deux infinis.

d) À quoi voyez-vous que le portrait des Sauvages est idéalisé ?

e) Quelles sont les principales composantes du « mythe du bon Sauvage » ? Montrez qu'elles sont associées à la nature et qu'elles s'opposent à la

civilisation. Quel est le sens du mot *mythe* dans cette expression ?

4 En quoi l'exotisme constitue-t-il un refus de soi et de l'autre ?

5 a) Dans leurs extraits respectifs, Chateaubriand et Cyrano de Bergerac décrivent plutôt différemment la rencontre du héros avec les étrangers. En quoi ces deux scènes sont-elles différentes ou semblables ? Opposez les situations, les attitudes et les portraits des deux personnages principaux. Comparez les portraits des étrangers que proposent les deux textes. Ces deux scènes cachent-elles un même refus de l'autre et de sa différence ? Expliquez.

b) Par opposition au mythe présenté par Chateaubriand, décrivez le mythe actuel et tout aussi exotique du mauvais Sauvage. Par exemple : Heureux Amérindiens, vous qui ne payez pas d'impôts, etc.

LE SENTIMENT DE LA NATURE

CASPAR DAVID FRIEDRICH **(1774-1840).**

Chalk Cliffs on Rügen, 1818-1819. (Huile sur toile : 90 × 70 cm. Oskar Reinhart Foundation, Winterthur, Suisse.)

L'île de Rügen se trouve dans une baie de la Baltique, non loin de la ville natale de Friedrich, qui s'y rendit avec sa femme lors de son voyage de noces en 1818. Les rochers blancs sont une des curiosités de l'île.

- Examinez l'attitude des trois figures.

- Étudiez les éléments qui composent le paysage et leur organisation générale.

- Quelle image de la nature Friedrich propose-t-il ? Comparez-la à celle qu'en donne Chateaubriand.

- Quels sentiments éprouvez-vous devant un tel paysage ?

■ MÉMOIRES D'OUTRE-TOMBE (1849-1850)

Paradoxalement, Chateaubriand donne la pleine mesure de son inventivité en passant du « je » fictif des romans au « je » du mémorialiste. En convoquant ses souvenirs qu'il recrée, Chateaubriand touche à la force impérissable du romantisme — qui recoupe d'ailleurs tout l'art de la littérature —, une force d'évocation. Des pages argumentatives, d'autres plus narratives ou plus poétiques ont en commun de suggérer, de rendre présent à l'esprit du lecteur ce qu'elles ne disent pas explicitement.

C'est à ce moment précis, le 4 juillet 1817, qu'après avoir entendu chanter la grive, Chateaubriand se remet à l'écriture de ses Mémoires. Cette page célèbre de Chateaubriand illustre le principe de la mémoire affective que Proust développera plus tard : un événement présent parle aux sens du narrateur et le reporte à son passé.

Montboissier, juillet 1817

Hier au soir je me promenais seul ; le ciel ressemblait à un ciel d'automne ; un vent froid soufflait par intervalles. À la percée d'un fourré, je m'arrêtai pour regarder le soleil : il
5 s'enfonçait dans des nuages au-dessus de la tour d'Alluye, d'où Gabrielle, habitante de cette tour, avait vu comme moi le soleil se coucher il y a deux cents ans. Que sont devenus Henri et Gabrielle ? Ce que je serai devenu quand ces
10 *Mémoires* seront publiés.

Je fus tiré de mes réflexions par le gazouillement d'une grive perchée sur la plus haute branche d'un bouleau. À l'instant, ce son magique fit reparaître à mes yeux le domaine
15 paternel ; j'oubliai les catastrophes dont je venais d'être le témoin, et, transporté subitement dans le passé, je revis ces campagnes où j'entendis si souvent siffler la grive. Quand je l'écoutais alors, j'étais triste de même qu'au-
20 jourd'hui ; mais cette première tristesse était celle qui naît d'un désir vague de bonheur, lorsqu'on est sans expérience ; la tristesse que j'éprouve actuellement vient de la connaissance des choses appréciées et jugées. Le chant
25 de l'oiseau dans les bois de Combourg m'entretenait d'une félicité que je croyais atteindre ; le même chant dans le parc de Montboissier me rappelait des jours perdus à la poursuite de cette félicité insaisissable. Je n'ai plus rien
30 à apprendre, j'ai marché plus vite qu'un autre, et j'ai fait le tour de la vie. Les heures fuient et m'entraînent ; je n'ai pas même la certitude de pouvoir achever ces *Mémoires*. Dans combien de lieux ai-je déjà commencé à les écrire,
35 et dans quel lieu les finirai-je ? Combien de temps me promènerai-je au bord des bois ? Mettons à profit le peu d'instants qui me restent ; hâtons-nous de peindre ma jeunesse, tandis que j'y touche encore : le navigateur,
40 abandonnant pour jamais un rivage enchanté, écrit son journal à la vue de la terre qui s'éloigne et qui va bientôt disparaître.

QUESTIONS

1 Notez les indices démontrant qu'il s'agit bien ici de mémoires.

2 Êtes-vous devant un texte de regrets, un récit nostalgique ? Expliquez votre point de vue.

3 a) En suivant l'extrait de Chateaubriand, dans quel ordre placeriez-vous la séquence chronologique passé-présent-futur ? Lequel (ou lesquels) de ces temps l'auteur privilégie-t-il ? En quoi ce choix vous éclaire-t-il sur le sens du mot *mémoires* ? Est-ce un choix romantique ?

b) À qui l'auteur se compare-t-il ? Quel est le sens de ces comparaisons ? Y a-t-il un lien à établir avec le genre de l'extrait ? Si oui, lequel ?

c) Dégagez et interprétez le champ lexical du mal du siècle (la mélancolie), qui est ici assimilable au mal de l'éternelle jeunesse.

d) Dans cette description, quels sont les éléments typiques du paysage romantique ?

e) En quoi la nature est-elle ici à la fois une consolation, une source d'inspiration et un refuge ?

4 Quels sont les sentiments de l'auteur par rapport au temps ?

5 Comme individu et comme société, préférons-nous aujourd'hui, selon vous, le passé, le présent ou le futur ? Expliquez votre choix.

Benjamin Constant (1767-1830)

Benjamin Constant est né en Suisse en 1767. Orphelin de mère, il est éduqué par plusieurs précepteurs ; l'un d'eux se fixe même avec son pupille de sept ans dans un bordel... À huit ans, Constant dévore toute la littérature libertine de la fin du XVIIIe siècle. Jusqu'à ses dix-sept ans, il étudie dans diverses universités européennes, mène une vie mondaine remplie de conquêtes et se ruine au jeu.

Attiré par Robespierre dès 1793, il écrit sous le Directoire, en 1796 et en 1797, des brochures politiques opportunistes pour vanter ce gouvernement bourgeois et conquérant. Deux fois candidat défait aux élections de mai 1798 et d'avril 1799, il accueille favorablement, toujours avec opportunisme, le coup d'État de Napoléon en novembre 1799. Ses interventions politiques le classent néanmoins très tôt parmi les opposants à l'empereur, avec qui il se réconcilie en 1815. La légende veut même que Constant ait écrit sous sa dictée l'*Acte additionnel aux Constitutions de l'Empire*. Il défendra pourtant des idées libérales sous la Restauration en tant que journaliste et député. Il aurait d'ailleurs — et c'est la clé de voûte de son parcours — inventé le libéralisme dans le sens strict de l'autonomie personnelle et du triomphe de l'individualité sur l'autorité.

Sa rencontre avec Germaine de Staël, en 1794, marque le début d'une liaison orageuse qui prend fin en 1811. À Weimar, deux ans avant qu'il commence à écrire *Adolphe*, elle lui présente Goethe et Schiller. Ses échanges avec eux amorcent une réflexion que Constant mènera toute sa vie sur le relativisme des religions.

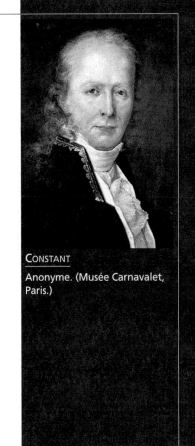

CONSTANT

Anonyme. (Musée Carnavalet, Paris.)

■ ADOLPHE (1816)

Constant est probablement le plus classique des écrivains romantiques ou un romantique à l'allemande. À l'opposé, dans un excès de lyrisme confinant à l'imprécision, Alfred de Musset pourra écrire sur l'amour avec redondance : « ... un être inconnu qui passait, et tout à coup il s'est envolé de vous je ne sais quoi qui n'a pas de nom. » Constant, en écrivain rationnel, lucide et précis, ne s'intéresse pas qu'aux effets inexplicables de l'amour dans Adolphe ; le moraliste en lui cherche plutôt à proposer une éthique du sentiment amoureux et à dépasser les apparences pour observer son fonctionnement. Il donne au problème de l'altérité une perspective morale : « La grande question de la vie, c'est la douleur que l'on cause. » L'auteur d'Adolphe prévient donc son lecteur : malheureusement, l'être humain ne conçoit bien l'existence de son semblable qu'à l'extériorisation des souffrances qu'il lui inflige. Par toutes sortes de relais narratifs (avis d'un éditeur fictif au début du roman, lettre d'un témoin à la fin, etc.) qui mettent l'auteur à distance des amours de son héros, Constant applique son esprit d'analyse classique à un personnage de tempérament romantique. C'est dans ce sens que la critique a pu voir « une revanche de l'esprit contre le cœur » dans ce chef-d'œuvre d'analyse psychologique.

Les premières pages d'un roman personnel retracent souvent le développement du caractère du héros. Ce portrait d'Adolphe, à partir de sa relation avec son père, identifie l'abus d'introspection stérile comme un des premiers symptômes du mal du siècle.

Ma contrainte avec lui eut une grande influence sur mon caractère. Aussi timide que lui, mais plus agité, parce que j'étais plus jeune, je m'accoutumai à renfermer en moi-même tout ce que j'éprouvais, à ne former que des plans solitaires, à ne compter que sur moi pour leur exécution, à considérer les avis, l'intérêt, l'assistance et jusqu'à la seule présence des autres comme une gêne et comme un obstacle. Je contractai l'habitude de ne jamais parler de ce qui m'occupait, de ne me soumettre à la conversation que comme à une nécessité importune et de l'animer alors par une plaisanterie perpétuelle qui me la rendait moins fatigante, et qui m'aidait à cacher mes véritables pensées. De là une certaine absence d'abandon qu'aujourd'hui encore mes amis me reprochent, et une difficulté de causer sérieusement que j'ai toujours peine à surmonter. Il en résulta en même temps un désir ardent d'indépendance, une grande impatience des liens dont j'étais environné, une terreur invincible d'en former de nouveaux. Je ne me trouvais à mon aise que tout seul, et tel est même à présent l'effet de cette disposition d'âme que, dans les circonstances les moins importantes, quand je dois choisir entre deux partis, la figure humaine me trouble, et mon mouvement naturel est de la fuir pour délibérer en paix. Je n'avais point cependant la profondeur d'égoïsme qu'un tel caractère paraît annoncer : tout en ne m'intéressant qu'à moi, je m'intéressais faiblement à moi-même. Je portais au fond de mon cœur un besoin de sensibilité dont je ne m'apercevais pas, mais qui, ne trouvant point à se satisfaire, me détachait successivement de tous les objets qui tour à tour attiraient ma curiosité. Cette indifférence sur tout s'était encore fortifiée par l'idée de la mort, idée qui m'avait frappé très jeune, et sur laquelle je n'ai jamais conçu que les hommes s'étourdissent si facilement. J'avais à l'âge de dix-sept ans vu mourir une femme âgée, dont l'esprit, d'une tournure remarquable et bizarre, avait commencé à développer le mien. Cette femme, comme tant d'autres, s'était, à l'entrée de sa carrière, lancée vers le monde, qu'elle ne connaissait pas, avec le sentiment d'une grande force d'âme et de facultés

vraiment puissantes. Comme tant d'autres aussi, faute de s'être pliée à des convenances factices, mais nécessaires, elle avait vu ses espérances trompées, sa jeunesse passer sans plaisir ; et la vieillesse enfin l'avait atteinte sans la soumettre. Elle vivait dans un château voisin d'une de nos terres, mécontente et retirée, n'ayant que son esprit pour ressource, et analysant tout avec son esprit. Pendant près d'un an, dans nos conversations inépuisables, nous avions envisagé la vie sous toutes ses faces, et la mort toujours pour terme de tout ; et après avoir tant causé de la mort avec elle, j'avais vu la mort la frapper à mes yeux.

Cet événement m'avait rempli d'un sentiment d'incertitude sur la destinée, et d'une rêverie vague qui ne m'abandonnait pas. Je lisais de préférence dans les poètes ce qui rappelait la brièveté de la vie humaine. Je trouvais qu'aucun but ne valait la peine d'aucun effort. Il est assez singulier que cette impression se soit affaiblie précisément à mesure que les années se sont accumulées sur moi. Serait-ce parce qu'il y a dans l'espérance quelque chose de douteux, et que, lorsqu'elle se retire de la carrière de l'homme, cette carrière prend un caractère plus sévère, mais plus positif ? Serait-ce que la vie semble d'autant plus réelle que toutes les illusions disparaissent, comme la cime des rochers se dessine mieux dans l'horizon lorsque les nuages se dissipent ?

Je me rendis, en quittant Gottingue, dans la petite ville de D***. Cette ville était la résidence d'un prince qui, comme la plupart de ceux de l'Allemagne, gouvernait avec douceur un pays de peu d'étendue, protégeait les hommes éclairés qui venaient s'y fixer, laissait à toutes les opinions une liberté parfaite, mais qui, borné par l'ancien usage à la société de ses courtisans, ne rassemblait par là même autour de lui que des hommes en grande partie insignifiants ou médiocres. Je fus accueilli dans cette cour avec la curiosité qu'inspire naturellement tout étranger qui vient rompre le cercle de la monotonie et de l'étiquette. Pendant quelques mois je ne remarquai rien qui pût captiver mon attention. J'étais reconnais-

sant de l'obligeance qu'on me témoignait ; mais tantôt ma timidité m'empêchait d'en profiter, tantôt la fatigue d'une agitation sans but me faisait préférer la solitude aux plaisirs insipides
100 que l'on m'invitait à partager. Je n'avais de haine contre personne, mais peu de gens m'inspiraient de l'intérêt ; or les hommes se blessent de l'indifférence, ils l'attribuent à la malveillance ou à l'affectation ; ils ne veulent pas croire qu'on
105 s'ennuie avec eux naturellement.

QUESTIONS

1 Relevez sommairement les traces du mal du siècle.

2 Comment pourriez-vous qualifier l'apprentissage d'Adolphe ? Par exemple : la formation d'un jeune homme sage.

3 a) Analysez les portraits du père et d'Adolphe ; quels sont leurs traits dominants ? Qu'est-ce qui, par ailleurs, ressort dans la description de la ville ?

b) Quel nouveau thème majeur apparaît ici ? Quel effet l'auteur veut-il produire sur vous ?

4 a) Résumez l'influence du milieu (famille et société) dans la construction du moi du héros.

b) Qu'est-ce que l'idée de la mort ajoute au mal du siècle ?

5 a) Énumérez les caractéristiques du mal du siècle. En quoi sont-elles distinctes de celles qu'on trouve chez Chateaubriand ?

b) En vous inspirant des considérations de Constant, décrivez le mal de vivre de votre génération.

■ ADOLPHE (1816)

Tout en conservant le style évocateur des descriptions romantiques, Constant, dans une espèce de compromis, tente ici d'exprimer l'amour, ce je-ne-sais-quoi-inexplicable-qui-n'a-pas-de-nom, dans une envolée lyrique aux accents modernes, intimistes.

Charme de l'amour, qui pourrait vous peindre ! Cette persuasion que nous avons trouvé l'être que la nature avait destiné pour nous, ce jour subit répandu sur la vie, et qui nous semble en
5 expliquer le mystère, cette valeur inconnue attachée aux moindres circonstances, ces heures rapides, dont tous les détails échappent au souvenir par leur douceur même, et qui ne laissent dans notre âme qu'une longue trace de bonheur, cette gaieté folâtre qui se mêle quelque-
10 fois sans cause à un attendrissement habituel, tant de plaisir dans la présence, et dans l'absence tant d'espoir, ce détachement de tous les soins vulgaires, cette supériorité sur tout ce qui nous entoure, cette certitude que désormais le
15 monde ne peut nous atteindre où nous vivons, cette intelligence mutuelle qui devine chaque pensée et qui répond à chaque émotion, charme de l'amour, qui vous éprouva ne sau-
20 rait vous décrire !

QUESTIONS

1 Quels thèmes du romantisme trouve-t-on dans ce texte ?

2 Dans une phrase brève, résumez ce qui, à première vue, fait le charme de l'amour selon Constant.

3 a) Que remarquez-vous de particulier sur le plan stylistique, syntaxique ? Comment interprétez-vous la ponctuation ? Quel sens tirez-vous de ces procédés ?

b) Trouvez la proposition la plus typiquement romantique de l'extrait et expliquez-la.

c) Regroupez les nombreuses épithètes en champs lexicaux et dégagez ainsi les thèmes de l'extrait.

d) En quoi la première phrase et la finale du paragraphe forment-elles une antithèse ?

4 Ce texte présente-t-il une description plus ou moins romantique de l'amour ? Expliquez votre réponse.

5 En une seule phrase d'une dizaine de lignes, tentez d'exprimer votre perception du « charme de l'amour ».

PARTIE 3

L'AMOUR OU LE RAPPORT À L'AUTRE

L'AMOUR ROMANTIQUE est une religion de remplacement, un absolu, et la quête de l'absolu ne s'accommode d'aucun compromis ; elle anticipe plutôt l'échec et la souffrance certaine. Souffrir signifie *pâtir*, comme dans amour-*passion*. Les partenaires amoureux ne se choisissent qu'en fonction de l'impasse prévisible. Ils aiment qui ne les aime pas ou plus, qui aime ailleurs, qui ne peut les aimer en raison, par exemple, de la méfiance nourrie des hypocrisies et des trahisons du passé. L'autre ne peut donc que les décevoir. Néanmoins, un tel amour fait pleurer et permet ainsi à l'écrivain d'accéder à la vraie littérature. Et le corps, avec ses raisons bien à lui, indépendantes de celles de l'esprit et du cœur, peut se consoler dans le libertinage.

MUSSET
Charles Landelle.
(Musée national du château, Versailles.)

Alfred de Musset (1810-1857)

Musset vient d'une famille de la petite noblesse. Son père est l'auteur d'une biographie de Rousseau et l'éditeur de ses œuvres. Le jeune et brillant Musset hésite entre la musique et la peinture, après avoir tourné le dos au droit et à la médecine. Bien qu'il soit lui-même un littéraire, son père veut le détourner d'une carrière dans les lettres. Mais, très tôt et en dépit de l'avis paternel, Musset mène de front une existence dissipée de dandy et une vie de salon chez Victor Hugo où il fréquente tout le gratin romantique.

Il donne ses œuvres majeures dans la vingtaine : trois pièces de théâtre en deux ans, *Les Caprices de Marianne* (1833), *On ne badine pas avec l'amour* et *Lorenzaccio* (1834) ; un recueil de vers intitulé *Les Nuits* (1835-1837) et son célèbre roman *La Confession d'un enfant du siècle* (1836). Dans cette période faste du drame romantique que Hugo a inaugurée avec *Hernani* en 1830, le théâtre de Musset fournit un contrepoint. Après un échec à la scène (avec *La Nuit vénitienne* en 1830), il destine plutôt ses pièces au « théâtre de poche » avec décors intimistes, au jeu de société, comme dans les salons des XVIIe et XVIIIe siècles, ou carrément à la lecture personnelle.

S'il est élu à l'Académie française en 1852, Musset meurt tout de même un peu oublié, en 1857. La pièce *On ne badine pas avec l'amour* ne sera représentée qu'en 1861, à Paris, grâce aux remaniements du frère de l'auteur.

■ LA CONFESSION D'UN ENFANT DU SIÈCLE (1836)

Musset consacre les premières pages de son roman à un exposé historique pour situer sa génération dans le prolongement des deux précédentes : celle qui a participé aux campagnes napoléoniennes et celle qui a fait la Révolution.

Alors s'assit sur un monde en ruines une jeunesse soucieuse. Tous ces enfants étaient des gouttes d'un sang brûlant qui avait inondé la terre : ils étaient nés au sein de la guerre, pour
5 la guerre. Ils avaient rêvé pendant quinze ans des neiges de Moscou et du soleil des Pyramides. Ils n'étaient pas sortis de leurs villes, mais on leur avait dit que, par chaque barrière de ces villes, on allait à une capitale d'Europe.
10 Ils avaient dans la tête tout un monde ; ils regardaient la terre, le ciel, les rues et les chemins ; tout cela était vide, et les cloches de leurs paroisses résonnaient seules dans le lointain...

Trois éléments partageaient donc la vie qui s'of-
15 frait alors aux jeunes gens : derrière eux un passé à jamais détruit, s'agitant encore sur ses ruines, avec tous les fossiles des siècles de l'absolutisme ; devant eux l'aurore d'un immense horizon, les premières clartés de l'avenir ; et
20 entre ces deux mondes... quelque chose de semblable à l'Océan qui sépare le vieux continent de la jeune Amérique, je ne sais quoi de vague et de flottant, une mer houleuse et pleine de naufrages, traversée de temps en temps par
25 quelque blanche voile lointaine ou par quelque navire soufflant une lourde vapeur ; le siècle présent, en un mot, qui sépare le passé de l'avenir, qui n'est ni l'un ni l'autre et qui ressemble à tous deux à la fois, et où l'on ne sait, à chaque
30 pas qu'on fait, si l'on marche sur une semence ou sur un débris.

Voilà dans quel chaos il fallut choisir alors ; voilà ce qui se présentait à des enfants pleins de force
35 et d'audace, fils de l'Empire et petits-fils de la Révolution.

Or, du passé ils n'en voulaient plus, car la foi en rien ne se donne ; l'avenir, ils l'aimaient, mais quoi ! comme Pygmalion Galatée : c'était pour eux comme une amante de marbre, et ils atten-
40 daient qu'elle s'animât, que le sang colorât ses veines.

Il leur restait donc le présent, l'esprit du siècle, ange du crépuscule qui n'est ni la nuit ni le jour ; ils le trouvèrent assis sur un sac de
45 chaux plein d'ossements, serré dans le manteau des égoïstes, et grelottant d'un froid terrible. L'angoisse de la mort leur entra dans l'âme à la vue de ce spectre moitié momie et moitié fœtus ; ils s'en approchèrent comme le voya-
50 geur à qui l'on montre à Strasbourg la fille d'un vieux comte de Sarverden, embaumée dans sa parure de fiancée : ce squelette enfantin fait frémir, car ses mains fluettes et livides portent l'anneau des épousées, et sa tête tombe en pous-
55 sière au milieu des fleurs d'oranger...

Ce fut comme une dénégation de toutes choses du ciel et de la terre, qu'on peut nommer désenchantement ou, si l'on veut, *désespérance* ; comme si l'humanité en léthargie avait
60 été crue morte par ceux qui lui tâtaient le pouls. De même que ce soldat à qui l'on demanda jadis : « À quoi crois-tu ? » et qui le premier répondit : « À moi » ; ainsi la jeunesse de France, entendant cette question, répondit la pre-
65 mière : « À rien ».

L'expédition d'Égypte de 1798 fait rêver la France napoléonienne. Ce tableau est composé, car il n'y a pas d'obélisque près des pyramides de Guizeh ; il témoigne d'une sensibilité romantique. Les robes blanches et vaporeuses des jeunes filles, le mouvement léger de la danse qu'accompagnent les musiciens respirent un bonheur paisible et se fondent dans la douce lumière tamisée par les nuages. Cet univers idéalisé révèle la nostalgie d'une civilisation ancienne en même temps que celle d'un ailleurs qui cristallise les aspirations de la jeunesse française à la toute fin du XVIIIᵉ siècle, qui formera, quelque trente ans plus tard, ces « enfants du siècle » de Musset, incapables de vivre dans le présent et glorifiant un passé à jamais détruit en rêvant d'un avenir qui leur échappe.

Dès lors il se forma comme deux camps : d'une part, les esprits exaltés, souffrants, toutes les âmes expansives qui ont besoin de l'infini, plièrent la tête en pleurant ; ils s'enveloppèrent de 70 rêves maladifs, et l'on ne vit plus que de frêles roseaux sur un océan d'amertume. D'une autre part, les hommes de chair restèrent debout, inflexibles, au milieu des jouissances positives, et il ne leur prit d'autre souci que de compter 75 l'argent qu'ils avaient. Ce ne fut qu'un sanglot et un éclat de rire, l'un venant de l'âme, l'autre du corps.

QUESTIONS

1 Quels sont les événements et les personnages historiques mentionnés dans cet extrait ? Qu'ont-ils essentiellement apporté aux deux générations précédant celle de l'auteur ?

2 Quelles impressions générales l'extrait vous laisse-t-il par rapport au passé, au présent et à l'avenir ?

3 a) Repérez les lignes de l'extrait où il est question du présent et dégagez les champs lexicaux de ces passages pour en établir les thèmes.

b) Quelles sont les figures d'analogie que Musset utilise pour décrire son époque ? Expliquez leur signification et rattachez-les aux thèmes.

c) À partir de ces champs lexicaux, de ces figures et de ces thèmes, définissez le mal du siècle.

4 Montrez comment le mal du siècle découle de plusieurs ruptures.

5 Y a-t-il des ressemblances entre le *no future* d'aujourd'hui, qui incite à prendre du bon temps maintenant plutôt que de prévoir à long terme, et celui de 1830 ?

■ LA CONFESSION D'UN ENFANT DU SIÈCLE (1836)

Dans un esprit tout à fait romantique, Musset projette sur Octave et Brigitte les souvenirs de son voyage en Italie avec George Sand. Ces pages décrivent les souffrances nécessaires à l'amour, cette valeur capitale qui permet d'écrire.

Un soir que Smith avait dîné avec nous, je m'étais retiré de bonne heure et les avais laissés ensemble. Comme je fermais ma porte, j'entendis Brigitte demander du thé. Le lendemain,
5 en entrant dans sa chambre, je m'approchai par hasard de la table, et à côté de la théière je ne vis qu'une seule tasse. Personne n'était entré avant moi, et par conséquent le domestique n'avait rien emporté de ce dont on s'était servi
10 la veille. Je cherchai autour de moi sur les meubles si je voyais une seconde tasse, et m'assurai qu'il n'y en avait point.

— Est-ce que Smith est resté tard ? demandai-je à Brigitte.

15 — Il est resté jusqu'à minuit.

— Vous êtes-vous couchée seule, ou avez-vous appelé quelqu'un pour vous mettre au lit ?

— Je me suis couchée seule ; tout le monde dormait dans la maison.

20 Je cherchais toujours, et les mains me tremblaient. Dans quelle comédie burlesque y a-t-il un jaloux assez sot pour aller s'enquérir de ce qu'une tasse est devenue ? À propos de quoi Smith et madame Pierson auraient-ils bu
25 dans la même tasse ? la noble pensée qui me venait là !

Je tenais cependant la tasse, et j'allais et venais par la chambre. Je ne pus m'empêcher d'éclater de rire, et je la lançai sur le carreau.
30 Elle s'y brisa en mille pièces, que j'écrasai à coups de talon.

Brigitte me vit faire sans me dire un seul mot. Pendant les deux jours suivants, elle me traita avec une froideur qui avait l'air de tenir du
35 mépris, et je la vis affecter avec Smith un ton plus libre et plus bienveillant qu'à l'ordinaire. Elle l'appelait Henri, de son nom de baptême, et lui souriait familièrement.

— J'ai envie de prendre l'air, dit-elle après
40 dîner ; venez-vous à l'Opéra, Octave ? je suis d'humeur à y aller à pied.

— Non, je reste ; allez-y sans moi.

Elle prit le bras de Smith et sortit. Je restai seul toute la soirée ; j'avais du papier devant moi et
45 je voulais écrire pour fixer mes pensées, mais je ne pus en venir à bout.

Comme un amant, dès qu'il se voit seul, tire de son sein une lettre de sa maîtresse et s'ensevelit dans un rêve chéri, ainsi je m'enfonçais à plai-
50 sir dans le sentiment d'une profonde solitude, et je m'enfermais pour douter. J'avais devant moi les deux sièges vides que Smith et Brigitte venaient d'occuper ; je les regardais d'un œil avide, comme s'ils eussent pu m'apprendre
55 quelque chose. Je repassais mille fois dans ma tête ce que j'avais vu et entendu ; de temps en temps, j'allais à la porte, et je jetais les yeux sur

nos malles, qui étaient rangées contre le mur
et qui attendaient depuis un mois ; je les entrou-
60   vris doucement, j'examinais les hardes, les
livres, rangés en ordre par ces petites mains soi-
gneuses et délicates ; j'écoutais passer les voi-
tures ; leur bruit me faisait palpiter le cœur.
J'étalais sur la table notre carte d'Europe, té-
65   moin naguère de si doux projets ; et là, en présence même de toutes mes espérances, dans
cette chambre où je les avais conçues et vues
si près de se réaliser, je me livrais à cœur ouvert
aux plus affreux pressentiments.

70   Comment cela était-il possible ? je ne sentais ni
colère ni jalousie, et cependant une douleur

sans bornes. Je ne soupçonnais pas, et pourtant je doutais. L'esprit de l'homme est si
bizarre qu'il sait se forger, avec ce qu'il voit et
75   malgré ce qu'il voit, cent sujets de souffrance.
En vérité, sa cervelle ressemble à ces cachots
de l'Inquisition où les murailles sont couvertes
de tant d'instruments de supplice qu'on n'en
comprend ni le but ni la forme, et qu'on se
80   demande, en les voyant, si ce sont des tenailles
ou des jouets. Dites-moi, je vous le demande,
quelle différence il y a de dire à sa maîtresse :
Toutes les femmes trompent, ou de lui dire :
Vous me trompez ?

Sir John Everett Millais
(1829-1896).

Mariana (détail), 1851. (Huile sur bois :
59,7 × 49,5 cm. Tate Gallery, Londres.)

Mariana, le personnage central du
poème éponyme publié par l'écrivain anglais Tennyson en 1830,
mène une existence de recluse
depuis qu'elle a été rejetée par son
fiancé. Le tableau la représente
dans la pièce où elle vit ; elle a
délaissé un moment sa broderie ;
debout face à la fenêtre, elle semble
perdue dans ses pensées, le regard
dirigé vers un point non visible
pour le spectateur. Le jardinet et l'intérieur de la pièce se fondent dans
la même palette de couleurs autom-
nales, ce qui rend l'univers clos de
l'attente dans lequel s'est enfermée
la jeune femme. Cette attitude
trouve un écho chez le narrateur de
Musset qui, incapable de sortir de
lui-même, cultive la souffrance et
l'angoisse en se laissant envahir par
la jalousie.

1 Quels sont dans cet extrait les signes de l'incapacité à sortir de soi ?

2 Avec le personnage d'Octave, quel type d'amoureux Musset présente-t-il ?

3 a) À quoi voyez-vous qu'Octave souffre ?

b) Quels sont les traits dominants du portrait moral d'Octave ?

c) Comparez la situation de départ avec la situation d'arrivée et retracez l'évolution de l'enquête vers le supplice.

4 Quels éléments constitutifs de l'amour-passion trouvez-vous ici ? Expliquez.

5 Sommes-nous toujours des amoureux romantiques : croyons-nous que la souffrance et l'amour soient indissociables ? Expliquez votre point de vue.

■ ON NE BADINE PAS AVEC L'AMOUR (1834)

On ne badine pas avec l'amour *est la première des quatre comédies-proverbes, ces pièces dans lesquelles Musset transforme un proverbe en drame psychologique et moral. Sous l'influence lointaine du* Werther *de Goethe, Musset écrit sa pièce pour répondre à une commande payée d'avance par* La Revue des Deux Mondes. *La pièce et le roman autobiographique paraissent après sa rupture avec George Sand, qu'il avait rencontrée en 1833. En plus de dépeindre une jeunesse sans but, ces deux œuvres empruntent d'ailleurs beaucoup à la relation Sand-Musset pour les échanges entre les personnages principaux. Le thème de l'amour présent dans les deux textes nous est contemporain dans la mesure où les personnages de Musset savent beaucoup de choses sur l'amour, mais ne savent pas aimer, par incapacité à sortir de soi.*

À midi, près d'une fontaine dans un bois, Camille s'explique à Perdican sur son intention de se faire religieuse. S'ensuit un « duel » entre les amoureux avant des adieux qui ne seront pas définitifs.

Acte 2, scène 5

CAMILLE
Depuis près de dix ans que nous avons vécu éloignés l'un de l'autre, vous avez commencé l'expérience de la vie. Je sais quel homme vous êtes, et vous devez avoir beaucoup appris en peu de
5 temps avec un cœur et un esprit comme les vôtres. Dites-moi, avez-vous eu des maîtresses ?

PERDICAN
Pourquoi cela ?

CAMILLE
Répondez-moi, je vous en prie, sans modestie et sans fatuité.

PERDICAN
10 J'en ai eu.

CAMILLE
Les avez-vous aimées ?

PERDICAN
De tout mon cœur.

CAMILLE
Où sont-elles maintenant ? Le savez-vous ?

PERDICAN
Voilà, en vérité, des questions singulières.
15 Que voulez-vous que je vous dise ? Je ne suis

ni leur mari ni leur frère ; elles sont allées où bon leur a semblé.

CAMILLE

Il doit nécessairement y en avoir une que vous ayez préférée aux autres. Combien de temps 20 avez-vous aimé celle que vous avez aimée le mieux ?

PERDICAN

Tu es une drôle de fille ! veux-tu te faire mon confesseur ?

CAMILLE

C'est une grâce que je vous demande de me 25 répondre sincèrement. Vous n'êtes point un libertin, et je crois que votre cœur a de la probité. Vous avez dû inspirer l'amour, car vous le méritez, et vous ne vous seriez pas livré à un caprice. Répondez-moi, je vous en prie.

PERDICAN

30 Ma foi, je ne m'en souviens pas.

CAMILLE

Connaissez-vous un homme qui n'ait aimé qu'une femme ?

PERDICAN

Il y en a certainement.

CAMILLE

Est-ce un de vos amis ? Dites-moi son nom.

PERDICAN

35 Je n'ai pas de nom à vous dire ; mais je crois qu'il y a des hommes capables de n'aimer qu'une fois.

CAMILLE

Combien de fois un honnête homme peut-il aimer ?

PERDICAN

40 Veux-tu me faire réciter une litanie, ou récites-tu toi-même un catéchisme ?

CAMILLE

Je voudrais m'instruire, et savoir si j'ai tort ou raison de me faire religieuse. Si je vous épousais, ne devriez-vous pas répondre avec fran-45 chise à toutes mes questions, et me montrer votre cœur à nu ? Je vous estime beaucoup, et je vous crois, par votre éducation et par votre nature, supérieur à beaucoup d'autres hommes.

Je suis fâchée que vous ne vous souveniez plus 50 de ce que je vous demande ; peut-être en vous connaissant mieux je m'enhardirais.

PERDICAN

Où veux-tu en venir ? Parle ; je répondrai.

CAMILLE

Répondez donc à ma première question. Ai-je raison de rester au couvent ?

PERDICAN

55 Non.

CAMILLE

Je ferais donc mieux de vous épouser ?

PERDICAN

Oui.

CAMILLE

Si le curé de votre paroisse soufflait sur un verre d'eau, et vous disait que c'est un verre de vin, 60 le boiriez-vous comme tel ?

PERDICAN

Non.

CAMILLE

Si le curé de votre paroisse soufflait sur vous, et me disait que vous m'aimerez toute votre vie, aurais-je raison de le croire ?

PERDICAN

65 Oui et non.

CAMILLE

Que me conseilleriez-vous de faire le jour où je verrais que vous ne m'aimez plus ?

PERDICAN

De prendre un amant.

CAMILLE

Que ferai-je ensuite le jour où mon amant ne 70 m'aimera plus ?

PERDICAN

Tu en prendras un autre.

CAMILLE

Combien de temps cela durera-t-il ?

PERDICAN

Jusqu'à ce que tes cheveux soient gris, et alors les miens seront blancs.

CAMILLE

75 Savez-vous ce que c'est que les cloîtres, Perdican ? Vous êtes-vous jamais assis un jour entier sur le banc d'un monastère de femmes ?

PERDICAN

Oui, je m'y suis assis.

CAMILLE

J'ai pour amie une sœur qui n'a que trente ans,
80 et qui a eu cinq cent mille livres de revenu à l'âge de quinze ans. C'est la plus belle et la plus noble créature qui ait marché sur terre. Elle était pairesse du parlement et avait pour mari un des hommes les plus distingués de France. Aucune
85 des nobles facultés humaines n'était restée sans culture en elle, et, comme un arbrisseau d'une sève choisie, tous ses bourgeons avaient donné des ramures. Jamais l'amour et le bonheur ne poseront leur couronne fleurie sur un front plus
90 beau ; son mari l'a trompée ; elle a aimé un autre homme, et elle se meurt de désespoir.

PERDICAN

Cela est possible.

CAMILLE

Nous habitons la même cellule, et j'ai passé des nuits entières à parler de ses malheurs ; ils sont
95 presque devenus les miens ; cela est singulier, n'est-ce pas ? Je ne sais trop comment cela se fait. Quand elle me parlait de son mariage, quand elle me peignait d'abord l'ivresse des premiers jours, puis la tranquillité des autres,
100 et comme enfin tout s'était envolé ; comme elle était assise le soir au coin du feu, et lui auprès de la fenêtre, sans se dire un seul mot ; comme leur amour avait langui, et comme tous les efforts pour se rapprocher n'aboutissaient qu'à
105 des querelles ; comme une figure étrangère est venue peu à peu se placer entre eux et se glisser dans leurs souffrances ; c'était moi que je voyais agir tandis qu'elle parlait. Quand elle disait : « Là, j'ai été heureuse », mon cœur
110 bondissait ; et quand elle ajoutait : « Là, j'ai pleuré », mes larmes coulaient. Mais figurez-vous quelque chose de plus singulier encore ; j'avais fini par me créer une vie imaginaire ; cela a duré quatre ans ; il est inutile de vous dire par
115 combien de réflexions, de retours sur moi-même, tout cela est venu. Ce que je voudrais vous raconter comme une curiosité, c'est que tous les récits de Louise, toutes les fictions de mes rêves portaient votre ressemblance.

PERDICAN

120 Ma ressemblance, à moi ?

CAMILLE

Oui, et cela est naturel : vous étiez le seul homme que j'eusse connu. En vérité, je vous ai aimé, Perdican.

PERDICAN

Quel âge as-tu, Camille ?

CAMILLE

125 Dix-huit ans.

PERDICAN

Continue, continue ; j'écoute.

CAMILLE

Il y a deux cents femmes dans notre couvent ; un petit nombre de ces femmes ne connaîtra jamais la vie, et tout le reste attend la mort. Plus
130 d'une parmi elles sont sorties du monastère comme j'en sors aujourd'hui, vierges et pleines d'espérances. Elles sont revenues peu de temps après, vieilles et désolées. Tous les jours il en meurt dans nos dortoirs, et tous les jours il en
135 vient de nouvelles prendre la place des mortes sur les matelas de crin. Les étrangers qui nous visitent admirent le calme et l'ordre de la maison ; ils regardent attentivement la blancheur de nos voiles, mais ils se demandent pourquoi
140 nous les rabaissons sur nos yeux. Que pensez-vous de ces femmes, Perdican ? Ont-elles tort, ou ont-elles raison ?

PERDICAN

Je n'en sais rien.

CAMILLE

Il s'en est trouvé quelques-unes qui me
145 conseillent de rester vierge. Je suis bien aise de vous consulter. Croyez-vous que ces femmes-là auraient mieux fait de prendre un amant et de me conseiller d'en faire autant ?

PERDICAN

Je n'en sais rien.

CAMILLE

150 Vous aviez promis de me répondre.

PERDICAN

J'en suis dispensé tout naturellement ; je ne crois pas que ce soit toi qui parles.

CAMILLE

Cela se peut, il doit y avoir dans toutes mes idées des choses très ridicules. Il se peut bien
155 qu'on m'ait fait la leçon, et que je ne sois qu'un perroquet mal appris. Il y a dans la galerie un petit tableau qui représente un moine courbé sur un missel ; à travers les barreaux obscurs de sa cellule glisse un faible rayon de soleil, et
160 on aperçoit une locanda italienne, devant laquelle danse un chevrier. Lequel de ces deux hommes estimez-vous davantage ?

PERDICAN

Ni l'un ni l'autre et tous les deux. Ce sont deux hommes de chair et d'os ; il y en a un qui lit et
165 un autre qui danse ; je n'y vois pas autre chose. Tu as raison de te faire religieuse.

CAMILLE

Vous me disiez non tout à l'heure.

PERDICAN

Ai-je dit non ? Cela est possible.

CAMILLE

Ainsi vous me le conseillez ?

PERDICAN

170 Ainsi tu ne crois à rien ?

CAMILLE

Lève la tête, Perdican ! quel est l'homme qui ne croit à rien ?

PERDICAN (*se levant*)

En voilà un ; je ne crois pas à la vie immortelle. — Ma sœur chérie, les religieuses t'ont donné
175 leur expérience ; mais, crois-moi, ce n'est pas la tienne ; tu ne mourras pas sans aimer.

CAMILLE

Je veux aimer, mais je ne veux pas souffrir ; je veux aimer d'un amour éternel, et faire des serments qui ne se violent pas. Voilà mon amant.
180 (*Elle montre son crucifix.*)

QUESTIONS

1 En vous aidant de vos connaissances, reliez au mal du siècle le désabusement qui se dégage de l'extrait.

2 Quelle idée du mariage cette scène vous laisse-t-elle ?

3 a) Analysez le lexique, les symboles et les images avec lesquels chacun défend sa conception de l'amour.

b) Décrivez la position des protagonistes dans cet affrontement : à quoi se résument ici les points de vue féminin et masculin sur l'amour ?

c) Analysez la principale faiblesse de leurs argumentations respectives : l'histoire de sœur Louise dans les propos de Camille et le cynisme de Perdican.

4 Expliquez l'opposition, dans ce dialogue, entre le mysticisme suspect de Camille et le relativisme de Perdican. L'amour y perd-il au change ?

5 a) Faut-il n'aimer que Dieu, tous les hommes ou un seul, toutes les femmes ou une seule, chastement ou physiquement ?

b) Que pensez-vous de l'Anneau d'argent, ce mouvement américain qui préconise la chasteté avant le mariage ?

Gérard de Nerval (1808-1855)

Gérard de Nerval naît à Paris en 1808. Sa mère, qui accompagne son mari dans les campagnes napoléoniennes, meurt deux ans plus tard.

Angoissé et pauvre, Nerval travaille toute sa vie à des activités littéraires multiples : traducteur du *Faust* de Goethe en 1828 ; anthologiste des poèmes de Ronsard en 1830 ; journaliste littéraire et feuilletoniste ; dramaturge ; poète des *Chimères* et nouvelliste avec *Les Filles du feu* en 1853. Sa vie tragique se partage encore entre la bohême, qui lui vaudra en 1830 un emprisonnement pour tapage nocturne en compagnie d'autres jeunes artistes ; des voyages à travers l'Europe surtout et en Orient ; et des épisodes de désordres nerveux.

Sa première crise mentale, en 1841, est suivie de périodes dépressives. À deux occasions, en 1851 et en 1853, il sera hospitalisé à la célèbre maison de santé du docteur Blanche à Passy. C'est lors de son deuxième séjour qu'il réunit en recueil les textes des *Filles du feu*, où figure « Sylvie ». Il connaît l'itinérance en 1854, un an avant de se pendre dans une rue de Paris.

NERVAL
Photo prise par Nadar.

■ « SYLVIE » (1853)

*La logique primesautière de la mémoire, du « souvenir à demi rêvé », conduit la narration de Sylvie. À partir d'un vague attachement pour une actrice, le narrateur recompose, en les situant dans le décor familial de sa jeunesse dans le Valois, les émotions d'une idylle avec la provinciale Sylvie, à laquelle il superpose un rêve d'amour pour une Adrienne devenue religieuse. L'image d'une actrice (Aur**éli**e : la contraction d'**A**drienne et de Sylv**ie**) le ramène donc au souvenir de deux jeunes filles : l'une aimante et l'autre aimée. Au fond, tout se passe comme si la femme n'était pour lui qu'une image ou un rêve qui se construit entre « l'amitié tendre » de Sylvie et « l'amour impossible » d'Adrienne. L'ingénu narrateur garde ces trois femmes à distance en les assimilant à des fantômes. L'un est sur scène, l'autre en province et le dernier dans un couvent.*

Dans l'extrait suivant, le narrateur en route vers Sylvie s'appuie sur l'Histoire (le Moyen Âge et ses pièces de théâtre à sujet religieux, un massacre de la Renaissance) pour décrire son amour pour Adrienne, le transcender jusqu'au rêve, anticiper sur le fantasme et le surréel.

Nous étions des intrus, le frère de Sylvie et moi, dans la fête particulière qui avait lieu cette nuit-là. Une personne de très illustre naissance, qui possédait alors ce domaine, avait eu l'idée d'inviter quelques familles du pays à une sorte de représentation allégorique où devaient figurer quelques pensionnaires d'un couvent voisin. Ce n'était pas une réminiscence des tragédies de Saint-Cyr, cela remontait aux premiers essais lyriques importés en France du temps des Valois. Ce que je vis jouer était comme un mystère des anciens temps. Les costumes, composés de longues robes, n'étaient variés que par les couleurs de l'azur, de l'hyacinthe ou de l'aurore. La scène se passait entre les anges, sur les débris du monde détruit. Chaque voix

DANTE GABRIEL ROSSETTI (1828-1882).

Beata Beatrix, v. 1864-1870. (Huile sur toile : 86,4 × 66 cm. Tate Gallery, Londres.)

Fasciné par l'œuvre du poète italien Dante Alighieri (XIIIᵉ siècle), Rossetti y puise ses sujets. Ici, sa femme Elizabeth Siddal, récemment décédée, est associée à Béatrice, l'aimée du poète. Le peintre précise que cette toile ne se veut pas la commémoration de la mort mais « une idéalisation du sujet, symbolisé par une extase ou une soudaine transfiguration spirituelle. [...] l'oiseau radieux, messager de la mort, dépose le blanc pavot dans ses mains ouvertes. Au second plan, [...] la rue où Dante lui-même passe [à droite] en contemplant de l'autre côté le personnage de l'Amour qui tient dans sa main la vie de sa femme tremblante comme une flamme. » D'autres détails renvoient symboliquement à la mort et au souvenir, tels le cadran solaire (le temps qui passe), le manteau vert (l'espérance) et la robe pourpre (la mort). Ainsi, par une mise en scène et le recours aux symboles, l'artiste comme le narrateur de Nerval retrouvant l'amante de jadis nous donnent à voir la femme « transfigurée » par leur regard et révèlent ainsi leurs sentiments à son égard et la force du souvenir.

chantait une des splendeurs de ce globe éteint, et l'ange de la mort définissait les causes de sa destruction. Un esprit montait de l'abîme,
20 tenant en main l'épée flamboyante, et convoquait les autres à venir admirer la gloire du Christ vainqueur des enfers. Cet esprit, c'était Adrienne transfigurée par son costume, comme elle l'était déjà dans sa vocation. Le nimbe de
25 carton doré qui ceignait sa tête angélique nous paraissait bien naturellement un cercle de lumière ; sa voix avait gagné en force et en étendue, et les fioritures infinies du chant italien brodaient de leurs gazouillements d'oiseau les
30 phrases sévères d'un récitatif pompeux.

En me retraçant ces détails, j'en suis à me demander s'ils sont réels, ou bien si je les ai rêvés. Le frère de Sylvie était un peu gris ce soir-là.

Nous nous étions arrêtés quelques instants dans
35 la maison du garde, — où, ce qui m'a frappé beaucoup, il y avait un cygne éploré sur la porte, puis, au dedans, de hautes armoires en noyer sculpté, une grande horloge dans sa gaine, et des trophées d'arcs et de flèches d'hon-
40 neur au-dessus d'une carte de tir rouge et verte. Un nain bizarre, coiffé d'un bonnet chinois, tenant d'une main une bouteille et de l'autre une bague, semblait inviter les tireurs à viser juste. Ce nain, je le crois bien, était en tôle
45 découpée. Mais l'apparition d'Adrienne est-elle aussi vraie que ces détails et que l'existence incontestable de l'abbaye de Châalis ? Pourtant, c'est bien le fils du garde qui nous avait introduits dans la salle où avait lieu la représenta-
50 tion : nous étions près de la porte, derrière une nombreuse compagnie assise et gravement

émue. C'était le jour de la Saint-Barthélemy, — singulièrement lié au souvenir des Médicis, dont les armes accolées à celles de la maison d'Este, décoraient ces vieilles murailles… Ce souvenir est une obsession peut-être ! —

Heureusement voici la voiture qui s'arrête sur la route de Plessis ; j'échappe au monde des rêveries, et je n'ai plus qu'un quart d'heure de marche pour gagner Loisy par des routes bien peu frayées.

QUESTIONS

1 Relevez les thèmes romantiques présents dans cet extrait.

2 Qu'est-ce qui caractérise particulièrement l'amour romantique d'après votre première lecture de ce passage ?

3 a) Quels liens pouvez-vous établir entre l'amour du narrateur pour Adrienne et les références historiques comme les « mystères » ou « la Saint-Barthélemy » ?

b) Quelles sont les caractéristiques physiques et morales du portrait d'Adrienne. Regroupez-les en champs lexicaux. Donnez aussi le sens de ses attributs (épée et auréole).

c) Quels sont par ailleurs les autres champs lexicaux du texte ? Quels thèmes indiquent-ils ?

d) À l'instar de l'amour qui le suscite, ce souvenir n'est-il qu'un rêve ?

4 Comme c'est une actrice qui l'a ramené au souvenir de la religieuse, montrez qu'il ne pourrait s'agir ici que d'un fantasme du narrateur, celui d'aimer une religieuse qui se fait actrice.

5 Pensez-vous que l'amour véritable puisse n'être qu'un rêve désincarné, qu'une sorte de fantasme ?

PARTIE **4**

LE ROMANTISME SOCIAL OU LE RAPPORT AUX AUTRES

L E ROMANTISME, à travers l'œuvre romanesque de George Sand surtout, attribue à la littérature une vocation sociale. Le beau sert à rendre bon. L'art est utile à guider la société ; les personnages des romans peuvent donc la critiquer et rêver à son futur. La littérature devient alors notamment un instrument de révolte contre la société du temps et pour le peuple ; elle l'éduque en cultivant chez les êtres modestes et honnêtes (et idéalisés ?) qui le composent le rêve d'une égalité fraternelle par la réconciliation des classes.

La littérature doit aussi tenter des incursions objectives dans le monde des autres, rompre avec « l'exotisme à la française » inauguré au XVIIIe siècle, où l'ailleurs fournit essentiellement un prétexte pour mieux parler de soi.

DESBORDES-VALMORE
M. Drolling (détail).
(Collection particulière.)

Marceline Desbordes-Valmore (1786-1859)

La Révolution trouble tôt l'existence de la famille de cette enfant née en 1786 et les difficultés financières obligent Marceline et sa mère à s'embarquer, en 1797, pour la Guadeloupe — c'est le début des soucis matériels. La mère y meurt dans une épidémie de fièvre jaune ; la fille doit rentrer chez son père.

À seize ans, elle fait ses débuts au théâtre de Douai, sa ville natale. Après ses succès en province, elle monte à Paris, dont elle s'éloigne pendant trois ans à la naissance de son fils, en 1810. En 1813, elle revient au théâtre. Son fils meurt trois ans plus tard. Le père de Marceline meurt en 1817, l'année où elle épouse l'acteur Prosper Valmore avec qui, en 1818, elle aura un enfant qui ne vivra pas. Un seul de ses trois autres enfants survivra à sa mère. En 1821, les époux se fixent à Lyon et travaillent au Grand Théâtre jusqu'à la retraite de Marceline deux ans plus tard. Par la suite, l'auteure est épisodiquement pensionnée par l'État. Des émeutes et des révoltes marquent le début des années 1830 à Lyon.

À partir de 1827, les jeunes poètes reconnaissent l'œuvre de Marceline Desbordes-Valmore (publiée au fil des vingt dernières années), qui gagne ainsi en importance. En 1859, l'année de sa mort, l'Académie française lui décerne un prix de 3000 francs. Ses *Poésies complètes* font l'objet de deux éditions (1830 et 1886) en trois volumes. C'est assurément sa condition de femme qui a confiné Marceline Desbordes-Valmore dans la catégorie des romantiques mineurs, car son œuvre a suscité l'admiration de tous ceux qui comptent dans la poésie française des deux derniers siècles. Sa poésie renouvelle en fait un lyrisme devenu artificiel et mécanique chez plusieurs de ses contemporains. Marceline Desbordes-Valmore fuit l'exceptionnel pour s'attacher au quotidien banal, même si certains jours lyonnais du début des années 1830 lui fournissent des sujets tragiques dont elle rend compte avec une réelle et unique compassion.

■ PAUVRES FLEURS (1839)

Tiré du recueil Pauvre fleurs *(1839), ce poème sur l'insurrection lyonnaise de 1834 et sa répression atteste la conscience sociale de Marceline Desbordes-Valmore, sa préoccupation des autres, sa compassion pour leur souffrance.*

À monsieur A. L.

> Quand le sang inondait cette ville éperdue,
> Quand la bombe et le plomb balayant chaque rue,
> Excitaient les sanglots des tocsins effrayés,
> Quand le rouge incendie aux longs bras déployés,
> 5 Étreignait dans ses nœuds les enfants et les pères,
> Refoulés sous leurs toits par les feux militaires,
> J'étais là ! quand brisant les caveaux ébranlés,

Pressant d'un pied cruel les combles écroulés,
La mort disciplinée et savante au carnage,
10 Étouffait lâchement le vieillard, le jeune âge,
Et la mère en douleurs près d'un vierge berceau,
Dont les flancs refermés se changeaient en
             [tombeau,
J'étais là : j'écoutais mourir la ville en flammes ;
J'assistais vive et morte au départ de ces âmes,
15 Que le plomb déchirait et séparait des corps,
Fête affreuse où tintaient de funèbres accords :
Les clochers haletants, les tambours et les balles ;
Les derniers cris du sang répandu sur les dalles :
C'était hideux à voir : et toutefois mes yeux
20 Se collaient à la vitre et cherchaient par les cieux,
Si quelque âme visible en quittant sa demeure,
Planait sanglante encor sur ce monde qui pleure ;
J'écoutais si mon nom, vibrant dans quelque adieu,

N'excitait point ma vie à se sauver vers Dieu :
25 Mais le nid qui pleurait ! mais le soldat farouche.
Ilote, outrepassant son horrible devoir,
Tuant jusqu'à l'enfant qui regardait sans voir,
Et rougissant le lait encor chaud dans sa bouche…
Oh ! devinez pourquoi dans ces jours étouffants,
30 J'ai retenu mon vol aux cris de mes enfants :
Devinez ! devinez dans cette horreur suprême,
Pourquoi, libre de fuir sous le brûlant baptême,
Mon âme qui pliait dans mon corps à genoux,
Brava toutes ces morts qu'on inventait pour nous !

35 Savez-vous que c'est grand tout un peuple qui crie !
Savez-vous que c'est triste une ville meurtrie
Appelant de ses sœurs la lointaine pitié,
Et cousant au linceul sa livide moitié,
Écrasée au galop de la guerre civile !
40 Savez-vous que c'est froid le linceul d'une ville !
Et qu'en nous revoyant debout sur quelques seuils
Nous n'avions plus d'accents pour lamenter nos
             [deuils !

QUESTIONS

1 Comment l'auteure présente-t-elle la guerre civile ?

2 Quelle image du poète se dégage de votre première lecture ?

3 a) Trouvez les trois grandes divisions du poème et donnez un titre à chacune d'elles (pour parvenir à ces trois thèmes, vous pouvez dégager au préalable les trois champs lexicaux qui y mènent).

b) Quel est le sens des anaphores de la première partie ?

c) Repérez et interprétez les personnifications et les métonymies.

d) Répertoriez les victimes de la guerre. Les hommes en sont-ils ?

e) Inventoriez et interprétez les champs lexicaux de la vue, de l'ouïe et de la religion.

f) Dans ce poème sur la mort en temps de guerre, quel est le seul espoir ?

g) Quel est l'effet du passage du *je* au *vous* ?

4 D'après vous, qu'est-ce qu'un écrivain engagé pour Marceline Desbordes-Valmore ?

5 a) Comme Marceline Desbordes-Valmore, Agrippa d'Aubigné et Voltaire décrivent les victimes de la guerre. Sont-elles les mêmes d'un texte à l'autre ? Les auteurs en tracent-ils des portraits semblables ou différents ? Relevez leurs principales caractéristiques et expliquez les ressemblances ou les dissemblances.

b) Que peut la poésie devant une catastrophe naturelle ou une épreuve comme la guerre ?

Art et littérature

LA RÉPRESSION

El Tres de Mayo et son pendant *El Dos de Mayo* commémorent l'insurrection populaire des 2 et 3 mai 1808 contre l'occupation française, à Madrid, et la terrible répression exercée par l'armée napoléonienne. L'histoire rapporte environ quatre cents exécutions. Les deux tableaux sont une commande du Conseil de la Régence d'Espagne.

Goya a situé cette scène commémorative à la fin de la nuit, alors qu'un point rouge dans le ciel au-dessus de la ville annonce une aube sombre. Les deux groupes sont face à face : à droite, les soldats français, faisant preuve d'une discipline toute militaire, sont alignés et mettent en joue les Espagnols, obéissant aveuglément aux

- Comment Goya s'y prend-il pour dénoncer la violence de la répression ?

- Comparez le point de vue du tableau à celui du texte.

- Comment la répression des révoltes populaires s'exerce-t-elle aujourd'hui ?

Francisco de Goya y Lucientes (1746-1828).

El Tres de Mayo 1808 (La fusillade du 3 mai 1808 à Madrid sur la colline Principe Pio), 1814. (Huile sur toile : 268 × 347 cm. Museo del Prado, Madrid.)

ordres. À gauche, dans la lumière de la lanterne, les victimes sont des gens du peuple, vêtus très simplement. Certains sont déjà tombés ; d'autres ne semblent pas comprendre pourquoi ils vont mourir et se cachent les yeux ou prient (qu'on les épargne ?). L'homme à la chemise blanche présente ses mains nues aux soldats ; ouvrant les bras comme le Christ en croix, il devient le symbole de ces pauvres gens victimes de la répression aveugle de l'occupant. Le rouge du sang répandu accentue l'effet dramatique de cette exécution de masse.

La révolte de gens humbles est elle aussi réprimée dans le sang par des soldats exécutant les ordres sans discernement. Marceline Desbordes-Valmore en dénonce l'horreur par des images de sang, de violence et de mort frappant indistinctement des innocents, vieillards, femmes, enfants… Comme Goya, elle veut souligner la disproportion des moyens utilisés, ce qui accentue l'ampleur du drame.

De nos jours, la télévision transmet des images de révoltes populaires matées par une répression aveugle et démesurée, quel que soit le pays. La dictature de Pinochet au Chili, comme celle des généraux en Argentine, a fait des milliers de disparus bien souvent sauvagement torturés. Israël oppose son armée au peuple palestinien des Territoires occupés. En Amérique du Nord, depuis le 11 septembre 2001, des manifestations pour des causes sociales ou populaires sont réprimées ; ainsi, au Sommet des Amériques à Québec en 2002, la police s'est servie de matraques et de gaz lacrymogènes pour disperser la foule des manifestants venus exprimer leur désaccord avec les politiques économiques des grandes puissances…

George Sand (1804-1876)

Aristocrate par son père et plébéienne par sa mère, Amandine Aurore Lucile Dupin naît en 1804, à Paris. À douze ans, elle lit Homère. À dix-sept ans, elle reçoit en héritage de sa grand-mère maternelle le domaine familial de Nohant et un hôtel particulier à Paris. Elle épouse le baron Dudevant un an plus tard ; le couple trouve son seul terrain d'entente dans l'opposition à Charles X, dont les politiques impopulaires comme la loi contre la liberté de presse provoquent la révolution de 1830 et l'avènement de Louis-Philippe. À vingt-six ans, elle a une liaison avec Jules Sandau — de sept ans son cadet — qui lui inspire son nom d'écrivain pour la publication, en 1832, de son premier roman à succès sur la condition féminine, *Indiana*. Après la révolution de 1830, elle s'habille en garçon pour couvrir comme journaliste le procès des républicains. Elle va jusqu'à écrire une partie du plaidoyer de leur avocat, Michel de Bourges, alors son amant. Elle rencontre Musset en 1833 et part pour l'Italie avec lui et Stendhal. Sand et Musset se tromperont et ce dernier transposera leur relation dans *La Confession d'un enfant du siècle*. En 1836, elle se sépare de son mari et prend Chopin pour nouvel amant. Elle publie *Consuelo*, son chef-d'œuvre, en 1843. À quarante-deux ans, elle propose les deux premiers volets du triptyque qui la rendra célèbre pour plusieurs générations de jeunes lecteurs : *La Mare au diable* et *François le Champi*, que *La Petite Fadette* viendra clore en 1848. Au début des années 1850, elle plaide la cause des républicains auprès de Napoléon III et obtient la grâce de plusieurs détenus ou exilés politiques. Dix ans plus tard, elle refusera les honneurs que veut lui décerner le couple impérial. En 1863, elle prend ses distances par rapport au régime et redevient de plus en plus républicaine. Elle meurt en 1876 et, à la demande de sa fille mais contre sa volonté, des funérailles religieuses seront célébrées. L'œuvre de George Sand, c'est aussi vingt-cinq volumes de correspondance (avec Flaubert notamment) et *Histoire de ma vie*, un livre paru en 1856 qui entremêle roman et autobiographie.

GEORGE SAND
Auguste Charpentier (1813-1880). (Musée Renan-Scheffer, Paris.)

Le féminisme de George Sand revendique l'égalité de salaire, d'instruction et de pensée avec les hommes ; le droit au mariage d'amour et au divorce. Quant au droit de vote des femmes — réclamé dès 1848 —, elle le subordonne à l'acquisition de leur égalité : pour elle, les femmes doivent sortir de leur aliénation avant de voter.

En 1830, son idéal politique est assez près de celui de Robespierre (moins la violence du sang versé). Sa foi dans le peuple et dans le progrès l'amène d'abord vers un socialisme teinté de christianisme où l'art occupe une place importante, car la littérature est, pour elle, investie d'une mission sociale. Après les événements de 1848, qui mèneront à la proclamation de la Deuxième République, George Sand écrit anonymement et sous supervision les éditoriaux des bulletins du Gouvernement provisoire et lance un journal de gauche, *La Cause du peuple*, dans lequel elle défend la démocratie. Elle dénonce les excès de la révolution industrielle anglo-saxonne qui transforment les êtres humains en marchandise au nom de la productivité et du profit. En 1864, ses œuvres sont mises à l'index par l'Église pour son anticléricalisme. Dans la devise de la France, elle préfère d'ailleurs « solidarité » à « fraternité » qu'elle juge trop religieux.

■ MAUPRAT (1837)

Sans être un roman à thèse, Mauprat *témoigne tout de même de la sympathie de George Sand pour les phalanstères du système de Fourier : ces domaines où des communautés de gauche vivent en harmonie et travaillent librement. Ce message social trouve un écho dans les paroles d'un personnage comme Patience, une personnification du peuple en attente d'un monde plus juste.*

« Avant de connaître les poètes, disait-il dans ses dernières années, j'étais comme un homme à qui manquerait un sens. Je voyais bien que ce sens était nécessaire, puisque tant de choses
5 en sollicitaient l'exercice. Je me promenais seul la nuit avec inquiétude, me demandant pourquoi je ne pouvais dormir, pourquoi j'avais tant de plaisir à regarder les étoiles que je ne pouvais m'arracher à cette contemplation, pourquoi
10 mon cœur battait tout d'un coup de joie en voyant certaines couleurs, ou s'attristait jusqu'aux larmes à l'audition de certains sons. Je m'en effrayais quelquefois jusqu'à m'imaginer, en comparant mon agitation continuelle à l'insouciance des autres hommes de ma classe, que
15 j'étais fou. Mais je m'en consolais bientôt en me disant que ma folie m'était douce, et j'eusse mieux aimé n'être plus que d'en guérir. À présent il me suffit de savoir que ces choses ont
20 été trouvées belles de tout temps par tous les

hommes intelligents, pour comprendre ce qu'elles sont et en quoi elles sont utiles à l'homme. Je me réjouis dans la pensée qu'il n'y a pas une fleur, pas une nuance, pas un
25 souffle d'air qui n'ait fixé l'attention et ému le cœur d'autres hommes, jusqu'à recevoir un nom consacré chez tous les peuples. Depuis que je sais qu'il est permis à l'homme, sans dégrader sa raison, de peupler l'univers et de
30 l'expliquer avec ses rêves, je vis tout entier dans la contemplation de l'univers ; et quand la vue des misères et des forfaits de la société brise mon cœur et soulève ma raison, je me rejette dans mes rêves ; je me dis que, puisque tous
35 les hommes se sont entendus pour aimer l'œuvre divine, ils s'entendront aussi un jour pour s'aimer les uns les autres. Je m'imagine que, de père en fils, les éducations vont en se perfectionnant. Peut-être suis-je le premier
40 ignorant qui ait deviné ce dont il n'avait

aucune idée communiquée du dehors. Peut-être aussi que bien d'autres avant moi se sont inquiétés de ce qui se passait en eux-mêmes, et sont morts sans en trouver le premier mot.

45 Pauvres gens que nous sommes ! ajoutait Patience ; on ne nous défend ni l'excès du travail physique, ni celui du vin, ni aucune des débauches qui peuvent détruire notre intelligence. Il y a des gens qui payent cher le travail

50 des bras, afin que les pauvres, pour satisfaire les besoins de leur famille, travaillent au-delà de leurs forces ; il y a des cabarets et d'autres lieux plus dangereux encore, où le gouvernement prélève, dit-on, ses bénéfices ; il y a aussi des

55 prêtres qui montent en chaire pour nous dire ce que nous devons au seigneur de notre village, et jamais ce que notre seigneur nous doit. Il n'y a pas d'écoles où l'on nous enseigne nos droits, où l'on nous apprenne à distinguer nos

60 vrais et honnêtes besoins des besoins honteux et funestes, où l'on nous dise enfin à quoi nous pouvons et devons penser quand nous avons sué tout le jour au profit d'autrui, et quand nous sommes assis le soir au seuil de nos

65 cabanes à regarder les étoiles rouges sortir de l'horizon. »

QUESTIONS

1 En quoi cet extrait illustre-t-il le romantisme social ?

2 Sur quelle prémisse la sagesse de Patience vous semble-t-elle reposer ?

3 a) Découpez la première partie du texte à l'aide des locutions conjonctives ou des adverbes de temps et retracez le cheminement de Patience.

b) Précisez la ligne où les propos de Patience s'élargissent à l'éducation. Les deux parties du texte sont-elles complémentaires ou opposées ? Dégagez-en la progression.

c) Définissez ce sixième sens que les poètes accordent à l'homme.

d) Pour Patience, en quoi la société et l'éducation aliènent-elles l'homme ?

4 Que signifie « être éduqué » pour Patience ?

5 Croyez-vous que la société et l'école aient évolué, qu'elles s'attachent aujourd'hui à « nos vrais et honnêtes besoins » ? Expliquez votre point de vue.

Prosper Mérimée (1803-1870)

Mérimée naît à Paris en 1803. En 1823, il obtient sa licence en droit après de bonnes études. Ses premières publications, en 1824 et 1825, tournent autour du théâtre espagnol, alors qu'il fréquente le salon de Mᵐᵉ Récamier. Son goût pour l'Espagne se renforce en 1830, pendant le premier de ses nombreux voyages en sol hispanique. C'est d'ailleurs à ce moment qu'il se lie d'amitié avec les parents de la future impératrice Eugénie, l'épouse de Napoléon III, dont il accompagnera le règne. Si ses articles de 1852 lui occasionnent quinze jours de prison, le nouvel Empereur le nomme sénateur en 1853 et lui propose, sans succès, le poste de ministre de l'Instruction publique, dix ans plus tard. Sa charge d'inspecteur des Monuments historiques, qu'il occupe jusqu'en 1860, l'amène à parcourir la France et lui permet d'encourager les restaurations de son ami Viollet-le-Duc.

MÉRIMÉE
Pastel de Simon Brochard (1788-1872). (Musée Carnavalet, Paris.)

Élu à l'Académie française en 1844, Mérimée est surtout un célèbre nouvelliste : en 1852, il réunit en un volume ses nouvelles, parmi lesquelles on compte « La Vénus d'Ille » (1837), « Colomba » (1840) et « Carmen » (1845). En 1869, il seconde Tourgueniev dans la traduction française de ses *Nouvelles*. Il meurt pour ainsi dire avec la chute de Napoléon III en 1870.

■ « CARMEN » (1845)

La nouvelle relate les amours de Don José et de Carmen, une séduisante bohémienne retorse. Mérimée s'y distingue surtout par ses innovations formelles. L'auteur de « Carmen » annonce le réalisme dans son traitement de l'ailleurs. Si l'amour est ici bien romantique, c'est-à-dire vécu comme une fatalité, le pittoresque, lui, n'est pas rêvé, mais exact, dépaysant, observé avec une réelle curiosité pour le monde des autres, et le ton se révèle distancié jusqu'à l'ironie. Voici une description que Mérimée a tirée de ses notes de voyage pour l'insérer dans sa fiction.

À Cordoue, vers le coucher du soleil, il y a quantité d'oisifs sur le quai qui borde la rive droite du Guadalquivir. Là, on respire les émanations d'une tannerie qui conserve encore
5 l'antique renommée du pays pour la préparation des cuirs ; mais, en revanche, on y jouit d'un spectacle qui a bien son mérite. Quelques minutes avant l'*angélus*, un grand nombre de femmes se rassemblent sur le bord du fleuve,
10 au bas du quai, lequel est assez élevé. Pas un homme n'oserait se mêler à cette troupe. Aussitôt que l'*angélus* sonne, il est censé qu'il fait nuit. Au dernier coup de cloche, toutes ces femmes se déshabillent et entrent dans l'eau. Alors
15 ce sont des cris, des rires, un tapage infernal. Du haut du quai, les hommes contemplent les baigneuses, écarquillent les yeux, et ne voient pas grand-chose. Cependant ces formes blanches et incertaines qui se dessinent sur le
20 sombre azur du fleuve font travailler les esprits poétiques, et, avec un peu d'imagination, il n'est pas difficile de se représenter Diane et ses nymphes au bain, sans avoir à craindre le sort d'Actéon. — On m'a dit que quelques mauvais
25 garnements se cotisèrent certain jour, pour graisser la patte au sonneur de la cathédrale et lui faire sonner l'*angélus* vingt minutes avant l'heure légale. Bien qu'il fît encore grand jour, les nymphes du Guadalquivir n'hésitèrent pas,
30 et se fiant plus à l'*angélus* qu'au soleil, elles firent en sûreté de conscience leur toilette de bain, qui est toujours des plus simples. Je n'y étais pas. De mon temps, le sonneur était incorruptible, le crépuscule peu clair, et un chat seulement
35 aurait pu distinguer la plus vieille marchande d'oranges de la plus jolie grisette de Cordoue.

QUESTIONS

1 Quels éléments vous donnent ici l'impression de lire des notes de voyage ?

2 Quelle émotion ressentez-vous à la lecture du texte ?

3 a) Définissez le mot *angélus* et analysez l'effet que produit sa répétition.

b) Quels sont ici les indices de la tonalité ironique ?

c) Relevez les antithèses et commentez l'ironie qu'elles installent dans l'extrait.

d) Quels éléments composent ici « la couleur locale » (gens, spectacle, métiers, lieux, mœurs, etc.) ?

e) Distinguez puis analysez les trois plans de cette composition : spectacle, spectateurs et narrateur.

4 Qu'est-ce qui fait le charme de cette description ?

5 Comment réagissons-nous aujourd'hui devant les moeurs et coutumes des autres ?

UNE IMAGE DE LA FEMME

- Quelle image des femmes Ingres propose-t-il ?

- Comparez cette image des femmes à celle qu'en donne Mérimée.

- Quelle image l'Occident se fait-il de la femme orientale ?

JEAN-AUGUSTE-DOMINIQUE INGRES **(1780-1867).**

Le bain turc, 1862. (Huile sur toile : 108 × 110 cm. Musée du Louvre, Paris.)

CLASSIQUE OU ROMANTIQUE ?

Dans le roman intitulé *Traité du zen et de l'entretien des motocyclettes*, Robert M. Pirsig oppose les romantiques aux classiques. En substance, ce romancier américain contemporain écrit que les romantiques s'attardent à la surface des choses, à l'apparence, à ce que perçoit l'œil en premier. Ainsi, pour eux, la motocyclette représente une jolie machine, rutilante, ripolinée en rouge, bleu ou vert ; tandis que les classiques sont fascinés par la mécanique au-delà des apparences, par le fonctionnement sous la surface, l'interaction des pièces du moteur afin de produire le mouvement. Si la motocyclette est un sport romantique, son entretien revient certainement à un individu de tempérament classique qui retrousse volontiers ses manches avant de tacher ses mains de cambouis.

1. Dans cette perspective, tentez de classer les huit auteurs du chapitre selon un ordre décroissant de romantisme et justifiez votre classement

2. Diriez-vous que vous êtes romantique ou classique ? Le corps est-il prépondérant dans vos choix amoureux ? Pourriez-vous apprendre à aimer une personne dont une particularité physique vous rebute de prime abord ? Dans vos études et par rapport à vos champs d'intérêt en général, préférez-vous ce qui vous bouleverse ou ce qui vous aide à comprendre le monde ? Remarquez que ces oppositions sont souvent inclusives.

Texte écho

■ LES SOUFFRANCES DU JEUNE WERTHER (1774)

de Gœthe

Johann Wolfgang von Gœthe (1749-1832) est un des auteurs allemands les plus célèbres. En 1774, il publie, sans nom d'auteur, Les Souffrances du jeune Werther, œuvre dont les autorités locales de Leipzig interdisent la vente parce qu'elle ferait l'apologie du suicide. Ce coup d'envoi de la littérature romanesque allemande s'impose assez vite comme un chef-d'œuvre de la civilisation occidentale et déclenche une véritable mode européenne : on s'entoure d'objets, on se parfume, on s'habille, on se tue à la manière de Werther. René, Adolphe et La Confession d'un enfant du siècle découlent du roman de Gœthe. En plus de cerner les caractéristiques de ce que les écrivains romantiques français appelleront le mal du siècle (liberté, actions et désirs entravés par les contraintes du monde), Gœthe associe les souffrances de son héros au mal de l'adolescence et leur donne ainsi une portée universelle : « Il serait fâcheux qu'au moins une fois dans sa vie chacun n'ait pas une époque où Werther lui semble avoir été écrit spécialement pour lui. »

18 août

Pourquoi faut-il que ce qui fait la félicité de l'homme devienne aussi la source de son malheur ?

5 Cette ardente sensibilité de mon cœur pour la nature et la vie, qui m'inondait de tant de volupté, qui du monde autour de moi faisait un paradis, me devient maintenant un insupportable bourreau, un mauvais génie qui me poursuit en tous lieux. Lorsque autrefois du 10 haut du rocher je contemplais, par-delà le fleuve, la fertile vallée jusqu'à la chaîne de ces collines ; que je voyais tout germer et sourdre autour de moi ; que je regardais ces montagnes couvertes de grands arbres touffus depuis 15 leur pied jusqu'à leur cime, ces vallées ombragées dans leurs creux multiples, de petits bosquets riants, et comme la tranquille rivière coulait entre les roseaux susurrants, et réfléchissait les chers nuages que le doux vent du 20 soir promenait sur le ciel en les balançant ; qu'alors j'entendais les oiseaux animer autour de moi la forêt ; que je voyais des millions d'essaims de moucherons danser gaiement dans le dernier rayon rouge du soleil, dont le 25 regard, dans un dernier tressaillement, délivrait et faisait sortir de l'herbe le scarabée bourdonnant ; que le bruissement et le va-et-vient autour de moi rappelaient mon attention sur le sol ; et que la mousse qui arrache à mon dur 30 rocher sa nourriture, et le genêt qui croît le long de l'aride colline de sable, m'indiquaient cette vie intérieure, ardente et sacrée qui anime la nature !… comme je faisais entrer tout cela dans mon cœur ! Je me sentais comme déifié par 35 cette abondance débordante, et les majestueuses formes du monde infini vivaient et se mouvaient dans mon âme.

Je me voyais environné d'énormes montagnes ; des précipices étaient devant moi, et des rivières 40 d'orages s'y plongeaient ; des fleuves coulaient sous mes pieds, les forêts et les monts résonnaient, et toutes les forces impénétrables qui créent, je les voyais, dans les profondeurs de la terre, agir et réagir, et je voyais fourmiller sur

45 terre et sous le ciel les innombrables races des
êtres vivants. Tout, tout est peuplé, sous mille
formes différentes ; et puis voici les hommes, qui
ensemble s'abritent dans leurs petites maisons,
et s'y nichent, et selon eux, règnent sur le vaste
50 univers ! Pauvre insensé, qui crois tout si peu de
chose, parce que tu es si petit ! Depuis les montagnes inaccessibles, à travers le désert, qu'aucun pied ne toucha, jusqu'au bout de l'océan
inconnu, l'esprit de celui qui crée éternellement
55 souffle et se réjouit de chaque atome qui le sent
et vit de sa vie… Ah ! pour lors combien de fois
j'ai désiré, porté sur les ailes de la grue qui passait sur ma tête, voler au rivage de la mer immen-
surable, boire à la coupe écumante de l'infini la
60 vie qui, pleine de joie, en déborde, et seulement
un instant sentir dans l'étroite capacité de mon
sein une goutte de la béatitude de l'être qui produit tout en lui-même et par lui-même !

Mon ami, je n'ai plus que le souvenir de ces
65 heures pour me soulager. Même les efforts que
je fais pour me rappeler et rendre ces inexpri-
mables sentiments, en élevant mon âme au-dessus d'elle-même, me font doublement sentir le
tourment de la situation où je suis maintenant.

70 Devant mon âme s'est levé comme un rideau,
et le spectacle de la vie infinie s'est métamor-
phosé devant moi en l'abîme du tombeau éternellement ouvert. Peut-on dire, « Cela est »,
quand tout passe ? quand tout, avec la vitesse
75 d'un éclair, roule et passe ? quand chaque être
n'épuise que si rarement la force que lui confère
son existence, et est entraîné dans le torrent,
submergé, écrasé sur les rochers ? Il n'y a point
d'instant qui ne te dévore, toi et les tiens qui t'en-
80 tourent ; point d'instant que tu ne sois, que tu
ne doives être un destructeur. La plus innocente
promenade coûte la vie à mille pauvres ver-
misseaux ; un seul de tes pas détruit le pénible
ouvrage des fourmis, et foule un petit monde
85 dans un tombeau ignominieux. Ah ! ce ne sont
pas vos grandes et rares catastrophes, ces inon-
dations qui emportent vos villages, ces trem-
blements de terre qui engloutissent vos villes, qui
me touchent : ce qui me mine le cœur, c'est cette
90 force dévorante qui est cachée dans toute la
nature, qui ne produit rien qui ne détruise ce qui
l'environne et ne se détruise soi-même… C'est
ainsi que j'erre plein de tourments. Ciel, terre,
forces actives qui m'environnent, je ne vois rien
95 dans tout cela qu'un monstre toujours dévorant
et toujours ruminant.

(Traduction de Bernard GROETHUYSEN, © Éditions Gallimard.)

QUESTION

Sous l'influence de Madame de Staël, les Français apprécient de plus en plus *Les Souffrances du jeune Werther*, de Gœthe. Dans ce roman par lettres très original, Werther n'écrit qu'à un seul correspondant, son ami Wilhelm, dont le lecteur ne peut lire aucune réponse. Que lui dit-il ici à propos du mal du siècle ? Comparez cette lettre avec les extraits de Chateaubriand (p. 223 et 226), de Constant (p. 228) et de Musset (p. 231 et 235).

Texte contemporain

■ LE DON DES MORTS (1991)

de Danièle Sallenave

*Danièle Sallenave est née en 1940, à Angers. Elle enseigne la littérature française
et le cinéma à Paris-X Nanterre. Auteure de plusieurs romans, parmi lesquels
figure* Les Portes de Gubbio *(Prix Renaudot en 1980), elle collabore au journal*
Le Monde *et à la revue* Les Temps *modernes.* Le Don des morts *est le plus
connu de ses essais sur le rôle de la littérature et sa transmission.*

Qu'est-ce que la vie ordinaire ? Qu'est-ce qui manque à la vie ordinaire ? L'argent, les honneurs, la belle vie ?

Ou encore : la culture, les voyages ? Non ce n'est pas l'argent (il y a des gens riches qui mènent une vie ordinaire), non ce n'est pas la culture (il y a des gens cultivés qui mènent une vie ordinaire). C'est la pensée, ce sont les livres : la pensée, le rêve, la connaissance du monde, et l'expérience élargie, grâce aux livres, à la littérature, à la poésie, à la fiction.

Ce qui définit la vie ordinaire, ce qui fait le malheur de la vie ordinaire, ce qui fait, de la vie ordinaire, une vie mutilée, c'est que les livres y manquent, le savoir qui passe par les livres (car le savoir qui passe par les livres n'entre pas en nous de même façon que par l'image ou le discours ; il y a un privilège du livre sur tout le reste) ; la douleur qui passe par les livres, l'expérience, l'émotion, la compréhension du monde qui passent par les livres, mais surtout par le roman et le poème, la fiction littéraire.

À cette douleur il me fallait donner un nom, et pour cela avoir résolu partiellement l'énigme ; mais ce n'est pas en écrivant des livres que j'ai pu trouver l'issue, la brèche, la voie, le chemin. Car ce chemin n'est pas d'écrire des livres, il est d'en lire. Ce livre n'est pas autre chose que le récit d'une vocation de lecteur. À peine avais-je commencé de vivre que j'ai compris qu'on pouvait ne pas consacrer sa vie à autre chose qu'aux livres. Mais non pour échapper au monde, non pour le fuir : pour le retrouver.

Encore une fois, faisons retentir le thème de la douleur de la vie sans les livres. Redisons-le encore : ce qui sépare les hommes le plus gravement, le plus radicalement, ce n'est pas l'argent, les places, la réussite, l'accomplissement social, ce n'est même pas la « culture », c'est la lecture : la présence ou l'absence des livres dans la vie quotidienne. Cette différence est plus profonde, et plus grave. Elle aggrave toutes les autres.

Les livres ne remplacent rien, ils ne sont le substitut de rien : ni des honneurs, ni de l'argent, ni des places, ni de la culture, ni des accomplissements personnels, des satisfactions ou des honneurs privés ; mais rien ne remplace les livres, rien ne peut se substituer à eux. Sans les livres, toutes les vies sont des vies ordinaires, même comblées d'argent, d'honneurs, de places, d'accomplissements, de satisfactions et de bonheurs privés. Aux honneurs, aux places, à l'argent, aux satisfactions privées, les livres ajoutent ceci : ils incluent cette vie que nous menons (basse ou élevée, riche ou pauvre) dans la grande histoire, dans la grande trame du monde. Le livre est ce qui me fait communiquer avec les autres, avec les œuvres, pensée et expression des vivants et des grands morts, avec les humanités, avec le monde. Le livre est l'autre nom du procès d'humanisation de l'homme : il dit qu'on ne naît pas homme, qu'on le devient. Ce sont les livres qui font de ma vie la participation à cet élan mystérieux et confus qui nous associe tous sans interruption depuis qu'à « l'origine » avec le don des langues est né le goût de raconter.

(© *Éditions Gallimard*.)

QUESTION

Dans *Le Don des morts*, Danièle Sallenave s'emploie à dire ce que la littérature apporte à nos vies, comment la démocratisation de la lecture façonne nos communautés. En quoi ses propos sur la « mission » de la littérature rejoignent-ils ceux de George Sand ?

CLÉS POUR COMPRENDRE LE ROMANTISME

1 Le moi est unique et mystérieux. En quête d'un absolu plus ou moins indéfinissable, il souffre d'une mélancolie aussi appelée « mal du siècle ».

2 Inévitable et inaccessible, l'amour est la valeur la plus importante. Les émotions que ce sentiment engendre permettent le langage du cœur, celui de la littérature authentique.

3 La nature est une des principales sources d'inspiration : puisque tout entre dans la nature, tout doit pouvoir entrer librement dans l'art.

4 Témoin et confidente de l'homme, ou lieu de projection de ses sentiments, la nature offre également un refuge à l'image de Dieu.

5 L'art peut manifester un engagement qui va jusqu'à la révolte.

6 La littérature peut s'ouvrir à l'ailleurs par le rêve ou le voyage.

7 L'enfant est fréquemment une victime.

8 La mort est souvent présentée comme une aspiration.

BILAN DES AUTEURS ET DES ŒUVRES

HUGO

D'abord grand réformateur du théâtre, Victor Hugo s'impose rapidement comme l'auteur d'une œuvre en résonance avec tout ce qui existe : de la nature à Dieu, en passant par l'homme et la société. La nature y est présentée comme un refuge pour l'homme, un témoin de ses émotions et un lien avec l'absolu ; l'amour, comme l'expression du meilleur de l'humain. Total, c'est-à-dire tout à la fois dans le monde et poussé jusqu'à ses confins, l'art pour Hugo traduit la beauté du désordre de la nature et de la vie en même temps qu'il offre un mode d'appréhension de l'absolu. Par ailleurs, il sert à dénoncer les injustices sociales (l'exploitation des enfants, l'emprisonnement, la peine de mort) ; en confrontant ou en confortant les idées d'une époque, l'art et l'action politique participent à la longue marche vers l'humanisation de l'homme.

CHATEAUBRIAND

En véritable romantique, Chateaubriand définit, dans *René*, le mal du siècle comme un mal de la finitude. L'inventeur de la « couleur locale » en fait ici un élément de l'« exotisme à la française » : il se sert d'étrangers qu'il idéalise pour critiquer sa société. En véritable politique, Chateaubriand écrit aussi ses *Mémoires*, car il croit en l'avenir.

CONSTANT

Benjamin Constant est le plus classique des écrivains romantiques. Dans *Adolphe*, il caractérise le mal du siècle en insistant sur la mort. Il essaie aussi de définir l'amour d'une façon objective, sans recourir aux habituelles approximations romantiques.

MUSSET

Dans *La Confession d'un enfant du siècle*, Musset propose la définition la plus complète du mal du siècle ; il en fait la résultante de plusieurs ruptures, entre générations notamment. Toute l'œuvre de Musset porte à son comble l'association, propre au romantisme, entre l'amour et la souffrance.

NERVAL

Sylvie, de Gérard de Nerval, présente l'amour comme un rêve.

DESBORDES-VALMORE

Pour Marceline Desbordes-Valmore, la littérature doit témoigner des horreurs de la condition humaine et donner espoir.

SAND

Dans *Mauprat*, George Sand suggère que la littérature peut éduquer l'homme en brisant d'abord son sentiment d'unicité.

MÉRIMÉE

Carmen, de Mérimée, présente de façon plutôt réaliste des mœurs exotiques.

MÉTHODOLOGIE

PYRAMIDE DE KHÉPHREN (V. 2620 AV. J.-C.)

Guizeh, Égypte.

Dans l'un de ses *Essais*, Montaigne propose de « choisir un conducteur qui eût plutôt la tête bien faite que bien pleine ». Former son jugement sur des bases solides, c'est construire et libérer sa pensée.

L E TEXTE littéraire est le lieu par excellence de l'évocation : évocation des sentiments, des sensations les plus fines, des allusions voilées, des sous-entendus révélateurs. Sa lecture nécessite des modalités particulières. Sa forme conduit en effet, par la voie des émotions personnelles et de leur interprétation, à la construction du sens. Le sens d'un texte non littéraire est objectif, il impose une seule possibilité de lecture : ne faire dire au texte que ce qu'il dit et exclure toute interprétation personnelle des lecteurs. En revanche, la lecture d'un texte littéraire, bien qu'elle ne puisse pas faire dire n'importe quoi au texte, peut donner lieu à des interprétations personnelles plus ou moins riches en fonction de la culture et des expériences du lecteur. Lire un texte littéraire, c'est explorer ses dimensions référentielles, symboliques, esthétiques et éthiques.

PARTIE

LIRE UN TEXTE LITTÉRAIRE : UNE RENCONTRE

On en revient toujours au lecteur, comme indispensable collaborateur de l'écrivain. Un livre n'a pas un auteur, mais un nombre infini d'auteurs. Car à celui qui l'a écrit s'ajoutent de plein droit dans l'acte créateur l'ensemble de ceux qui l'ont lu, le lisent ou le liront.

MICHEL *TOURNIER*, Le Vol du vampire.

L IRE un texte littéraire, c'est vivre l'expérience d'entrer dans un autre univers, proche ou différent du sien ; c'est, partant de sa propre sensibilité, mobiliser ses connaissances, ses valeurs, son imagination pour réagir au texte, à la vision qu'il propose ; c'est sentir un appel à la complicité et au dialogue. Conquis ou révolté, le lecteur qui entre dans le jeu trouve de toute façon matière à questionner, à approfondir ou à nuancer son propre point de vue sur les sujets abordés.

En somme, au moyen du texte, le lecteur enrichit sa propre confrontation avec le réel. Il collabore à la construction du sens en engageant, dans cette aventure, son affectivité, ses connaissances, ses valeurs morales, politiques, religieuses et son imaginaire.

Par ses diverses rencontres et ses dialogues avec les textes littéraires, le lecteur se donne une culture vivante : un réseau de références dans lequel il peut inscrire ses expériences personnelles.

CONSTRUIRE LE SENS D'UN TEXTE : DE L'IMPRESSION À L'INTERPRÉTATION

La construction du sens d'un texte ne résulte pas d'une unique lecture suivie, aussi attentive soit-elle, mais de la superposition de plusieurs lectures effectuées sous des angles particuliers. Motivés par la mise en situation, ces différents parcours analytiques visent la recherche consciente d'éléments de convergence permettant de passer de l'hypothèse de sens, perçue lors de la première lecture, à une interprétation fondée sur des observations.

LA MISE EN SITUATION : POUR UNE LECTURE MOTIVÉE

La première étape de la lecture littéraire prend en compte les informations sur le contexte, l'auteur et le texte, qui situent le projet de l'auteur, ainsi que sur le thème abordé et le propos. Elle s'appuie également sur des questions qui orientent la lecture.

■ La présentation des grandes lignes du **contexte** historique, politique, social et culturel de l'œuvre permet au lecteur de se situer et de mettre en perspective les choix et les positions exprimés ou sous-entendus dans le texte.

■ La présentation de l'**auteur** et de ses valeurs morales, esthétiques, sociales, etc., contribue également à éclairer ses préoccupations et ses rapports avec son époque.

■ La présentation du **texte** fournit des indications précises telles que date, lieu de production, titre de l'œuvre, références, notes ; elles peuvent aussi indiquer le genre littéraire, les thèmes ou les problématiques abordés, les conditions dans lesquelles le texte a été écrit. Bien souvent, elle fait sentir au lecteur la pertinence du texte au regard des débats actuels. En effet, une lecture n'est motivée que si l'on peut établir une relation personnelle avec le texte à propos d'un thème, d'une question ou d'une expérience.

■ La **mise en situation** d'un passage, lorsqu'il s'agit d'un extrait, permet également au lecteur de mieux cibler ce qui en fait l'intérêt au regard de l'œuvre.

■ Plus spécifiques, les **questions** ou consignes qui accompagnent le texte donnent des axes de lecture et orientent l'observation vers des centres d'intérêt.

EXEMPLE

■ LES CARACTÈRES (1688-1696)

de La Bruyère

Dans son œuvre Les Caractères, *La Bruyère livre une galerie de portraits et de brèves réflexions sur la nature humaine et les mœurs de son époque. L'œuvre de ce contemporain de Molière constitue un document saisissant de la société française au XVIIe siècle, dominée par la monarchie absolue de Louis XIV. Cet extrait, tiré du chapitre « Du cœur », traite d'un sujet éternel qui prête difficilement le flanc à la censure.*

« Du cœur » (*extrait*)

L'amour naît brusquement, sans autre réflexion, par tempérament ou par faiblesse : un trait de beauté nous fixe, nous détermine. L'amitié au contraire se forme peu à peu, avec le temps, par la pratique, par un long commerce.

⁵ Combien d'esprit, de bonté de cœur, d'attachement, de services et de complaisance dans les amis, pour faire en plusieurs années bien moins que ne fait quelquefois en un moment un beau visage ou une belle main !

SUJET

Dégagez les principaux champs lexicaux du texte ; relevez-y les différents thèmes et nommez celui qui les englobe tous ; montrez en quoi les thèmes particuliers sont inclus dans le thème général.

Commentaire

La mise en situation du texte donne un cadre de lecture en situant l'auteur dans son époque et en sensibilisant le lecteur :
- à l'intention de l'auteur : peindre la nature humaine ;
- au thème traité : le cœur, un sujet toujours d'actualité ;
- au contexte d'énonciation : liberté d'expression restreinte (censure, monarchie absolue) dans la société française du XVIIᵉ siècle.

De son côté, la question sur les champs lexicaux oriente le lecteur vers la thématique du texte.

LA PREMIÈRE LECTURE : UNE IMMERSION

La première lecture est une lecture complète du texte. Déjà préparé par la mise en situation (et, en démarche d'apprentissage, par les questions préalables), le lecteur se donne maintenant un fil conducteur : dans certains cas, le titre de l'œuvre ou du passage annonce de façon directe la thématique ou la problématique ; dans d'autres cas, le titre est plus symbolique. Ainsi guidé dans sa recherche, le lecteur va à l'essentiel. Lors de ce premier parcours, il est aussi attentif aux impressions qu'il ressent et peut formuler des hypothèses. Au terme de cette lecture d'exploration, il est en mesure de poser une hypothèse globale sur la tonalité qui se dégage du texte, sur l'idée directrice, sur l'intention de l'auteur et sur le type de texte.

La tonalité

La tonalité est l'atmosphère générale qui se dégage du texte. Cette impression particulière peut faire dire que, globalement, un texte est comique, dramatique, tragique, ironique, lyrique, épique, polémique, didactique, etc. Une analyse approfondie permettra de découvrir les éléments de forme qui créent cette impression.

Hypothèse 1

Il se dégage du texte de La Bruyère une impression à la fois didactique et lyrique. Ce texte a pour objet la description de sentiments intimes en accord avec le titre du chapitre, « Du cœur » : il expose, dans les deux premières phrases, le fruit de son observation personnelle et invite, dans la troisième phrase, à partager son émotion.

L'idée directrice

L'idée directrice est celle qui motive l'écriture du texte ; elle se développe de l'introduction à la conclusion. Sa formulation, comme celle de toute idée, se fait au moyen d'une phrase exprimant un thème et un propos. Exemple : « Rire (thème) est le propre de l'Homme (propos). » (RABELAIS.)

■ Le **thème directeur** est ce dont parle le texte ; il inclut tous les thèmes et sous-thèmes traités dans le texte. Il est généralement exprimé par un nom, un verbe ou un nom accompagné d'un adjectif. Exemple : la *nature* ; *aimer* ; l'*amour courtois*. Ce thème sert de trame au texte entier. Si le texte est fondé sur une opposition ou une comparaison, il y aura deux thèmes directeurs et, par conséquent, une problématique. Exemple : *Rêve et réalité*.

Hypothèse 2

La réflexion de La Bruyère porte sur les deux thèmes annoncés dans les premières phrases : l'*amour* et l'*amitié*.

■ Le **propos** est ce que le texte dit sur le thème directeur. Exemple : La nature *est la confidente de l'homme* ; le pouvoir *corrompt*. Le propos peut comprendre plusieurs aspects, complémentaires ou opposés, du thème directeur ; ce sont les **thèmes principaux**. Exemple : Aimer *est plaisir et souffrance*.

Hypothèse 3

La Bruyère dit de l'amour qu'il *naît brusquement* et de l'amitié qu'elle *se forme peu à peu*.

Hypothèse 4

L'idée directrice du texte de La Bruyère pourrait se formuler comme suit : « L'amour et l'amitié s'opposent par le temps qu'ils mettent à naître. »

L'intention de l'auteur

L'intention de l'auteur, c'est la raison consciente ou non qui le pousse à écrire son texte : il souhaite montrer, s'exprimer, débattre, émouvoir, dénoncer, expliquer, raconter, convaincre, etc., pour amener le lecteur à admirer, combattre, agir, méditer, etc. Selon son intention, l'auteur choisira tel ou tel type de texte. Pour montrer, informer, il écrira un texte descriptif ; pour raconter, un texte narratif ; pour convaincre, un texte argumentatif ; pour émouvoir, un texte expressif ; pour expliquer, un texte explicatif ; pour rapporter des paroles ou raconter une histoire en dialogues, un texte dialogique.

Hypothèse 5

Dans son texte, La Bruyère veut-il s'exprimer, décrire, expliquer ? Les deux premières phrases décrivent la différence entre la naissance de l'amour et celle de l'amitié, mais la dernière, très expressive, constitue un argument invoqué à l'appui des deux premières et qui sous-entend une expérience personnelle. L'intention de La Bruyère serait-elle à la fois d'exprimer et d'expliquer ?

À la fin de cette étape, le lecteur a normalement une bonne idée du thème dont parle le texte et de ce qu'il en dit, le propos. Il peut formuler une hypothèse globale. C'est sur cette charpente qu'il intégrera les observations et les analyses de ses prochaines lectures du texte.

Hypothèse globale

Dans ce court texte, l'auteur semble vouloir faire partager son analyse d'une expérience sentimentale troublante : apparemment si proche, l'amour et l'amitié sont en fait fort différents.

LA LECTURE ANALYTIQUE : DES PARCOURS CIBLÉS

Pour trouver, encore faut-il savoir ce que l'on cherche… La lecture analytique s'effectue au moyen d'une suite de relectures, guidées par l'observation et le repérage des moyens d'expression. Cette lecture a pour but de se préparer à rendre compte de sa compréhension en expliquant, d'une façon articulée et convaincante, ce que le texte dit et comment il le dit. Certains parcours, donc, visent d'abord une compréhension approfondie du texte ; d'autres, en réponse à des consignes données, demandent l'analyse d'un centre d'intérêt particulier (un thème, un personnage, une question littéraire : réalisme, héros, tragédie, description, ironie, etc.) et nécessiteront de nouvelles lectures pour repérer les procédés d'écriture associés à ce centre d'intérêt.

Vers une compréhension approfondie

La compréhension approfondie d'un texte implique la synthèse de trois parcours portant sur les points suivants : la **thématique**, la **structure** et l'**énonciation**.

La thématique

Pour dégager la thématique, on repère les champs lexicaux du texte, c'est-à-dire les ensembles de mots et d'expressions liés par le sens. Ce repérage des champs lexicaux met au jour les thèmes traités.

Analyse 1

Repérage des champs lexicaux dans le texte de La Bruyère

THÈMES					
L'amour			L'amitié		
Sous-thèmes :			Sous-thèmes :		
L'instinct (action involontaire)	La beauté	L'instant	La pratique (action volontaire)	La bonté	La durée
« sans réflexion », « tempérament », « faiblesse », « fixe », « détermine »	« beauté », « beau visage », « belle main »	« brusquement », « sans réflexion », « un trait », « en un moment »	« par la pratique », « attachement », « services »	« complaisance », « amis », « bonté de cœur »	« peu à peu », « avec le temps », « par un long commerce », « combien », « en plusieurs années »

Commentaire 1

Le regroupement des mots selon les champs lexicaux met en évidence les aspects de chacun des deux **thèmes directeurs** : ce sont les **sous-thèmes** ou **thèmes secondaires**.

Le regroupement de thèmes se fait ensuite selon une hiérarchie et suivant les rapports logiques qu'ils entretiennent : addition, opposition, cause, conséquence, condition, etc. Pour représenter ces rapports et conduire le lecteur à formuler les idées, on peut tracer un organigramme : l'idée directrice est développée par des idées principales, à leur tour appuyées sur des idées secondaires (voir l'analyse 2). Si le rapport entre les idées principales est une opposition ou un paradoxe, la thématique devient une problématique qui appelle une résolution argumentée.

Analyse 2

Organigramme de la problématique du texte de La Bruyère

Thèmes directeurs : l'amour et l'amitié

Idée directrice : L'amour et l'amitié se distinguent notamment dans leur rapport au temps.

Idée principale : L'amour naît d'un instant.

Idée principale : L'amitié se développe dans la durée.

Idée secondaire : L'attrait de l'amour est la beauté.

Idée secondaire : L'amour est instinctif.

Idée secondaire : L'amitié naît de la bonté.

Idée secondaire : L'amitié se construit à force de volonté.

Commentaire 2

Les sous-thèmes sont ici en relation d'opposition (beauté/bonté ; instinct/volonté ; instant/durée) ; ces oppositions sous-tendent la problématique relative aux deux thèmes directeurs : l'amour et l'amitié. Confronté à cette problématique, le lecteur poursuivra sa réflexion sur la nature humaine : comment et pourquoi le temps peut-il opposer ces deux sentiments apparemment si proches ? Les réponses de l'auteur sont dans le texte.

La structure et la progression

On dégage la structure et la progression d'un texte en repérant les formes (genres littéraires, paragraphes ou strophes, type de texte, construction des phrases) qui correspondent aux **mouvements de la pensée**. Les indices clés sont les transitions, les marqueurs de relation, les variations des thèmes selon une progression linéaire, constante ou éclatée (voir « séquence descriptive » p. 265).

Analyse 3

Les deux premières phrases du texte de La Bruyère, d'égale longueur et articulées par l'expression *au contraire*, posent une problématique : le temps oppose deux sentiments apparemment si proches, l'amour et l'amitié. Le lecteur attend une explication. La longue troisième phrase, exclamative, lui fournit des éléments de réponse.

Commentaire 3

Le texte de La Bruyère est une brève réflexion personnelle sur les sentiments humains ; il appartient donc au genre de l'essai.

L'énonciation

On met en évidence l'énonciation en repérant les noms, les pronoms ou toutes marques d'affectivité (appréciation, dépréciation, phrase interrogative, exclamative, impérative) qui témoignent d'un **point de vue** sur la réalité exprimée et incitent le lecteur à interagir avec le texte. Ces indices rendent vivantes la ou les voix qui s'élèvent du texte : Qui parle à qui ? comment ? dans quel but ? dans quel contexte ? Est-ce l'auteur ? un narrateur ? un personnage ? Quels jugements découlent de ce point de vue ? Quelles réactions inspire-t-il ?

Un texte littéraire n'est jamais neutre : la voix de l'auteur traduit toujours une certaine vision de la réalité déterminée par ses expériences et ses références culturelles et sociales. Cette subjectivité, cependant, est plus ou moins évidente et affirmée selon le type de texte ; ainsi un texte descriptif peut feindre une neutralité objective.

Analyse 4

Dans les deux premières phrases, présentées sans aucune marque de personne, La Bruyère pose un constat objectif sur la réalité qu'il a observée. Cette objectivité est démentie par la troisième phrase, exclamative, introduite par un « combien » lourd de sous-entendus : l'impuissance amère de la raison à comprendre que la valeur inestimable de l'amitié ne fait pas le poids devant la frivolité de l'amour. S'agit-il d'un constat amer sur un paradoxe de la nature humaine ? L'auteur suggère d'une part que la construction de l'amitié requiert une somme d'actions volontaires (l'énumération : « esprit », « bonté », « attachement », « services », « complaisance ») et d'autre part que l'amour va de soi. L'émotivité, dans cette phrase, naît de l'opposition entre le « combien » et le « bien moins que » qui souligne le rapport au temps de l'amitié (« en plusieurs années ») et de l'amour (« un moment »).

Commentaire 4

Ainsi, en donnant explicitement son point de vue, l'auteur associe le lecteur à son questionnement subjectif et à son raisonnement. Ce dernier peut alors se demander s'il partage cette conception ou si elle ne demande pas des nuances. Il peut revenir sur la présentation du texte pour se faire une idée plus juste du point de vue exprimé et se référer à l'œuvre de l'auteur, particulièrement en lisant les chapitres « Des femmes » et « Du cœur ».

Vers un centre d'intérêt du texte

Les trois parcours décrits ci-haut permettent d'arriver à une bonne compréhension de l'ensemble du texte. Le lecteur est prêt, si besoin est, à approfondir sa lecture par l'étude de l'un ou l'autre de ses centres d'intérêt.

Des lectures partielles, choisies en fonction des caractéristiques à analyser, permettront de circonscrire de façon plus précise les aspects d'un thème, les traits d'un personnage, les marques d'une tonalité, les étapes d'une argumentation, d'une narration ou d'une description, les fonctions d'un dialogue, etc.

Ces analyses s'appuieront alors sur l'observation de la forme, c'est-à-dire d'un ou de plusieurs des **moyens d'expression** suivants :

■ le choix de la tonalité, du genre littéraire, du type de texte (voir p. 263-267) ;

■ le choix des mots (voir p. 267-271) ;

■ le choix des phrases (voir p. 271-274) ;

■ le choix des éléments de l'énonciation (voir p. 275-277) ;

■ le choix des figures de style (voir p. 277-280) ;

■ le choix des formes poétiques (voir p. 280-284).

Au terme de ses différents parcours analytiques du texte, le lecteur est progressivement en mesure de pointer les procédés d'écriture les plus significatifs. Le matériel recueilli demande alors à être interprété en fonction du sujet à traiter.

L'INTERPRÉTATION : FAIRE PARLER LES DONNÉES

Les informations préalables au texte, les hypothèses et les différentes lectures ont permis de guider l'observation du lecteur vers des éléments appropriés à l'interprétation du texte. Il lui reste maintenant à faire parler les données recueillies pour fonder et expliciter sa compréhension du texte. Cette opération repose autant sur les acquis personnels du lecteur que sur son observation du texte.

Les acquis du lecteur en matière de connaissances, de culture, etc.

Pour fonder une interprétation, le lecteur doit d'abord créer un réseau de liens entre le texte et ses propres connaissances générales, son jugement et ses expériences : lectures, films, expositions, photos, peinture, musique. Il s'interroge sur le texte, se demande notamment en quoi il alimente sa réflexion sur des sujets personnels ou des problématiques toujours d'actualité et ce qu'il lui apporte sur les plans intellectuel et affectif. Cette gymnastique intellectuelle éveille l'intérêt pour le texte, donne un cadre de références et facilite le processus d'interprétation. Pour s'aider dans sa réflexion, le lecteur peut consulter un dictionnaire, une encyclopédie, un manuel, Internet, des journaux ou des revues.

Interprétation 1

La présentation du texte de La Bruyère parle de « monarchie absolue ». Pour mieux comprendre la nature de ce régime politique, le lecteur peut consulter diverses sources : dictionnaire, encyclopédie, etc. Il pourra ainsi découvrir, entre autres, comment Louis XIV est parvenu à centraliser tous les pouvoirs, quelles en étaient les conséquences pour les écrivains notamment et qu'il existe encore aujourd'hui des monarchies absolues dans le monde. Enfin, on évoque la « censure ». En quoi consistait-elle ? Existe-t-elle encore aujourd'hui chez nous ? Ailleurs ? Comment cette présentation éclaire-t-elle le texte ?

La mise en relation des données et la construction d'un sens possible

L'interprétation est l'activité par laquelle le lecteur met en relation les effets qu'il a ressentis soit intuitivement, soit après observation, les procédés qui les ont créés et les éléments de sens qu'il en dégage. Ce travail se fait à partir des intuitions et des analyses partielles qui résultent des repérages successifs effectués lors de la première lecture et de la lecture analytique. Pour établir un lien entre l'observation et les éléments de sens, le lecteur :

- regroupe toutes ses observations (hypothèses, analyses et commentaires) et les classe selon les critères de complémentarité, d'opposition, de progression ;

- dégage les points de convergence entre ses différentes observations : un même effet de sens créé par plusieurs procédés devrait ressortir de quelques-unes de ses observations ;

- utilise ces points de convergence pour montrer l'unité du texte et en proposer un sens possible.

Interprétation 2

L'interprétation de l'extrait de La Bruyère confirme l'impression d'amertume laissée par la première lecture à propos de l'amour et de l'amitié. En regroupant les remarques, on constate qu'elles pointent toutes un effet d'opposition.

Cette convergence s'observe en effet sur plusieurs plans.

- Sur le plan de la **thématique** (analyses et commentaires 1 et 2, p. 259, 260) : l'opposition des champs lexicaux montre l'opposition entre les deux thèmes, l'amour et l'amitié. La problématique créée par cette relation appelle une explication ; ce constat rejoint l'hypothèse de l'idée directrice et de l'intention (hypothèses 2, 3, 4, p. 258).

- Sur le plan de la **structure** (analyse et commentaire 3, p. 260) : la structure parallèle et équilibrée des deux premières phrases s'oppose à la structure exclamative de la troisième qui exprime l'opposition née du rapport au temps de ces deux sentiments : « combien » s'oppose à « bien moins » et « plusieurs années » à « un moment ». Cette structure suggère le mouvement de la pensée : d'abord rationnelle et pondérée, elle s'émeut devant la loi de la nature.

- Sur le plan de l'**énonciation** (analyse et commentaire 4, p. 261) : l'opposition entre le point de vue objectif et le point de vue subjectif trahit le désabusement devant la réalité de la nature humaine : l'instinct triomphe de la vertu, l'amour frivole de l'amitié profonde.

Synthèse de l'interprétation

L'interprétation 1 (p. 262) a amené le lecteur à replacer le texte dans son contexte et l'interprétation 2 (p. 262) à dire que l'unité du texte est dans l'expression de l'opposition entre l'amour et l'amitié, deux sentiments également essentiels au bonheur mais, semble-t-il, inconciliables. Une opposition douloureuse pour l'auteur, car le temps est un maître aveugle qui ne rend pas justice à l'amitié. Les procédés observés confirment à la fois les aspects lyriques (sentiments personnels) et explicatifs (description des sentiments) de ce texte (hypothèses 1 et 5).

La connaissance de l'auteur et de son œuvre peut conduire le lecteur à voir aussi dans cette réflexion une intention didactique, voire moraliste. La Bruyère, en effet, semble implicitement déplorer que la vertueuse amitié puisse être balayée par l'impulsion de l'amour. Cette dernière interprétation s'appuie sur la connaissance des valeurs propres au classicisme : pudeur des sentiments, retenue de l'expression, triomphe de la raison sur la passion.

Stimulé par son interaction avec le texte, le lecteur peut poursuivre sa propre réflexion. Il peut se demander si l'amour n'est fondé que sur la beauté physique ; si amour et amitié s'excluent mutuellement ; s'il est acceptable que le paraître l'emporte si aisément sur des valeurs humaines profondes ; si l'auteur n'a pas écrit sous le coup d'une déception, etc. Ce faisant, il enrichit d'autant le sens personnel qu'il peut donner au texte.

RECONNAÎTRE LES MOYENS D'EXPRESSION

La richesse d'un texte littéraire repose sur la diversité des moyens d'expression mis au service des idées. Toutefois, la lecture littéraire ne requiert pas la mise en examen systématique de tous les procédés d'écriture possibles. Après avoir établi les bases d'une compréhension approfondie, le lecteur choisira ceux qu'il veut explorer en fonction de ses premières impressions, de ses observations ou encore du type de texte et du sujet donné.

LES FORMES DE TEXTE

Les textes littéraires prennent des formes diverses. Une **œuvre** est d'abord déterminée par les critères du genre choisi par l'auteur. Elle peut comporter par ailleurs, dans une proportion et une organisation variables, diverses séquences ou divers types de texte : description, narration, explication, argumentation, expression, dialogues. Un **extrait** peut également présenter cette diversité de séquences, mais, comme tout texte complet, il est généralement dominé par l'une d'elles.

Les genres littéraires

L'écrivain, pour s'exprimer, choisit le genre littéraire qui lui paraît le plus approprié à son projet.

■ Le **roman**, la **nouvelle**, le **conte**, la **fable**, etc., sont des textes de type narratif. L'histoire peut être fictive ou réelle. Le récit met en scène des personnages liés par une intrigue et évoluant dans le temps et dans un espace donné. Ces textes peuvent être porteurs d'une valeur symbolique, particulièrement le conte.

■ La pièce de **théâtre** est avant tout une histoire en dialogues, écrite pour être représentée sur scène. Contrairement aux textes narratifs, le texte de théâtre est dépourvu de narrateur. Tout y est dit par les dialogues et par les faits et gestes des personnages. La mise en place des situations, la caractérisation des personnages et leur interaction, la progression de l'action, tout passe par les échanges verbaux. Dans le texte théâtral, on distingue le **dialogue**, où deux ou plusieurs personnages parlent entre eux; le **monologue**, où un personnage seul sur la scène pense tout haut, se parle à lui-même; l'**aparté**, où un personnage pense tout haut, en présence d'un ou de plusieurs autres personnages qui sont censés ne pas entendre ce qu'il dit; les **didascalies**, qui donnent des indications scéniques sur l'époque, les décors, les costumes, les éclairages, le son et, surtout, les intonations, les mimiques, les gestes des personnages. Notamment, la tonalité du texte permet de distinguer la comédie, la tragédie, le drame, le théâtre d'idées et le théâtre de l'absurde. Le propos de l'auteur se déduit de l'analyse des différentes facettes du texte théâtral. L'interprétation des acteurs traduit leur compréhension du projet de l'auteur et peut lui ajouter des perspectives ou des nuances parfois inattendues.

■ L'**essai** est une œuvre dans laquelle un auteur exprime son point de vue sur un thème ou un sujet de réflexion issu d'une expérience personnelle. Texte argumentatif et plus ou moins expressif, l'essai pose une problématique ou cherche à convaincre par des raisonnements souvent illustrés d'exemples. Appartiennent à cette catégorie: les pamphlets (brefs écrits polémiques); les billets (brefs écrits satiriques); la correspondance ou recueil de lettres, les œuvres autobiographiques telles les confessions, les mémoires, le journal intime; les pensées et maximes; les éloges (*Éloge de la folie*, d'Érasme), les manifestes (*Défense et illustration de la langue française*, de Du Bellay), les apologies (*Apologie de Raimond Sebon*, de Montaigne); etc.

■ La **poésie** est une forme d'expression qui utilise toutes les ressources du langage pour traduire, par la voie des émotions, une vision intérieure de la réalité. De la mise en page aux jeux avec le sens des mots, avec les sonorités, les rythmes et les tonalités, tout est appel à la sensibilité du lecteur. Fixes ou libres, les formes poétiques présentent une grande variété, notamment le rondeau, la ballade, le sonnet, l'ode, le calligramme, le poème en prose (voir p. 283). L'écriture en vers peut être mise au service d'un récit ou de dialogues dans le texte théâtral.

Les séquences ou types de texte

La dynamique d'une œuvre, quel qu'en soit le genre, recourt à différentes séquences ou parties de texte pour exprimer des aspects particuliers de la pensée. On reconnaît ces différentes séquences notamment à leur structure plus ou moins stéréotypée qui correspond à l'un des types de texte suivants : narratif, descriptif, argumentatif, expressif, dialogique, explicatif.

Séquence narrative

Une séquence narrative raconte un moment de l'action où peuvent néanmoins se mêler réflexions et émotions. Sa structure repose sur la chronologie et s'observe donc à partir des verbes d'action, des marques de temps (adverbes, compléments de phrase, temps des verbes), mais aussi des indications de lieu qui situent les personnages et les événements. Les procédés d'énonciation (voir p. 275-280) contribuent à définir le regard porté sur la scène.

Exemple *Un jour*, saint Dunstan, Irlandais de nation et saint de profession, *partit* d'Irlande sur une petite montagne qui *vogua* vers les côtes de France, et *arriva* par cette voiture à la baie de Saint-Malo. *Quand* il *fut* à bord, il *donna* la bénédiction à sa montagne, qui lui *fit* de profondes révérences, *et* s'en retourna en Irlande par le même chemin qu'elle était venue. Dunstan *fonda* un petit prieuré dans ces quartiers-là, *et* lui *donna* le nom de prieuré de la Montagne, qu'il porte encore, comme un chacun sait.

En l'année 1689, le 15 juillet au soir, l'abbé de Kerkabon, prieur de Notre-Dame de la Montagne, *se promenait* sur le bord de la mer avec Mlle de Kerkabon, sa sœur, pour prendre le frais. [...] Le prieur *disait* à sa sœur, en regardant la mer : « Hélas ! C'est ici que *s'embarqua* notre pauvre frère avec notre chère belle-sœur Mme de Kerkabon, sa femme, sur la frégate l'Hirondelle, *en 1669*, pour aller servir au Canada.

VOLTAIRE, *L'Ingénu*.

Analyse Dans ce passage, les mots en italique sont des marques de temps qui indiquent le fil conducteur du récit : la situation dans le temps (*un jour*, *quand*, *en l'année 1689*, *le 15 juillet au soir*, *en 1669*) et la succession des faits ponctuels mentionnés par les verbes au passé simple ; l'imparfait suggère la durée et la superposition de deux actions (*se promenait*, *disait*). Chaque mention de temps est associée à un lieu.

Séquence descriptive

Une séquence descriptive joue sur les perceptions des sens pour donner à voir les personnages, les lieux, les objets, les situations. Sorte d'arrêt sur image, elle interrompt l'action et peut alors avoir une fonction explicative ou esthétique, voire symbolique. On reconnaît une description à l'importance accordée aux verbes d'état, aux noms, aux adjectifs et aux adverbes qui créent des champs lexicaux caractérisant une réalité. Une description est essentiellement organisée en fonction de l'espace. En prêtant attention aux marques de lieu et au regard — qui voit et d'où ? —, le lecteur redonne à l'image sa perspective, ses contours, son relief, ses volumes, ses couleurs, ses objets, etc. Une description peut progresser de façon :

- constante, si le même thème est repris et complété par une information nouvelle ;

- linéaire, si chaque phrase part du propos de la précédente pour ajouter une nouvelle information ;

- éclatée, si chaque phrase énonce un aspect du thème directeur.

Exemple   *Auprès de* la maison, régnait une verte prairie, heureusement découpée par plusieurs ruisseaux clairs, par des nappes d'eau gracieusement posées, et sans artifices apparents. *Ça et là* s'élevaient des arbres verts aux formes élégantes, aux feuillages variés. *Puis* des grottes habilement ménagées, des terrasses massives avec leurs escaliers dégradés et leurs rampes rouillées imprimaient une physionomie particulière à cette sauvage Thébaïde.

BALZAC, *Adieu.*

Analyse   Dans cet exemple, la reconstruction du paysage décrit passe par les mots en italique qui marquent la progression, à thème éclaté, et le parcours du regard dans l'espace.

Séquence argumentative

Une séquence argumentative est une réflexion qui veut influencer le lecteur sur une problématique (question, opposition, paradoxe entre deux thèmes). On la reconnaît au ton souvent catégorique donné par des phrases déclaratives affirmatives ou négatives. L'expression d'un point de vue personnel fondé sur des valeurs susceptibles de soulever la polémique est révélé par des verbes d'opinion (condamnation, réfutation, approbation), des adjectifs ou des adverbes marquant l'appréciation ou la dépréciation. On établit la progression d'un texte argumentatif en repérant les marqueurs logiques qui indiquent les étapes du raisonnement et introduisent les arguments et preuves (exemples) selon un processus déductif (cause → conséquence), inductif (conséquence → cause), concessif ou alternatif. L'étude du point de vue (voir p. 275-276) met en évidence les thèses qui s'opposent. Ces procédés peuvent s'appliquer à une séquence explicative qui se distingue de l'argumentative en ce qu'elle ne cherche pas à convaincre.

Exemple   Tout écrivain, pour écrire nettement, *doit se mettre* à la place de ses lecteurs. *Examiner* son propre ouvrage comme quelque chose qui lui est nouveau, qu'il lit pour la première fois, où il n'a nulle part (dont il n'est pas l'auteur), *et* que l'auteur aurait soumis à sa critique ; et *se persuader* ensuite *qu'*on n'est pas entendu *à cause que* l'on s'entend soi-même, *mais parce qu'*on est en effet intelligible.

LA BRUYÈRE, *Caractères.*

Analyse   Les mots en italique mettent en évidence le ton catégorique qui soutient l'intention de convaincre et le rôle des marqueurs de relation dans le raisonnement argumentatif.

Séquence expressive

Une séquence expressive échappe volontiers aux stéréotypes ; elle est un moment d'émotion qui naît de la confidence, à la première personne, de sentiments intimes. Ceux-ci constituent les thèmes privilégiés de ce type de texte. L'expression recourt aux mots qui caractérisent le monde intérieur, mais aussi aux images, aux rythmes et aux sons qui touchent la sensibilité du lecteur et définissent la tonalité lyrique souvent renforcée par des phrases exclamatives. Elle est la matière première du texte poétique, mais peut se rencontrer dans un texte de prose. Sa progression suit le fil de la pensée, souvent marquée par le passage du réel à la rêverie ou au souvenir.

> **Exemple**   *Les loisirs de mes promenades* journalières ont souvent été remplis de *contemplations charmantes* dont *j'*ai *regret* d'avoir perdu le *souvenir*.
>
> ROUSSEAU, *Les Rêveries du promeneur solitaire*.
>
> **Analyse**   Les mots en italique soulignent, d'une part, le point de vue intérieur marqué par les pronoms de la première personne et, d'autre part, le champ lexical du lyrisme : réflexions et émotions intimes.

Séquence dialogique

Une séquence dialogique rapporte des paroles dans n'importe quel type de texte. Elle peut interrompre l'action, pour en retarder ou en précipiter le déroulement en apportant des informations ou une discussion sur une situation, un personnage, un fait. Un dialogue, réel ou fictif, rompt le rythme du texte et apporte un souffle d'authenticité : le passage de la langue écrite à la langue parlée et le changement de registre placent le lecteur au cœur de l'action et lui font partager davantage l'affectivité des personnages.

> **Exemple**   Il y avait dans le voisinage un derviche très fameux, qui passait pour le meilleur philosophe de la Turquie ; ils allèrent le consulter. Pangloss porta la parole et lui dit : « Maître, nous venons vous prier de nous dire pourquoi un aussi étrange animal que l'homme a été formé. — De quoi te mêles-tu, lui dit le derviche ? est-ce là ton affaire ? — Mais, mon révérend père, dit Candide, il y a horriblement de mal sur la terre.
>
> VOLTAIRE, *Candide*.
>
> **Analyse**   Dans ce bref extrait, le récit passe par un dialogue entre trois personnages. Le lecteur, qui les connaît, peut apprécier les nuances de point de vue dans cet échange et les interpréter par rapport au sens général.

LE CHOIX DES MOTS

Matériau de base de l'art littéraire, les mots sont choisis non seulement pour leur sens et leurs propriétés grammaticales, mais aussi par souci esthétique plus ou moins conscient. Pour libérer leur pouvoir d'évocation, l'auteur joue sur les propriétés sémantiques (de sens) des mots, notamment les connotations, mais aussi sur leurs sonorités et leurs combinaisons avec d'autres mots. Pour construire son interprétation, le lecteur fait appel à son sens critique, à son imagination et à son affectivité pour ouvrir toutes les avenues que lui offrent les sens possibles et les propriétés des mots.

Exploiter les sens possibles des mots

Certains mots ont un tel pouvoir évocateur qu'ils peuvent à eux seuls recréer un univers. Le mot *chevalier* évoque le Moyen Âge, le mot *samovar* la Russie tsariste et le mot *guillotine* la Révolution française.

D'autres mots sont polysémiques ; ils présentent un éventail de sens : sens premier, étymologique, et différents sens figurés très souvent utilisés dans un texte littéraire. Au lecteur de s'en servir pour nourrir sa sensibilité et sa réflexion et, finalement, choisir celui qui lui paraît le plus approprié au contexte.

■ Le **sens propre** donne au lecteur un cadre de référence qui sert de base à son interprétation ; ce sens peut évoluer si la réalité qu'il recouvre change. Le lecteur sera donc attentif aux indications du dictionnaire sur les mots archaïques dans le contexte moderne.

> **Exemple**   Au Moyen Âge, le mot « bourgeois » désignait l'habitant d'un « bourg », artisan ou petit commerçant, par rapport à l'habitant de la campagne ; ce terme n'impliquait pas de statut social dominant et aisé, contrairement à aujourd'hui. Le changement de sens, conséquence de la révolution industrielle qui a profité aux commerçants et aux manufacturiers, s'est amorcé au XVIIᵉ siècle ; on le voit avec *Le Bourgeois gentilhomme* de Molière.

■ Les **sens figurés** ajoutent une dimension imagée qui aide à la représentation mentale ; ils ouvrent la voie aux différentes interprétations possibles.

> **Exemple**   Au sens propre, le mot *façade* désigne la partie d'un immeuble donnant sur la rue ; au sens figuré, il indique une apparence trompeuse.

■ La **valeur affective** d'un mot, appréciative ou dépréciative, indique un point de vue, une prise de position ; cette valeur sollicite l'esprit critique du lecteur face à ses propres réactions. Certains suffixes apportent des nuances d'appréciation ou de dépréciation. Exemples : les suffixes *–asse*, *–âtre* et *–issime* dans *bonasse*, *noirâtre*, *richissime*. Dans son roman *Germinal*, Zola nomme un puits de mine le *Voreux* ; la dépréciation suggérée par le suffixe *-eux* autorise une interprétation symbolique négative de ce nom. Le dictionnaire n'indique pas toujours cette valeur ; elle se déduit du sens du mot et du contexte.

> **Exemple**   *Certains* poètes *sont sujets*, dans le dramatique, à de *longues suites* de vers *pompeux* qui *semblent forts*, *élevés*, et *remplis de grands sentiments*. Le peuple écoute *avidement*, *les yeux élevés* et *la bouche ouverte*, *croit* que cela lui *plaît*, et à mesure qu'il *comprend moins*, *l'admire davantage* ; […] J'ai cru autrefois, et dans ma première jeunesse, que ces endroits étaient *clairs* et *intelligibles* pour les acteurs, pour le parterre et l'amphithéâtre, que leurs auteurs *s'entendaient eux-mêmes* […] et que *j'avais tort de n'y rien entendre* : je suis détrompé.
>
> LA BRUYÈRE, *Caractères*.
>
> **Analyse**   Les mots en italique marquent soit l'appréciation, soit la dépréciation qui servent à faire ressortir le point de vue de l'auteur : l'opposition entre les vrais et les faux poètes.

■ Les **connotations** appellent un autre niveau de lecture : elles ajoutent au mot un sens subjectif qui renvoie au contexte culturel de l'époque et au lieu de production du texte. Certaines connotations prennent valeur de symboles. Ainsi, la colombe symbolise la paix, le blanc la pureté chez les Occidentaux et le deuil chez les Africains. L'interprétation d'une connotation implique donc que le lecteur connaisse les valeurs culturelles et morales du contexte.

> **Exemple**   Au XVIIᵉ siècle, un « bourgeois », même enrichi par le développement de l'industrie et du commerce, est traité avec condescendance par un noble qui a un statut social plus élevé que lui dans le système monarchique. Aujourd'hui, un « bourgeois » est au contraire une personne aisée, éduquée qui domine dans l'échelle sociale et qui a des valeurs conservatrices.

■ Le **caractère abstrait ou concret** des mots est un indice qui peut suggérer un type de texte : une description renvoie généralement à la réalité physique, donc concrète (exemple 1), tandis qu'une argumentation repose sur des concepts, lesquels relèvent de la pensée abstraite (exemple 2).

> **Exemple 1** « Les *habitants de Paris* sont d'une curiosité qui va jusqu'à l'extravagance. Lorsque j'arrivai, je fus regardé comme si j'avais été envoyé du Ciel : *vieillards, hommes, femmes, enfants*, tous voulaient me voir. »
>
> MONTESQUIEU, *Lettres persanes*.
>
> **Exemple 2** « J'ai vu des gens chez qui la *vertu* était si *naturelle* qu'elle ne se faisait pas même *sentir*. »
>
> MONTESQUIEU, *Lettres persanes*.

Exploiter les rapports entre les mots

Aux effets de sens des mots pris individuellement, s'ajoutent les effets nés de leurs rencontre ou association avec d'autres mots. Un texte, selon l'origine latine du mot (*textus*), est un « tissu » de mots organisés selon des rapports d'association, d'opposition et de logique qui créent une **structure** significative.

■ L'**association** des mots qui suggèrent un même thème (un champ lexical) et des sous-thèmes (champs lexicaux) complémentaires forment une *thématique*. L'observation des synonymes apporte des précisions et des nuances sur cette thématique. Exemple : *construire, forger, élaborer*.

■ L'**opposition** de mots ou de champs lexicaux antonymes indique une *problématique* : l'idée directrice est fondée sur deux aspects antagonistes ; par exemple, des titres tels *Guerre et Paix* de Tolstoï, *L'Envers et l'Endroit* d'Albert Camus, *Le Rouge et le Noir* de Stendhal suggèrent d'emblée une réflexion sur le rapport entre les deux thèmes.

■ La **logique** exprimée par des mots marquant des relations : effet, cause, conséquence, problème, solution, concession, suggère un *raisonnement*.

> **Exemple** Réduit au triste *choix ou* de trahir ma flamme / *Ou* de vivre en infâme, / *Des deux côtés* mon mal est infini./ Ô Dieu, l'étrange peine ! / *Faut-il* laisser un affront impuni ? […] *Faut-il* punir le père de Chimène ?
>
> CORNEILLE, *Le Cid*.
>
> **Analyse** Les mots en italique marquent les étapes du raisonnement : les trois premiers vers énoncent la problématique, les deux derniers suggèrent les deux résolutions possibles.

Exploiter les sonorités des mots

Les sonorités des mots sont essentiellement exploitées dans le texte poétique, en vers ou en prose. Ils font entendre au lecteur des sons et des rythmes, voir des formes et des couleurs, toucher la douceur ou la dureté des êtres et des choses, sentir le sel de la mer ou la fraîcheur de la nuit ; bref, ils lui font **percevoir le monde par les sens**. La répétition ou la rencontre de sonorités possèdent un pouvoir évocateur et captent fortement l'attention.

Par exemple, dans la première phrase du *Candide* de Voltaire, le nom même du baron, « Thunder-ten-tronck », évoque, par le choc des consonnes, la rudesse du personnage, par opposition avec la douceur du jeune Candide. Cette recherche caractérise la versification (allitérations, assonances et rimes, voir p. 284), mais elle s'applique à tout le langage poétique et, dans une large mesure, à tout le langage littéraire, comme le montre l'invitation à la rêverie créée par la fluidité et la douceur qu'imprime au texte suivant l'association des voyelles aux consonnes *c*, *f*, *j*, *s*, *v*.

> **Exemple**   Le précieux farniente fut la première et la principale de ces jouissances que je voulus savourer dans toute sa douceur, et tout ce que je fis durant mon séjour ne fut en effet que l'occupation délicieuse et nécessaire d'un homme qui s'est dévoué à l'oisiveté.
>
> ROUSSEAU, *Les Rêveries du promeneur solitaire.*

Exploiter les propriétés grammaticales des mots

L'écrivain, comme chacun de nous, a recours naturellement aux propriétés grammaticales des mots pour formuler un énoncé. Il peut cependant, sciemment ou non, systématiser l'emploi d'un procédé pour rendre l'expression plus forte et plus appropriée à son projet.

Catégories grammaticales et sens du texte

Dans un passage, l'importance relative d'une catégorie grammaticale reflète souvent une intention particulière.

- Les **noms** et les **verbes** mobilisent l'attention du lecteur sur la réalité qu'ils nomment : des êtres, des choses, des actions, des sentiments, etc. Par la prédominance des verbes, l'exemple suivant met l'accent sur les actions, ce qui renforce le propos.

> **Exemple**   Je *suis* à table avec un sourd et muet de naissance. Il *veut commander* à son laquais de me *verser* à *boire*. Il *avertit* d'abord son laquais. Il me *regarde* ensuite, puis il *imite* du bras et de la main droite les mouvements d'un homme qui *verse* à *boire*.
>
> DIDEROT, *Lettre sur les sourds et muets.*

- Les **adjectifs** et les **adverbes** ajoutent une valeur descriptive à la réalité nommée par des noms et des verbes ; ils peuvent souligner le point de vue de l'auteur.

> **Exemple**   Cette vertu *suprême, belle, triomphante, amoureuse, délicieuse, pareillement courageuse*…
>
> MONTAIGNE, *Les Essais.*

- Les **marqueurs de relation** sont toujours les indices d'une progression chronologique ou logique de la pensée (voir p. 266 « séquence argumentative »).

- Les **pronoms** établissent la cohésion du texte et indiquent le point de vue : sortes de relais, ils aident le lecteur à suivre le fil de la pensée et à savoir qui fait quoi : l'auteur, le narrateur, un personnage ou toute autre personne.

  - les pronoms de la **première personne** introduisent dans le monde de la subjectivité et de l'intimité ;

- les pronoms de la **deuxième personne** révèlent un moment d'expressivité forte tournée vers un destinataire qui peut être le lecteur ;

> **Exemple** « Tu le connais, lecteur, ce monstre délicat, / Hypocrite lecteur, mon semblable, mon frère ! »
>
> BAUDELAIRE, « Au lecteur », *Les Fleurs du mal*.

- les pronoms de la **troisième personne** indiquent une distance qui suggère une démarche d'objectivité ;

> **Exemple** « *Elle lui* prit la main qu'*il* appuyait sur son épaule ; *elle la* porta timidement à ses lèvres. Je me sentis le cœur serré. »
>
> CONSTANT, *Adolphe*.

Modes, temps des verbes et sens du texte

Pour reconstruire la chronologie d'une histoire et saisir les nuances d'aspect qui caractérisent le déroulement des actions, le lecteur utilise ses connaissances sur l'emploi des modes et des temps verbaux.

■ Un **mode** indique un point de vue à propos d'une action dont le lecteur doit tenir compte dans son interprétation :

- Le mode **indicatif**, quel que soit le temps employé, souligne son caractère réel.

> **Exemple** Tu viendras demain.

- Le mode **subjonctif** implique l'interprétation d'une situation hypothétique.

> **Exemple** Elle craint que tu ne *viennes* pas demain.

- Le mode **impératif** exprime l'ordre ou la défense avec diverses nuances.

> **Exemple** Ne *viens* pas demain !

■ Un **temps verbal** situe une action par rapport à un **point de référence** déterminé : moment où l'on parle, moment relatif à une autre action. Ainsi, le passé composé peut situer une action avant le moment où l'on parle (*J'ai emprunté ce livre à la bibliothèque*) ; le présent, au moment indiqué par une marque de temps (*Dans trois ans, je termine mes études*) ; le plus-que-parfait situe, dans le passé, une action avant une autre (*Je lui avais téléphoné et il est arrivé aussitôt*). Le temps donne également des informations sur la **chronologie des faits** et sur le **déroulement de l'action**, qui nourrissent l'interprétation du lecteur. Par exemple, le passé simple exprime une action passée unique et ponctuelle, tandis que l'imparfait exprime une action passée dont on suggère la durée, la répétition ou la simultanéité avec d'autres actions passées. On consultera une grammaire pour des explications détaillées sur la valeur chronologique et aspectuelle des temps des verbes.

LE CHOIX DES PHRASES

La phrase est le premier niveau de structuration des mots ; l'organisation du sens est normalement régie par les règles de la syntaxe. Pour rendre l'expression plus éloquente, l'écrivain peut, en connaissance de cause, déjouer la syntaxe conventionnelle pour mettre à profit les effets de style que lui offrent les divers procédés de construction des phrases qui servent son propos.

Exploiter l'enrichissement et le rythme des phrases

Brèves ou longues, les phrases entraînent le lecteur dans la dynamique du texte : leur construction traduit le rythme de la pensée de l'auteur, tantôt déferlante, tantôt figée par l'émotion, tantôt attentive à la logique des faits. Réduite à sa plus simple expression, une phrase comporte minimalement un sujet et un prédicat. Le lecteur, qui observe la structure et les variations des phrases, peut les interpréter comme des indices de sens.

Les variations de rythme

L'auteur d'un texte littéraire peut prendre la liberté d'écrire des phrases elliptiques où l'absence de verbe met en évidence la force d'un nom (phrase nominale), d'un adjectif, d'un adverbe. Il peut, au contraire, former une structure complexe qui enrichit différents éléments de sa phrase de base en créant des effets de sens chez le lecteur.

> **Exemple** Droit devant nous, sur la chaussée, était planté un brave homme d'une quarantaine d'années, au visage fatigué, à la barbe grisonnante, tenant d'une main un petit garçon et portant sur l'autre bras un petit être trop faible pour marcher. Il remplissait l'office de bonne et faisait prendre à ses enfants l'air du soir. Tous en guenille.
>
> BAUDELAIRE, « Les yeux des pauvres », *Petits poèmes en prose*.
>
> **Analyse** Les trois phrases de cet extrait sont de longueur différente : le développement de la première oblige le lecteur à s'imprégner de la vision des personnages ; la seconde plus courte est aussi plus factuelle ; la dernière, elliptique, effectue un gros plan qui force le regard du lecteur sur l'essentiel : la pauvreté. Le passage d'un rythme à l'autre joue sur la sensibilité du lecteur et supporte le propos.

L'enrichissement des idées

Le **développement** d'une idée par l'enrichissement des phrases attire l'attention du lecteur sur des caractéristiques, un fait, un trait de personnalité, une situation, une notion, une relation, un thème ou un point de vue. Il peut se faire :

- par la **juxtaposition** de phrases reliées par une virgule, un point-virgule ou un deux-points ; ce procédé place des actions sur un même plan, mais laisse au lecteur le soin d'établir un lien explicite entre elles.

> **Exemple** Tout entier au moment présent ; je ne me souvenais de rien ; je n'avais nulle notion distincte de mon individu ; je ne savais ni qui j'étais, ni où j'étais ; je ne sentais ni mal ni inquiétude.
>
> ROUSSEAU, *Les Rêveries d'un promeneur solitaire*.
>
> **Analyse** Dans cet extrait, la juxtaposition des phrases par le point-virgule donne un signal au lecteur : toutes expriment des états sans établir de lien explicite entre eux. Ici, le lien semble être l'incohérence du narrateur au moment qu'il décrit.

- par la **coordination**, au moyen de coordonnants (conjonctions de coordination, certains adverbes) qui établissent entre les phrases diverses relations logiques : addition (*et, puis, de plus, par ailleurs, en outre*…), cause (*car, en effet*…), conséquence (*donc, par conséquent*…), etc. L'enrichissement naît de l'effet d'accumulation ou de la relation logique établie entre les faits rapportés.

■ par la **subordination** de compléments de phrase à l'ensemble sujet-prédicat, ou de compléments de nom, d'adjectif ou de verbe. Phrase dans la phrase, la subordonnée est marquée par un subordonnant (pronom relatif, adverbe, conjonction).

L'enrichissement des phrases par des subordonnées force l'attention du lecteur : il doit se couler d'abord dans les détours de la pensée, puis hiérarchiser les informations pour distinguer le noyau de sens des compléments qui l'enrichissent en apportant des informations complémentaires, des nuances et des précisions sur les faits.

Exemple   *Lorsque dans le cours des événements humains, il devient nécessaire pour un peuple de dissoudre les liens politiques qui l'ont attaché à un autre et de prendre, parmi les puissances de la Terre, la place séparée et égale à laquelle les lois de la nature et du Dieu de la nature lui donnent droit,* le respect dû à l'opinion de l'humanité oblige à déclarer les causes *qui le déterminent à la séparation.*

JEFFERSON, *Déclaration d'indépendance des États-Unis.*

Analyse La phrase précédente illustre un enrichissement long et rendu complexe par une cascade de subordonnées. En plaçant essentiellement les compléments de phrase (en italique) avant le noyau de sens, cette structure souligne l'importance accordée au contexte amenant à la décision de se séparer, ce qui est l'essentiel du propos.

Exploiter la mise en relief

La mise en évidence de certains éléments de la phrase peut se faire par le choix de l'**ordre des mots**, par un procédé d'**emphase**, voire par la **négation**.

L'ordre des mots

L'ordre conventionnel des mots suit le modèle : sujet, verbe, complément(s) de phrase, ce qui, en lecture, se traduit par : thème, propos et contexte. Suivre cet ordre systématiquement ne permet pas cependant de faire ressortir un élément de sens.

L'emphase

Pour souligner un aspect jugé important, l'écrivain dispose d'une série de moyens, en particulier des figures de style d'amplification. L'emphase joue notamment sur l'énumération ou sur la répétition d'un élément pour attirer l'attention du lecteur.

Exemple   Le théâtre n'est pas le pays du réel ; *il y a des arbres* de carton, *des palais* de toile, un *ciel* en haillons, *des diamants* de verre, de l'*or* de clinquant, du *fard* sur la pêche, du *rouge* sur la joue, un *soleil* qui sort de dessous terre. *C'est* le pays du réel : *il y a des cœurs humains* sur la scène, *des cœurs humains* dans la coulisse, *des cœurs humains* dans la salle.

HUGO, *Post-scriptum de ma vie.*

Analyse   Cet exemple montre l'effet d'amplification :
■ par l'énumération de mots de même catégorie grammaticale et de même fonction (*arbres, palais, ciel, diamants, or, fard, rouge, soleil*) ;
■ par l'emploi de tournures de présentation (*C'est, il y a*) ;
■ par la répétition de certains éléments (*il y a, cœurs humains*).

La négation

La formulation négative rejette une idée exprimée. Cette façon de souligner un aspect est fréquente dans une argumentation. Cette prise de position plus ou moins catégorique appelle la controverse ou, au moins, des nuances et force le lecteur à se questionner sur le choix de cette perspective.

■ L'**affirmation catégorique négative** impose le rejet d'un point de vue. Exemple : « Le théâtre n'est pas le pays du réel. »

■ L'**interrogation négative** est une affirmation atténuée. Exemple : Le sentiment du comique n'est-il pas le propre de l'homme ?

■ La **restriction** invite à la nuance. Exemple : Il semble que le comique *ne* puisse produire son effet *qu*'à condition de surgir d'une situation calme.

■ L'**affirmation ironique** équivaut à une négation. C'est ainsi que le lecteur du court texte suivant interprétera l'affirmation en italique.

> **Exemple** Champagne, au sortir d'un long dîner qui lui enfle l'estomac, et dans les douces fumées d'un vin d'Avenay ou de Sillery, signe un ordre qu'on lui présente, qui ôterait le pain à toute une province si l'on n'y remédiait. *Il est excusable* : quel moyen de comprendre, dans la première heure de la digestion, qu'on puisse quelque part mourir de faim ?
>
> LA BRUYÈRE, *Caractères*.

Exploiter la valeur affective des types de phrase

Le texte littéraire se distingue des autres textes, entre autres, par l'introduction d'un point de vue subjectif, implicite ou explicite, de l'auteur (ou du narrateur) sur la réalité exprimée. La phrase déclarative, la plus usuelle, invite au constat. Les nuances de la subjectivité sont souvent exprimées par les phrases interrogatives, exclamatives ou impératives. Les divers types de phrase font appel à des émotions différentes et établissent un rapport affectif avec le lecteur.

■ La **phrase impérative** est un appel à la complicité, mais surtout un signe d'autorité, etc.

> **Exemple** Fais énergiquement ta longue et lourde tâche / Dans la voie où le sort a voulu t'appeler / Puis, après, comme moi, souffre et meurs sans parler.
>
> VIGNY, « La Mort du loup », *Les Destinées*.

■ La **phrase interrogative** est fréquente dans la dynamique du texte argumentatif où elle appelle au dialogue, polémique ou non, avec le lecteur et entre les interlocuteurs présents dans le texte. Cette forme oblige à prendre position.

> **Exemple** Dites-moi, avez-vous déjà pensé sérieusement à ce que c'est que vivre ?
>
> DIDEROT, *Lettres à Sophie Volland*.

■ La **phrase exclamative** impose le partage d'une émotion avec le lecteur.

> **Exemple** Hélas ! Ai-je pensé, malgré ce grand nom d'Hommes / Que j'ai honte de nous, débiles que nous sommes !
>
> VIGNY, « La Mort du loup », *Les Destinées*.

LE CHOIX DES ÉLÉMENTS DE L'ÉNONCIATION

La création de tout artiste répond d'abord à un impératif personnel : apprendre à voir, à dire le monde et à découvrir son propre imaginaire. Cependant, en publiant, l'écrivain invite le lecteur à un dialogue harmonieux ou polémique dans la complicité avec la ou les voix du texte. Cela suppose qu'il saisisse les différents aspects de l'énonciation.

L'énonciation englobe l'ensemble des caractéristiques qui placent le lecteur en interaction avec le texte. Elle se dégage par un questionnement qui permet d'identifier le contexte dans lequel le texte a été écrit et la ou les voix qui expriment un point de vue.

Le contexte d'énonciation

C'est dans les différents éléments de présentation du texte (auteur, œuvre, date et lieu de parution, circonstances sociales et politiques, artistiques, etc.), et parfois dans le texte lui-même, que le lecteur trouve réponse aux questions : Qui est l'auteur ? D'où, quand et pourquoi parle-t-il ? Les informations sur le contexte lui permettent notamment :

- de **situer le projet** de l'auteur, le cas échéant, par rapport aux débats de son époque ;
- d'**établir les motivations** de l'auteur : pourquoi veut-il raconter cette histoire ou parler du sujet dont il traite ?
- de **sentir la pertinence** du texte, son intérêt, son originalité, etc.

La saisie du contexte met le lecteur en piste : pour aborder le texte, il active ses connaissances générales, ses expériences et ses valeurs. Sa réaction au texte sera ensuite fonction des thèmes, des idées, des points de vue qu'il découvrira et par rapport auxquels il voudra se situer.

Le point de vue

Un texte littéraire comprend, de façon explicite ou implicite, un discours subjectif sur la réalité exprimée. L'énonciation de ce point de vue passe par la fusion d'une voix et d'un regard particuliers, hérités de l'expérience et des valeurs personnelles de son auteur.

Qui parle ?

Selon le type de texte, la voix qui parle peut être :

- l'**auteur**, c'est-à-dire la personne réelle qui signe l'œuvre, dans le cas du texte expressif ou argumentatif ;
- les **personnages**, nés de l'imagination de l'auteur, dans des pièces de théâtre et des séquences dialogiques des textes narratifs ;
- le **narrateur**, voix fictive créée par l'auteur, dans le cas des œuvres narratives, pour raconter à titre de témoin, de protagoniste ou de héros ;
- **toute personne** dont on rapporte des paroles. Il s'agit alors d'une citation.

Les indices du point de vue

- Les pronoms et les déterminants possessifs de la première personne : *je, nous, moi, mon, ma, notre, nos, le mien*, etc., indiquent qui parle et révèlent généralement la subjectivité du texte.

- Les pronoms et les déterminants possessifs de la deuxième personne : *tu*, *vous*, *ton*, *ta*, *votre*, *vos*, *le tien*, etc., indiquent à qui s'adresse le discours, son ou ses destinataires.

- Le temps présent signale le moment de l'énonciation du texte.

- Les mots (verbes, noms, adjectifs et adverbes) exprimant des opinions et des sentiments, les phrases marquant l'affectivité : exclamation, interrogation, souhait, regret, révèlent bien souvent le point de vue de l'auteur par rapport à son propos.

- Les registres de langue (soutenu, courant, familier, vulgaire) ajoutent au mot une coloration qui traduit le contexte d'énonciation et établit le ou les niveaux de communication entre les personnages, le narrateur et le lecteur. Ils sont des indices du statut d'un personnage, de son milieu, de ses intentions.

> **Exemple** DON JUAN. « Quoi ! Une personne comme vous serait la femme d'un simple paysan ? Non, non, c'est profaner tant de beautés, et vous n'êtes pas née pour demeurer dans un village. [...]
>
> CHARLOTTE. Aussi vrai, monsieur, je ne sais comment faire quand vous parlez. Ce que vous me dites me fait aise, et j'aurais toutes les envies du monde de vous croire ; mais on m'a toujours dit qu'il ne faut jamais croire les Monsieux, et que vous autres courtisans êtes des enjôleux, qui ne songez qu'à abuser des filles. »
>
> MOLIÈRE, *Dom Juan*.
>
> **Analyse** Dans ce dialogue, le registre marqué par la construction des phrases, les expressions, le vocabulaire et la prononciation distingue le seigneur de la paysanne.

- La tonalité crée une atmosphère particulière (lyrique, épique, tragique, comique, ironique, polémique...) qui résulte du choix d'un ensemble de procédés, particulièrement des figures de style ; elle révèle également le point de vue, l'attitude, la manière de voir de la personne qui parle.

La polyphonie des discours

Pour rapporter des paroles, indices de points de vue variés, l'auteur a le choix entre trois possibilités : le discours direct, le discours indirect et le discours indirect libre.

- Le **discours direct** reproduit les paroles telles qu'elles ont été dites, en les annonçant par un verbe déclaratif (*dire*, *murmurer*, *annoncer*, *répondre*, etc.), en les plaçant entre guillemets et en indiquant, au besoin, la personne qui parle.

- Le **discours indirect** prend une certaine distance avec l'énoncé d'une phrase. Il reformule l'idée dans ses propres mots ; indique qui parle par un verbe déclaratif et une référence à la personne ; rapporte les paroles sous forme d'une subordonnée introduite par *que* si la phrase est déclarative, par *si*, *combien*, *quand*, etc., si la phrase est interrogative ou exclamative. Il oblige à des modifications diverses : pronoms personnels, déterminants, temps et mode verbaux.

- Le **discours indirect libre** est rarement utilisé. On le rencontre dans certains textes narratifs qui veulent suggérer un changement de point de vue, mais laisser le lecteur se questionner sur l'origine des paroles rapportées : un personnage ou le narrateur ? Le lecteur reconnaît ce type de discours à certains indices particuliers à la situation qui lui permettent de deviner qui parle.

Exemple
  (1) Enfin, n'en pouvant plus d'effort et de douleur,
  (2) Il met bas son fagot, il songe à son malheur.
  (3) Quel plaisir a-t-il eu depuis qu'il est au monde ?
  (4) En est-il un plus pauvre en la machine ronde ?
  (5) Point de pain quelquefois, et jamais de repos […]
  (6) Il appelle la Mort. Elle vient sans tarder,
  (7) Lui demande ce qu'il faut faire.
  (8) « C'est, dit-il, afin de m'aider
  (9) À recharger ce bois ; tu ne tarderas guère. »

LA FONTAINE, « La Mort et le Bûcheron », *Fables*.

Analyse Les vers 3, 4, 5 sont au discours indirect libre : les paroles du bûcheron sont rapportées sans aucune des marques habituelles des paroles rapportées. Toutefois, deux indices nous permettent de comprendre que c'est ici le bûcheron qui parle : 1°) au vers 2, on le voit s'arrêter un moment et « songer » à son malheur ; 2°) le vers 3 délaisse le type déclaratif utilisé au vers 2 et passe au type interrogatif. Ces deux indices nous montrent bien que c'est ici le bûcheron lui-même qui s'interroge, qui parle en lui-même. Quant aux discours direct et indirect, ils sont illustrés par les trois derniers vers. Au vers 7, les paroles de la Mort (« Que faut-il faire ? ») sont rapportées en discours indirect (« … ce qu'il faut faire. »). Aux vers 8 et 9, la réponse du bûcheron est rapportée en discours direct. Ce jeu avec l'énonciation (Qui parle ?) aide le lecteur à percevoir les émotions et les contradictions du personnage.

LES FIGURES DE STYLE

L'écriture littéraire fait un emploi différent du langage. Notamment, elle exploite des tournures qui, par l'analogie, l'opposition, l'amplification ou l'atténuation, mettent en relief le propos, rendent les idées concrètes et leur donnent plus de force. Ces tournures ou figures de style aident le lecteur à passer de l'univers réel à celui de l'imaginaire et du symbolisme. Elles révèlent, par ailleurs, l'univers de l'écrivain, l'originalité de sa vision et de son expression.

L'analogie

Les figures d'analogie expriment une ressemblance établie par l'auteur.

Analogie	Définition	Exemple
Comparaison	Établit un rapprochement circonstanciel entre deux termes ; marque par un mot de comparaison (*comme, pareil à, tel, ainsi que, semblable, ressembler à*, etc.) la ressemblance pouvant exister entre deux éléments appelés le comparé et le comparant.	« J'avais dix-neuf ans […] La nature entière paraît alors comme une pierre précieuse à mille facettes […]. » MUSSET, *La Confession d'un enfant du siècle*. **Analyse** Dans cet exemple, la nature (le comparé) est déclarée semblable à une pierre précieuse (le comparant) au moyen d'un mot de comparaison : *comme*.
Métaphore	Associe le comparé et le comparant sans le recours à un terme de comparaison.	« *L'humanité* est pour vous un *pantin à grelots* que l'on fait sonner au bout de sa phrase. » FLAUBERT, *Correspondance*.

Métonymie	Consiste à remplacer un mot par un autre, selon un rapport dont on peut saisir la logique, pour suggérer une identité ; peut désigner un être ou une chose par son contenu, son aspect, une cause par son effet.	« C'est une affaire entre le *Ciel* et moi. » MOLIÈRE, *Dom Juan*. **Analyse** Au XVIIe siècle, on usait en effet de cette métonymie pour désigner Dieu. Ici, un être (Dieu) est désigné par le lieu où il réside (le ciel).
Synecdoque	Est une métonymie qui désigne un être ou une chose par une de ses parties.	« Mon *bras* qui tant de fois a sauvé cet empire ». CORNEILLE, *Le Cid*.
Personnification	Représente une idée, une chose ou un animal sous les traits d'une personne.	« Nos péchés sont têtus, nos repentirs sont lâches. » BAUDELAIRE, « Au lecteur », *Les Fleurs du mal*.
Dépersonnification	Représente une personne sous les traits d'un animal, d'une chose.	Dans ses *Fables*, La Fontaine met en scène des animaux pour représenter les hommes.
Allégorie	Représente de façon métaphorique, imagée et animée les aspects d'une idée abstraite, parfois tout le long d'un texte, comme dans *La Cité des dames* de Christine de Pisan. Ce procédé aide à passer du sens littéral au sens symbolique.	« L'homme n'est qu'un *roseau*, le plus *faible* de la nature, mais c'est un *roseau pensant*. » PASCAL, *Pensées*. **Analyse** La métaphore qui compare l'homme à un roseau se développe ici tout le long de la phrase.
Périphrase	Remplace un mot par un énoncé équivalent de plusieurs mots pour adoucir, dénigrer, glorifier, embellir ou ennoblir ce dont on parle.	Pour éviter le terme prosaïque de « chaise », Magdelon, un personnage des *Précieuses ridicules* de Molière demande à son valet : « Voiturez-nous ici *les commodités de la conversation*. »

L'opposition

Les figures d'opposition créent un effet de rupture qui oblige le lecteur à s'arrêter pour réfléchir.

Opposition	Définition	Exemple
Antithèse	Oppose deux termes ou idées.	« […] Car enfin qu'est-ce que l'homme dans la nature ? Un *néant* à l'égard de l'infini, un *tout* à l'égard du néant. » PASCAL, *Pensées*.

Antiphrase	Consiste à dire le contraire de ce qu'on pense ; l'un des procédés de l'ironie. Pour la percevoir, le lecteur est attentif à la cohérence des éléments de l'énoncé ou de ce dernier avec le contexte et les idées habituelles de l'auteur.	« Il ne faut rien exagérer, *ni dire de la cour le mal qui n'y est point* : […] c'est là que l'on sait parfaitement ne rien faire, ou faire très peu de choses pour ceux que l'on estime beaucoup. » LA BRUYÈRE, *Caractères*. **Analyse** Dans cet exemple, il faut mettre en rapport le début et la fin de la phrase, qui décrit les vices de la cour.
Oxymore	Associe dans une même expression deux réalités qui s'opposent.	Pour bien écrire, « *Hâtez-vous lentement* », dit Boileau. Montaigne recommande d'élever les enfants avec une « *sévère douceur* » et le Don Juan de Molière déclare qu'il « cède facilement à cette *douce violence* ».

L'amplification

Les figures d'amplification développent une idée en jouant sur la force de la répétition, de l'accumulation et des images fortement expressives.

Amplification	Définition	Exemple
Hyperbole	Met une idée en valeur par l'exagération.	Des *torrents* de larmes ; des *cascades* de rires. « Je me sens un cœur à *aimer toute la terre* », déclare Don Juan.
Accumulation	Souligne le développement d'une idée par la juxtaposition de plusieurs mots ou groupes de mots de même nature grammaticale ou par des éléments de phrase de même fonction.	« *Ce tremblement* de la voix, ces *mots* suspendus, ces *sons* étouffés ou traînés, ce *frémissement* des membres, ce *vacillement* des genoux, ces *évanouissements*, ces *fureurs*, pure *imitation*, *leçon* recordée d'avance, *grimace* pathétique, *singerie* sublime dont l'acteur garde le souvenir longtemps après l'avoir étudiée […]. » DIDEROT, *Le Paradoxe du comédien*.
Gradation	Donne une force expressive particulière à une idée par accumulation ; elle va du plus ténu au plus intense (gradation ascendante) ou du plus intense ou plus ténu (gradation descendante).	« Roland regarde Olivier au visage : il le voit *terni*, *blêmi*, *tout pâle*, *décoloré*. » *La Chanson de Roland*. Traduction de Joseph Bédier.
Anaphore	Crée une amplification du rythme par la répétition d'un mot ou d'un groupe de mots dans la même position dans un vers ou une phrase.	« *Rome*, l'unique objet de mon ressentiment ! / *Rome*, à qui vient ton bras d'immoler mon amant ! / *Rome* qui t'a vu naître, et que ton cœur adore ! / *Rome* enfin que je hais parce qu'elle t'adore ! » CORNEILLE, *Horace*.

L'atténuation

L'atténuation d'un propos permet d'éviter de dire trop crûment une réalité désagréable ou controversée

Atténuation	Définition	Exemple
Litote	Affaiblit volontairement la forme de l'énoncé pour suggérer un contenu qui le dépasse, ce qui oblige l'interlocuteur à le réinterpréter.	« Le croirai-je, Seigneur, *qu'un reste de tendresse* / Vous fasse ici chercher une triste princesse ? » RACINE, *Andromaque*. **Analyse** L'expression *reste de tendresse* exprime en réalité l'amour de Pyrrhus pour Andromaque, si profond qu'il lui sera fatal.
Euphémisme	Substitue à un mot brutal, déplacé ou indélicat une tournure imagée qui adoucit la réalité, pour mieux la mettre en évidence cependant.	« L'époux d'une jeune beauté / *Partait pour l'autre monde*. À ses côtés, sa femme / Lui criait : « Attends-moi, je te suis ; et mon âme, / Aussi bien que la tienne, est prête à s'envoler. » / Le mari *fit seul le voyage*. » LA FONTAINE, « La jeune veuve », *Fables*. **Analyse** Ici, c'est l'idée de la mort qui est atténuée.

LE CHOIX DES FORMES POÉTIQUES

Pour Théodore de Banville, la poésie est « cette magie, qui consiste à éveiller des sensations à l'aide d'une combinaison de sons […] cette sorcellerie grâce à laquelle des idées nous sont nécessairement communiquées par des mots qui cependant ne les expriment pas. » Voilà en quoi le texte poétique est différent des autres, il se comprend d'une façon plus émotive et sensuelle que rationnelle.

Faisceau de sensations, le poème appelle une interprétation fondée notamment sur les effets qui naissent des structures sonores et rythmiques, de sa forme et de sa dynamique interne, qui sont source de significations.

Cette recherche esthétique peut inscrire la forme poétique dans des règles formelles très précises : la versification, qui codifie les formes des poèmes, le nombre et le découpage des strophes, le choix des vers, les rythmes et les combinaisons sonores.

Les vers

Les vers sont régis par diverses règles de mesure qui en commandent l'organisation et la longueur. Les différentes combinaisons de cette composante musicale, parfois associées à d'autres figures, permettent d'établir une correspondance entre un rythme créé par des types de vers et un sens.

La mesure des vers

Un vers n'est pas une phrase, mais un ensemble de mots rythmé et mesuré, déterminé par le nombre de syllabes.

> **Exemple** Le vers suivant comprend douze syllabes :
>
> Vingt fois sur le métier remettez votre ouvrage.
> 1 2 3 4 5 6 7 8 9 10 11 12
>
> BOILEAU, *Art poétique*.
>
> Remarques :
> – Le **e muet** ne se prononce que s'il est suivi d'une consonne. Devant une voyelle (10) ou en fin de vers (12), il ne se prononce pas.
> – La prononciation de deux syllabes en une seule est une **synérèse** (6) ; elle se fait normalement lorsqu'il y a rencontre entre une semi-consonne et des voyelles ; exemples : *violon, louer, fier, tuer.* Son contraire, la **diérèse**, est la prononciation distincte des deux voyelles, par exemple : *vi-olons.*

Les vers les plus couramment utilisés jusqu'au milieu du XIXᵉ siècle sont :

■ L'**alexandrin** (douze syllabes), employé autant en poésie lyrique que dans les récits épiques, dans le théâtre classique ou romantique et en poésie moderne ; ample, il se prête bien au développement de la phrase.

> **Exemple** Pars courageusement, laisse toutes les villes ;
> Ne ternis plus tes pieds aux poudres du chemin,
> Du haut de nos pensers vois les cités serviles,
> Comme les rocs fatals de l'esclavage humain.
>
> VIGNY, « La Maison du berger », *Les Destinées*.

■ Le **décasyllabe** (dix syllabes) et l'**octosyllabe** (huit syllabes) donnent un rythme plus vif au poème.

> **Exemple** L'ânier, qui tous les jours traversait ce gué-là,
> Sur l'âne à l'éponge monta,
> Chassant devant lui l'autre bête,
> Qui voulant en faire à sa tête
> Dans un trou se précipita,
> Revint sur l'eau, puis échappa…
>
> LA FONTAINE, « L'Âne chargé d'éponges et l'Âne chargé de sel », *Fables*.

■ Les vers comptant une, deux, trois, quatre, cinq, six, sept, neuf et onze syllabes, ou plus de douze, sont rarement utilisés, si ce n'est en poésie moderne. Ils créent des effets sujets à interprétation.

Le rythme des vers

En proclamant que la poésie doit être « de la musique avant toute chose », Verlaine attire l'attention sur les effets que créent non seulement les sonorités, mais aussi tout ce qui concourt au rythme du texte : le choix et l'alternance des différents vers, la ponctuation, les accents toniques, les pauses respiratoires, l'enjambement, le refrain.

Le jeu sur la **disposition des vers** permet d'établir ou de briser la régularité d'un rythme pour produire divers effets d'amplification, de rupture, d'opposition, d'équilibre, de battement, de balancement, de foisonnement, etc.

> **Exemple** C'était, dans la nuit brune,
> Sur le clocher jauni,
> *La lune*
> Comme un point sur un i.
>
> MUSSET, *Contes d'Espagne et d'Italie.*
>
> **Analyse** Dans cet exemple, le vers de deux syllabes rompt le rythme et suggère l'image évoquée dans cette strophe.

L'enjambement

Le vers, unité métrique, ne se confond pas avec la phrase, unité syntaxique. La phrase peut s'étirer sur plusieurs vers ou se contracter en un seul. Lorsqu'elle occupe plusieurs lignes, mais commence ou finit au milieu de l'une d'elles, on dit qu'il y a **enjambement**. Cette situation relativement rare brise le rythme et peut être matière à interprétation.

L'enjambement peut produire un rejet ou un contre-rejet.

■ Le **rejet** est le groupe de mots de la phrase reportés au début du vers suivant.

> **Exemple** Ô temps, suspends ton vol! et vous, heures propices
> *Suspendez votre cours!* »
>
> LAMARTINE, « Le Lac », *Méditations poétiques.*

■ Le **contre-rejet** est le groupe de mots de la phrase appartenant au vers précédent.

> **Exemple** Est-ce un péché? *Non, non: vous leur fîtes, Seigneur,*
> *En les croquant, beaucoup d'honneur* […]
>
> LA FONTAINE, « Les animaux malades de la peste », *Fables.*

La césure

La **césure**, pause respiratoire, coupe au milieu un vers long en deux hémistiches, comme l'alexandrin à la sixième syllabe, ce qui crée un sentiment d'équilibre des éléments de sens. Elle appuie le découpage grammatical de la phrase. C'est souvent la structure syntaxique de la phrase qui permet cette pause.

> **Exemple** Quand vous serez bien vieille, / au soir à la chandelle,
> Assise auprès du feu, / dévidant et filant,
> Direz chantant mes vers, / en vous émerveillant,
> Ronsard me célébrait / du temps que j'étais belle. »
>
> RONSARD, *Les Amours.*
>
> **Analyse** La césure, renforcée ici par la virgule et la structure syntaxique des derniers vers, imprime au texte l'implacable régularité du balancier de l'horloge.

Les strophes

Une strophe est un ensemble de vers regroupés et disposés selon les règles de la versification. Séparées par des blancs, elles constituent généralement des unités de sens proches des phrases. Elles impriment un rythme à l'expression par le regroupement des vers, soit en mètres égaux, soit en combinaisons de divers mètres ; elles créent une trame sonore par l'organisation des rimes. Dans les chansons de geste du Moyen Âge, ces regroupement ou « laisses » représentaient des couplets.

Les types de strophe sont déterminés par le nombre de vers : le distique (deux vers), le tercet (trois vers), le quatrain (quatre vers), le quintil (cinq vers), le sizain (six vers), le septain (sept vers), le huitain (huit vers), le dizain (dix vers), le douzain (douze vers).

Le **refrain** est la répétition d'une strophe. Il renforce le caractère musical et rappelle le propos du texte.

Les formes de poèmes

Dès le milieu du XIXᵉ siècle, les poètes balaient les contraintes de la versification antique, le vers devient libre, la prose peut être « poétique » et le poème, dessin. Mais, auparavant, ils astreignaient leur inspiration à des modèles plus ou moins stéréotypés, très fortement marqués par leur connivence avec la danse et la chanson.

■ Le **sonnet** (chanson) est le plus connu ; il est formé de quatorze vers, des alexandrins généralement, groupés en deux quatrains et deux tercets. Le dernier vers, la *chute*, crée un effet inattendu qui fait ressortir le propos du poète.

> **Exemple**   « Cueillez dès aujourd'hui les roses de la vie », conclut Ronsard dans le sonnet célèbre « Mignonne allons voir si la rose… ». L'alternance de ses cinq rimes, de strophe en strophe, suit le schéma : abba, abba, ccd, eed ou ede.

■ Le **rondeau** (danse en rond) comprend généralement quinze vers groupés en trois strophes : deux *quintils* (rimes : aa bb a) séparés par un *tercet* (rimes : aab) ; le tercet et le second quintil se terminent par un *refrain* reprenant la moitié du premier vers du premier quintil.

■ La **ballade** (danse provençale) comprend trois strophes de huit octosyllabes, ou de dix décasyllabes, suivies d'une demi-strophe, l'*envoi*, qui s'adresse au dédicataire du poème ; chaque strophe se termine par un vers-refrain.

■ La **fable**, héritée de l'Antiquité, se distingue par son intention didactique et par son contenu. Récit en vers qui met souvent en scène des animaux, la fable est chargée d'une signification symbolique ; elle aborde de façon critique, mais sans prêter le flanc à la censure, les thèmes de la vie politique et sociale. Le poète invite à réfléchir sur la nature humaine, sur les rapports entre les êtres et sur les conflits sociaux. La fable se termine par une *moralité* qui joue le même rôle que la chute dans un sonnet.

> **Exemple**   « Car c'est double plaisir de tromper le trompeur », ricane La Fontaine dans « Le Coq et le Renard ».

■ L'**ode** est un poème destiné à être mis en musique ; il exalte la vénération pour un personnage ou pour des événements. D'abord composé de trois strophes, il évolue ensuite librement.

■ Le **blason** est un poème en vers à rimes plates (voir p. 284) faisant l'éloge ou la critique (contre-blason) d'une personne et, notamment, des parties du corps féminin.

Les sonorités : les échos

La musicalité d'un vers peut naître de la répétition d'une sonorité au cœur ou à la fin d'un vers, ce qui favorise l'expression d'une correspondance entre une émotion et un son.

■ L'**assonance** est la répétition d'une voyelle à l'intérieur d'un vers.

> **Exemple**   Et d'un refus cruel l'insupportable injure.
>
> RACINE.

■ L'**allitération** est la répétition d'une consonne à l'intérieur d'un vers.

> **Exemple**   Ce beau flambeau qui lance une flamme fumeuse.
>
> Jean de SPONDE.

■ Les **rimes** sont des échos qui se répondent à la fin de deux vers. Elles sont *féminines* si elles se terminent par un *e* muet, et elles créent alors un effet d'ouverture ; elles sont *masculines* dans les autres cas, où elles suggèrent un effet de fermeture. Leur disposition peut suivre trois schémas :

- les rimes *plates* suivent le modèle AABB ;
- les rimes *embrassées* suivent le modèle ABBA ;
- les rimes *croisées* suivent le modèle : ABAB.

La valeur musicale du texte est déterminée par la richesse des rimes, c'est-à-dire par le nombre d'éléments communs. Une rime est dite *riche* si la fin des vers compte trois sons communs, *suffisante* si elle en compte deux et *pauvre* si elle n'en compte qu'un seul.

PARTIE 2

RENDRE COMPTE DE SA LECTURE

RENDRE COMPTE par écrit de sa lecture d'un texte littéraire exige d'avoir effectué certains préalables : premièrement, la démarche de lecture menant à la compréhension du sens global du texte ; deuxièmement, le processus d'analyse et d'interprétation des procédés d'écriture au regard du sens à construire (voir la partie 1 « LIRE UN TEXTE LITTÉRAIRE », p. 255 à 284) ; enfin, la structuration et la communication de sa pensée avec clarté par une maîtrise suffisante de la langue.

LES PRÉALABLES À L'ANALYSE

Certaines activités d'écriture préparent à la rédaction d'une analyse : elles permettent l'appropriation de connaissances générales, littéraires, méthodologiques et linguistiques. Ce sont la prise de notes, les réponses aux questions du professeur et la tenue d'un journal de lecture.

La prise de notes

Support essentiel de la mémoire, la prise de notes amène à structurer et à synthétiser les connaissances générales et littéraires à retenir. Elle met l'accent sur ce qui est important et nouveau. Plus précisément, elle permet :

■ de **revenir sur les notions** d'interprétation, de procédés d'écriture, sur des exemples d'analyse et sur des conseils méthodologiques ;

■ de **sélectionner les informations** appropriées qui doivent figurer dans l'introduction d'une analyse pour situer le texte et le projet de l'auteur dans la perspective du contexte historique, artistique, etc.

Les réponses aux questions du professeur

Le lecteur qui effectue une démarche autonome de lecture littéraire fait un travail de questionnement sur le texte qui le conduit à une interprétation plus ou moins étoffée. Cette attitude se développe dans les cours lorsque le professeur guide la lecture d'un texte par un ensemble de questions qui pointent notamment :

■ des **éléments du contexte** culturel qui sensibilisent le lecteur à l'univers du texte : auteur, faits socio-historiques, valeurs esthétiques. Exemple : *Dégagez les éléments du texte qui montrent que Rabelais attaque l'éducation scolastique du Moyen Âge.*

■ des **éléments fondamentaux** de sens qui orientent la lecture vers le thème et le propos du texte. Exemple : *Repérez les éléments du texte qui expliquent pourquoi Don Juan décide de jouer l'hypocrite.*

■ des **procédés d'écriture** et leurs effets : choix de mots, types de phrase, figures, énonciation, etc. Exemple : *Quels éléments du texte révèlent l'ironie du narrateur ?*

■ des **convergences** entre les faits observés et leurs effets au regard du sens global. Exemple : *Montrez comment le choix de l'énonciation et des champs lexicaux contribue à la réalisation du projet de Montaigne de se peindre lui-même.*

■ des **axes de discussion** sur la portée du texte sur les plans artistique, thématique, social, moral. Exemple : *Dans* Candide, *Voltaire ridiculise l'optimisme béat devant le mal tant métaphysique que social et moral. Son point de vue est-il encore d'actualité ?*

Certaines questions invitent simplement à repérer des éléments du texte et n'appellent pas de développement. D'autres, au contraire, demandent d'établir des liens entre des faits observés, d'en dégager une synthèse et de la relier à une problématique. Ces questions impliquent donc la rédaction de courts textes d'analyse, d'un paragraphe, centrés sur une idée principale.

Le journal de lecture

L'intérêt de la lecture littéraire réside dans son pouvoir de rendre le lecteur attentif au monde et à ses propres émotions, de l'amener à réagir aux sentiments qui s'expriment dans le texte et aux valeurs qui motivent les personnages.

Tenir un journal de lecture permet :

- de dialoguer avec la ou les voix qui parlent dans le texte ;
- d'exprimer ses réactions à l'histoire, aux personnages, au ton, etc. ;
- de noter des citations qui caractérisent l'œuvre ou illustrent des centres d'intérêt personnels ;
- de réagir aux valeurs et de justifier son appréciation du texte ;
- de relier le texte à d'autres œuvres.

De plus, rédiger, dans ce journal, les réponses aux questions à développement qui accompagnent le texte à l'étude concrétise le plaisir que lecteur tire de son interaction avec ce texte : sentir, découvrir, rêver, réagir. Cet exercice d'écriture est libérateur : il permet au lecteur de dépasser le sens littéral pour explorer le ou les sens symboliques du texte et d'élaborer, sans contraintes, sa propre conception des thèmes traités ou des questions soulevées dans le texte, c'est-à-dire de se construire une culture personnelle vivante.

Outre le plaisir qu'elle procure, la tenue du journal de lecture est l'occasion de mettre progressivement en pratique le processus de relevé et d'analyse des citations et d'exercer sa plume dans l'expression des idées.

LA PRÉPARATION DE L'ANALYSE

> Bien écrire, c'est bien penser.
>
> MONTAIGNE.

Le premier cours de Langue et Littérature vise à rendre l'élève capable de produire, en quatre heures, une analyse écrite d'environ sept cents mots pour rendre compte de sa lecture d'un court texte littéraire.

QU'EST-CE QU'UNE ANALYSE ?

Le terme « analyse » désigne à la fois l'activité intellectuelle sollicitée et le produit de cette activité. Dans tous les domaines du savoir, cette activité est essentielle à la compréhension approfondie d'une réalité. En lecture littéraire, le cheminement analytique est le même que dans tous les autres domaines :

1° **observation** des éléments constitutifs du texte ;

2° **reconnaissance** des caractéristiques de ces éléments et des rapports qui les unissent ;

3° **formulation** d'une explication qui s'appuie sur l'interprétation des éléments de forme pour donner sens au texte.

L'analyse littéraire, souvent orientée par une question qui porte sur un thème ou une problématique, répond aux mêmes exigences : pour être recevable, l'interprétation personnelle qui résulte de l'analyse doit se fonder sur des arguments justifiés par les données du texte et non présenter une somme d'impressions floues.

Si l'analyse comporte une dimension critique, celle-ci doit reposer d'abord sur une explication objective.

Loin de se faire au pied levé, la formulation d'une analyse exige plusieurs **étapes préparatoires** : l'analyse de l'énoncé de la tâche, des relectures du texte pour recueillir les données utiles au travail et l'établissement d'un plan. Suit le travail de **rédaction** des différentes parties du texte : les paragraphes du développement, la conclusion et l'introduction. Le travail ne s'achève qu'avec les **révisions** qui assurent la qualité du texte produit.

Types d'analyse

En lecture littéraire, deux types d'analyse peuvent être demandés au lecteur : l'**analyse objective** (exemple 1), non commentée, et l'**analyse ouvrant sur un commentaire** (exemple 2).

> **Exemple 1**   Dans la scène 2 de l'acte I de *Dom Juan* de Molière, le personnage de Don Juan fait un vibrant éloge de l'infidélité dans une tirade qui laisse son valet pantois. En analysant cette tirade, dégagez la conception de Don Juan. Appuyez-vous sur l'étude des procédés d'écriture de votre choix. Composez un texte de sept cents mots environ, rédigé en classe en quatre heures. Vous avez à votre disposition l'œuvre ainsi que votre dictionnaire et une grammaire.

> **Exemple 2**   Étudiez la scène 2 de l'acte I de *Dom Juan* de Molière. Dans cette scène, Don Juan, fait un éloge vibrant de l'infidélité qui laisse son valet Sganarelle perplexe : « Il semble que vous avez raison ; et cependant il est vrai que vous ne l'avez pas. » En vous appuyant sur les procédés d'écriture de votre choix et sur une étude thématique, exposez comment s'explique la réaction de Sganarelle dans cette scène. Pour cela, établissez ce qui rend Don Juan convaincant ; puis faites ressortir ce qui oppose le maître et le valet et conduit celui-ci à donner tort à Don Juan. Dans un bref commentaire, expliquez ensuite si, pour vous, l'infidélité est un vice ou une vertu. Composez un texte de sept cents mots environ, rédigé en classe en quatre heures. Vous avez à votre disposition l'œuvre ainsi que votre dictionnaire et une grammaire.

LES ÉTAPES PRÉPARATOIRES

Première étape : analyser l'énoncé de la tâche

L'énoncé d'une tâche d'analyse est plus complexe que celui des questions ponctuelles qui accompagnent le texte au moment de la lecture. L'analyse de l'énoncé consiste à préciser quatre éléments :

- la ou les **consignes**, qui indiquent les activités intellectuelles sollicitées, par des verbes ou des formulations synonymes comme : *montrez comment*, *mettez en évidence*, *justifiez*, etc. ;
- l'**objet**, qui précise le domaine d'application de la réflexion ; ce peut être un thème, une idée, un personnage, une tonalité, une problématique, un sentiment, une description, une argumentation, etc. ;
- des **conseils méthodologiques**, qui suggèrent des axes de lecture ; ils ne sont pas toujours donnés dans l'énoncé de la tâche, comme le montre l'exemple suivant : « Dans ce poème, montrez comment on passe d'un climat d'euphorie à la tristesse. »

■ le **contexte** de réalisation de l'analyse, qui précise l'ampleur du travail, le temps alloué, le lieu déterminé et les outils autorisés.

Le lecteur consolide sa compréhension de l'énoncé en reformulant la tâche en ses mots. Une fois celle-ci bien comprise, il peut passer à l'étape suivante : la collecte des éléments appropriés.

EXEMPLE

■ DOM JUAN
de Molière

Piqué par les remarques désapprobatrices de son valet Sganarelle sur sa conduite amoureuse, Don Juan se livre, dans cette deuxième scène de la pièce, à une fougueuse tirade qui fait le pendant de celle de Sganarelle dans la scène précédente. Il y était notamment présenté par celui-ci comme « un pourceau d'Épicure » sourd « à toutes les remontrances [chrétiennes] » (ce mot, comme bien d'autres qui figurent dans les premières éditions, fut censuré par la police dans les éditions ultérieures de la pièce). Cette confidence lucide qui fait l'éloge passionné de l'infidélité éclaire la philosophie du personnage.

Acte 1, scène 2

Quoi ? Tu veux qu'on se lie à demeurer au premier objet qui nous prend, qu'on renonce au monde pour lui, et qu'on n'ait plus d'yeux pour personne ? La belle chose de vouloir se piquer d'un faux honneur d'être fidèle, 5 de s'ensevelir pour toujours dans une passion, et d'être mort dès sa jeunesse à toutes les autres beautés qui nous peuvent frapper les yeux ! Non, non : la constance n'est bonne que pour les ridicules ; toutes les belles ont droit de nous charmer, et l'avantage d'être rencontrée la pre- 10 mière ne doit point dérober aux autres les justes préten- tions qu'elles ont toutes sur nos cœurs. Pour moi, la beauté me ravit partout où je la trouve, et je cède facile- ment à cette douce violence dont elle nous entraîne. J'ai beau être engagé, l'amour que j'ai pour une belle 15 n'engage point mon âme à faire injustice aux autres ; je conserve des yeux pour voir le mérite de toutes, et rend à chacune les hommages et les tributs où la nature nous oblige. Quoi qu'il en soit, je ne puis refuser mon cœur à tout ce que je vois d'aimable ; et dès qu'un beau 20 visage me le demande, si j'en avais dix mille, je les donnerais tous. Les inclinations naissantes, après tout, ont des charmes inexplicables, et tout le plaisir de l'amour est dans le changement. On goûte une douceur extrême à réduire, par cent hommages, le cœur 25 d'une jeune beauté, à voir de jour en jour les petits pro- grès qu'on y fait, à combattre par des transports, des larmes et des soupirs, l'innocente pudeur d'une âme qui a peine à rendre les armes, à forcer pied à pied toutes les petites résistances qu'elle nous oppose, à 30 vaincre les scrupules dont elle se fait un honneur et la mener doucement où nous avons envie de la faire venir. Mais lorsqu'on en est maître une fois, il n'y a plus rien à dire et plus rien à souhaiter ; tout le beau de la pas- sion est fini, et nous nous endormons dans la tran- 35 quillité d'un tel amour, si quelque objet nouveau ne vient réveiller nos désirs, et présenter à notre cœur les charmes attrayants d'une conquête à faire. Enfin il n'est rien de si doux que de triompher de la résistance d'une belle personne, et j'ai sur le sujet l'ambition des 40 conquérants, qui volent perpétuellement de victoire en victoire, et ne peuvent se résoudre à borner leurs sou- haits. Il n'est rien qui puisse arrêter l'impétuosité de mes désirs : je me sens un cœur à aimer toute la terre ; et comme Alexandre, je souhaiterais qu'il y eût d'autres 45 mondes, pour y pouvoir étendre mes conquêtes amoureuses.

SUJET

Dans la scène 2 de l'acte I de *Dom Juan* de Molière, le personnage de Don Juan fait un vibrant éloge de l'infidélité dans une tirade qui laisse son valet pantois. En analysant cette tirade, dégagez la conception de Don Juan. Appuyez-vous sur l'étude des procédés d'écriture de votre choix. Composez un texte de sept cents mots environ, rédigé en classe en quatre heures. Vous avez à votre disposition l'œuvre ainsi que votre dictionnaire et une grammaire.

– **L'objet** de l'analyse est la « conception de l'infidélité » selon Don Juan.

– La **consigne**, « En analysant cette tirade, montrez quelle est… », demande de dégager les grands traits de cette conception (Quoi ? Pourquoi ? Comment ?).

– Le **conseil méthodologique** ne rappelle que l'exigence de s'appuyer sur des éléments de forme (figures, énonciation, tonalité, etc.) pour énoncer les idées relatives à la conception de l'infidélité (fond).

– Le **contexte de réalisation** précise : « texte de sept cents mots », « en classe », « en quatre heures », avec accès aux outils de référence.

On me demande d'expliquer quelles sont les idées et les valeurs qui caractérisent la conception qu'a Don Juan de l'infidélité. L'étude des champs lexicaux devrait me permettre de dégager la thématique qui fonde cette conception.

La reformulation de la tâche stimule le rappel des connaissances sur l'auteur, l'œuvre et l'époque. En se référant constamment à l'objet de l'analyse, le lecteur note les indices qui serviront à nourrir les idées perçues. Au besoin, il retourne vérifier ses connaissances sur les procédés d'écriture et leur interprétation (voir partie I).

Deuxième étape : recueillir les données pour formuler des idées

Le **processus analytique** suit, dans l'ordre, ces différentes étapes :

– le repérage de données appropriées ;

– l'établissement de liens logiques entre celles-ci ;

– la formulation d'observations sur ces liens en rapport avec l'objet de l'analyse ;

– l'énoncé d'idées qui découlent des observations et qui sont validées par des retours fréquents au texte.

L'analyse des champs lexicaux, associés aux mots et aux figures, amène le lecteur à regrouper les mots et expressions selon des ensembles qu'il peut classer sous des termes englobants, lesquels représentent les thèmes du texte. De chaque thème on peut dégager ensuite des caractéristiques qui constituent des sous-thèmes.

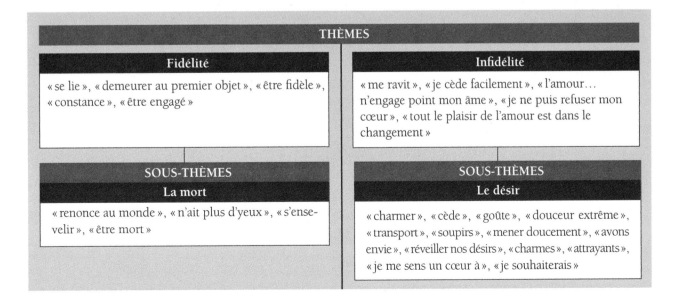

THÈMES	
Fidélité	**Infidélité**
« se lie », « demeurer au premier objet », « être fidèle », « constance », « être engagé »	« me ravit », « je cède facilement », « l'amour… n'engage point mon âme », « je ne puis refuser mon cœur », « tout le plaisir de l'amour est dans le changement »
SOUS-THÈMES **La mort**	**SOUS-THÈMES** **Le désir**
« renonce au monde », « n'ait plus d'yeux », « s'ensevelir », « être mort »	« charmer », « cède », « goûte », « douceur extrême », « transport », « soupirs », « mener doucement », « avons envie », « réveiller nos désirs », « charmes », « attrayants », « je me sens un cœur à », « je souhaiterais »

Le sommeil
« nous nous endormons », « tranquillité », « réveiller nos désirs »

L'immoralité
« faux honneur », « injustice »

La conquête
« réduire », « progrès », « combattre », « armes », « forcer pied à pied », « résistance », « oppose », « vaincre », « maître », « conquête », « triompher », « conquérants », « victoire », « conquêtes amoureuses »

La moralité
« ont droit de nous charmer », « justes prétentions », « voir le mérite », « honneur », « ambition », « cœur à aimer toute la terre »

La vitalité
« jeunesse », « beautés », « belles », « cœurs », « me ravit », « nature nous oblige », « inclinations naissantes », « amour », « transports », « passion », « impétuosité de mes désirs »

Observations

– Du début à la fin du texte, le thème du désir est lié à celui de la conquête. Ces thèmes sont par ailleurs fortement valorisés puisqu'ils sont également associés à la vitalité et à la moralité. En somme, l'infidélité est une bonne chose.

– Le thème de la fidélité s'y oppose ; il est associé aux thèmes de la mort, du sommeil et de l'immoralité.

– Le regroupement des mots et expressions selon les thèmes aide à interpréter les figures de style, notamment la métaphore filée de la conquête amoureuse et l'oxymore « douce violence ».

Formulation des idées

À partir de l'ensemble des thèmes et de leur opposition (la thématique), on peut formuler plusieurs idées qui définissent la conception qu'a Don Juan de la fidélité. De brefs retours au texte permettent de les confirmer ou d'en dégager de nouvelles.

– Être fidèle, c'est renoncer à la vie, c'est injuste et c'est hypocrite.

– L'infidélité est une pulsion naturelle.

– Vivre, c'est avoir du plaisir.

– Désirer, conquérir, c'est vivre intensément.

– Conquérir est un honneur.

Il reste à grouper ces idées selon une logique qui mettra le sens en évidence et donnera une structure à l'ensemble de l'analyse ; c'est le rôle du plan.

Troisième étape : établir un plan pour le développement du sujet

Le plan est généralement inspiré par l'énoncé de la tâche, mais il doit de plus faire ressortir la hiérarchie et la logique des idées.

– L'**idée directrice** englobe tout l'objet de l'analyse.

– Les **idées principales** sont les deux ou trois aspects complémentaires ou opposés de l'idée directrice.

– Les **idées secondaires** développent les idées principales : chaque idée énoncée s'appuie sur l'analyse des exemples des procédés d'écriture et des citations qui les illustrent.

Avant de passer à la mise en mots, on vérifie que le plan répond bien aux exigences de la tâche et qu'il progresse vers la conclusion.

Établissement du plan

La réflexion sur les idées formulées à partir des données et de leur analyse permet de dégager l'opposition suivante :

- La fidélité est un suicide, une injustice et une hypocrisie, donc c'est un mal.

- L'infidélité est une pulsion naturelle qui pousse à conquérir pour vivre intensément, et c'est un honneur, donc c'est un bien.

Cette opposition conduit au plan suivant :

- **Idée directrice** : Pour Don Juan, la fidélité est un mal et l'inconstance un bien.

- **Idée principale 1** : La fidélité est un mal.

– **Idée secondaire A** : La fidélité est un suicide ; citations : « renonce au monde », « s'ensevelir pour toujours », « être mort dès sa jeunesse ».

– **Idée secondaire B** : La fidélité est une hypocrisie ; citations : « faux honneur d'être fidèle ».

- **Idée principale 2** : L'infidélité est un bien.

– **Idée secondaire A** : L'infidélité est un désir naturel ; citations : « les tributs où la nature nous oblige », « rien qui puisse arrêter l'impétuosité de mes désirs ».

– **Idée secondaire B** : L'infidélité est un hymne à la vie ; citations : « la beauté me ravit partout », « je ne puis refuser mon cœur », « réveiller nos désirs », « aimer toute la terre ».

– **Idée secondaire C** : Conquérir est un plaisir légitime et un honneur ; citations : « on goûte une douceur extrême », « la constance n'est bonne que pour les ridicules », « n'engage point mon âme à faire injustice aux autres », « rend à chacune les hommages et les tributs », « j'ai sur le sujet l'ambition des conquérants ».

LA RÉDACTION DE L'ANALYSE

L'analyse littéraire est soumise à des exigences qui assurent une bonne organisation du contenu. L'expression personnelle trouve néanmoins sa place dans la richesse des liens perçus entre la forme et le contenu et dans la finesse de leur analyse.

LES COMPOSANTES DU TEXTE

Tout texte d'analyse comprend obligatoirement trois composantes : l'**introduction**, le **développement** et la **conclusion**. Pour assurer la cohérence entre ces parties, il est bon de rédiger le développement (corps du texte) avant l'introduction et la conclusion. En effet, la mise en mots, à partir d'un plan, réserve souvent d'heureuses surprises : une idée, en se développant, peut se révéler féconde et même justifier une révision du plan initial. En situation d'examen, il est recommandé de laisser une page blanche avant le développement pour y insérer l'introduction ultérieurement.

Le développement

Le développement est centré sur l'**idée directrice**. Chaque paragraphe en effet développe un aspect principal de cette idée. La rédaction des différents paragraphes se fait en fonction du plan établi et selon le modèle d'organisation le plus approprié au sujet. Ce plan peut être fondé sur la complémentarité, l'opposition ou la comparaison des idées principales, ou sur la réponse à une problématique. Le nombre de paragraphes varie selon le nombre d'idées principales et leur longueur dépend du nombre d'idées secondaires.

Le paragraphe

Un paragraphe est un texte bref centré sur **une seule idée principale**. Dans un texte long, cette unité de sens est marquée visuellement par un retour à la ligne. Dans une analyse de texte, il faut montrer, à l'aide d'exemples, comment l'idée s'appuie sur des éléments de forme et sur leurs effets créateurs de sens. En conséquence, le développement du paragraphe a un caractère explicatif ou argumentatif qui conditionne l'organisation de son contenu.

L'**idée principale**, objet du développement, est généralement énoncée en début de paragraphe. L'idée est accompagnée d'une transition qui marque le lien avec le paragraphe précédent ou avec l'idée directrice du texte. L'idée principale peut être reprise, en fin de paragraphe, par une phrase de conclusion qui en élargit la portée, soit en généralisant, soit en soulignant la valeur symbolique de l'extrait.

Les **idées secondaires** constituent le développement de l'idée principale. Elles apportent des explications en faisant l'analyse des exemples illustrés par des citations, des faits ou des opinions et en soulignant les étapes d'un raisonnement logique. Le développement d'une idée secondaire peut être plus ou moins étoffé selon le nombre d'exemples ou d'aspects retenus.

Des **marqueurs de relation** établissent l'organisation des idées secondaires et la cohérence interne du paragraphe en exprimant les relations logiques entre les idées, notamment l'addition, l'opposition, les liens de cause à effet, la chronologie, la concession, la déduction, le but.

L'organisation des idées secondaires

Dans le paragraphe explicatif, chaque aspect est relié à un procédé observé. Pour avoir une valeur explicative, un procédé présenté doit être accompagné d'une ou de plusieurs citations qui l'illustrent, de l'explication de l'effet de sens créé et, finalement, de l'interprétation qui en résulte.

L'organisation textuelle peut reposer sur :

- l'**addition** de différents aspects de l'idée ; dans l'exemple qui suit, l'explication de l'idée principale est articulée par les marqueurs de relation qui introduisent les idées secondaires et en expriment l'addition ;

Exemple

Le thème de la conquête, dans la tirade de Don Juan (scène 2 de l'acte I), **est établi notamment par le jeu des figures de style** (*idée principale*). Une longue métaphore filée associe la conquête amoureuse à un combat. **Ainsi** (*idée secondaire A*), la « conquête à faire » est annoncée par une synecdoque « réduire […] le cœur d'une jeune beauté ». **D'ailleurs** (*idée secondaire B*), cette figure impose d'emblée le sentiment de l'issue du combat pour la frêle victime. Ce sentiment est amplifié par les expressions « a peine à rendre les armes » et « toutes les petites résistances », qui soulignent la confiance insolente du conquérant devant la résistance dérisoire de son adversaire. **Enfin** (*idée secondaire C*), la gradation ascendante : « forcer pied à pied », « triompher de la résistance » et, finalement, « [voler] perpétuellement de victoire en victoire » suggère les étapes du combat et annonce l'ivresse d'une gloire héroïque. **Non seulement** (*conclusion-élargissement*) cette victoire conduit-elle Don Juan à l'atteinte de son but premier, la séduction d'une « jeune beauté », **mais** elle lui donne un statut de héros qui légitime l'infidélité.

- l'**opposition** ou la **comparaison**, point par point, entre deux idées;

  L'idée de comparaison peut traverser le paragraphe entier, de l'introduction à la conclusion, comme dans l'exemple suivant:

Exemple

L'éducation du chevalier courtois (*A*) **comme celle de l'homme de la Renaissance** (*B*) **portait sur la formation morale, sociale, intellectuelle et physique** (*idée principale*). **Cependant**, le chevalier était formé à l'obéissance (*idée secondaire A*), l'homme de la Renaissance à la liberté (*idée secondaire B*). Pour servir Dieu et son seigneur, le chevalier apprenait à combattre, au mépris de lui-même (*exemple A*); dans la perspective humaniste, le combat était celui de l'individu pour la conquête du savoir et la maîtrise de son corps (*exemple B*). Le plaisir de l'un était dans l'abnégation de l'individu (*A*), celui de l'autre, dans l'exaltation de toutes ses possibilités (*B*) (*conclusion-généralisation*).

Dans une analyse commentée, le développement du paragraphe peut prendre un tour **argumentatif** qui implique un raisonnement logique visant à défendre une position.

Exemple

Pourquoi le mythe de Don Juan fascine-t-il encore le public aujourd'hui; est-ce parce qu'il nous ressemble (*idée principale*)? **D'abord**, son discours flamboyant et les perspectives de liberté qu'il ouvre sont séduisants **bien que** contestables (*idée secondaire A*); **si** certains le prennent comme bouc émissaire pour exprimer leur réprobation contre l'esprit libertaire (*idée secondaire B*), d'autres **par contre** s'attachent à l'humanité de ce personnage, torturé par ses questions existentielles, mais qui les noie dans son ivresse d'amour (*idée secondaire C*), et je suis sensible à cette dernière attitude. **En conséquence**, je retiens finalement que, dans la société du XVIIe siècle comme dans la nôtre, la liberté d'esprit fascine et dérange, mais ouvre la voie à des débats passionnants sur les valeurs morales (*conclusion-élargissement*).

La citation

Les citations sont des mots, des expressions ou des phrases empruntés à des textes. Dans une analyse littéraire, elles sont essentielles puisque ce sont elles qui servent à fonder l'argumentation ou l'explication: elles illustrent les exemples et les procédés d'écriture; leur analyse conduit à interpréter l'effet produit par le procédé et le sens qu'on en dégage. Selon la formulation adoptée, l'idée secondaire peut inclure l'interprétation (voir les idées B et C de l'exemple de la page 292).

Son usage se fait selon certaines règles:

- Les emprunts doivent être bien intégrés à la formulation du texte personnel, rigoureusement exacts, obligatoirement placés entre guillemets, même s'il s'agit d'un mot, et accompagnés de la référence à l'auteur.

■ Si l'on souhaite raccourcir une citation, on remplace la partie supprimée par des points de suspension entre crochets et l'on s'assure que l'énoncé reste syntaxiquement correct.

> **Exemple** La nature est, pour Alfred de Vigny, un refuge et un remède aux maux des villes, ces « cités serviles […] rocs fatals de l'esclavage humain ». (« La Maison du berger », *Les Destinées*, 1864.)

■ Si l'on souhaite modifier légèrement une citation, on place les éléments modifiés entre crochets.

> **Exemple** La nature est, pour Alfred de Vigny, un refuge et un remède aux maux des villes, ces « cités serviles [comme des] rocs fatals de l'esclavage humain ». (« La Maison du berger », *Les Destinées*, 1864.)

■ Dans le cas des vers, on reproduit la disposition d'origine ou l'on sépare les vers par une barre oblique.

> **Exemple** « Selon que notre idée est plus ou moins obscure, / L'expression la suit, ou moins nette, ou plus pure. » (Nicolas BOILEAU, *Art poétique*.)

La référence

Toute citation doit être accompagnée de la référence à l'auteur et à l'œuvre.

■ Si la citation est courte, on peut donner la parole à l'auteur en guise de présentation, y ajouter l'œuvre et sa date de parution ou placer ces indications entre parenthèses après la citation.

> **Exemples** En 1830, dans la « Ballade à la lune », tirée de son recueil *Contes d'Espagne et d'Italie*, Musset dessine avec les mots une sorte de calligramme : « Citation. »
> Dans cette strophe : « Citation » (Alfred de MUSSET, *Contes d'Espagne et d'Italie*, 1830, « Ballade à la lune », strophe 1), le poète dessine avec les mots une sorte de calligramme.

■ Si la citation est longue, on place la référence en bas de page selon l'ordre et les règles typographiques illustrés ci-après.

> **Exemple** « Citation[1]. »
> 1. Alfred de MUSSET, *Contes d'Espagne et d'Italie*, 1830, « Ballade à la lune », strophe 1.

On note que le nom du poème ou du chapitre est placé entre guillemets et que le nom de l'œuvre est en italique. Dans un texte manuscrit cependant, on remplace l'italique par le soulignement.

> **Exemple** Contes d'Espagne et d'Italie.

Lorsqu'il s'agit d'une œuvre complète, on mentionne également le lieu et la maison d'édition, la ou les pages d'où est extraite la citation ainsi que le nombre de pages du livre.

> **Exemple** JOUANNY, Robert. *Théâtre complet de Molière*, tome I, p. 708, Paris, Garnier, 1960, 946 p.

Si l'on cite le même auteur et la même œuvre, on abrège la référence générale en la remplaçant par *id., ibid.* (*idem* signifiant «même auteur, même œuvre» et *ibidem*, «même œuvre, même passage»).

Les transitions et les marqueurs de relation

■ Les **transitions** placées en fin ou en début de paragraphe guident le lecteur dans l'enchaînement des idées. Elles peuvent se présenter sous forme de questions qui relancent le développement. Elles aident le lecteur à suivre le fil conducteur de l'idée directrice dans le texte et à voir la continuité ou la rupture avec le paragraphe qui précède ou qui suit.

Exemples	*Cette conception repose notamment sur une association de la fidélité au mal. Séducteur, Don Juan l'est-il aussi par son langage ? En opposition à la fidélité, l'infidélité…*

■ Les **marqueurs de relation** permettent :
  – de signaler l'introduction d'un exemple ou d'une citation ;

Exemple	*Comme le montrent…, Ainsi que le suggèrent les expressions…*

  – de rendre attentif à une synthèse ou à une conclusion ;

Exemple	*Somme toute, il ressort de l'analyse que…*

  – etc.

Rédaction du développement

Rappel : Le sujet présenté à la page 288 a été analysé, étape qui a conduit à la compréhension de la tâche (p. 289). Le repérage et l'analyse des données (p. 289-290) ont conduit à l'élaboration du plan (p. 291), lequel va déterminer la rédaction des trois composantes du texte : le développement, la conclusion (p. 296) et l'introduction (p. 297).

Première idée principale	**Les deux champs lexicaux qui caractérisent le début de la tirade établissent l'idée qu'être fidèle, c'est un mal.** En effet, Don Juan associe la fidélité à la mort volontaire, ainsi que le suggèrent les expressions de plus en plus explicites : «on renonce au monde», «s'ensevelir pour toujours» et «être mort dès sa jeunesse». Devant l'horreur de cette perspective, il laisse éclater d'abord sa révolte émotive : «Non, non». L'explication rationnelle vient au sommet de la tirade : «[…] lorsqu'on est maître une fois, il n'y a plus rien à dire et plus rien à souhaiter», ce qu'il refuse car, pour lui, la vie est une quête et non un accomplissement. Provocateur, il craint de «faire injustice» aux femmes et pousse sa critique en dénonçant comme hypocrite «le faux honneur d'être fidèle», suggérant comme le dira Sganarelle que, comme lui, beaucoup conçoivent que cela est «fort agréable et fort divertissant» et «s'en [accommoderaient]» s'ils ne redoutaient le châtiment.
Deuxième idée principale	**En opposition à la fidélité, l'infidélité se définit ensuite comme le bien.** Le thème du désir, associé aux thèmes de la jeunesse, de la beauté, du plaisir et de l'amour, s'impose comme le fil conducteur de la vie et définit le rapport de Don Juan au monde : «Il n'y a rien qui puisse arrêter l'impétuosité de mes désirs.» C'est lui qui justifie l'inconstance par l'obéissance à la nature : «[…] les hommages et les tributs où la nature nous oblige». Don Juan est un passionné et sa sensibilité exceptionnelle à la beauté féminine est telle que tout lui est subordonné : «Pour moi, la beauté me ravit partout où je la trouve.» Il ne parle pas de femmes mais de «beautés», de «belles», de «beau visage» et de «belle personne». La beauté est une valeur dominante chez lui et son caractère éphémère lui donne justement tout son prix ; il en est ainsi

de la passion : « tout le beau de la passion est fini ». Dans sa quête sans fin, il lui faut toujours trouver d'autres raisons de vivre, soit « quelque objet nouveau » qui « vient réveiller [ses] désirs ».

Une métaphore filée fondée sur le vocabulaire de la guerre fait de la conquête amoureuse un combat glorieux. L'idée de la lutte, établie par les expressions « combattre », « armes », « forcer pied à pied », « résistance » et « vaincre », est associée étonnamment à la « douceur » et indissociable du plaisir : « On goûte une douceur extrême à réduire […] le cœur » et « […] il n'est rien de si doux que de triompher […] ». Ce triomphe est essentiel à l'honneur, ainsi que le suggère l'expression « la constance n'est bonne que pour les ridicules » — le qualificatif est en effet très insultant au XVIIe siècle. Enfin, Don Juan pousse la provocation jusqu'à légitimer sa conduite en parodiant les principes chrétiens : il se pose en défenseur du « droit » des femmes, voulant éviter des « injustices » et se sentant un cœur à « aimer toute la terre ». (545 mots.)

La conclusion et l'introduction

La **conclusion**, généralement plus courte que l'introduction, soit une centaine de mots, se fait dans le droit fil du développement puisqu'elle résume les différentes idées issues de l'analyse. Elle ouvre sur un deuxième volet, la réflexion personnelle sur la portée du texte : celui-ci apporte-t-il quelque chose sur la connaissance de l'homme, de la société ? A-t-il provoqué ou provoque-t-il des réactions ? Suggère-t-il des liens avec d'autres œuvres littéraires ou artistiques ? Apporte-t-il une vision qui change notre façon de voir le monde, l'homme, la littérature, etc. ?

Rédaction de la conclusion	
Résumé de l'étude	L'analyse des champs lexicaux, dans cette scène de présentation, a contribué à révéler les arguments qui fondent, dans cette tirade, l'éloge de l'infidélité que fait Don Juan : amour de la beauté, plaisir de la conquête, peur de l'ennui et de la mort. Ces valeurs livrent un portrait du personnage qui fait le pendant de celui, accablant, que son valet Sganarelle nous a donné dans la scène précédente. Fougueux, épris de liberté, Don Juan est avant tout un fou de la beauté. Ce libertin est un fervent adepte de l'épicurisme : il refuse les contraintes de la morale chrétienne, mais se soumet à celles de la nature.
Élargissement	On peut se demander si, à défaut de pouvoir accomplir les actions d'éclat associées à son statut de gentilhomme, Don Juan ne réalise pas son besoin de domination dans la conquête des femmes. Cependant, son indifférence à leur souffrance suscite assurément un sentiment de réprobation. (152 mots.)

L'**introduction** est rédigée en fin de parcours, ce qui permet de coller au mieux avec la démarche réellement suivie. Elle doit, en effet, éclairer le projet de l'auteur, y intéresser le destinataire du texte et le guider par :

- le **sujet amené**, qui situe l'œuvre dans le contexte : l'auteur, l'époque, le genre littéraire ; il situe également dans l'œuvre le passage à l'étude et souligne l'idée directrice de l'extrait ;

- le **sujet posé**, qui présente ensuite l'objet de l'analyse, soit en le reformulant, soit en citant l'énoncé du sujet ;

- le **sujet divisé**, qui annonce les idées principales et comment elles seront traitées dans le développement.

Il est important de ne retenir que des éléments appropriés, directement liés au sujet. Ainsi, on ne dit pas tout ce que l'on sait sur un auteur et une époque, mais seulement ce qui éclaire le texte ; toute autre information nuirait à la clarté de l'introduction.

Rédaction de l'introduction	
Sujet amené	En 1665, la comédie *Dom Juan* de Molière, succès et scandale, est retirée après quinze représentations, bien que l'auteur eût cédé aux pressions des vrais et des faux dévots en retranchant les passages dénonçant l'hypocrisie religieuse. Cependant, le personnage de Don Juan, aristocrate oisif, flamboyant et cruel séducteur, anticonformiste et libre penseur, fascine toujours.
Sujet posé	Dans la scène 2 de l'acte I, répondant aux remarques de son valet sur son comportement amoureux, Don Juan se lance dans une tirade enflammée en faveur de l'infidélité. Sur quoi repose donc cette conception qui suscite la controverse ?
Sujet divisé	Pour mettre en évidence les fondements de cette troublante morale, une analyse des champs lexicaux établis par les mots et figures conduira à poser d'abord que la fidélité, c'est le mal, puis que l'inconstance, c'est le bien. (131 mots.)

LE STYLE

La situation d'énonciation de l'élève est paradoxale. Il lui faut en effet rédiger une analyse destinée à un professeur. Ce retournement de la situation normale veut que le professeur demande à l'élève de lui expliquer un texte. Il faut apprendre à jouer le jeu et faire comme si… le destinataire du texte ne savait pas de quoi il retourne ; il ne faut donc rien tenir pour évident. Plus encore, il faut donner au professeur l'envie de lire l'analyse et le convaincre par des explications ou des arguments judicieux, c'est-à-dire fondés sur des observations précises.

Le niveau de langue

Le niveau de langue requis par un travail scolaire ne doit pas être familier : dans cette situation, on n'écrit pas comme on parle. Le destinataire n'est ni interpellé ni tutoyé ; on ne lui prête pas d'intention ; exemple : « Il est ridicule de penser que… » ; et on le traite en personne intelligente en évitant par exemple d'écrire : « Je vais essayer de vous faire comprendre… ». L'auteur est désigné par son nom seulement, sans titre (Monsieur) ni prénom. On n'écrit pas « ça », mais « cela », on n'a pas de la « misère », mais de la « difficulté », on n'« embarque » pas dans le « bouquin », on « entre » dans l'« œuvre », etc.

Le vocabulaire

Le vocabulaire est juste et précis : on emploie notamment le vocabulaire de l'analyse littéraire en distinguant *strophe*, *laisse* et *paragraphe* ; en remplaçant le mot *livre* par *conte*, *comédie*, *essai*, etc. On élimine les clichés : « Depuis que le monde est monde » ou « L'amour sera toujours l'amour ». On élimine les faux sens : « au niveau de » qui implique une hiérarchie, « tant qu'à » au lieu de « quant à » ; on « cite » un auteur lorsqu'on reproduit des éléments du texte, mais lui, il *déclare*, *dit*, *écrit*, *avance*, etc.

Le ton objectif

Le ton objectif caractérise la prise de distance qu'impose toute analyse, le ton quelque peu subjectif n'étant de mise que dans l'analyse commentée. Une formulation adéquate privilégie les formulations neutres (mais ne les emploie pas systématiquement).

Ce sont :

- les tournures qui font parler le texte ;

> **Exemples** L'auteur suggère que… Les thèmes établissent la conception de… Ces vers expriment la mélancolie… L'analyse révélera…

- les tournures impersonnelles ;

> **Exemples** Il est à noter que… On remarque…

- l'emploi du présent et de la voix passive.

> **Exemple** Les éléments qui ont été dégagés suggèrent…

En revanche, dans un commentaire, une subjectivité qui respecte la sensibilité du destinataire est appropriée. Les tournures de phrase, l'emploi du *je*, le choix des verbes déclaratifs (*penser*, *estimer*, *prétendre*, *avancer*, etc.) ainsi que des adverbes et adjectifs qui expriment des jugements, doivent laisser place à la discussion et à la nuance.

LA RÉVISION DE L'ANALYSE

Il faut une bonne discipline pour concilier le plaisir et la liberté d'expression avec l'exigence de rigueur qu'impose la rédaction d'une analyse. Le défi est d'exprimer rationnellement ses émotions et de convaincre par la qualité de l'organisation de ses idées et de leur expression.

Pour s'assurer de bien réviser, on se met à la place du lecteur, en supposant qu'il ne sait que ce qu'on lui dit, et l'on révise l'organisation du texte, le style et la langue.

RÉVISER L'ORGANISATION DU TEXTE

Cette étape se fait après l'élaboration du plan, si l'on doit rédiger directement, ou après l'écriture du brouillon si l'on dispose de temps.

En revenant à la formulation de la tâche, on relit son plan en s'assurant qu'il respecte les critères présentés dans le tableau suivant :

Critères	Application
Pertinence et complétude En fonction de l'énoncé de la tâche, on s'assure que les éléments nommés sont présents et en rapport avec le sujet.	■ **L'introduction** comprend : – le sujet amené qui donne des informations utiles sur le contexte, l'auteur et l'œuvre ; – le sujet posé qui énonce la question à traiter et l'idée directrice ; – le sujet divisé qui annonce les idées principales et la façon dont elles seront traitées. ■ Le **développement** comprend : – une idée principale par paragraphe reliée à l'objet d'analyse ; – des idées secondaires pertinentes qui appuient chaque idée principale ;

	– des exemples et des citations appropriés qui illustrent ces idées.
	■ La **conclusion** comprend :
	– un passage qui répond à la question posée dans l'introduction et résume les idées traitées qui appuient l'idée directrice ;
	– un passage qui élargit la réflexion personnelle suscitée par le texte.
Justesse et profondeur Le développement est convaincant par les liens établis entre l'idée, son illustration et les effets de sens observés.	– Le développement des idées est fondé sur l'étude de certains procédés de style. – Les procédés de style sont bien reconnus et nommés. – Les citations sont interprétées dans le respect du sens du texte. – L'interprétation des procédés de style s'appuie sur les effets qu'ils créent.
Cohérence et cohésion Les idées sont en rapport les unes avec les autres, ne présentent pas de contradiction et sont organisées logiquement, selon ce qui est annoncé dans l'introduction.	– L'introduction, la conclusion et le développement sont distincts visuellement. – Chaque idée principale fait l'objet d'au moins un paragraphe du développement. – Chaque idée principale couvre un des aspects de l'idée directrice et ne la contredit pas. – Chaque idée secondaire couvre un aspect de l'idée principale et ne la contredit pas. – Des transitions et des marqueurs de relation aident le lecteur à suivre la démonstration.

RÉVISER LA RÉDACTION

Réviser l'énonciation

Pour bien faire ressortir les idées, il faut accorder une attention toute particulière à l'expression. Le recours au dictionnaire permet de vérifier les différents aspects du vocabulaire qui assurent la qualité de la communication.

Critères	Application
Clarté et concision La clarté naît de la précision et de la justesse des termes. La concision sert aussi la clarté en évitant les répétitions, les redondances et les périphrases qui noient les idées.	– Le vocabulaire est précis. – Les redondances et les répétitions sont éliminées. – Le sens des mots incertains est vérifié.
Variété Le choix de mots et de tournures variés rompt la monotonie du texte et stimule l'attention du lecteur.	– Les constructions de phrase sont variées (types et formes de phrase, tournures impersonnelles, inversions, subordinations, etc.). – Les mots qui doivent se répéter sont remplacés, dans la mesure du possible, par des synonymes.
Registre et ton Le niveau de langue et le ton sont appropriés à la situation de communication.	– L'analyse est rédigée dans une langue courante ou soutenue, sans expressions de familiarité. – Le ton neutre respecte l'objectivité de l'analyse.

Réviser la grammaire et l'orthographe

Au collégial, il est légitime de s'attendre à ce que la langue utilisée dans les travaux soit correcte du point de vue de l'orthographe d'usage, de la grammaire, de la syntaxe, de la ponctuation et des règles de base de la typographie. Du reste, des outils de référence sont recommandés.

Même si ce travail de révision se fait en dernier et que le manque de temps ou la fatigue peuvent compromettre cette étape, l'élève qui a acquis de bonnes habitudes en la matière saura faire sa révision en suivant une bonne méthode.

Pour que la révision grammaticale et orthographique soit efficace, il est préférable de faire plusieurs relectures du texte, sous des angles différents, et en oubliant totalement le contenu pour se concentrer sur la forme. La grille suivante indique les différentes étapes de la révision et énumère les divers points à vérifier.

Étapes	Application
La syntaxe	On vérifie : – la complétude de chaque phrase ; – la construction des verbes (verbe transitif ou intransitif, choix du pronom relatif, ordre des mots, etc.) ; – l'emploi des modes et des temps ; – l'emploi approprié des relationnants, prépositions, pronoms relatifs, conjonctions ; – le choix des pronoms et des déterminants possessifs en fonction de l'antécédent ; – la ponctuation ayant trait à la syntaxe de la phrase (éléments détachés par des virgules, détachement du complément de phrase en tête de phrase, etc.).
La grammaire	On s'assure de : – l'accord de chaque verbe avec son sujet, et de sa conjugaison ; – l'accord, dans chaque groupe nominal, du déterminant et de l'adjectif avec le nom ; – l'accord des participes passés ; – ne pas confondre des homophones ; – ne pas accorder des mots invariables.
L'orthographe d'usage	On la vérifie à l'aide du dictionnaire.
La typographie	On vérifie : – l'emploi des majuscules ; – l'emploi des guillemets ; – le soulignement et l'italique ; – certaines abréviations ; – les références bibliographiques.

Index

Crédits photographiques

CHAPITRE 1   p. 0: Snark / Art Resource, NY; p. 6, 11, 14, 23, 28, 33: © Collection Roger-Viollet; p. 9, 10: Avec autorisation spéciale de la ville de Bayeux; p. 13: Bildarchiv d. ONB, Wien; p. 16: Ruprecht-Karls-Universität Heidelberg, Universtätbibliothek; p. 27, 39: Corel; p. 30: Musée des beaux-arts de Montréal, Christine Guest.

CHAPITRE 2   p. 44: The Art Archive / National Gallery, London / Eileen Tweedy; p. 50, 81: Courtesy of the University of Texas Libraries, The University of Texas at Austin; p. 52, 76: Erich Lessing / Art Resource, NY; p. 55: Musée des beaux-arts de Montréal, Christine Guest; p. 56, 65, 85: Corel; p. 57: ND / Roger-Viollet; p. 61: Musée des beaux-arts du Canada, Ottawa; p. 62: © Harlingue / Roger-Viollet; p. 66, 67, 69, 71, 73, 79, 83, 87, 91: © Collection Roger-Viollet; p. 70: The Art Archive / National Gallery of Art, Washington / Joseph Martin; p. 93: Scala / Art Resource, NY.

CHAPITRE 3   p. 96: Magda Sayad; p. 102, 104, 106, 109, 112, 115, 120, 122, 125, 129, 133, 135, 140: © Collection Roger-Viollet; p. 109: Scala / Art Resource, NY; p. 111, 124: Corel; p. 114: Réunion des Musées Nationaux / Art Resource, NY; p. 117: The Art Archive / Bibliothèque des arts décoratifs, Paris / Dagli Orti (A); p. 126: Musée des beaux-arts de Montréal, Denis Farley; p. 131: Osler Library of the History of Medicine, McGill University; p. 132: Harlingue / Roger-Viollet; p. 137: PMVP / cliché: Habouzit; p. 141: © ND / Roger-Viollet.

CHAPITRE 4   p. 150: by permission of the Voltaire Foundation, University of Oxford; p. 156: Réunion des Musées Nationaux / Art Resource, NY; p. 158, 159, 177, 191, 195: Erich Lessing / Art Resource, NY; p. 162: Musée des beaux-arts du Canada, Ottawa; p. 166: The Metropolitan Museum of Art, Catharine Lorillard Wolfe Collection, Wolfe Fund, 1931 (31.45) Photograph © 1995 The Metropolitan Museum of Art; p. 168, 172, 174, 178, 179, 182, 197: © Collection Roger-Viollet; p. 169: Scala / Art Resource, NY; p. 183: Giraudon / Art Resource, NY; p. 188: © The Bowes Museum, Barnard Castle, County Durham, UK; p. 189: The Pierpont Morgan Library / Art Resource, NY.

CHAPITRE 5   p. 202: Kavaler / Art Resource, NY; p. 206: PMVP / cliché: Joffre; p. 210: Réunion des Musées Nationaux / Art Resource, NY; p. 212: © Board of Trustees, National Gallery of Art, Washington; p. 216: Giraudon / Art Resource, NY; p. 220: Art Archive / Academia BB AA S Fernando Madrid / Joseph Martin; p. 223, 227, 230, 242, 244, 245, 247, 249: © Collection Roger-Viollet; p. 225: Museum Oskar Reinhart am Stadtgarten, Winterthur, Suisse; p. 232: Musée des beaux-arts de Montréal, Brian Merret; p. 234: Corel; p. 239: Harlingue / Roger-Viollet; p. 240: Tate Gallery, London / Art Resource, NY.

CHAPITRE 6   p. 254: Corel.

ANTHOLOGIE
CONFRONTATION DES ÉCRIVAINS D'HIER À AUJOURD'HUI

TOME 1 : du Moyen Âge à 1850

L'intérêt de cette anthologie tient principalement en trois points : montrer la littérature comme une réalité vivante qui évolue en fonction des événements, des tendances, des préoccupations humaines ; présenter les auteurs et les œuvres littéraires comme des clés qui donnent accès à la connaissance et à la compréhension de la société moderne, de ses valeurs, de ses problématiques ; enfin, permettre à l'élève d'établir des liens entre des auteurs et des œuvres littéraires, par-delà les frontières du temps et de l'espace. En plus de nombreuses questions figurant à la fin de chaque extrait et de trois rubriques originales (« Littérature et actualité », « Écriture littéraire », « Art et littérature »), on trouve tout au long de l'ouvrage une iconographie riche et commentée qui souligne la valeur signifiante des œuvres littéraires.

Avec une structure par thème, une division par époque et un choix de textes représentatifs qui ont joué un rôle dans la société, voilà un ouvrage stimulant pour l'enseignement de la littérature !

Une anthologie différente, qui a été rédigée par des professeurs alliant jeunesse et expérience, et qui apporte un nouveau souffle à l'enseignement du cours de l'ensemble 1 !

Sous la direction d'André G. Turcotte (Moyen Âge)

Jean-Claude Brochu (XIXe siècle)
Colette Buguet-Melançon (Méthodologie)
Paul-G. Croteau (XVIIe siècle)
Michel Forest (XVIIIe siècle)
Germaine Mornard (Renaissance)

Avec la collaboration de
Jacques Beaudry (rubrique « Écriture littéraire »)
et de
Magda Sayad (rubrique « Art et littérature » et textes accompagnant les œuvres d'art)

THOMSON
GROUPE MODULO

www.groupemodulo.com

ISBN-13: 978-2-89443-243-3
ISBN-10: 2-89443-243-7

9 782894 432433

T2-AKU-685